DEUTSCHES
HISTORISCHES
MUSEUM

D1726329

# LEBEN
# NACH
# LUTHER

. . . . . . . . . . . . . . . . . . . . . . . . . . . . . . . . . . . . . . . . . . . . . . .

## EINE KULTURGESCHICHTE
## DES EVANGELISCHEN
## PFARRHAUSES

. . . . . . . . . . . . . . . . . . . . . . . . . . . . . . . . . . . . . . . . . . . . . . .

Herausgegeben vom
Deutschen Historischen Museum

# INHALT

MEIN·LEID·VND·MEIN·MITLEDE·N·!
WAS·LIEGT·DARAN·!
TRACHTE·ICH·DENN·NACH·GLVECKE·?
ICH·TRACHTE·NACH·MEINEM·WERKE·!

**Curt Stoeving (1863–1939): Friedrich Nietzsche auf der Veranda
des elterlichen Hauses in Naumburg sitzend, 1894**
Berlin, Staatliche Museen zu Berlin, Nationalgalerie
Kat. 272

Alexander Koch

# VORWORT

Was verbindet Angela Merkel, Joachim Gauck, Friedrich Nietzsche und Benjamin von Stuckrad-Barre miteinander? Oder Elke Heidenreich, Peter Lohmeyer, Rezzo Schlauch und Gudrun Ensslin? Hier erfolgreiche Vertreter der Politik und der Philosophie, dort Journalisten, Schriftsteller, Schauspieler und eine RAF-Terroristin. Was verbindet sie, deren Biografien doch so grundverschieden sind, miteinander? Sie alle entstammen dem evangelischen Pfarrhaus! Zufall oder Bestimmung angesichts der gemeinsamen Herkunft der Genannten und vieler anderer Personen und Persönlichkeiten des öffentlichen Lebens, die Pfarrer waren oder als Pfarrerskinder aus dem Pfarrhaus kamen? Ist also etwas dran am Mythos vom evangelischen Pfarrhaus als Brutstätte außergewöhnlicher und aufsehenerregender Menschen, wie man bis heute immer wieder hören und auch lesen kann? Eine Milieubestimmtheit, eine Vorhersehung des Handelns und Wirkens, die wie ein Damoklesschwert über allen schwebt und alles zu erklären vermag?

Mit der Sonderausstellung „Leben nach Luther. Eine Kulturgeschichte des evangelischen Pfarrhauses", die vom Deutschen Historischen Museum im Rahmen der Reformationsdekade 2017 als gemeinsames Projekt zusammen mit der Evangelischen Kirche in Deutschland (EKD) und der Internationalen Martin Luther Stiftung (IMLS) realisiert werden konnte, geht unser Museum dem Mythos vom Pfarrhaus als Projektionsfläche gesellschaftlicher und familiärer Ideale auf den Grund.

Unbestritten ist, dass das evangelische Pfarrhaus seit der Zeit Martin Luthers über Jahrhunderte hinweg sinn- und identitätsstiftende Institution des Protestantismus war und in idealtypischer Weise mit dem Symbol einer offenen Tür skizziert wurde. Als eine der kulturprägendsten Bildungsinstitutionen in Deutschland ging von ihm eine ungeahnte gesellschaftliche und kulturelle Wirkung aus. Wer diesem von Stereotypen wie Bildung und Wissenschaft, Musik, Literatur und Kunst, Disziplin und Strenge, Familiensinn, Glaube und missionarischem Eifer,

Seelsorge, sozialem und politischem Engagement sowie Eigenwirtschaft geprägten Mikrokosmos entstammte, wurde als Vorbild und Bannerträger zugleich angesehen. Pfarrer wie Pfarrerskinder standen stets im Dienste der Gemeinschaft, sahen sich und wurden auch in einer entsprechenden gesellschaftlichen Rolle gesehen.

Seit mehreren Jahren befindet sich das evangelische Pfarrhaus im Umbruch. Neue Arbeitszeitmodelle, pluralisierte Lebensentwürfe, schrumpfende christliche Gemeinden und viele andere im Wandel befindliche Rahmenbedingungen stellen die Institution Pfarrhaus – als Beruf, Berufung und Lebensform – vor große Herausforderungen. Längst ist das klassische Pfarrhaus, wie es teilweise bis weit ins 20. Jahrhundert vor allem in ländlichen Gegenden existierte, nur noch eine von vielen anderen Möglichkeiten einer Pfarrerin oder eines Pfarrers zu leben, zu wirken und eine Gemeinde zu leiten. Ein Abgesang auf die Institution Pfarrhaus also, wie es einmal ein Journalist formulierte? Ein langsames Dahinsiechen, ein Sterben dieser Einrichtung angesichts enormer gesellschaftlicher Umwälzungen und Veränderungen?

Eingedenk der aktuellen Befunde zur heutigen Situation der Institution Pfarrhaus richtet unsere Ausstellung unter dem Titel „Leben nach Luther. Eine Kulturgeschichte des evangelischen Pfarrhauses" den Blick zurück in die Geschichte und stellt die Entwicklungen und Veränderungen des evangelischen Pfarrhauses von ihren Anfängen bis zur Gegenwart in umfassender, facettenreicher und zugleich multiperspektivischer Weise dar. Ein besonderes Augenmerk legt unsere Präsentation dabei auf den allgemeinen – kulturgeschichtlichen – Beitrag sowie die grundsätzliche Bedeutung des evangelischen Pfarrhauses zur deutschen Geschichte seit der frühen Neuzeit, die diese Einrichtung aus der Perspektive aktueller Geschichtswissenschaftler zu einem deutschen Erinnerungsort par excellence machten. Für das Deutsche Historische Museum als nationalem Geschichtsmuseum formiert sich genau an dieser Schnittstelle zwischen der Beschäftigung mit der allgemeinen deutschen Geschichte im europäischen sowie internationalen Kontext und auf den ersten Blick peripher bis exotisch anmutenden Spezialthemen der übergreifende, inter- und transdisziplinär ausgerichtete Auftrag unseres Hauses.

In der Ausstellung präsentiert sich das evangelische Pfarrhaus gleichsam als ein offenes, reich überquellendes Buch mit mehreren, in sich strukturierten Kapiteln und Unterkapiteln, die – bei allen Widersprüchlichkeiten, unterschiedlichen Wahrnehmungen und Einschätzungen – tiefe Ein- und Seitenblicke sowie Blicke hinter die Kulissen gewähren, dabei gleichermaßen Außenbild und Binnenperspektiven berücksichtigen, in chronologischer Hinsicht einen großen Bogen von der Zeit Martin Luthers und Katharina von Boras bis heute spannen, in geografischer Hinsicht und dank Leihgaben aus Skandinavien, Großbritannien, Frankreich, den Niederlanden, Rumänien und der Schweiz den europäischen Charakter des skizzierten Phänomens unterstreichen und schließlich das jahrhundertelange Funktionieren der Institution Pfarrhaus mit der Familie als angestammtem Mittelpunkt vergegenwärtigen.

Geistes- und Naturwissenschaften, Politik und Wirtschaft, Glaube, Bildung, Kunst und Kultur machten den Kern des reformatorischen Programms aus. Das Pfarrhaus sollte dies alles seit seinen Anfängen in Wittenberg vorbildlich verkörpern. „Wo trifft man noch den Frieden, in dieser Welt voll Streit" – so wollte das Pfarrhaus bis weit ins 20. Jahrhundert hinein gesehen werden. Doch Politik und gesellschaftliche Umwälzungen in Deutschland führten, wie ein Blick auf das 20. Jahrhundert mit seinen beiden unterschiedlichen Gewaltherrschaften mehr als deutlich macht, nicht an seiner Pforte vorbei.

Zahlreiche Leihgaben aus deutschen und europäischen Museen, Archiven und Bibliotheken, Kirchengemeinden und von privater Seite fügen sich in der Präsentation der Ausstellung „Leben nach Luther. Eine Kulturgeschichte des evangelischen Pfarrhauses" im Sinne eines vielteiligen, bildgewaltigen und inhaltsreichen Puzzles zu einer nie dagewesenen und wahrscheinlich nicht noch einmal wiederholbaren Gesamtschau zum evangelischen Pfarrhaus. Die begleitend zur Sonderausstellung realisierte Publikation darf für sich betrachtet den Anspruch erheben, das gestellte Thema in umfänglicher Weise darzustellen und die vielen Facetten der Geschichte des evangelischen Pfarrhauses gegenüber einer breiteren Leserschaft zu vermitteln. Das Buch orientiert sich dabei zunächst am Grundkonzept der Ausstellung, gewährt aus kultur- und ge-

schichtswissenschaftlicher Perspektive vertiefte Einblicke in den Mikrokosmos evangelisches Pfarrhaus und beleuchtet sodann den Wandel der Institution seit ihren Anfängen.

Für die Konzeption, Erarbeitung, Realisierung und Förderung der Ausstellung „Leben nach Luther. Eine Kulturgeschichte des evangelischen Pfarrhauses" sowie des gleichnamigen Begleitbuches ist vielen Personen und Einrichtungen aufrichtig zu danken. Großer Dank für ideelle und wie finanzielle Unterstützung gebührt zunächst dem Träger der Stiftung Deutsches Historisches Museum, dem Beauftragten des Bundes für Kultur und Medien (BKM) in Gestalt von Herrn Staatsminister Dr. Bernd Neumann, der unser Vorhaben von Beginn an wohlwollend begleitet und unterstützt hat. Sodann danke ich unseren projektbezogenen Kooperationspartnern, der Evangelischen Kirche in Deutschland (EKD), vertreten durch den Ratsvorsitzenden Dr. h.c. Nikolaus Schneider, sowie der Internationalen Martin Luther Stiftung (IMLS), Erfurt, vertreten durch ihren Vorstandsvorsitzenden Dr. Michael J. Inacker. An dieser Stelle sei zudem gleichermaßen der Kulturbeauftragten des Rates der EKD, Dr. Petra Bahr, sowie Dr. Thomas A. Seidel, Geschäftsführender Vorstand der IMLS, großer Dank ausgesprochen. Sie und ihre Mitarbeiterinnen und Mitarbeiter begleiteten das Projekt von Anfang an mit hohem persönlichen Einsatz, mit vielfältigen Anregungen und kontinuierlicher Unterstützung. Großer Dank gebührt darüber hinaus der früheren Ministerialdirektorin des BKM, Dr. Ingeborg Berggreen-Merkel, ihrem Nachfolger und amtierenden Amtschef Günter Winands sowie der für die Reformationsdekade 2017 zuständigen Gruppenleiterin Dr. Sigrid Bias-Engels und ihren jeweiligen Mitarbeiterinnen und Mitarbeitern.

Sodann geht mein Dank an die Mitglieder des Kuratoriums zur Ausstellung unter Vorsitz von Staatsminister Eckart von Klaeden sowie an die Mitglieder des wissenschaftlichen Beirats unserer Stiftung unter Vorsitz von Prof. Dr. h.c. mult. Horst Möller sowie die Mitwirkenden des eigens für die Ausstellung konstituierten wissenschaftlichen Fachbeirats unter seiner Beiratssprecherin Prof. Dr. Christel Köhle-Hezinger, die dem Projekt von Beginn an großes Vertrauen entgegenbrachten und es konstruktiv-kritisch förderten.

Ferner gilt mein Dank allen am Projekt des Deutschen Historischen Museums beteiligten Leihgebern für die großzügige Bereitschaft, uns ihre Objekte auf Zeit zur Verfügung zu stellen und unsere Ausstellung damit in vielfältiger Weise zu bereichern, sowie den Autorinnen und

Autoren unserer Begleitpublikation, die dankenswerterweise die Ergebnisse ihrer Forschung bereitwillig zur Verfügung gestellt haben und in unser Projekt einfließen ließen. Des Weiteren danke ich allen am Projekt Mitwirkenden, an erster Stelle den beiden Kuratoren Bodo-Michael Baumunk und Dr. des. Shirley Brückner. Seitens der wissenschaftlichen Mitarbeiter und Mitarbeiterinnen des Deutschen Historischen Museums haben sie in Gestalt der Projektkoordinatorin Prof. Dr. Rosmarie Beier-de Haan und der wissenschaftlichen Volontärin Kathrin Allmann tatkräftige Unterstützung und Hilfe bekommen ebenso wie von Dr. Leonore Koschnick, alle drei auch maßgeblich an der Planung bzw. Redaktion der Begleitpublikation beteiligt – ihnen sei herzlich dafür gedankt, nicht weniger Ilka Linz, die Erscheinungsbild und Produktion dieses anspruchsvollen Werkes in die richtigen Bahnen gelenkt hat, und Ulrike Kretzschmar, in deren bewährten Händen die Ausstellungsleitung gelegen hat. Werner Schulte, Ulrike Bretschneider und Nadine Rasche haben Gestaltung und Realisierung der Ausstellung in bewährter und dankenswerter Weise besorgt. Edith Michelsen sei gedankt für die umsichtige Betreuung und Organisation von Datenbank und Leihverkehr. Recherche und Schnitt von Film- und Tondokumenten lag in den Händen von Mechthild Katzorke, der für diesen in einer modernen kulturhistorischen Ausstellung unverzichtbaren Beitrag Dank gebührt. Den Mitarbeiterinnen der Abteilung Bildung und Vermittlung, Brigitte Vogel, Friedrun Portele-Anyangbe, Marion Bayer und Jula Danylow sei des Weiteren ebenso gedankt wie den wissenschaftlichen Volontärinnen Olivia Fuhrich und Acelya Bakir sowie den Restauratorinnen und Restauratoren des Museums für Betreuung und kreative Präsentation einer ungewöhnlichen Mischung von altem Kirchenmobiliar bis hin zu den Amtstextilien von Pfarrerinnen und Pfarrern. Darüber hinaus gilt mein Dank schließlich allen weiteren beteiligten Mitarbeiterinnen und Mitarbeitern des Deutschen Historischen Museums, so auch den engagierten Teams des Ausstellungsaufbaus und der Presse- und Öffentlichkeitsarbeit.

Alexander Koch
Präsident der Stiftung
Deutsches Historisches Museum

**Albert Edelfelt (1854–1905): Gottesdienst in Uusimaa (Finnland), 1881**
Kat. 51

*Service divin au bord de la mer Paris, Musée d'Orsay*

Bernd Neumann

# GRUSSWORT

Die Reformation löste eine Vielzahl von kirchlichen, gesellschaftlichen, politischen und kulturellen Entwicklungen aus, die unser Zusammenleben bis heute prägen. Das Reformationsjubiläum 2017 wird so zu einem Ereignis von gesamtstaatlicher und internationaler Bedeutung. Mein Haus koordiniert die Aktivitäten der Bundesregierung zur Vorbereitung des Reformationsjubiläums. Bis zum Jahre 2017 werden in diesem Rahmen insgesamt 35 Millionen Euro für kulturelle Projekte und für die Sanierung authentischer Stätten der Reformation zur Verfügung gestellt.

Die Ausstellung „Leben nach Luther. Eine Kulturgeschichte des evangelischen Pfarrhauses" ist eine der großen Ausstellungen im Rahmen der Reformationsdekade und die erste große museale Präsentation des Themas überhaupt. Sie zeichnet die Geschichte des Pfarrhauses als religiösen, gesellschaftlichen und kulturellen Ort nach, der weitreichende Wirkungen hat. Damit versteht die Ausstellung sich auch als ein Beitrag zur Analyse unserer Gegenwart, denn Veränderungen, die die heutige Gesellschaft prägen, bündeln sich auch im Pfarrhaus: ein veränderter Stellenwert von Religion und Konfession, das Verhältnis von Mann und Frau, von Jung und Alt sowie die Öffnungen der Lebensformen. Im Rahmen der Reformationsdekade geht es mithin um die Präsentation und Vermittlung eines überaus relevanten Themas der deutschen Geschichte an einem zentralen Ort der Auseinandersetzung mit der Geschichte, dem Deutschen Historischen Museum in Berlin, das ein vielfältiges deutsches und internationales Publikum anzieht.

Den Besucherinnen und Besuchern der Ausstellung wünsche ich viele neue Eindrücke und Erkenntnisse.

Staatsminister für Kultur und Medien

Hans Ulrich Anke

# GRUSSWORT

Sag mir wie du wohnst, und ich sage dir wer du bist." Was dem Volksmund gemäß für viele Lebensbereiche gelten mag, trifft im Besonderen für das evangelische Pfarrhaus zu. Denn an wenigen Orten ist die Verbindung von Beruf und Leben traditionell derart eng gefasst wie im evangelischen Pfarrhaus: Nach Martin Luther ist der Beruf eine „Berufung", also ein umfassendes Bewährungsfeld für das christliche Leben. Für den Pfarrberuf verbindet sich damit nach dem traditionellen Idealbild unmittelbar eine bestimmte Lebensform mit einem Leben am Arbeitsort, in einem offenen, gastfreundlichen Haus, gelehrsam, bescheiden, hilfsbereit und ohne Falsch und Tadel.

Dieses Berufs- und Lebensbild hat Generationen von Pfarrern und später auch Pfarrerinnen geprägt. Und es hat weit darüber hinaus auf das gesellschaftliche und kulturelle Leben ausgestrahlt: Etwa wenn mit dem Bildungsanspruch der Pfarrerschaft auch der Ruf des Pfarrhauses als Bildungsort sich etablierte; oder wenn sich im Pfarrhaus mit der reformatorischen Ausrichtung auf die Kraft allein des Wortes auch weitergehende literarische Talente entwickelten; oder wenn sich schließlich unter dem Leitwort des „freien Christenmenschen" – bisweilen entgegen Luthers ursprünglicher Intention – politischer Widerstand gegen die jeweilige „Obrigkeit" unter dem Dach des Pfarrhauses regte.

Kurz: Das Pfarrhaus erscheint als ein Kosmos, dessen Räume – bildlich gesprochen – mehrere Funktionen haben: Bibliothek, Studierzimmer, Musikzimmer, Debattierzimmer, Gaststube, um nur einige zu nennen. Die Evangelische Kirche in Deutschland (EKD) ist als Kooperationspartnerin des Ausstellungsprojektes ausgesprochen dankbar, dass sich das Deutsche Historische Museum (DHM) mit der bemerkenswerten Ausstellung „Leben nach Luther" eine „Kulturgeschichte" des evangelischen Pfarrhauses vorgenommen hat – eine Geschichte also, die das Pfarrhaus nicht primär als Ort der Theologie, der Seelsorge und des Religionsunterrichts betrachtet, sondern als Ort, der über seine geistlichen Funktionen hinaus auch kulturelle und gesellschaftliche Funktionen innehatte: sei es als Ort der Gelehrsamkeit, als Laboratorium, als Versammlungsraum, als Konzerthaus oder als politische Botschaft.

Bei diesem Projekt zeigt sich eindrucksvoll, wie ertragreich es ist, wenn Staat und Kirche auf dem Weg zum Reformationsjubiläum 2017 gemeinsam aufarbeiten, welche Beiträge die Reformation für die gesellschaftliche und kulturelle Entwicklung insgesamt geleistet hat und weiter leistet. So erkundet diese Ausstellung am anschaulichen Beispiel des Pfarrhauses die vielgestaltigen Wechselwirkungen zwischen Kirche und Kultur. Und sie führt die Vielgestaltigkeit und die inneren wie äußeren Dynamiken einer traditionsreichen Institution durch die Zeiten und also durch vielerlei gesellschaftliche Entwicklungen hindurch vor Augen.

Die gesellschaftlichen Entwicklungen werden nun ihrerseits auch die kirchliche Seite auf besondere Weise interessieren. Denn wenn sich gerade im Pfarrhaus Leben und Beruf auf spezielle Art berühren, bedeuten die gegenwärtigen gesellschaftlichen Wandlungen von familiären oder nicht-familiären Lebensmodellen über sich verschiebende demografische Verhältnisse bis hin zu Veränderungen im Bereich der Kirchenbindung in Stadt und Land auch grundlegende Veränderungen für das Berufsbild der Pfarrerin und des Pfarrers. Darauf muss die evangelische Kirche immer wieder neue Antworten formulieren, damit die Institution „Pfarrhaus" nicht nur ein Ort der Erinnerung, sondern ein Ort mit Zukunft bleiben kann. Ein klarer Blick auf ihre historische Genese ist dafür überaus hilfreich.

Präsident des Kirchenamtes der EKD

Eckart von Klaeden

# GRUSSWORT

Beinahe genau drei Jahre nach den ersten Überlegungen für eine Ausstellung über das evangelische Pfarrhaus ist es nun so weit: Im Deutschen Historischen Museum in Berlin wird die Ausstellung jetzt eröffnet.

Das evangelische Pfarrhaus prägte die kulturelle Entwicklung, beeinflusste nicht nur Bildung und Ausbildung über die Bevölkerungsschichten hinweg, sondern schuf auch ein intensives und für die Vorstellungen der Zeit zugleich repräsentatives Familienleben.

Luther selbst sagte einmal: „Gott hat es gut mit mir gemeint, dass er mir ein solches Weib gab, das für das Hauswesen sorgt, so dass ich nicht gezwungen bin, das auch noch auf mich zu nehmen". Fast alle Mitglieder des Kuratoriums waren Pfarrerskinder und hatten gleiche oder ähnliche Erlebnisse gehabt. Auch wir waren Teil der idyllischen Bilder, die mit dem evangelischen Pfarrhaus immer in Verbindung gebracht werden. Die Wirklichkeit sah häufig anders aus. Daher wollen wir den Besuchern einen „Blick hinter die Kulissen" ermöglichen. Die Sonntagsschule war für Kinder nicht immer nur vergnüglich; die sparsame Lebensweise – in früheren Zeiten ungeheizte Räume und kaltes Wasser – wenig romantisch, die Stellung der Pfarrersfrau als „guter Geist" für sie nicht einfach, die Anforderungen an sie aber immer hoch. Keine Familie war so intensiver sozialer Kontrolle ausgesetzt wie die „Pfarrersfamilie" mit der Vorstellung, Vorbild nicht nur für die Gläubigen zu sein oder sein zu müssen.

Das Zentrum bildete aber immer der Pastor und sein Auftrag. Er war Gelehrter, Prediger, Seelsorger und Familienoberhaupt – ein in vielen Wissenschaften und Lebensbereichen bewanderter und kundiger Lehrer. Damit waren auch immer hohe Ansprüche und Erwartungen verbunden. Das Pfarrhaus war Ort und Hort der geistigen wie geistlichen Entwicklung in Deutschland. Die deutsche Kulturgeschichte weist viele berühmte Persönlichkeiten auf, die Pfarrerskinder waren. Sogar Goethe hat bedauert, nicht Pastorssohn gewesen zu sein. Diese vielen Facetten wollte das Kuratorium in der Ausstellung darstellen und veranschaulichen – und dies ist ausgezeichnet gelungen, nach Luthers Wort: „So verhält es sich ja in allen Lebenslagen, dass die Sache selbst und die Ausübung die Leute gescheiter macht als das bloße Wissen."

Als Vorsitzender des Kuratoriums freue ich mich, dass nun das Ergebnis der langjährigen Arbeit der Öffentlichkeit vorgestellt werden kann. Ich danke allen, die an der Konzeption, am Aufbau und an der Finanzierung unseres Projekts beteiligt waren. Den Besuchern der Ausstellung wünsche ich neue Einblicke in die Welt des evangelischen Pfarrhauses und einen interessanten Aufenthalt im Deutschen Historischen Museum.

*Eckart v. Klaeden*

Vorsitzender des Kuratoriums zur Ausstellung

Michael J. Inacker

# GRUSSWORT
## DAS PFARRHAUS – KULTURPRÄGENDE BILDUNGSINSTITUTION UND GESTALTER GESELLSCHAFTLICHER VERÄNDERUNG

Eine Immobilie schafft Mythen. Es gibt nur wenige Gebäude, die über die Jahrhunderte weniger eine architektonische als vielmehr eine geistig-geistliche Wirkung entfaltet haben: Das evangelische Pfarrhaus steht für die gesellschaftliche Gestaltungskraft des Protestantismus. Der Ort und die dort lebende Pfarrerfamilie haben wie Leuchttürme gewirkt. Gerade in dunklen oder trüben Zeiten gesellschaftlicher Entwicklung – in Deutschland und auch anderen protestantisch geprägten Ländern – ist die Strahlkraft des Pfarrhauses von besonderer Bedeutung gewesen. Denn von diesem Ort gingen nicht nur seit der Reformation eine neue Form christlicher Orientierung, eine Botschaft freiheitlichen Aufbruchs, verbunden mit persönlicher Verantwortung, aus, sondern auch der Anspruch, durch Bildung, steten Fleiß und Engagement die Unmündigkeit des Einzelnen aufzuheben. Das Pfarrhaus und die Pfarrfamilie waren nicht nur das biblisch begründete Gegenmodell zum Kloster, auch nicht einfach der verlängerte Ort von Kirche, sondern Nukleus einer neuen Bildungs- und Wissensgesellschaft. Damit wurden Kräfte freigesetzt, die zunächst die Theologie, später Wissenschaft, Wirtschaft, Gesellschaft und Politik durchdrungen und ungeheures Innovationspotenzial erzeugt haben. Das Pfarrerehepaar und, mehr noch, dessen Töchter und Söhne haben auf ihre Weise die Welt verändert – vom Unternehmer bis zur Terroristin, vom Philosophen bis zum Erfinder hat das Pfarrhaus viele Persönlichkeiten hervorgebracht. Die Weite des Horizonts war dominierend, aber nicht zu verschweigen sind auch Fälle ideologischer Enge und Anfälligkeit für totalitäre und autoritäre Verhaltensmuster. Ein großer Spannungsbogen zeichnet das Pfarrhaus aus.

Deshalb ist diese Ausstellung mehr als eine weitere Station in den Betrachtungen zum 500. Jahrestag der Reformation im vorlaufenden Kontext der Reformationsdekade „Luther 2017". Für die Internationale Martin Luther Stiftung geht es um die Darstellung der kulturell-gesellschaftlichen Prägekraft, die das Pfarrhaus in dieser Zeit entwickelt hat. Infolge der Reformation hat sich das evangelische Pfarrhaus als kulturprägende Bildungsinstitution etabliert. Somit ist es nicht nur christlicher Erinnerungsort, sondern auch ein Träger des kulturellen Erbes in Deutschland.

Natürlich ist das evangelische Pfarrhaus auf das Engste verbunden mit Martin Luther. Auch wenn er nicht der erste Geistliche war, der mit einer Heirat den bisherigen katholischen Traditionen den Rücken gekehrt hat, so prägte er das Bild der Pfarrfamilie doch nachhaltig. Das Lutherhaus wurde nicht nur zum Vorbild für Pfarrfamilien im Speziellen, sondern auch für christliche Familien im Allgemeinen. Bis in die Gegenwart prägen die klassischen oder auch die idealisierten Lutherbilder des 19. Jahrhunderts die Vorstellungen vom evangelischen Pfarrhaus. Und doch hat es sich in seiner fast fünfhundertjährigen Geschichte von Epoche zu Epoche gewandelt. Dies reicht von weltzugewandt und aufklärerisch bis konservativ und nach innen gekehrt.

Dieser Wandel wird in der Ausstellung „Leben nach Luther. Eine Kulturgeschichte des evangelischen Pfarrhauses" hervorragend herausgearbeitet. Dass die Ausstellung dabei aber keineswegs glorifizierenden Charakter hat, sondern vielmehr einen dokumentarisch-kritischen, macht sie so bedeutsam.

Die Internationale Martin Luther Stiftung hat die Anregung zu dieser kulturgeschichtlichen Exposition gegeben und unterstützt sie daher nach ihren Möglichkeiten. Wir sind sehr froh und dankbar, dass diese Anregung vom Deutschen Historischen Museum aufgegriffen und hervorragend umgesetzt wurde. Den engagierten Unterstützern und Mitstreitern im Rat und Kulturbüro der Evangelischen Kirche in Deutschland, dem Staatsminister für Kultur und Medien sowie dem Staatsminister bei der Bundeskanzlerin sind wir gemeinsam zu großem Dank verpflichtet.

Wir wollen die Grundimpulse der Reformation in einen themenbezogenen und ergebnisorientierten Dialog von Kirche, Wirtschaft, Wissenschaft und Politik übersetzen. Durch diese Ausstellung wird in besonders ansprechender Weise zu einem solchen interdisziplinären und Kirchen- und Milieugrenzen überschreitenden Dialog eingeladen.

*Michael Jueachs*

Vorstandsvorsitzender der Internationalen Martin Luther Stiftung

**Familienbildnis des Pastors Martin Hafermann (1833–1899) zu Leer**
Kat. 262

Eisenach, Stiftung Lutherhaus Eisenach, Evangelisches Pfarrhausarchiv

**Wilhelm Emil Robert Heck (1831–1889): Empfang eines neu-
en Pfarrers durch seine Gemeinde im Schwarzwald, 1866**
Stuttgart, Landesmuseum Württemberg
Kat. 50

1850 noch hatte Ottilie Wildermuth „Schwäbische Pfarrhäuser" als Wirkungsorte meist skurriler, träger, verwahrloster,
geiziger oder versnobter Käuze beschrieben, von ihrer Gemeinde eher ertragen als verehrt. Heck zeichnet ein anderes
Bild: Dem jungen Pfarrerspaar, in dem sich Ernst und Anmut
vereinen, huldigen Honoratioren wie Dorfkinder in froher
Erwartung. Die mitgeführten Schafe verweisen auf den
„guten Hirten", der da kommt. Die Umgebung führt typische
schwäbische Landschaften in freier Komposition zusammen.
Die Botschaft des Gemäldes schien zu lauten: ein schönes
Land mit frommer Bevölkerung. 1867 vertrat das Bild das
Königreich Württemberg auf der Weltausstellung in Paris.
*BMB*
LIT.: Landesmuseum Württemberg 2012, S. 227.

Bodo-Michael Baumunk

# EINFÜHRUNG IN DIE AUSSTELLUNG

Die Abstände zwischen den publizistischen Wegmarken eines öffentlichen Interesses am evangelischen Pfarrhaus werden wie der kürzer. Immerhin 60 Jahre lagen zwischen Hermann Werdermanns „Der evangelische Pfarrer in Geschichte und Gegenwart" (1925) und Martin Greiffenhagens Sammelband „Das evangelische Pfarrhaus" (1984). Die Entstehung dieses Werkes war ungeachtet seiner noch immer bewundernswerten kulturhistorischen Dichte in einem vorwiegend politikwissenschaftlichen Kontext angesiedelt: der Suche nach konfessionellen Einflüssen auf die neuere deutsche Geschichte und die politische Kultur der Bundesrepublik. In den Jahrzehnten danach wurde das Pfarrhaus fachhistorisch neu vermessen und beleuchtet, um als „Erinnerungsort" fortzuleben und mittlerweile den Efeu der alten Legenden wieder anzuziehen.

Wilhelm Baur hatte seine Schrift „Das deutsche evangelische Pfarrhaus" 1877 – nach dem Entgleiten von Weltanschauungshoheit, geistlicher Schulaufsicht und Personenstandswesen – noch mit der verbitterten Vorbemerkung versehen, der Stand der evangelischen Pfarrer habe „in Deutschland niemals unverdientere Verunglimpfung erfahren als in unseren Tagen".[1] Dem wollte er mit seinem Buch begegnen, das mit einer Art Liebeserklärung anfängt: „Die schützenden Mauern, welche von der Welt trennen, sind zugleich die sonnigen Wände für Reben und Spalierobst, der Taubenschlag und das Bienenhaus lohnen die Liebe, welche der Pfarrer ihnen schenkt [...] Am gastlichen Empfang fehlt es nicht, die leibliche Schwester besorgt das Mahl, zur Mehrung der Unterhaltung stellt ein geistlicher Bruder sich ein, es fehlt dem Gespräch nicht die Theilnahme an dem Wohl und Wehe der Gemeinde, an den großen Begebenheiten der Welt, die Stunden gehen so gemüthlich hin und sind so anregend ..." Unschwer erkennt der Leser, dass es sich um ein *katholisches* Pfarrhaus handelt. Baur endet darum fast trotzig: „Aber ein Pfarrhaus im vollen, im evangelischen Sinn ist's doch nicht. Des wahrhaftigen Hauses Gehalt ist das Familienleben."[2] Als wollte er uns sagen: Schon deshalb hat sich die ganze Reformation gelohnt!

Das Kirchenvolk des 16. Jahrhunderts scheint indes an der Frage, ob sich Priester und Nonnen verehelichen dürfen oder gar sollten, eher wenig Anteil genommen zu haben.[3] Möglicherweise ist das heute, wenn es um neue Partnerschaftskonstellationen im Pfarrhaus geht, nicht anders. Gleichwohl: Die Pfarrerehe, die Pfarrfamilie, die Pfarrfrau in ihren vielfältigen Rollen und Wandlungen über die Zeiten hinweg begleiten uns durch die gesamte Ausstellung. Ähnliches gilt für die großen theologischen Kontroversen und Lagerbildungen, reichten sie doch unzweifelhaft in das Pfarrhaus hinein, und sei es im Hinblick auf Stellenbesetzungen, die parteiische Würdigung von Amtsinhabern im biografischen Nachleben oder die individuelle theologische Färbung der Amtsinhaber durch Universitäten und Seminare. Das betrifft etwa den Pietismus versus die Orthodoxie oder die fromme Erweckung und den Supranaturalismus des 19. Jahrhunderts in Reaktion auf die Aufklärungstheologie des „Rationalismus". Ein vom Reformationsjubiläum 1817 und von der Romantik beflügeltes Neuluthertum strebte nach Aufwertung und Distinktion der protestantischen Geistlichkeit, die sich in der Aufklärung habituell kaum noch von der Gemeinde hatte unterscheiden wollen. Nur vor diesem Hintergrund sind die ausgestellten Entwürfe für opulente Amtstrachten zu verstehen, die das bayerische Oberkonsistorium 1840 in Auftrag gab – bei einem Bühnendekorateur, und entsprechend theatralisch fielen sie denn auch aus.[4] Dass der Heiland auf Fritz von Uhdes Bildern dagegen in ein plebejisches Milieu eintritt – und diese Gemälde als Drucke in christlichen Haushalten massenhaft verbreitet wurden –, haben konservative Kreise nicht zuletzt als eine Konsequenz der historischen Evangelienkritik von David Friedrich Strauß oder der Vermenschlichung des Gottessohns im „Leben Jesu" von Ernest Renan sehen wollen.[5]

Der Rundgang durch die Ausstellung gliedert sich in sechs Kapitel, die immer durch ein großformatiges Gemälde oder Objektarrangement leitmotivisch eingeleitet werden. So wird *Der geistliche Stand im Protestantismus* mit einem Pastor im lateinischen Ursprungssinn des Wortes eröffnet: einem Seelenhirten, der seine Schafe

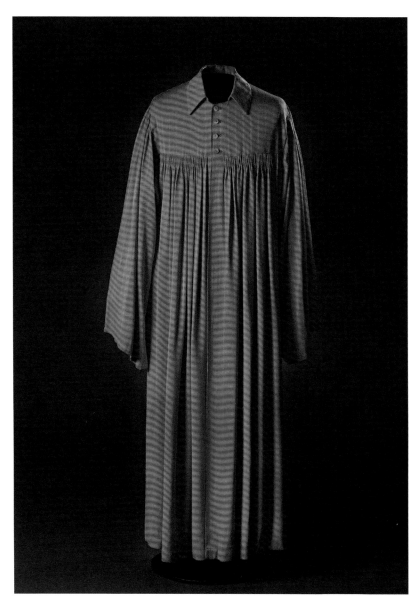

Orangeroter Talar des damaligen Vikars Friedrich Gehring für die Predigt zum 2. Dienstexamen in Stuttgart, 1971
Backnang, Pfarrer i. R.
Friedrich Gehring
Kat. 32

Die provokante Farbe unterstrich eine Predigt im Geist der Studentenbewegung von 1968: antikapitalistisch in der Deutung des Turmbaus zu Babel als fröhliches Gemeinschaftswerk zum Nutzen aller, das Gott „als mächtiger Feind von wehrlosen Menschen" mutwillig zerstört; antiautoritär, weil anhand der Geschichte vom verlorenen Sohn ein neues Bild von Gottvater anstelle eines „feindseligen, herrschenden" beschworen wurde. *BMB*
LIT.: Kreuz und quer 2003;
Mitt. v. F. Gehring 2013.

weidet (1646). Die überwiegend männlichen Mienen, die dem Betrachter ansonsten entgegenblicken, sind ernst und gravitätisch, wie es dem Amte entspricht – aber vielleicht auch voll protestantischen Argwohns gegenüber dem Bild als eitlem Wahn der Unvergänglichkeit, wie es der unwillig Modell sitzende Pfarrer in Theodor Storms „Aquis submersus" ausdrückt („ich habe der Gemeine Wunsch nicht widerstehen mögen; nur Meister, machet es kurz; ich habe besseren Gebrauch für meine Zeit"). In ihrer Summe wirken diese Gemälde wie eine jener Pastorengalerien, die dem jeweils gegenwärtigen Amtsinhaber als beständige Mahnung vor Augen standen, den großen Vorbildern gerecht zu werden – insbesondere wo verwandtschaftliche Bindungen vorhanden waren wie in den berühmten Pfarrerdynastien, der „protestantischen Antwort auf die apostolische Sukzession" in der Alten Kirche, wie gelegentlich geistreich bemerkt wurde.[6]

Das Kapitel *Amt und Habitus* versammelt als Auftakt die verschiedenen Varianten der Amtskleidung evangelischer Pastoren vom Talar bis zum „Lutherrock". Zwei verweisen auf den Einbruch neuer Zeiten: das Dienstkleid mit weiblicher Kragenform, das einer der ersten Pastorinnen gehörte, und der Talar in schrillem Orange, in dem ein schwäbischer Pfarrer der Post-68er-Ära seine nicht minder provokante Prüfungspredigt hielt. Manches fehlt, wie die lästige Amtsperücke, die abzuschaffen dem Hamburger Pastor Rautenberg erst gelang, nachdem sich eine Spinne während der Predigt verstörend darunter geregt hatte.[7] Die Ausstellung zeigt ihn an anderer Stelle mit seiner Familie an der Kaffeetafel (1833), aber natürlich auch dort im geistlichen Gewand – „im Amt" ist der Pfarrer eigentlich immer.

Gottesdienst und Kasualien waren für die Genremaler des 19. Jahrhunderts ein dankbares Thema, damals, als Kirche und Gemeinde noch fest im ländlichen Alltag verwurzelt waren. Die Stimmung mochte dem jeweiligen Anlass und der regionalen Eigenart des Protestantismus entsprechend unterschiedlich ausfallen – vom freudig begrüßten Einzug des jungen Pfarrerehepaars in lieblicher schwäbischer Landschaft bis zur angespannten Atmosphäre bei dem strengen „Hausverhör", der Glaubens- und Sittenprüfung auf dem heimischen Hof, die zu den Besonderheiten der skandinavischen Kirchen zählte. Dass der Pfarrer nicht nur Virtuose der Wortverkündigung war, sondern auch ein Bürokrat in geistlichen wie weltlichen Angelegenheiten, belegen die Utensilien seiner Amtsführung ebenso wie die Ansichten seiner Studierstube, welche geeignet sind, die viel zitierte pastorale Lebensführung zu entzaubern: Die Interieurs erhalten bestenfalls durch ästhetisch ehrgeizlosen religiösen Bildschmuck einen berufstypischen Akzent und entsprechen ansonsten bürgerlicher Normalität. Dass der Pastor in der Kirche nicht nur einer Versammlung von Christenmenschen gegenübertrat, sondern einer ständisch gegliederten Gesellschaft, zeigen Darstellungen von Kirchenräumen, in denen privilegierte „Logenplätze" nun in sozialer Hinsicht trennten wie vor der Reformation die Chorschranken zwischen Gemeinde und Priester.

Wo in diesem Gefüge befand sich der Platz von Pfarrer und Pfarrfamilie? Aus der Rolle des Pfarrers ergaben sich immer neue *Statusfragen*: Auf dem Dorfe hatte er Pionier bürgerlicher Gesittung zu sein und nicht Bauer unter Bauern, als Bürger unter Stadtbürgern allzu viel Anteilnahme an deren musischen und gesellschaftlichen

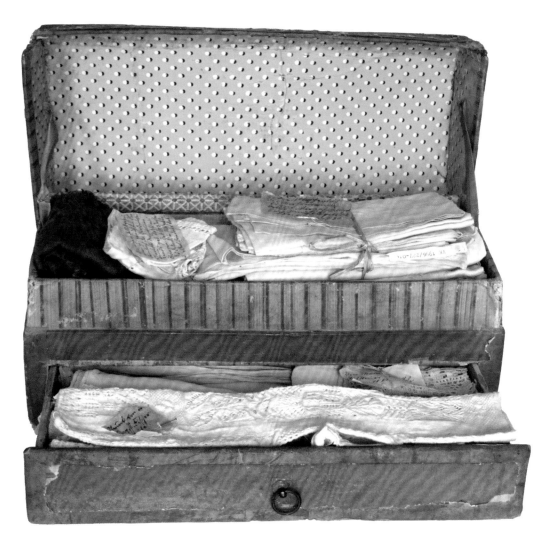

Wäschekästchen aus dem Besitz einer schwäbischen Pfarrer- und Beamtenfamilie, 2. Hälfte 19. Jahrhundert (Kästchen), 1830–1860er Jahre (Wäsche)
Stuttgart, Landesmuseum Württemberg
Kat. 191

Das Kästchen vereint handgewebte, gehäkelte und bestickte Wäschestücke (z. B. Hochzeitstuch oder Aussteuerstücke) aus der weitverzweigten Familie Krauss-Kapff-v. Dietzsch. Viele Stücke sind mit Schildchen versehen, die auf Besitzer(in) und Herkunft verweisen (wie „Von Mama gesponnen anno 1854 aus Schwarzwälder Flachs, das Pfund zu 1 Gulden"). *BMB*

Zerstreuungen zu meiden. Er sollte zwar Erster unter Gleichen sein, aber „besonders" denn doch. Diese Zerrissenheit stellte sich schon während des Studiums ein, mehr aber noch danach, wenn der angehende Pastor bis ins 19. Jahrhundert hinein in mondänen adeligen und großbürgerlichen Familien zeitweilig Dienst als Hauslehrer tat – eine höchst umstrittene, aber kaum vermeidbare Praxis.

Welten liegen zwischen der deutschen Wahrnehmung des Pfarrhauses als tugendgesättigtem Glück im Winkel, wie sie Daniel Chodowiecki in seinen Illustrationen zu literarischen Pfarrhaus-Bestsellern um 1800 zelebrierte, und Ansichten der anglikanischen Geistlichkeit, die mit den Patronen sichtlich deren aristokratischen Lebensstil teilte. Der Schriftsteller Anthony Trollope, Viktorianer und Kind einer Seefahrernation, verglich den Landpfarrer nicht mit dem Hirten, sondern mit dem Kapitän, der auf seinem Schiff mehr nautische Effizienz und Autorität beweisen könne, als es den „Admirälen" (den Bischöfen) vergönnt sei. Dennoch schreibt auch er

1866 einen Abgesang auf diesen Typus und seine Lebensform, auf den behaglichen Komfort der Häuser, das kultivierte Kamingespräch, „während die Flasche griffbereit auf dem Tisch steht, aber nicht zu häufig oder zu rasch ergriffen werden sollte" – auch der Umgang mit einer Sherry-Flasche konnte soziale Distinktion ausdrücken. Eine Herausforderung für den Status des Amtskirchenpfarrers stellten die im 19. Jahrhundert sich verbreitenden Sekten dar, die der orthodoxe Lutheraner und Pastoraltheologe Wilhelm Löhe schlicht als „Ungeziefer des Weinbergs Gottes" bezeichnete.[9] Jene norwegischen „Haugianer", versammelt in privater Andacht ohne Pfarrer, die ein großformatiges Gemälde aus dem Jahre 1848 hier als Leitmotiv des Kapitels zeigt, waren indes atypisch – zur Sekte weniger von ihrem Namensgeber bestimmt denn durch Überreaktionen der Kirchenobrigkeit gemacht.

Aus grün umrankter Laube lädt zum Betreten des *(Seelen-)Haushalts* ein Titan ein, dessen „Gott-ist-tot"-Philosophie die Deutung des Vatermordes nahegelegt hat, obwohl Selbstzeugnisse über die

eigene Herkunft von großer Sympathie zeugen:
der Pfarrerssohn Friedrich Nietzsche, dem Wahn-
sinn bereits verfallen. Aber die verführerische
Sicht auf das Pfarrhaus als einen (auch) neuro-
tischen Raum wie im großartig-einseitigen Film
„Das weiße Band" (2009) von Michael Haneke
nimmt die Ausstellung nicht ein. Sie reiht nüchtern Fragmente einer ökonomischen und menta-
len Ausstattung des Pfarrhauses auf, die auf ein
hohes Maß an Bodenständigkeit verweisen. Zu
Bücherschätzen aus der Bibliothek der Berliner
Mariengemeinde, Scherenschnitten der kunst-
sinnigen Pfarrfrau, Laute und Hausorgel gesellen
sich Kochrezepte, Geld- und Wäschekästchen,
Bibelsprüche für den Tag als Wandschmuck,
Kinderspielzeug und aufklärerischer Erziehungs-
ratgeber, Anleitungen zum Bau des idealen Pfarrhauses und zur Anlage des Pfarrgartens. Was an
Bargeld fehlte, machten Musik und Bildungseifer
wett – und nicht wenig geistlicher Ahnenstolz,
wie eine handgefertigte Genealogie unter Beweis
stellt. So setzt sich der Orbis pictus eines vielsei-
tigen und vor allem anstrengenden Haushaltes
zusammen, in dem das väterliche Amt stets
präsent war. Das Plakatmotiv der Ausstellung hat
hier seinen Ort: Pfarrerskinder verkleiden sich
als Pfarrerehepaar, in spielerischer Einübung des
Ernstfalls.

Das Pfarrhaus als Bildungseinrichtung handelte aus der Überzeugung heraus, dass alle (Chris-
ten-)Menschen gleich vor Gott seien und fähig,
sich selbst zu verbessern – und damit das ganze
Gemeinwesen. Das war vor allem auf dem Dorf
gefragt, wo der Pfarrer neue Methoden der Land-,
Garten- und Viehwirtschaft einführte. Insofern
gibt es keinen Grund, zwischen dem Pfarrer als
Theologen und seinen sonstigen wissenschaftlichen Verdiensten zu unterscheiden; beides ging
auf seine Amtspflichten zurück. Das Kapitel
*Gelahrtheit* macht uns mit einer ganzen Reihe
solcher Obstbau- und Bienenkundler, Jauchewa-
gen- und Waschmaschinenerfinder, Koran-Über-
setzer, Uhrenbauer, Landeshistoriker und Petre-
faktensammler bekannt.  Gekrönt wird diese
kleine Pfarrhaus-Akademie vom grandseigneu-
ralen Familienbildnis des schwedischen Pfarrers
und Universalgelehrten Gustaf Fredrik Hjortberg
(um 1770), das die Attribute seiner vielfältigen
Forschungen und Fertigkeiten zusammenführt.
Als ausgesprochene Pfarrer-Wissenschaft lässt
sich die Physiognomik des Johann Caspar Lavater verstehen: Am Gesicht den Charakter dingfest,
ja berechenbar zu machen, musste für jeden
Seelenhirten verlockend sein. Die unglückliche
Gemahlin des „Haselnusspfarrers" in Ottilie Wil-
dermuths gleichnamiger Erzählung erhoffte sich

vom physiognomisch bewanderten Vikar sogar Auskünfte zur Lebenserwartung, denn: „wenn der liebe Gott Eines von uns Zweien zu sich nähme, ich könnte dann nach Nürtingen ziehen".[10] Noch Ernst Kretschmers zeitweilig recht einflussreiche Konstitutionstypenlehre steht in dieser Tradition. Der Autor von „Geniale Menschen" (1929) und genealogisch in eigener Sache höchst aktive Pfarrerssohn hat das Seine getan, um die Vorstellung vom „gelahrten" Pfarrhaus als „Geniezuchtanstalt" dauerhaft zu verankern.

Wer sich in der heutigen Zeit mit dem Pfarrhaus beschäftigt, muss sich durch solche Nebelwände erst einmal hindurcharbeiten. Die Vorstellung des deutschen Dichter-und-Denker-Parnass als – vornehmlichem – Pfarrhausprodukt stand längst im Raum, als Johann Friedrich von Schulte 1909 im Überblick über die Einträge in der *Allgemeinen Deutschen Biographie* die Hälfte aller dort verzeichneten verdienten Deutschen direkt oder indirekt im Pfarrhaus wurzeln ließ, was bei der geringen Ausdifferenzierung akademischer Berufe und Studiengänge bis in die Zeit um 1850 längst nicht so ungewöhnlich war, wie es schien. Abgesehen von einer leicht verständlichen Häufung von Pfarrerssöhnen unter den deutschen Historikern des 19. und 20. Jahrhunderts, lassen sich kaum belastbare Kriterien in Pfarrkind-Karrieren finden, die auf Pfarrhaustypisches verwiesen. Schon die gar nicht so seltenen Künstlerbiografien – etwa die einer Luise Duttenhofer, eines Theodor Schüz und Adolf Senff – passen nicht recht ins protestantische Schema.

Wie nun eine Auswahl treffen? Die Antwort der Ausstellung hätte durchaus lauten können: willkürlich. Aber vom Resultat aus gesehen ist sie es nicht. Wenn Oscar Fraas die Eiszeit, Alfred Wegener Grönland erforscht und Carl von Linde die erste Kältemaschine erfindet, kommt man unwillkürlich auf einen gemeinsamen frostigen Nenner – aber bei keinem deutet etwas auf ein diesbezügliches Elternhaus hin. Die Wirkungsmacht des Pfarrhaus-Stereotyps besteht einfach darin, dass sich Partikel einer Biografie auf diese Herkunft auszurichten scheinen wie Eisenspäne auf einen Magneten, und sei es auch nur im Auge des Betrachters. Auf eine Milieubestimmtheit des Handelns haben Presse, Familienumfeld, Theologen und Haftpsychologen den Fall der RAF-Mitbegründerin Gudrun Ensslin zugespitzt. Dass dem Familienhintergrund hier mehr Aufmerksamkeit gewidmet wurde als bei fast allen anderen Gruppenmitgliedern, ist im Sinne des Ausstellungsthemas das eigentlich Bedeutsame – und weniger die Frage, ob der Befund zutrifft oder nicht.

Johanna Rehsener (1842–1924): Marie Rehsener am Fenster ihres Hauses in Gossensaß (Tirol), 1880er Jahre
Eisenach, Stiftung Lutherhaus Eisenach, Evangelisches Pfarrhausarchiv
Kat. 257

Die Pfarrerstochter Marie Rehsener (1839–1917) wollte Musik in Italien studieren, entdeckte dort aber die Kunst des Scherenschnitts, dem sie durch die Kombination mit schraffierten Hintergründen ungeahnte Tiefenwirkung verschaffte. Als sie diese Kunst krankheitsbedingt nicht mehr ausüben konnte, widmete sie sich der Bildhauerei. Mit ihrer Schwester Johanna lebte sie überwiegend in Tirol, zuletzt in einem Damenstift in Freiburg. *BMB*
LIT.: Angermann 1955.

Das 20. Jahrhundert hat den Protestantismus in ungeahntem Maße politisiert. Ihren Beginn nahm diese Entwicklung unter dem Eindruck der „Socialen Frage", die der Hofprediger Adolf Stoecker Ende des 19. Jahrhunderts mit einem scharfen Antisozialismus und bösartigem Antisemitismus beantwortete. Diesen Aspekt unter dem Titel *Zwei-Reiche* abzuhandeln, bietet sich an. Denn erst in dieser Zeit nahm die komplizierte Bestimmung des evangelischen Verhältnisses zu Staat, Gesellschaft und Politik aus der lutherischen Gnadenlehre heraus eine Gestalt an, unter der sie sich gründlich missverstehen ließ: als beziehungsloses Nebeneinander von Gottesreich und Reich der Welt oder als Vorstellung, menschliche Kulturleistungen ließen sich unmittelbar mit Gottes Willen gleichsetzen.

Die riesige Kreuzigungsdarstellung, welche die Szene beherrscht, verweist auf die tiefe Zäsur, die der verlorene Erste Weltkrieg für den „Kulturprotestantismus" bedeutete. Das Gemälde gehört zu einem Gefallenendenkmal, das in einem evangelischen Gotteshaus in Gelsenkirchen zu finden ist. „Wo war im Krieg und im Nachkriegskampf das deutsche evangelische Pfarrhaus? Auf seinem Posten", hieß es im Resümee eines Lichtbildvortrages aus den 1930er Jahren, den das Evangelische Pfarrhausarchiv in Wittenberg (heute Eisenach) herausgab. Auf diesem Posten verblieb das Pfarrhaus denn auch in den 1920er Jahren, und zwar mehrheitlich mit Abstand zur Republik. Es sind bedrückende Bilder, die gegen Ende der Ausstellung Pfarrer und Kirchenvolk beim Hitlergruß und Massenveranstaltungen der nationalsozialistischen Deutschen Christen (DC) zeigen. Die kleinsten und unscheinbarsten Dokumente sind dabei fast von größter Bedeutung: die gelbe Mitgliedskarte der DC neben der roten der Bekennenden Kirche, die sich formiert hatte gegen die Anmaßungen des NS-Staates und seiner kirchlichen Helfer, das „Führerprinzip" und den „Arierparagraphen" in der Kirche zu verankern. Einige Lebenswege aus dieser Zeit können die Besucher anhand von Schriftstücken und Fotos nachvollziehen: Genannt seien der DC-Pfarrer Walter Hoff, der sich 1943 in einem Brief der Beteiligung an einer Massenerschießung von Juden rühmte, ohne dass ihm hernach mehr als der Verlust seines Pfarramtes widerfahren wäre, aber auch die Berliner Pfarrfrau Agnes Wendland, die mithilfe eines Unterstützerkreises ein Geschwisterpaar aus jüdischer Familie im Versteck durch den Krieg brachte.

Die Bekennende Kirche hat stark in die Nachkriegsgeschichte hineingewirkt. In ihrem Namen polemisierte Martin Niemöller 1949 gegen die Gründung des westdeutschen Teilstaates, wohl auch, weil er durch die Abspaltung von östlichen Kerngebieten des Protestantismus dessen Marginalisierung im Westen befürchtete. Vor allem aber beeinflussten die Erinnerung an den „Kirchenkampf" und Scham über die Begrenztheit des kirchliche Widerstandes gegen die staatlichen

Eingriffe das Verhältnis vieler Pastoren in der Westkirche zu politischen Fragen, ob nun wie in den 1980er Jahren eine Flughafen-Startbahn oder die Abwendung der atomaren Apokalypse auf der Agenda standen. Alte Fernsehbilder in der Ausstellung vermitteln einen Eindruck von der leicht überhitzten Atmosphäre auf Kirchentagen dieser Zeit. Vereinzelte Kritiker erkannten darin allerdings eher eine aus der Weimarer Republik bekannte Distanz zu den „Niederungen" demokratischer Entscheidungsfindung - einen *status confessionis* als Dauergeste,[11] auch wenn er so meist doch nicht ausgerufen wurde. Dass vom Pfarrhaus kämpferische Impulse für die Demokratie ausgehen konnten, hat die kirchliche Opposition in der DDR bewiesen, die den Begriff „Widerstand" außerordentlich zurückhaltend gebraucht und doch 1989 eine hervorgehobene Rolle beim Fall eines totalitären Regimes gespielt hat. Für einen kurzen historischen Augenblick war das Pfarrhaus dort, wo es mehrheitlich nie sein wollte: in der Politik und sogar am Kabinettstisch.

Es mag aufgefallen sein, dass hier fast durchweg in der Vergangenheitsform gesprochen wurde. Wie es um die Gegenwart des Pfarrhauses bestellt ist, wie seine Zukunft aussehen mag – das sind Fragen, die im diskursiven Umfeld der Ausstellung besser aufgehoben sind als in dieser selbst. Die Historisierung des Themas mag wie das Dahinschwinden des traditionellen Pfarrhaus-*oikos* für die Betroffenen auch eine Art Befreiung sein – davon, „Bürger besonderer Art" sein zu müssen und einer kulturellen Überhöhung ihres Haushaltes ausgesetzt zu sein. In der vorzüglichen, während der ersten großen Umbauphase des „Kosmos Pfarrhaus" erschienenen Zeitschrift „Die Pfarrfrau" hat eine solche – obendrein selbst Theologin – 1966 die erste eigene Amtsheimstatt auf die lapidare Formel gebracht: „vier Zimmer, Küche, Bad, ein großer Balkon".[12] Auch so kann das Pfarrhaus aussehen. Von jenem anderen erzählt diese Ausstellung.

1   Baur, 1878, S. VIII.
2   Ebd., S. 1f.
3   Buckwalter 1998, S. 299.
4   Simon 1965, S. 19–61.
5   Hansen 1998.
6   So während des interdisziplinären Kolloquiums für Christel Köhle-Hezinger „Pfarrers Kinder, Müllers Vieh …" am 5. November 2011 an der Friedrich-Schiller-Universität Jena.
7   Löwe 1866, S. 262f.
8   Trollope 1866, S. 65.
9   Löhe 1852, S. 180f.
10  Wildermuth 1857, S. 234.
11  Rendtorff 1983.
12  Rosenau 1966, S. 44.

**Eduard Mörike (1804–1875):
Gesicht aus Brille, Schinken,
Schlange**
Marbach, Deutsches
Literaturarchiv Marbach
Kat. 322

# DER GEISTLICHE STAND IM PROTESTANTISMUS

**Jan Duif (1617–1649): Pastor Otto Clemens van Bijleveld als Hirte, 1646**
Gouda, Evangelisch-Lutherse Gemeente Gouda
Kat. 1

„Pastor" ist die lateinische Bezeichnung für „Hirte". In Gleichnissen des Johannes- und des Lukas-Evangeliums umschreibt sich Jesus selbst als den guten Hirten, der sein Leben für die bedrohte Schafherde einsetzt und das verirrte Schaf auf seinen Schultern nach Hause trägt: Verweise auf seinen Opfertod für die Sünde der Welt und auf den rettungsbedürftigen Sünder. Die Schafe „kennen seine Stimme" und vertrauen ihr – deshalb ist die Verkündigung des biblischen Wortes für Protestanten der wichtigste Pastorendienst. *BMB*
LIT.: Dijkstra 2002; Legner 1959.

Mit der Neuordnung des geistlichen Standes im Zuge der Reformation sind insbesondere zwei entscheidende Veränderungen verbunden, die eine nachhaltige Wirkung entfalteten: die Abschaffung des Zölibats und die Einführung der Studienpflicht für Geistliche. Die Abkehr von der Priestern verordneten sexuellen Enthaltsamkeit und Ehelosigkeit führte zu der wechselvollen und aufgeladenen Geschichte des evangelischen Pfarrhauses mit Pfarrer, Pfarrfrau und Pfarrerskindern. Die Forderung nach akademischer Professionalisierung der protestantischen Geistlichkeit resultierte aus einem radikal gewandelten Selbstverständnis der sich neu gründenden Kirche: Sie begreift sich nicht mehr als Heilsvermittlerin, sondern das Heil wird durch den Pfarrer in der Predigt verkündigt, die das eigentliche Gnadenmittel ist. Nicht mehr die Verwaltung der Sakramente, sondern die wirkmächtige Verkündigung von Gottes Wort stehen fortan im Zentrum des Pfarrberufes. Der Geistliche soll, als „Lehrer des Christenthums", nun selbst Gelehrter sein. Von den sieben katholischen Sakramenten bleiben als „Zeugnis und Zeichen" Taufe und Abendmahl; Letzteres wird den Gläubigen in beiderlei Gestalt, in Brot und Wein, ausgeteilt. Wichtigstes Ausstattungsstück protestantischer Kirchen aber wird die Kanzel. Beides – der verheiratete Priester mit seiner Familie wie der wortgewaltige Prediger – verbindet sich visuell wie narrativ bis in die Gegenwart mit den Lutherbildern des 19. Jahrhunderts: Die darin populär veranschaulichte protestantische Erzählung vom (vermeintlich) ersten Pfarrhaus im Schwarzen Kloster in Wittenberg, in dem die beiden ehemaligen Ordensangehörigen Luther und Katharina von Bora die (vermeintlich) erste Priesterehe eingingen, prägt nach wie vor unsere Vorstellungen vom evangelischen Pfarrer wie vom Pfarrhaus.

Die ersten Jahrzehnte des neuen geistlichen Standes waren von heftigen publizistischen Auseinandersetzungen geprägt, denn der neue pastorale Lebensentwurf, der das Konkubinat legitimierte, musste sich gegen den römischen Entwurf des zölibatär lebenden Priesters erst profilieren. In die sich daraus ergebende besondere Vorbildfunktion des neuen Lebensmodells war die Familie des Pfarrers zwangsläufig eingeschlossen. Die Autorität dessen, was der Pfarrer auf der Kanzel predigte, musste durch die gelebte Alltags- und Lebenspraxis der Pfarrfamilie beglaubigt werden.

Die Selbstrekrutierungsrate des protestantischen Pfarrerstandes war von Beginn an hoch. Dazu trugen Stipendien der Landesherren oder von Familienstiftungen bei, die es den Pfarrfamilien ermöglichten, ihren Söhnen eine (theologische) akademische Ausbildung zukommen zu lassen, eine weitverzweigte familiäre Vernetzung durch gezielte Heiratspolitik tat ein Übriges. So entstanden jene großen Pfarrerdynastien, deren Söhne und Töchter dem geistlichen Amt als Pfarrer oder Pfarrfrauen über viele Generationen verbunden blieben. Die damit einhergehende familiale Tradierung nicht nur beruflichen Wissens, sondern auch berufsständischen Selbstbewusstseins sollte sich als ein wesentliches Moment bei der Durchsetzung des neuen priesterlichen Lebensmodells erweisen.   *SB*

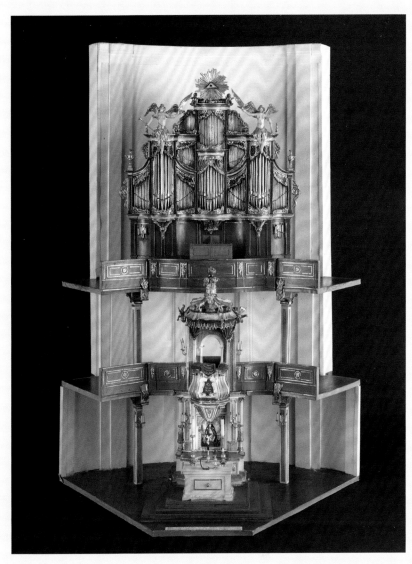

**Horst Dühring (1930–2006): Modell Kanzelaltar mit Orgel, Dreifaltigkeitskirche Berlin, 1997**
Berlin, Evangelische Kirchengemeinde in der Friedrichstadt
Kat. 17

Die 1739 eingeweihte und im Zweiten Weltkrieg zerstörte Berliner Dreifaltigkeitskirche, in der auch Friedrich Schleiermacher (1768–1834) im 19. Jahrhundert über 25 Jahre predigte, war ein klassischer protestantischer Zentralbau, an dessen Ostseite Altar, Kanzel und Orgel in einer Achse übereinander angeordnet waren. So entstand gleichsam eine „heilsgeschichtliche Schauwand und Aktionsbühne". Im protestantischen Kanzelaltar gelingt die Zusammenschau allen gottesdienstlichen Handelns in baulicher Gestalt: Musik, Wort und Sakrament ergeben eine liturgische Einheit. *SB*
LIT.: Mai 1969.

Pastor Petrus Pauli und seine
Frau Maria (Riffelbild), um 1650
Breklum, Evangelisch Lutheri-
sche Kirchengemeinde Breklum
Kat. 5

Riffelbilder bieten eine ef-
fektvolle optische Täuschung,
die je nach Blickrichtung (von
links oder rechts), die Sicht auf
eins der beiden, in einem Bild
verbundenen Motive, öffnet.
Dieses Medium wurde vor allem
für Doppelbilder mit Kreuzigung
und Auferstehung oder Porträts
von Ehepaaren genutzt, um ein
inhaltliches Ganzes auch medial
sichtbar zu machen. Petrus
Pauli (1596–1687), fast 60 Jahre
Pastor in Breklum, und seine
Frau Maria Pauli (1614–1700),
die über 50 Jahre im Ehestand
miteinander gelebt hatten,
sind in diesem Bild auf ewig
verbunden. *SB*
LIT.: Philippovich 1966, S. 33–41;
Kiel 2000, S. 248, S. 275.

**Augustana-Bild, Stifterbild des Schumachers
Vlerich Feßlen, 1711**
Ulm-Jungingen, Ev. Kirchengemeinde Jungingen
Kat. 2

Die sogenannten Konfessionsbilder kamen zum hundert-
jährigen Jubiläum der Confessio Augustana auf, jenes historischen 25. Juni 1530, an dem die lutherischen Reichsstände
Kaiser Karl V. auf dem Reichstag zu Augsburg ihr grundlegen-
des Glaubensbekenntnis überreicht hatten. Im Mittelpunkt
dieser konfessionellen Selbstvergewisserung, die die Kasualien – die Amtshandlungen – bildlich festhält und jeweils
mit einem Bibelvers erklärt, stehen, anders als üblich, nicht
die Übergabe der Bekenntnisschrift, sondern Christus, der
Gekreuzigte, das Altarsakrament und dessen Austeilung in
Form von Brot und Wein. Taufe, Beichte, Predigt, Katechese,
Eheschließung und Kirchenmusik – über allem Tun und Handeln waltet Gottvater. *SB*
LIT.: W. Brückner 2007.

Otto Wagenfeldt (1610–1671):
a) Das Abendmahl, um 1650
b) Die Taufe, um 1650
Hamburg, Ev.-luth. Hauptkirche St. Jacobi
Kat. 58 und 59

Die Bilder der beiden lutherischen Sakramente stammen aus
einer Gesamtdarstellung christlicher Heilsgeschichte in über
60 Gemälden, die sich auf der im 19. Jahrhundert abgebro-
chenen Empore der Hamburger Jacobi-Kirche befanden. Die
Taufe wird als reale liturgische Handlung gezeigt, der Pastor
trägt die bis heute übliche Amtstracht – den schwarzen
Talar mit dem Mühlsteinkragen. Das als Wandelkommunion
dargestellte Abendmahl folgt alten liturgischen Traditionen:
Auf der Evangelienseite wird das Brot, auf der Epistelseite
der Kelch gereicht. *SB*
LIT.: Schilling 2000, S. 119f., S. 159f.; Sitt 2007, Nr. 261f.

Carl August Schwerdgeburth (1785–1878): Blatt aus
dem Stahlstich-Zyklus über das Leben Luthers, 1843:
Luther im Kreise seiner Familie zu Wittenberg am
Christabend 1536
Berlin, Deutsches Historisches Museum
Kat. 22

Schwerdgeburth hat mit seinem Weihnachtsbild der Familie
Luther, das „in jeder Beziehung eine Fehldeutung des
19. Jahrhunderts" ist, die Luther-Ikonografie maßgeblich
geprägt und der Vorstellung vom vorbildlichen ersten
Pfarrhaus und einer deutschen Familienweihnachtsfeier
unter dem Christbaum nicht nur seine Ikone geschaffen,
sondern auch das bis heute vermutlich wirkmächtigste
Geschichtsbild des evangelischen Pfarrhauses. *SB*
LIT.: Weber-Kellermann 1978; Nagy 2003.

Johannes Schilling

# LEITBILD LUTHER?
## MARTIN LUTHER, DAS DEUTSCHE PFARRHAUS
## UND DER EVANGELISCHE PFARRERSTAND

War oder ist Martin Luther ein oder gar das Leitbild für den evangelischen Pfarrerstand? Seit Jahrhunderten und über Generationen hinweg, so lautet die Vermutung, habe Martin Luther als Beispiel für die protestantische Geistlichkeit gestanden und gewirkt – der Professorentalar konnte ja auch leicht mit dem des Pfarrers verwechselt werden. Luther habe, so kann man lesen, mit der Reformation der Kirche auch die Erneuerung des geistlichen Standes auf den Weg gebracht und der Geistlichkeit die verlorene Würde zurückgegeben. Zudem fungiere das „Leitbild Luther" auch als Modell für die evangelische Pfarrersfamilie und über diese hinaus für Familie überhaupt.

Was aber begründet diese Vermutung? Warum sollte Luther eine Orientierungsgestalt oder gar ein Leitbild gewesen sein? Und sollten sich Züge dieses Bildes noch immer in der Kultur der Gegenwart finden? Gewiss, von Luther ist bei Einführungen und Verabschiedungen von Pfarrern immer wieder und noch immer die Rede. Wie eine Art Übervater steht er über dem Geschehen, wird zitiert, mit echten und unechten Worten und Sprüchen, und als Exempel vor Augen geführt.

Aber der, den man da zitiert oder evoziert, war selbst kein Pfarrer. Die Vorstellung vom „Leitbild Luther" muss oder müsste demnach einen anderen Grund haben als den der Orientierung an einem prominenten Vertreter des eigenen Berufsstandes.

## DER EVANGELISCHE PFARRER
## UND SEIN PFARRHAUS

Seit den Anfängen der Mission organisiert sich das Christentum als Kirche in Gemeinden, Pfarrgemeinden. Im Bereich Deutschlands bildete sich das Netz von Pfarreien seit dem 13. Jahrhundert aus; die Grenzen der Pfarreien um 1950 dürften denen um 1500 weitgehend entsprechen. In den Entwicklungen der Städte seit dem 19. Jahrhundert wurden aus den frühen Pfarrkirchen Töchter ausgegründet; zur Neuerrichtung von Pfarreien kam es im Zuge der Neugründung von Kommunen.

Pfarrhäuser gab es im deutschsprachigen Bereich seit dem 9. Jahrhundert. Pfarrer benötigten und benötigen für die Ausübung ihres Dienstes eine Subsistenz, und eine domus presbyteri, ein Pfarrhaus, das seit den Anfängen mit Hof und Garten versehen war, gehörte dazu. Auch Pfarrersfamilien lebten von Beginn an darin – vor der Durchsetzung des Zölibats, aber auch danach, nun indes gegen das kirchliche Recht und von der kirchlichen Obrigkeit und den Gemeinden kritisiert, bekämpft, mitunter auch geduldet.

Was ist ein Pfarrer? Der Pfarrer war und ist vor und nach der Reformation Inhaber der Pfarrstelle. Pfarrersein ist an eine Pfarrei gebunden; der Pfarrer ist der Ortsgeistliche, der im Auftrag der Kirche den Dienst an seiner Kirche versieht. Eine Pfarrkirche ist diejenige Kirche, die in einem bestimmten Bezirk über die Pfarrrechte verfügt.

Was aber einen evangelischen Pfarrer von einem vorreformatorischen Pfarrer unterscheidet, ist, dass an die Stelle des Sakraments der Priesterweihe das theologische Studium und die Ordination als Beauftragung zum geistlichen Amt getreten sind.

Durch Beten, Meditieren und durch Anfechtung werde man zum Theologen, hat Luther erklärt, ein frommer Gebildeter und ein gebildeter Frommer solle dieser sein. Mit der Überzeugung, eine Kirche des Evangeliums brauche kompetente Ausleger desselben, erhielt das Theologiestudium konstitutive Bedeutung für die Vorbereitung auf den Pfarrberuf. Und das evangelische Credo, zwischen „Laien" und Priestern gebe es keinen kategorialen Unterschied, sondern durch die Taufe seien alle Priester und geistlichen Standes, führte dazu, dass das geistliche Amt durch „Schriftkundige" wahrgenommen werden sollte.

Im Laufe der Zeit nahm das Theologiestudium als Vorbereitung auf den Beruf des Pfarrers immer wieder neue Gestalt an; von der anfänglichen meditatio des Wortes Gottes aus erfolgte noch im 16. Jahrhundert ein Prozess von Akademisierung, Konfessionalisierung, Disziplinierung und Professionalisierung, der sich in den folgenden Jahrhunderten bis in die Gegenwart an den je gegenwärtigen Bedürfnissen von Kirche und Gesellschaft ausrichtete und auf sie bezog.[1]

Mit der Ordination werden evangelische Pfarrer zum Dienst in der Kirche beauftragt und erhalten die Rechte des geistlichen Standes. Es geht dabei auch darum, dass die Wahrnehmung dieser Aufgabe ordnungsgemäß erfolgt, nach Berufung durch die Gemeinde oder eine kirchliche Obrigkeit. Am 14. Mai 1525 wurde Luthers Mitarbeiter Georg Rörer in Wittenberg als erster evangelischer Geistlicher ordiniert, seit 1535 erfolgten regelmäßig Ordinationen in Wittenberg, später auch an anderen Orten.

Wie aber sollte der Pfarrer sein? Welche Erwartungen wurden in den Anfängen des neuen Berufsstandes an diesen gestellt? Luther selbst hat sich in seinen Schriften, Briefen und Predigten immer wieder zu Beruf und Stand des Pfarrers geäußert, sei es auf Anfrage zahlreicher Gemeinden, sei es aus eigener Initiative. Gelehrt soll er sein, ein guter Didaktiker, eloquent, unabhängig, mutig, geduldig, Leib und Leben soll er an seine Sache setzen. Prediger des Evangeliums soll er sein – der Dienst am Wort ist sein Beruf.

Nach den Visitationen in Kursachsen wurde mit dem „Unterricht der Visitatoren" eine Grundlage für die Anforderungen der Amtsträger und der Gemeinden gelegt, und in der Folgezeit erschienen zahlreiche Schriften, die die Erwartungen an die Ordinanden formulierten, im Hinblick auf die Lehre etwa Philipp Melanchthons „Examen ordinandorum" von 1552.

Hinzu kamen „Pfarrerspiegel", wie etwa der 1556 in Wittenberg erschienene des Mansfelder Generalsuperintendenten Cyriacus Spangenberg. Unter dem Titel „Die geistliche Haustafel …" behandelt Spangenberg ihn als einen Teil des Katechismus, um darzulegen, „wie sich ein jglich Gottselig Mensch in seinem Standt vnd beruff nach Gottes willen rechtschaffen halten solle". Fünf Hauptaspekte sind es, auf denen die Wahrnehmung des Amtes beruht: 1. den Katechismus lehren; 2. Gesetz und Evangelium unterscheiden und also Gottes Zorn und seinen Trost predigen; 3. die Sakramente gemäß ihrer Einsetzung spenden; 4. Fürbitte für alle Stände halten und 5. als ein „treuer Haushalter" für die Armen sorgen.

Zur untadeligen Lebensführung macht Spangenberg im Anschluss an 1. Timotheus 3 und Titus 1 umfangreiche Vorschläge, mit biblischen und aus der Kirchen- und Theologiegeschichte gewonnenen Beispielen. Zur erfolgreichen Ausübung des Amtes ist nach Spangenberg zudem die Fürbitte der Gemeinde unbedingt erforderlich.

## EXEMPEL LUTHER

Schon zu seinen Lebzeiten wurde das Exempel Luther immer wieder neu konfiguriert. Luthers Auftreten im April 1521 vor Kaiser und Reich in Worms wurde von den Zeitgenossen in zahlreichen Flugschriften und Bildern aufgegriffen, die die Außerordentlichkeit, ja, Einmaligkeit des historischen Augenblicks auf unterschiedliche Weise thematisierten und dem eigenen Zeitgenossen einen Platz in der Heilsgeschichte vor deren Ende zuwiesen: Durch ihn war das Evangelium wiederentdeckt worden, er galt als ein letzter Zeuge und Künder der Botschaft Gottes vor dem Ende der Geschichte, als ein neuer Elias „in diesen letzten Zeiten". Die Bekennerhaltung von Worms – an sich eine „Sternstunde der Menschheit", insofern darin die Freiheit des in Gottes Wort gefangenen Gewissens zur Sprache kam[2] – wurde durch die Bildfindungen vor allem des 19. Jahrhunderts zum Gestus des Bekennens schlechthin, eines „hier stehe ich", das sich von seinem historischen Ursprungsort ablöste und verselbstständigte und gleichwohl stets auf ihn zurückbezogen werden konnte.

Wesentliche Elemente und Interpretamente der Luther-Memoria wurden im Kontext seines Todes und seines Begräbnisses formuliert, von Johannes Bugenhagen in seiner Leichenpredigt und von Philipp Melanchthon, der die akademische Gedenkrede hielt. Der „Wagenlenker Israels" sei gefallen, meinten die Hinterbliebenen, und Johann Agricola erklärte, Deutschland habe seinen größten Propheten verloren und kommende Generationen hätten keinen vergleichbaren zu erwarten. Einen wirkungsvollen Beitrag zum Lutherbild schuf der Lutherschüler Johannes Mathesius mit seinen Lutherpredigten, in denen er seiner Gemeinde und der Leserschaft seiner „Historien" ein Lutherbild präsentierte, das den „Mann Gottes" als einen ordentlich berufenen Doktor der Heiligen Schrift, als Zeugen Christi, als großen Wundermann, auserwähltes Werkzeug, ja – die Epitheta nahmen hagiografische Züge an – als Gesalbten Gottes darstellte.[3] Durch die Jahrhunderte schuf sich jede Zeit ihren Luther, den Aufklärer und den Freiheitshelden, den Künder der Neuzeit und den „Deutschen". Der überlieferte Luther inspirierte jede Generation auf eigene Weise.

## LUTHERS „PFARRHAUS"

Martin Luther war vieles: Mönch, Doktor, Sohn, Ehemann und Vater, Berater in politischen und kirchlichen, in religiösen und theologischen

Angelegenheiten, ein vielfältig beschäftigter und vielfach überforderter Zeitgenosse. Aber ein Pfarramt hat er so wenig bekleidet, wie das Wittenberger Augustinerkloster ein „Pfarrhaus" war – es war nicht als solches, sondern als Kloster gebaut, und es wurde nicht von einem Pfarrer und seiner Familie bewohnt. Das erste „evangelische" Pfarrhaus steht neben der Wittenberger Stadtkirche – Johannes Bugenhagen war als evangelischer Pfarrer der Stadt sein erster Bewohner, und die Pfarrer und Superintendenten Wittenbergs haben über Jahrhunderte in diesem Haus gelebt.

„Luther hat dem evangelischen Pfarrhaus theologisch den Weg gebahnt, es aber nicht begonnen" resümiert der Theologe Eberhard Winkler.[4] Die ersten Pfarrer, die der neuen Theologie folgten – ob man sie „evangelisch" nennen mag, steht dahin –, heirateten in den Jahren 1521 und 1522. Luther hatte die Ehe als die dem Menschen gemäßere Lebensform ausdrücklich dem zölibatären Leben vorgezogen, dieses aber als mögliche Ausnahme akzeptiert. Den Vorreitern schlossen sich bald andere Pfarrer an, und als Luther selbst, nach langem Zögern, am 15. Juni 1525 Katharina von Bora heiratete, war die Priesterehe kein so außerordentlicher und skandalöser Schritt mehr wie noch einige Jahre zuvor. Skandalös war im Falle Luthers und Katharinas vielmehr, dass ein ehemaliger Mönch und eine ehemalige Nonne die Ehe miteinander eingingen – die gegnerische Seite hat diese Eheschließung denn auch mit Schmähschriften überzogen und als Ausdruck der Hurerei gegeißelt. Dabei sollte sie nach Luthers Ansicht gerade das Heilmittel gegen dieselbe sein.

Gleichwohl hat die evangelische Welt in ihrer Vorstellung Luthers Haus zum Pfarrhaus und die Lutherfamilie zur Pfarrerfamilie gemacht. Der Dichter Jochen Klepper, der ein großes Projekt über das Pfarrhaus vorhatte, das er nicht zum Abschluss hat bringen können, schreibt in einem Beitrag über „Das evangelische Pfarrhaus und die deutsche Nation": „Den Eingang der Stadt Wittenberg am einstigen Elstertore beherrscht das Augusteum, jene wunderschöne, für ihre Epoche ungewöhnlich schlichte Barockuniversität. In deren Hofe liegt das Schwarze Kloster, Luthers Augustinerkloster, das er, von seinem Kurfürsten beschenkt, zum ersten evangelischen Pfarrhause umschuf. ... Nun weiß der Eingeweihte zwar, daß nicht eigentlich Luthers Haus das erste Pfarrhaus war, sondern daß mancher einstige römische Priester in den Anbruchsjahren der Reformation ihm in der Eheschließung vorangegangen war. Aber ohne Frage datiert das Volksempfinden genau so wie das Geschichtsbewußtsein ganz

richtig, wenn sie erst mit der Begründung des Lutherschen Hausstandes das evangelische Pfarrhaus eben als Ordnung und Stand und entwicklungsfähige Grundlage in die Welt gestellt sehen. Die Geschichte hat entschieden; und sie hat – der Leser möge hierin berufenen Gewährsmännern vertrauen – richtig entschieden."[5]

Damit wird Luthers Haus als das erste evangelische Pfarrhaus „gesetzt" – durch eine Entscheidung „der Geschichte". Aber gilt überhaupt, was sich dem bedeutendsten protestantischen Liederdichter im Deutschland des 20. Jahrhunderts so darstellte? Aus den unterschiedlichen Momenten und Motiven, die sich im Laufe der Zeit mit dem Typus des evangelischen Pfarrers und mit dem Mythos von Luthers Pfarrhaus verbanden, lassen sich womöglich einige destillieren, die das „Leitbild Luther" für den evangelischen Pfarrerstand und für das Pfarrhaus und über dieses hinaus besonders geprägt haben.

## DER PREDIGER

An erster Stelle ist, um der Bedeutung des Amtes und seiner Wahrnehmung durch Luther willen, der Prediger zu nennen.

Luther hat im Lauf seines Lebens eine immense Zahl von Predigten gehalten, bisweilen drei bis vier in der Woche – zumeist in der Stadtkirche in Wittenberg, und zwar über lange Zeiten als Vertreter des abwesenden Stadtpfarrers Johannes Bugenhagen, der wegen der Neuordnung der Kirchen in Braunschweig, Hamburg, Lübeck, Dänemark, Pommern und anderswo oft monatelang unterwegs war. So konnte zeitweise zu Recht der Eindruck entstehen, Luther sei der Prediger von Wittenberg. Jedenfalls übte er an dieser Stelle pfarramtliche Funktionen aus, die dazu führten, dass er über sein Amt als Prediger wie ein Pfarrer wahrgenommen werden konnte und wurde. Auch an anderen Orten predigte Luther immer wieder, ja, das Predigen gehört zu den Kernaufgaben seines Lebenswerks. Und über Postillen, Predigtsammlungen für bestimmte Abschnitte des Kirchenjahrs, war Luther auch durch die Stimme derjenigen Pfarrer präsent, die von diesen Postillen Gebrauch machten – und eben Gebrauch machen sollten, um die neue Lehre in die Herzen einzupflanzen.

## DER LEHRER DES KATECHISMUS

Pfarrer sein bedeutet, das Evangelium den Menschen so verständlich zu machen, dass sie es für ihr Leben und in ihrem Leben annehmen können, dass sie zu Hörern und Tätern des

Christen lebendiger Besitz sein. Diese Einübung in die christliche Religion machte Luther zu einer Hauptaufgabe, als deren Krönung die beiden Katechismen gelten dürfen, der Große (Deutsche) Katechismus und der Kleine Katechismus (Enchiridion), die 1529 in Wittenberg erschienen. Schon Mathesius bemerkte: „Wenn D. Luther in seinem Lauf sonst nichts Gutes gestiftet und angerichtet hätte, denn daß er beide Katechismus in Häusern, Schul und auf den Predigtstuhl und das Gebet vor und nach dem Essen und, wenn man schlafen geht und aufsteht, wieder in die Häuser gebracht, so könnte ihm die ganze Welt des nimmermehr genugsam verdanken und bezahlen."

In der Tat sind Luthers Katechismen, insbesondere der Kleine Katechismus, zu Grundtexten der evangelischen Christenheit geworden. Generationen von Menschen haben an ihnen Lesen und Schreiben gelernt und die Grundlegung des Glaubens erfahren, etwa in Gestalt eines Morgengebets in der Familie, mit Vaterunser, Zehn Geboten, Glaubensbekenntnis und einem Psalm. Denn „den Katechismus treiben" hieß der Absicht nach nicht zuerst, die Hauptstücke auswendig zu lernen, sondern sie inwendig zu lernen; es ging dabei um die Übung der Frömmigkeit, um die Aneignung lebendiger Praxis, nicht um Kenntnisnahme von „totem" Wissen.

## DER GELEHRTE

Luther hatte selbst ein Studium der artes liberales und ein solches der Theologie ordnungsgemäß absolviert, er war Baccalaureus, Magister, Doktor der Theologie und von Beruf Universitätsprofessor. Seine Promotion galt ihm, zumal in prekären Situationen, als die ordentliche Berufung in das Amt des Schriftauslegers, das er somit ordentlich ausüben konnte und nicht usurpiert hatte. Luthers Doktortitel ist wie in kaum einem anderen Fall eines Promovierten mit seinem Namen verbunden, ja, geradezu zu einem Bestandteil seines Namens geworden, etwa bis hin in den Titel der Gesamtausgabe seiner Schriften, der Weimarer Ausgabe: „D. Martin Luthers Werke".

Luther war also durch seinen Beruf ein Gelehrter, zunächst und vor allem ein „Schriftgelehrter", der die Heilige Schrift, das Wort Gottes, in den Originalsprachen lesen und verstehen und sie so auch seinen nicht sprachkundigen Zeitgenossen verständlich zu machen vermochte, vor allem durch die Übersetzung der Bibel und durch ihre Auslegungen.

Gelehrsamkeit und Forschergeist, die sich in ganz verschiedenen Formen und auf vielfältigen Gebieten in den Pfarrhäusern entwickel-

**Johann David Schubert (1761–1822): Katharina von Bora findet ihren drei Tage vermißten Gatten, Luther, in tiefem Nachdenken am Studiertische, um 1800**
Berlin, Deutsches Historisches Museum
Kat. 21

Ein Historienbild des 19. Jahrhunderts, das Luthers „nie ermüdende Arbeitsamkeit" illustriert. Der Reformator, mit der Auslegung eines Psalms beschäftigt, soll sich eingeschlossen und drei Tage und Nächte unbeweglich an seinem Tisch gesessen haben, bis seine besorgte Frau die Tür gewaltsam aufbrechen ließ und ihn in Gedanken versunken fand. *SB* LIT.: Hofmann 1794, Tafel V.

Wortes werden. Dazu bedarf es pädagogischen und didaktischen Geschicks. Luther selbst ist es als Lehrer des Glaubens offenbar gelungen, eine Sprache zu finden, die vielen Menschen den Zugang zu den Quellen des Glaubens ermöglichte.

Unterweisung im Glauben gehört denn auch zu den elementaren Aufgaben der Pfarrer. Seit den Anfängen seiner schriftstellerischen Tätigkeit hatte es sich Luther zur Aufgabe gemacht, dem „Volk" Grundkenntnisse des christlichen Glaubens zu vermitteln. Der Glaube soll sich auf das Wort Gottes gründen; die Kenntnis der Hauptstücke, der Zehn Gebote, des (apostolischen) Glaubensbekenntnisses und des Vaterunsers sowie der beiden biblischen Sakramente Taufe und Abendmahl sollte vielen, möglichst allen

ten, konnten sich immer auch auf den Doktor Martinus beziehen. Spätere Pfarrer konnten sich bei ihren Forschungen auf den Wittenberger Vorgänger berufen oder hätten es tun können, sollte es sich nun um Landbau oder Naturwissenschaften, um Astronomie oder Feinmechanik, um Sprachgeschichte oder Volkskunde, um Kirchengeschichte oder Weltgeschichte handeln. Vor allem aber war und blieb Luther als Gelehrter ein Meister in der Auslegung der Heiligen Schrift, die, trotz aller Veränderungen und Modifikationen im Laufe der Zeit, die Hauptaufgabe evangelischer Theologie seit der Reformation war und ist.

## DER SEELSORGER

Zu den Kernaufgaben des Pfarrers gehört die Seelsorge. Luther war, wenn auch ohne Amt, das zeigen vor allem seine Briefe, ein großer und einfühlsamer Seelsorger und wurde offenbar auch als solcher wahrgenommen und gefragt. Immer wieder nahm er sich der Menschen an, die ihn persönlich um Hilfe baten, ging auf ihre Anliegen ein, versuchte theologisch und praktisch zu helfen, machte Vorschläge für das Wohlbefinden seiner Anbefohlenen und tröstete sie vor allem mit dem Wort Gottes. Angesichts der in der Regel persönlich nicht erreichbaren Briefpartner ist Luthers Seelsorge vorrangig kerygmatische Seelsorge, in die Situation der Betroffenen gesprochene beziehungsweise geschriebene, mitunter fremd anmutende Auslegung der Heiligen Schrift. Luthers Trostbriefe wurden denn auch alsbald gesammelt und in separaten Ausgaben veröffentlicht, und sie sind seit ihrem ersten Erscheinen immer wieder Referenztexte in seelsorgerlichen Situationen gewesen und geworden.

## DER KÜNSTLER

Mit der lutherschen Reformation ist die christliche Gemeinde eine singende Gemeinde geworden. Luther war, das bezeugen die Zeitgenossen und das lässt sich aus seinen Werken erkennen, ein begabter Musiker. Er spielte Laute, offenbar schon als Student gut, er hatte Einfälle für Melodien zu seinen Liedern, er kannte sich in der Musik seiner Zeit aus und schätzte deren große Komponisten, insbesondere Josquin Desprez. Er musizierte mit Studenten und Besuchern in seinem Haus; Erasmus Alber, der 1542 und 1545 in Luthers Haus zu Besuch war, berichtet, Luther sei „ein guter Musicus, hatte auch eine feine, helle, reine Stimme, beide zu singen und zu reden, war nicht ein großer Schreier".[6]

Luther betrachtete die Musik als die höchste Gabe Gottes nach der Theologie, weil sie, wie er einmal an den Komponisten Ludwig Senfl schrieb, das gebe, was sonst nur die Theologie geben könne: ein ruhiges und fröhliches Herz.

Die Erinnerung an den Musicus Luther ging nie verloren – schon seiner Lieder wegen nicht, die zum Kernbestand der evangelischen Kirchen und der Musikkultur seit der Reformation gehören. Aber mit der vermehrten Hinwendung zu seiner „Persönlichkeit", einem gesteigerten Interesse an dem „Privatleben" Luthers im 19. Jahrhundert, wurde die Lutherstube im ehemaligen Augustinerkloster nunmehr als Ort der „Hausmusik" dargestellt. In der Regel sitzt Luther „im Kreise der Seinen", Katharina und Kinder sind jedenfalls dabei, gelegentlich auch ein Besucher. Ein ins Zentrum des Bildes gerückter Martin Luther spielt entweder ein Tasteninstrument oder – historisch immerhin plausibler – die Laute.

## DER EHEMANN UND FAMILIENVORSTAND

Martin Luther war verheiratet – der 41-Jährige heiratete 1525 eine 25-Jährige –, und er war nach eigenem Zeugnis glücklich verheiratet. Die starke Frau an seiner Seite, die adlige Katharina von Bora, war ihm eine auf ihre Weise ebenbürtige Partnerin, sie bewährte sich nicht nur als seine Ehepartnerin, sondern auch als Mutter der gemeinsamen Kinder, als „Hausfrau", die das ganze große Hauswesen besorgte, als Gärtnerin, Brauerin und was sie mehr sein konnte – man lese nur die Titulaturen in den Briefen ihren Mannes, um zu ermessen, welches Glück Luther mit dieser Frau hatte. „Mein Herr Käthe" war dem Doktor Luther eine gleichrangige Gefährtin, und was der Doktor bürgerlicher Herkunft vermochte, dem konnte die „Doktorin" adligen Geblüts Paroli bieten. Geburts- und Bildungsadel waren in Katharina von Bora und Martin Luther eine Verbindung auf Augenhöhe eingegangen.

Die Geburt der Kinder, ihr Wachsen und Gedeihen, ihre Sorgen und Nöte und vor allem der Tod der geliebten Tochter Magdalene haben das Paar zusammenhalten lassen in guten und in schweren Tagen. Luthers Brief an den fünfjährigen Sohn Johannes dürfte zu den ersten Briefen eines Vaters an sein Kind gehören, die in deutscher Sprache überliefert sind.

Luthers Haus war ein offenes Haus. Dazu hat Katharina wesentlich beigetragen, durch ihre Persönlichkeit und ihre Souveränität, das Haus zu führen. Die Studenten, die in Luthers Haus

Carl August Schwerdgeburth
(1785–1878): Blatt aus dem
Stahlstich-Zyklus über das
Leben Luthers, 1843:
Luthers Vermählung am
13. Juni 1525 zu Wittenberg
Berlin, Deutsches Historisches
Museum
Kat. 23

lebten, die Verwandten, die sich zeitweise oder auch für länger dort aufhielten, die zahlreichen Besucher machten das Haus nicht nur zum Lebensmittelpunkt der Luthers, sondern zu einem einzigartigen Ort in Wittenberg – Luthers „Tischreden", wie auch immer von den „Tischgenossen" und Herausgebern stilisiert und redigiert, geben davon Zeugnis. Im 19. Jahrhundert sorgten vor allem die in großen Auflagen verbreiteten Darstellungen von Gustav König, der als „Lutherkönig" das Bild Luthers nachhaltig bestimmte, ja geradezu beherrschte, dafür, dass Luther als Familienvater im Kreise der Seinen ins allgemeine Bewusstsein Eingang fand.

Luthers Exemplarhaftigkeit für den evangelischen Pfarrerstand dürfte sich deshalb nicht zuletzt der Tatsache verdanken, dass die Familie Luther – je nach dem Ehe- und Familienverständnis des jeweiligen Zeitalters – als Paradigma einer evangelischen Familie wahrgenommen wurde.

Das Geheimnis von Luthers Wirkung liegt am Ende vielleicht darin begründet, dass man ihn als eine Persönlichkeit wahrnahm und wahrnimmt, deren Eigenschaften auch auf die Person von Pfarrern adaptiert werden können, als eine Gestalt, deren Züge sich je nach den Gegebenheiten mit der aktuellen Vergleichsperson aktivieren lassen.

Da sind seine Stärken, seine gleichsam heldenhaften Posen, sein persönlicher Einsatz, sein Mut und seine Konfliktfreudigkeit gegenüber den Großen der Welt. Da sind seine Verzagtheiten,

die Menschen bisweilen trösten konnten und können, dass es auch dem großen Luther nicht anders gegangen sei als einem selbst. Da sind die Derbheiten und die Zartheiten, die kräftige Sprache, die dem Volk aufs Maul schauen wollte und seine Sprache über Jahrhunderte geprägt hat, da ist schließlich die Botschaft, die ja doch nicht die seine war und nach seinem Willen auch nicht sein sollte. „Was ist der Luther? Ist doch die Lehre nicht mein."

Leitbild Luther? Luther selbst wollte, wie man sieht, ein Leitbild nicht sein, und er ist doch immer wieder zu einem solchen und zum Exempel gemacht worden. Wie es angesichts der gegenwärtigen und künftigen Situation in Kirche und Gesellschaft um dieses Exempel bestellt ist und sein wird, steht dahin. Luther war und ist, wie die Geschichte lehrt, auch künftig für Überraschungen gut.

LITERATUR (Auswahl)
Drews 1905; Greiffenhagen 1984; Hirzel 1940; Klepper 1940; Nieden 2006; Stehmann 1940; Volz 1930; Winkler (Pfarrer II. Evangelisch) 1996; Winkler (Pfarrhaus) 1996; Zeller 1998.

**Lutherstatuette mit Spieluhr, um 1900**
Speyer, Zentralarchiv der
Ev. Kirche der Pfalz
Kat. 123

Die nach dem Vorbild des
Wormser Lutherdenkmals von
Ernst Rietschel (1868) geformte
Lutherstatuette dokumentiert
die Aneignung des Reformators
für das bürgerliche Wohn-
zimmer im 19. Jahrhundert.
Dem miniaturisierten Riet-
schel-Luther ist das als protes-
tantisches Kampflied rezipierte
„Ein feste Burg ist unser Gott"
zu entlocken. *SB*
LIT.: Stüber/Kuhn 2002.

1   Vgl. Nieden 2006. Vgl. zur Entwicklung des
    evangelischen Pfarramtes auch Drews 1905
    sowie Greiffenhagen 1984.
2   Auf dem Reichstag in Worms hatte Luther den
    Widerruf seiner Thesen mit folgenden Worten
    abgelehnt: „Wenn ich nicht durch Zeugnis-
    se der Schrift oder klare Vernunftgründe

überzeugt werde ... so bin ich durch die Stellen
der Heiligen Schrift, die ich angeführt habe,
überwunden in meinem Gewissen und gefangen in dem Worte Gottes. Daher kann und will
ich nichts widerrufen, weil wider das Gewissen
etwas zu tun weder sicher noch heilsam ist."
3   Volz 1930.

4   Vgl. Winkler 1996 b; vgl. auch Winkler 1996 a.
5   Klepper 1940, S. 163–195, Zitat S. 163–165.
6   Alber 1594.

**Ernst Rietschel (1804–1861): Entwürfe zur Luther-Statue
für das Denkmal in Worms, 1858
a) Luther im Mönchsgewand
b) Luther im Gelehrtentalar**
Dresden, Staatliche Kunstsammlungen Dresden,
Skulpturensammlung
Kat. 45

Der Dresdner Bildhauer Ernst Rietschel übernahm die
von Johann Gottfried Schadow im ersten Lutherdenkmal
(Wittenberg 1821) geschaffene Ikonografie, die Luther im
Talar und mit Bibel darstellt, der Entwurf im Mönchsgewand
setzte sich für das Wormser Denkmal nicht durch. Der Reformator im Gelehrtentalar – der 1811 in Preußen zur offiziellen
Amtstracht der evangelischen Geistlichen wurde –, mit
heroischem Gestus und der Schrift in der Hand entwickelte
sich zur protestantischen Markenikone: Die Lutherdenkmäler
in Worms (1868), Dresden (1885), Magdeburg (1886), Berlin
(1893), Eisenach (1895), Hannover (1900) und anderswo
zeugen davon. *SB*
LIT.: Stephan 2004.

**Georg Frieß († 1854):**
**a) Pfarrer im Amtsrock mit weitem Mantel und Dreispitz (vor barocker Balustrade)**
**b) Pfarrer am Altar mit Kreuz**
**c) Pfarrer im Mantel vor gotischer Kirche**
Nürnberg, Landeskirchliches Archiv der Evangelisch-Lutherischen Kirche in Bayern
Kat. 41

**Ludwig Zeiß († 1866):**
**Pfarrer im Amtsrock, 1841**
Nürnberg, Landeskirchliches Archiv der Evangelisch-Lutherischen Kirche in Bayern
Kat. 42

Der Theatermaler Frieß und der Kanzlist Zeiß suchten ein Standeskleid für die evangelische Geistlichkeit zu entwerfen. Nach der deutschlandweiten Einführung des Talars als Dienstkleid bei allen kirchlichen Aufgaben fehlte ein einheitlicher Amtsrock, der bei außergottesdienstlichen Pflichten getragen werden konnte und die Geistlichen deutlich als solche kennzeichnete. Zur Durchsetzung eines verbindlichen Standeskleides kam es aufgrund fehlenden Konsenses auf den Synoden nie. *AR*
Lit.: Simon 1965.

**Entwürfe für die Amtstracht der Vikarinnen, 1950er Jahre**
Düsseldorf, Archiv der evangelischen Kirche im Rheinland
Kat. 39 und 38

Bei der Diskussion um die Amtstracht der Vikarinnen ging es um mehr als nur modische Erwägungen. Dahinter verbarg sich die Frage nach der Ausübung pfarramtlicher Tätigkeiten durch Theologinnen. Die Vikarin Änne Kaufmann (1903–1991) präsentierte 1946 die von ihr in Auftrag gegebenen Entwürfe. Der „New-Look-Stil" einiger Skizzen fand keine Zustimmung. Ein schwarzes Gewand mit weißem Schutzkragen schrieb schließlich das Vikarinnengesetz von 1952 vor. Das Beffchen blieb bis 1987 den männlichen Amtsinhabern vorbehalten. *KA*
LIT.: Herbrecht 2006; Schatz-Hurschmann 1992.

## ORDINATIONSVERSPRECHEN (16. JAHRHUNDERT)

*„Ich N.N. Pfarrer zu N. bekenne mich mit mund und hertzen zu dieser einigen warhaftigen und von Gott geoffenbarten lehr, welche verfaßt ist in den schriften der h. Propheten und Apostel vnd in den h. Symbolis, Apostolico, Niceno und Athanasij: halte es auch gewißlich vnd ungezweifelt darfür, daß derselben Summa vnd inhalt nach Ihrem eigentlichen verstand In allen fürnemsten Artickeln verfaßt sey in der Konfeßion Anno 1530 zu Augspurg dem Römischen Keyser Carolo V. von den protestirenden Stenden des Reiches vberantwortet, auch in derselben Apologia sowol In corpore doctrinae zu Wittenberg gedruckt, mit welcher auch die schriften D. Martinj Lutherj im grund übereinstimmen vnd wiedersprech allen secten und lehren, so darwider streiten, verspreche auch vor dem Sohn Gottes und dieser Kirchen Superintendenten vnd seinen Mittdiener, daß ich vormittels Göttlicher gnade bey solcher lehr und bekenntniß bestendiglich bleiben, dieselbe in meiner kirchen treulich pflanzen wil, auch für vnd für ein gliedmaß sein vnd bleiben der kirchen, so diese einige, wahre himlische lehr bekennt, Auch, mein leben vnd wandel so anstellen, damit ich diesem Edelen schaz und dem h. ministerio keinen schandfleck wissentlich und vorsezlich anhenge, alleß treilich vnd ohne geferde.“*

Zit. n.: Correspondenzblatt des Vereins für Geschichte der Evangelischen Kirche in Schlesien 6 (1898/99), S. 162f.

## TRADITIONSLINIEN

*„Wenn ich der Geschichte dieses Zimmers gedenke: wieviel wichtige und heilige, aber auch wie manche traurige Erinnerungen sind mit ihm verknüpft! Ich habe die große Tafel in der Kirche studiert, auf der die Namen meiner Vorgänger stehen; (der meinige noch nicht, denn der Maler wartet, bis ich verzogen oder gestorben bin, dann wird der ganze Zusatz in einem Anstriche besorgt;) – ich habe dabei als gelehrten Kommentar die Berichte und Ueberlieferungen der greisen Dorfbewohner zu Rate gezogen; und nun stelle ich mir vor, wie hier, unbeachtet auf der großen Weltbühne, viele Geschlechter einander gefolgt sind. Hier schrieb, kurz nach dem Bau des Pfarrhauses, der gelehrte aber ängstliche Adisius seine vorsichtig abgefaßten Predigten, worin dennoch hochweise Kirchenälteste, unterstützt von einem Eiferer unter seinen benachbarten Amtsbrüdern, die arminianischen Irrlehren zu entdecken wußten; hier durchwachte er Nächte über seiner ‚Verteidigungsschrift‘, bis er endlich hinwegsiechte vor Arbeit und Herzeleid, betrauert nur von den Einfältigen und Armen. Hier schrieb sein Nachfolger, ein heftiger Kontra-Remonstrant, gelehrte Schrifterklärungen, die niemand von seinen Zuhörern recht verstand, die aber doch die Gemeinde erbauten, weil die Wortführer, die ‚Vokale‘ in ihr, sie lobten. [...] In späteren Zeiten sah dieser Tisch wieder ganz anders aus: an Stelle der schweren Folianten und Quartanten, die die Kraft des Eichenholzes auf die Probe stellten, lag darauf ein bunter Haufen Zeitungen, Hefte und neuere Philosophen; und der fortschrittlich gesinnte Noltens, der mit der lateinischen Endung seines Namens auch mit einem Male alles, was ihm altes Vorurteil zu sein dünkte, ablegen wollte, schärfte seinen Verstand, um eine Bibelstelle zu finden, für eine Predigt über die ‚Menschenrechte…‘ Und jetzt,*

*nach so manchem Schicksalswechsel, den dieses Zimmer erlebt hat, sitze ich hier, bis auch mein Name auf die Tafel kommt, und all mein Denken und Schreiben und Reden, meine Hirtensorge und meine Jugendirrtümer eingeschlossen sind in den kleinen Raum zwischen den Worten: ‚eingeführt ... Mai 1838 – verzogen oder verstorben ...‘"*

Cornelis Elisa van Koetsveld, Skizzen aus dem Pfarrhause in Mastland. Ernstes und Heiteres aus dem Leben eines niederländischen Dorfpfarrers, Leipzig³ 1905, S. 3f.

**Nicolaus Georg Geve (1712–1789): Erdmann Neumeister, 1753**
Hamburg, Hamburger Kunsthalle
Kat. 9

Erdmann Neumeister (1671–1756), von 1715 an Hauptpastor an St. Jacobi in Hamburg, steht in Talar und Mühlsteinkragen in einer stilisierten Studierstube. Neumeisters Wahlspruch „Gott der Herr ist Sonne und Schild" (Ps. 84, 12) ziert nicht nur den Tischüberwurf und die Gedenkmedaille zu seinem fünfzigjährigen Amtsjubliäum (1747), er pflegte ihn auch an den Anfang und das Ende seiner Schriften zu setzen. *SB*
LIT.: Sitt 2007, Nr. 3091; Hamburger 1908, Nr. 3703.

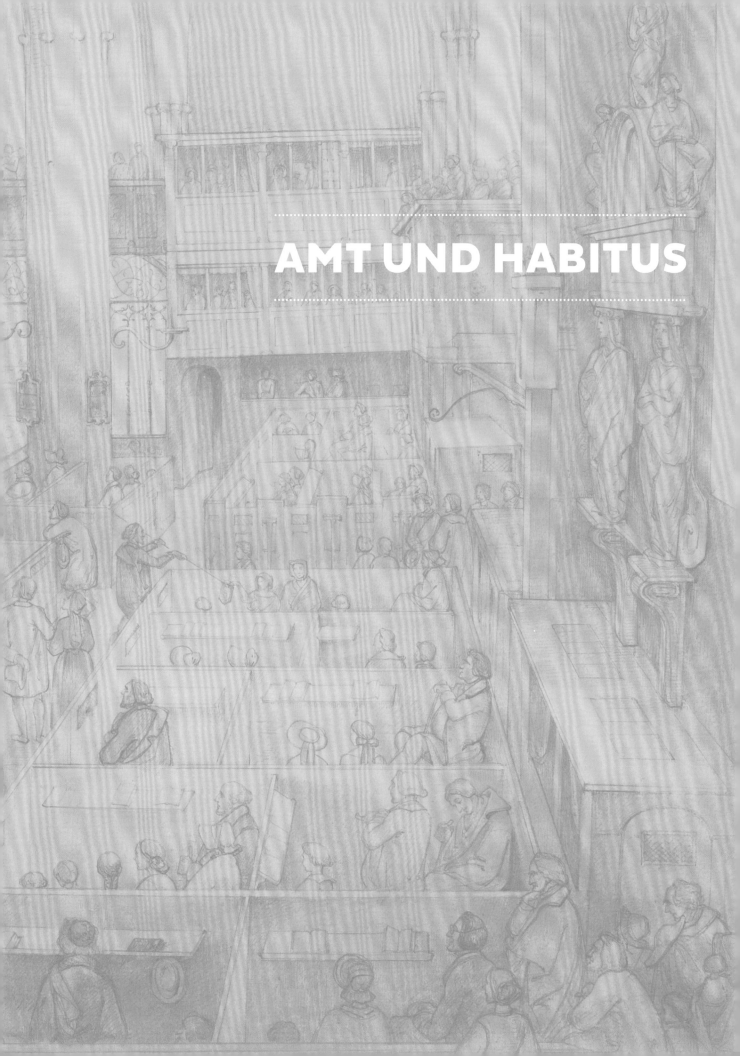

# AMT UND HABITUS

**Studierstube Pfarrhaus Zoppoten, 1930er Jahre**
Eisenach, Landeskirchenarchiv Eisenach
Kat. 95

Eine komplett ausstaffierte pastorale Studierstube: mit
Schreibtisch und Stehpult, Bücherregalen, dem segnenden
Christus von Thorvaldsen, dem Sofa unter dem Memorialbe-
zirk mit unzähligen Familiendevotionalien und einem kleinen
Altar im „Herrgottswinkel", auf dem neben einem Kruzifix
bemerkenswerterweise eine Menora steht. In dieser Stube
studierte und amtierte der ostthüringische Pfarrer Friedrich
Adler (1872–1937) von 1905 bis kurz vor seinem Tod. *SB*
LIT.: Heller 2004, Nr. 3; M. Warnke 1979.

Auch wenn die reformatorische Bewegung das Priestertum aller Gläubigen propagierte, so blieb das Amt des Predigers bestehen, nun allerdings verstanden als legitimierter Verkündiger des Wortes. Zentrale Bühne des geistlichen Amtes war der Gottesdienst mit der Predigt, die im Protestantismus ins Zentrum kirchlicher Praxis gerückt war. Sie war die rhetorische Königsdisziplin der protestantischen Schriftreligion, darauf gerichtet, dem Kirchenvolk die (Exempel-)Geschichten der Bibel verständlich und mit Blick auf ein frommes Leben zugänglich zu machen. Die überaus reich überlieferte, oftmals gedruckt vorliegende Predigtliteratur belegt eindrucksvoll den besonderen Stellenwert dieser Gattung. Manch ein Pfarrer widmete sich dieser Aufgabe mit solch ausufernder Hingabe, das Predigten nicht selten weit über 50 Druckseiten zählen.

Das gottesdienstliche Handeln vereinte Schriftlesung, -auslegung und die liturgische Dramatisierung des heiligen Textes. Verbindliche Anleitung erhielten die Pfarrer durch die liturgischen Formulare der Agende, in der die Ordnung des Gottesdienstes wie der Amtshandlungen verzeichnet waren. Die einschlägigen sozialen wie religiösen Passageriten, von der Taufe über die Konfirmation und die Eheschließung bis zum Begräbnis, vollzog der Pfarrer in doppelter Funktion: als Zeremonienmeister wie als Standesbeamter, der sie in den entsprechenden Kirchenbüchern verzeichnete – alleinige Aufgabe und Privileg der Amtskirchen bis in die zweite Hälfte des 19. Jahrhunderts. Die Kirchengemeinde war zugleich Bürgergemeinde, die soziale Differenzierung bis in die feste gottesdienstliche Sitzordnung und die Einrichtung der Kirchen mit Rats- und Patronatsgestühl hinein sichtbar.

Das lebenslange Forschen und Fragen nach den Fundamenten des Glaubens, dem sich der Pfarrer in seiner Studierstube widmete, stand stets in Konkurrenz zu den zahlreichen sekundären Funktionen des Pfarramtes. In seiner Gemeinde vertrat der Pfarrer sowohl die kirchliche wie die weltliche Obrigkeit – als Sachwalter des wahren Glaubens und Hüter der Moral wie als Staatsdiener. Zur Sicherstellung der kirchlichen Ordnung und Lehre, was Fragen von Ehe- und Sexualmoral einschloss, standen dem Pfarrer verschiedenste Mittel der Kirchenzucht seiner Gemeindeglieder zur Verfügung, vom Abendmahlausschluss bis zur Erhebung von Strafgebühren. Der Protestantismus hat das Amt des Priesters – als Vorsteher kultisch-liturgischer Handlungen und Mittler zwischen Diesseits und Jenseits – zu einem Beamtenberuf gemacht. Die Studierstube, die

geistliche Rüstkammer des Pfarrers, wurde zugleich Amtsstube.

Im Amt des Pfarrers sind Beruf, Habitus und Lebensführung unauflöslich vereint. Als erster Christ der Gemeinde ist er gefordert, die Lehre, die er verkündigt, mit der sittlichen Gestaltung seines Lebens in Einklang zu bringen. Das eine muss durch das andere beglaubigt werden. Sein Auftreten, seine Bekanntheit, die Vertrautheit mit der inneren Entwicklung der Gemeinde, seine Art, sich zu kleiden, und seine gesellschaftlichen Kontakte hoben ihn aus der Gemeinde heraus; gleichzeitig unterstand er deren strenger sozialer Kontrolle. Die Pastoraltheologien zeichnen ein Bild des autoritären und zugleich gütigen Hausvaters, der sich um das Leben seiner anvertrauten Schäfchen hingebungsvoll sorgt.

Konkurrenz erwuchs dem protestantischen Priesteramt aus den erwecklichen Laienbewegungen (wie etwa den Haugianern), die die refor-

Kanzel-Sanduhr, 1. Viertel
17. Jahrhundert
Berlin, Deutsches Historisches Museum
Kat. 120

Barocke Kanzel-Sanduhren waren ursprünglich mit vier Gläsern ausgestattet, die eine viertel, eine halbe, eine dreiviertel und eine volle Stunde anzeigten. Damit ließ sich die Redezeit der protestantischen Prediger kontrollieren, die bei der Darlegung der neuen Lehre zur Weitschweifigkeit neigten und so die Gläubigen von ihrer Arbeit abhielten. In vielen Kirchenordnungen wurde die Predigt daher auf eine Stunde begrenzt. *AR*

**Johann Sixt Ringle (verm.1576–um 1653): Innenansicht des Basler Münsters mit Blick gegen den Chor, dat. 1650**
Basel, Historisches Museum Basel
Kat. 81

Kirchengemeinde als Ordnung der städtischen Gesellschaft: Zum Gottesdienst haben sich die Mitglieder des städtischen Rates im „Häuptergestühl" (vorn) zusammengefunden, mit dem Bürgermeister in der Mitte (links). Der Pfarrer ist als Prediger auf der Kanzel betont (hinten rechts), nicht als Spender der Sakramente – Erster unter Gleichen der Gemeinde, nicht Priester wie im katholischen Verständnis des Amtes. *BMB*
LIT.: Historisches Museum Basel 1994, S. 127.

matorische Idee der religiösen (Selbst-)Ermächtigung der Laien radikal in die Tat umsetzten und die Bibel ohne pastorale Anleitung auslegten und im Zuge dessen eigene Gemeinden und (Frei-) Kirchen gründeten.

Am Ende des 19. Jahrhunderts mit seinen gewaltigen historischen Veränderungen, die im Pfarramt mit einem zunehmenden Funktionsverlust (Wegfall der Schulaufsicht, Einführung des zivilen Personenstandswesens et cetera) einhergingen, stand in Preußen die tatsächliche Verbeamtung der Pfarrer nach dem Vorbild der höheren Staatsbeamten. Ohnehin geht ein Großteil dessen, was das Amt bis heute ausmacht, auf Entwicklungen im vorletzten Jahrhundert zurück: etwa die Einführung des schwarzen Talars als verbindliche pastorale Amtstracht, mit der sich das evangelische Priesteramt eine Traditionslinie bis zurück zu Luther erfand; der Reformator aber hatte bewusst die Mönchskutte ab- und den bürgerlichen Gelehrtentalar

angelegt, um die Trennung zwischen Priester und Laien auch symbolisch zu überwinden.

Der Protestantismus erlebte die Entstehung regelrechter Pfarrerdynastien, in denen ein gewachsenes Amtsverständnis – mitunter auch das Amt selbst – von Generation zu Generation weitergegeben wurde. Das galt indes nur für die Söhne. Frauen blieb die Übernahme des Pfarramtes bis in die zweite Hälfte des 20. Jahrhunderts verschlossen. So selbstverständlich die Präsenz von Pfarrerinnen in Gemeinde und Öffentlichkeit den meisten heute erscheinen mag, ist sie historisch gesehen erst von ausgesprochen kurzer Dauer. *SB*

Unbekannter Maler: Innenansicht der reformierten Kirche in Koog aan de Zaan während eines Gottesdienstes, um 1830
Utrecht, Museum Catharijneconvent
Kat. 83

Der Innenraum ist auf Predigerkanzel und Orgel konzentriert, also auf das gesprochene und gesungene Wort, nicht auf einen mittig angelegten Altar: Das Abendmahl trägt bei Reformierten nicht sakramentalen, sondern rein memorialen Charakter und wird infolgedessen an einem Tisch eingenommen, oft unterhalb der Kanzel. Jeder Bildschmuck fehlt, selbst das Kreuz. Die Szene zeigt das Einsammeln der Kollekte. *BMB*
LIT.: Dijkstra 2002.

**Theodor Schwarz (1777–1850): Uferpredigt des Pastors
Ludwig Gotthard Kosegarten bei Vitt, frühes 19. Jahrhundert**
Stralsund, Kulturhistorisches Museum der Hansestadt
Stralsund
Kat. 80

Kosegarten (1758–1818), Pastor auf Rügen seit 1792, war zugleich Dichter und Übersetzer, zumal von James Macphersons
Epos „Ossian", das großen Einfluss auf die nahende Romantik
ausübte. Die Uferpredigten, gedacht für Heringsfischer, die
nicht zur Kirche gehen konnten, kamen Kosegartens Suche
nach Gotteserfahrung in der Natur (Pantheismus) entgegen.
*BMB*

**Theodor Rebenitz (1791–1861): Blick in das Innere der
St. Nikolai-Kirche in Kiel mit dem predigenden Claus Harms**
Schleswig, Stiftung Schleswig-Holsteinische Landesmuseen
Schloss Gottorf
Kat. 82

Abgezirkelte „Herrschaftsstände" (für die Patronsfamilie)
und „Priechen" (für sonstige privilegierte Gruppen) teilten
Kirchenräume entsprechend einer ständischen Ordnung auf.
Der Pfarrer sprach zur Gemeinde als Abbild der Gesellschaft.
Aber ob arm oder reich: Die Sätze des wortgewaltigen Predigers und Pastoraltheologen Claus Harms (1778–1855) fuhren
„wie Spieße und Nägel" auf alle gleichermaßen herab. *BMB*
LIT.: Lexikon für kirchliches Kunstgut 2010, S. 94; Protestantismus 1929, S. 38.

**Johann Peter Hasenclever (1810–1853): Die Pfarrerskinder, um 1847**
Wuppertal, Stiftung Sammlung Volmer
Kat. 263

Hier wird das Pfarrhaus wahrhaftig zur Bühne: Die beiden
Pfarrerskinder sind in die Rollen und Kostüme ihrer Eltern
geschlüpft, der Junge hoch aufgereckt in stolzem Blick mit
lutherischem Beffchen, Perücke, Stock und mächtiger Bibel
unter dem Arm, an seiner Seite die Schwester, die Augen
züchtig niedergeschlagen, mit Hut, Schleier und Gesangbuch
ausgestattet, setzen sie den Kirchgang im aufgebauten
Spielzeugdorf in Szene. Alle einschlägigen Requisiten sind
vorhanden: das Bücherregal, die Tabakspfeifen, die Familie-
nerinnerungen an der Wand, Wein und Kelch auf dem Tisch,
Pfarrer und Pfarrfrau an der Kaffeetafel im Hintergrund. An
der Decke zwei große Papageienkäfige, die schließen lassen,
dass die Predigten des Kirchenmannes den Leistungen dieser
Vögel nicht unähnlich sein mögen. Ein Auftritt, der den ganzen pastoralen Habitus entlarvt. *SB*
LIT.: Soiné 1990; Geppert 2003.

Shirley Brückner

# DAS LEBEN IST EINE BÜHNE
## DIE (SELBST-)INSZENIERUNG DES PFARRHAUSES

Alle Christen", schrieb Luther 1520 in seiner Schrift „An den christlichen Adel deutscher Nation", „sind in Wahrheit geistlichen Standes und ist unter ihnen kein Unterschied denn des Amts halben allein [...]. Demnach werden wir allesamt durch die Taufe zu Priestern geweiht. [...] Denn was aus der Taufe krochen ist, das kann sich rühmen, daß es schon zum Priester, Bischof und Papst geweiht sei, obwohl nicht einem jedem ziemt, solches Amt zu üben."[1] Das zentrale Anliegen der reformatorischen Bewegung, die Rechtfertigung des Sünders allein aus Gnade und durch den Glauben und nicht durch eine heilsvermittelnde Kirche, führte zu einer grundlegenden Wandlung des pastoralen Amtsverständnisses. Das reformatorisch propagierte „Priestertum aller Gläubigen" grenzte sich vom sakramentalen Priestertum der katholischen wie der orthodoxen Kirchen deutlich ab. Alle waren Priester, den Unterschied machte allein die Legitimation zum Amt. Umso bemerkenswerter ist, dass der Protestantismus eine ausgesprochen pfarrerzentrierte Kirche hervorbrachte und das Pfarrhaus über die Jahrhunderte einen solch prominenten Platz in der evangelischen Metaerzählung erlangen konnte.

In den Anfangstagen der Reformation galt es, das neue Lebensmodell der Priesterehe gegen das herkömmliche römische Modell des zölibatär lebenden Priesters zu etablieren. Die neu gegründeten Pfarrersfamilien waren Teil einer keineswegs zurückhaltend geführten konfessionellen Auseinandersetzung – die Flugblätter der Zeit geben einen Eindruck davon.[2] Das neue Leben im Pfarrhaus und dessen Außenwirkung entwickelten sich daher zu einem wichtigen strategischen Aspekt, wenn es um die Legitimierung der Priesterehe und des Protestantismus überhaupt ging. Ein Leben, in dem man sich permanent vor Publikum darzustellen hatte – dieser Anspruch galt nicht nur für den Pfarrer selbst, sondern für seine ganze Familie. Das Amt meint nie nur den tatsächlichen Amtsinhaber allein. Vielmehr sind alle Familienmitglieder in den Amtsauftrag eingebunden und ihm verpflichtet: der Repräsentation eines exemplarischen Lebensmodells. Die protestantische Heilsauffassung, dass aus der

Rechtfertigung aus Glauben und Gnade die guten Werke und ein frommes Leben erwachsen, sollte hier für alle sichtbar und begreiflich werden. Und so wurde das Pfarrhaus zum „Glashaus", zum erhabenen „Sakralhügel" im Dorf, es wurde zur Bühne für seine Bewohner.

## DAS LEBEN ALS BÜHNE

Der amerikanische Soziologe Erving Goffman hat die soziale Welt modellhaft als Theater beschrieben, in dem wir alle unsere Rollen spielen. Metaphorisch spricht er von der Vorder- und der Hinterbühne des Lebens und davon, welche Räume im Haus welchen sozialen Aktivitäten dienen. Der Ort des „offiziellen", für alle sichtbaren Geschehens ist die Vorderbühne (etwa das Wohnzimmer). Die Hinterbühne hingegen ist der Ort des „inoffiziellen", nur für Eingeweihte oder Beteiligte sichtbaren Geschehens (beispielsweise das Schlafzimmer). Auf jeder dieser Bühnen dürfen bestimmte Dinge gesagt und getan werden, andere wiederum nicht. Auf jeder dieser Bühnen agiert man, aber nicht auf einheitliche Weise – man spielt unterschiedliche Rollen. Die Zuordnung, welche Räume zu welchem Bereich gehören, differenziert sich kulturell.[3] Goffmans Grundannahme lautet, dass jeder versucht, in Interaktionen ein bestimmtes Bild von sich zu vermitteln, im Wissen, dass man beobachtet wird.

Selbstverständlich lässt sich auch das Leben im Pfarrhaus metaphorisch als eine Bühne verstehen, mit einem öffentlich einsehbaren und einem nur den Bewohnern selbst zugänglichen Bereich. Vermutlich hat zu den meisten Zeiten die Vorderbühne im Pfarrhaus weit mehr Raum eingenommen als die Hinterbühne – genau darauf spielt das Bild des „Glashauses" an. „Seinen Bewohnern erscheint [...] ihr familiäres Leben als Theater. Als spielten sie ihr privates Leben anderen vor, als führten sie ihre Ehe für andere, erzögen ihre Kinder für andere, als inszenierten sie die intimen Szenen des Familienlebens für andere; kurz: als führten andere Regie im Glashaus, so stellt sich der Pfarrfamilie ihre eigene Welt dar, jene bürgerliche Lebenswelt, die sich das klassische bürgerliche Theater als Spiegel ihrer selbst

**Pastorentafel Kosel, 1683**
Kosel, Ev.-luth. Kirchengemeinde Kosel
Kat. 11

Die protestantische Garde steht in Reih und Glied. Über 120 Jahre evangelische Präsenz in Kosel vereint auf einem Bild: repräsentiert durch die acht Pfarrer, deren Fantasieporträts mit Namen und Amtszeiten versehen sind. Die päpstliche Gegenseite ist wahrhaftig am Boden zerstört – ihre Insignien, die gestürzte Papstmitra, Rosenkranz und der zerbrochene Hirtenstab, liegen neben dem Altar. Auf diesem thront das *sanctum evangelium*, auf das der erste Pastor mit einem Fingerzeig weist, neben Totenschädel, Kruzifix und Kelch. Diese Inszenierung einer protestantischen Amtsgenealogie verbindet sich mit dezidierter konfessioneller Polemik. *SB*
LIT.: Schilling 2000, S. 56f.

schuf und die Puppenstube als Miniatur ihres Lebenskreises."[4] Sicherlich: Normative Vorgaben und die vielfältigen Erwartungen an das Leben im Pfarrhaus bestimmten in vielerlei Hinsicht das Leben auf dieser Bühne, doch zu einem Großteil führten der Pfarrer selbst und die Tradition, in die er sich und seine Familie einreihte, Regie. Viel interessanter ist denn auch die Betrachtung der Hinterbühne, denn durch sie wird deutlich, mit welchen Mitteln die Inszenierung auf der Vorderbühne zustande kommt. Genau dieses Moment fehlt im Bild vom „Glashaus". Auch das Pfarrhaus war und ist Ort der Selbstinszenierung seiner Bewohner. Die herausgehobene Stellung des Pfarrers und seiner Familie, zumal auf dem Land, seine weitgespannten seelsorgerischen wie ökonomischen Beziehungen und Verflechtungen zu Gemeindegliedern wie zu dem Patron, seine Stellung als Vertreter sowohl der kirchlichen wie der weltlichen Obrigkeit vor Ort – all dies erforderte ein klug austariertes „Rollenmanagement", damit das geistliche Decorum nicht Schaden nahm.

Die Helden und Antihelden der biblischen Geschichten dienen auf der Bühne des Pfarrhauses als Kulissenbilder: die fleißige und dienende Martha, die stille und hörende Maria, der tapfere David, der gute Hirte. Als Requisiten kommen das Bücherregal, Brot und Wein, Familiendevotionalien und protestantische Ahnengalerien zum Einsatz. Die narrative Selbstinszenierung wird an die nachfolgenden Generationen durch unzählige Egodokumente wie Tagebücher, Erinnerungen und (Auto-)Biografien tradiert. „Keine Familie kultivierte ihren eigenen Lebensstil so hingebungsvoll wie die Pfarrfamilie",[5] alles ist Inszenierung einer exemplarischen Lebensführung. Wie diese aussehen sollte, das formulierte beispielsweise zum 400. Pfarrhausjubiläum der Dresdner Reinhold Braun in einer 1925 ausge-

arbeiteten „Abendfeier". Bezug nehmend auf das Lutherhaus, das er kurzerhand zum „ersten, deutschen evangelischen Pfarrhause" erklärte, fuhr er fort, das Dasein im evangelischen Pfarrhaus sei „voll Heimeligkeit und Stärke, voll Süßigkeit der Liebe, voll Gottesfrieden und Freude, voll Schönheit und Güte! Ein echtes Lichthaus, hochragend im Lande des Lebens, immer wieder anziehend und uns kündend, was echte deutsche Familie, was ein echtes deutsches Pfarrhaus im besonderen ist!"[6]

Dieser Anspruch des evangelischen Pfarrhauses auf ein exemplarisches Leben auf offener Bühne war Hybris und Beschwernis zugleich. Die pfarrhäusliche Sozialisation prägte Verhaltensmuster, um auf einer solchen Bühne mit einer glaubhaften Aussenwirkung zu bestehen – „Denk dran, Kind, am schwarzen Talar sieht man alles.", auf diese einfache Formel brachte die Mutter einer angehenden Pfarrerin warnend den Pfarrberuf und den damit verbundenen moralischen Anspruch.[7] Kleidung, gesellschaftliche Kontakte, Verhaltensmuster, Sprachstil, Gebärden und Körperhaltung – alles musste zu einem konsistenten Pfarrer(ideal)bild zusammengefügt und als pastoraler Habitus eingeübt werden. „Das Leben ist eine Bühne, und alle Menschen sind nichts als Schauspieler. Sie gehen ab und treten wieder auf, und jeder spielt im Laufe seines Lebens viele Rollen", heißt es bei Shakespeare[8] – für das Leben im Pfarrhaus gilt das erst recht.

## PATRIARCHALE GENEALOGIEN

Genealogien im frühneuzeitlichen Sinne sind kulturelle Ordnungsformen, die über eine Vielzahl von Ableitungs- und Kontinuitätskonstruktionen zeitliche und räumliche Relationen zwischen voneinander geschiedenen Personen herstellen.[9] Sie dienen der Selbstvergewisserung, indem sie das Gestern mit dem Heute verknüpfen und Aussichten auf das Morgen wecken. Genealogien materialisieren sich in elitären Repräsentationen wie Stammbäumen, -tafeln, Wappenreihen und Ahnengalerien, die im Falle der Pfarrer als Porträtgalerien der Amtsvorgänger im Kirchenraum, meist in der Sakristei,[10] dem Amtsinhaber als mahnendes und zugleich ermutigendes Vorbild vor Augen geführt wurden. Entscheidend ist in jedem Fall das soziale Kapital der Herkunft.[11] Die Aufnahme in eine Genealogie ist daher stets Auszeichnung und Verpflichtung zugleich: Immer geht es um die Herstellung von Legitimität. Für die neue Konstellation der Priesterehe mit ihren Nachkommen und die sich herausbildenden Pfarrerdynastien sorgte die

blutsverwandtschaftliche (Ver-)Bindung in hohem Maße für Identitätsstiftung – bekanntestes
Beispiel sind die Lutheriden, ein Familienverein
der Nachfahren Luthers und seiner Geschwister,
den der Pfarrer und Luther-Nachkomme Otto
Sartorius 1926 gründete.

Die evangelische Pfarrfamilie zeichnete sich
durch ein exklusives Familienbewusstsein und
eine repräsentative Erinnerungskultur aus. „Bei
aller Bürgerlichkeit hatten doch die evangelischen Pfarrhäuser nicht selten eins mit dem Adel
gemein: die durch Jahrhunderte sich forterben-
de Familientradition, ein Familienbewußtsein,
das in jedem Stande etwas Adliches hat, auch in
dem des kleinen Bauern. [...] bis in die Tage der
Reformation hinauf können sie ihren leiblichen
und geistlichen Stammbaum verfolgen, und der
Ruhm der Väter, dem Vaterlande viele gelehrte
und gottselige Männer geschenkt zu haben, treibt
das junge Geschlecht, die alten Bahnen weiter zu
gehn.“[12]

Amts- und Familiengenealogien überschnei-
den sich im evangelischen Pfarrhaus oft schon
aufgrund der hohen Selbstrekrutierungsquote
des Pfarrstandes. Die Medien des pastoralen
Familiengedächtnisses wie Pfarrchroniken,
Pfarrerbücher,[13] Epitaphien, Familienstammbäu-
me und Porträtgalerien in den Kirchen zeugen
von der Einbindung der Amtsträger in eine lange
narrative Tradition, die überdies patriarchal
strukturiert ist. Denn unter Berufung auf die Ur-
sprungsmythen des aaronitischen Priestertums
der jüdisch-christlichen Überlieferung verknüpf-
te der Protestantismus Priestertum und Patriar-
chat durch die Weitergabe des Priesteramtes an
die Söhne. Die lutherische Pfarrfamilie wurde
so (auch über die Töchter, die wiederum Pfarrer
heirateten) zum Stabilitätsgaranten.[14] Die Pfarrerskinder waren längst Träger des pastoralen
Habitus und hatten das Pfarrhausleben interna-
lisiert – ein nicht zu unterschätzendes Moment
für den Erfolg der neuen Kirche als Organisation.
Pfarrerinnen blieben von dieser Tradierung
bis in die 1970er Jahre ausgeschlossen; für sie,
die erst seit den 1950er Jahren überhaupt zum
Pfarramt zugelassen wurden, galt bis dahin das
verpflichtende Zölibat.

Was die Einbindung in eine lange Familientradition bedeuten konnte, das formulierte der
württembergische Pfarrer Christian Heinrich
Zeller (1779–1860) wenige Jahre vor seinem
Tod 1857. Er erinnerte sich an einen intimen
Initiationsmoment, den er als 16-Jähriger im
elterlichen Pfarrhaus erlebte: „Mein Vater hatte
in seinem Hause ein stilles, hinteres Zimmer,
an welchem an allen vier Wänden die in Oel

Im Jahr .98. den 20 Junÿ zwischen. 6. vnd 7.
Uhr ist der Ehrwirdige Achtbare vnd wolgelar
te Herr. M. VALENTINVS BRAVN Weiland
Pfarrer vnd Superintendens des Stifts
Meissen, zu Wurtzen ein Hundert Jheriger THE-
OLOGVS, in Christo Sehliglich entschlaffen
Gott verleihe ihm eine frolige Aufferstehung.

Im Jahr .1603. den 5 Julÿ ist in Gott selig entschlaffen, die Erbare vnd Ehrentugentsame F. raw Barbara, geborne Schreberin, Herrn M: Valentini Braŭ
nens S: gewesenen Superintendentens dieses orts,
eheliche haußfraw, ihres alters im 80 Jhar, erwartet
der frolichen aufferstehung zum Ewigen Leben.

gemalten Porträts aller seiner Vorfahren, vom
dem Pfarrer Johannes Zeller in Rothfelden an
bis zum Porträt seines Vaters, der als Helfer in
Böblingen früh gestorben ist, hingen. So hingen
auch die Bilder einiger Zellerinnen da. Eines
Sonntags Abends ging ich in dieses Zimmer, um
allein und ungestört in Gellerts moralischen
Vorlesungen zu lesen. Ergriffen von einer Stelle
darin blickte ich auf, und es war mir, alle diese
Bilder meiner Vorfahren lebten und schauten
mich väterlich ernst an, als wollten sie mir sagen:
O halte dich wohl und mache uns keine Schande!
Werde fromm und tugendhaft! Es war ein unbe-
schreiblicher Lebenseindruck, der mich zu einem
innigen Gebet voll kindlich heiliger Vorsätze und
Gelübde begeisterte.“[15]

## STATUSVERLUSTE UND
## TRADITIONSPFLEGE

In der zweiten Hälfte des 19. Jahrhunderts kam
es mit der Abgabe sekundärer Berufsfunktionen
des Pfarramtes zu massiven Statusverlusten des
Pfarrerstandes: Durch die neue Zivilstandsgesetzgebung war der Pfarrer nicht mehr der Standesbeamte, die Aufsicht der Schulen ging ebenso in
staatliche Zuständigkeiten über wie die Armen-
fürsorge. Auch die bereits weit vor der Jahrhun-
dertwende einsetzende Entkirchlichung und die
Aufhebung des Zwangskirchentums trugen zu
dem Bedeutungsverlust bei. Gleichzeitig erlebten
die Pfarrer mit der sozialrechtlichen Angleichung
an höhere Staatsbeamte eine enorme materielle
Aufwertung. Das Priesteramt ist im Protestantismus damit tatsächlich zum Beamtenberuf
geworden.[16] „Wohlsituiert, sozial gesichert und
den herrschenden Kreisen zugehörig, gefesselt
und umgetrieben vor allem durch die bewegen-
den Geschehnisse in der Sphäre der Geistes- und
Philosophiegeschichte, waren die evangelischen
Kirchenbeamten nicht darauf vorbereitet und
kaum dazu in der Lage zu begreifen, daß da ein
gesellschaftlicher Umbau vor sich ging, der, wie

Matthias Krodel d Ä.
(vor 1550–1618) (zugeschrieben):
**Familienbild des Pfarrers
Valentin Braun (Kopie des
Originals im Wurzener Dom),
1603**
Döbeln, Ev.-luth. Kirchen-
gemeinde Döbeln
Kat. 12

Ein echter protestantischer
Stammvater: Valentin Braun
(1498–1598), zunächst Pfarrer
in Oschatz und Döbeln, später
Superintendent in Wurzen. Das
Epitaph seiner Familie zeigt
ihn mit seiner Frau Barbara,
geb. Schreber (1532–1603), den
drei Töchtern und vier Söhnen,
darunter ein Pfarrer, ein Bürgermeister, ein Professor und
Rektor sowie eine Pfarrfrau.
Als der Superintendent fast
hundertjährig stirbt, ist die
dritte Generation auf 52 Enkel
angewachsen, von denen viele
weitere Pfarrersfamilien gründeten. *SB*
LIT.: Frenckel 1772, S. 280-300.

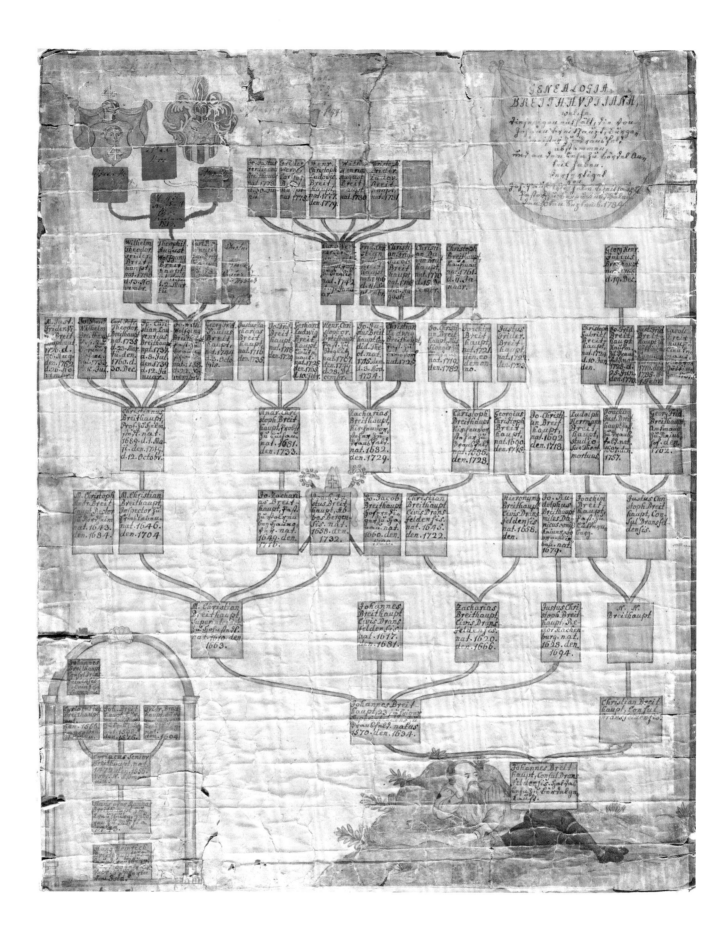

man gesagt hat, tiefer griff als alles, was sich seit dem Übergang der Menschheit vom Nomadentum zur Seßhaftigkeit ereignet hatte."[17] Die soziale Kluft, die sich zwischen der evangelischen Pfarrerschaft auf der einen und Bauern, kleinen Handwerkern und erst recht der entstehenden Arbeiterschaft auf der anderen Seite auftat, dürfte eine der Gründe gewesen sein, warum es dem deutschen Protestantismus so schwerfiel, die gesellschaftlichen Umwälzungen der industriellen Revolution und die sich daraus ergebenden vielfältigen Konsequenzen zu verstehen, ja in ihrer Bedeutung überhaupt adäquat wahrzunehmen.[18]

Stattdessen verlegte man sich auf die Traditionspflege der eigenen Institution und übte sich in der Rückschau auf eine vermeintlich heroische Vergangenheit. Die einschlägigen von Pfarrern und Theologen geschriebenen, auch heute noch rezipierten und zitierten Werke der Pfarrhausliteratur entstanden sämtlich an den neuralgischen Punkten deutscher Pfarrhausgeschichte: Wilhelm Baur schrieb im Nachklang der Zivilstandsgesetzgebung über „Das deutsche evangelische Pfarrhaus. Seine Gründung, seine Entfaltung und seinen Bestand" (1878, bis 1902 erschienen fünf Auflagen), Paul Drews publizierte wenige Jahre nach der Verbeamtung der preußischen Pfarrer sein Buch zu den „evangelischen Geistlichen in der deutschen Vergangenheit" (1905), Hermann Werdermann schrieb nach dem Ende des landeskirchlichen Kirchenregiments über den evangelischen Pfarrer zum 400. Jubiläum des Pfarrhauses (1925) und August Angermann, der Gründer des Pfarrhausarchivs im Wittenberger Schloss, widmete sich auf dem Höhepunkt der NS-Diktatur (1939, mit 8 weiteren Auflagen bis 1940) der Frage, was für Männer das evangelische Pfarrhaus „dem deutschen Volke" geschenkt habe.[19]

Von ungeheurer Wirkungskraft erwiesen sich die visuellen Prägungen des 19. Jahrhunderts. Bis heute bestimmen sie unser (Geschichts-) Bild vom evangelischen Pfarrhaus. Carl August Schwerdgeburth und Gustav König schufen mit ihren Lutherzyklen vermeintliche Anschauungen einer bürgerlichen Idealfamilie, die das Bild Luthers und seiner Familie popularisierten. Eine ähnlich ikonografische Bedeutung entfalteten die von Johann Gottfried Schadow, Ernst Rietschel, Johannes Schilling und anderen entworfenen Lutherdenkmäler.

Ein entscheidender Anstoß für diese Entwicklung war die Uniformierung der Pfarrerschaft: Bereits 1811 war in Preußen per königlicher Kabinettsordre der schwarze Gelehrtentalar zur offiziellen und verbindlichen Amtstracht evangelischer Pfarrer erkoren worden, in der Annahme, damit einen ursprünglichen reformatorischen Zustand wiederherzustellen. Luther hatte für seine Predigt über die Berufung des Moses (Ex. 3) am 9. Oktober 1524 in der Wittenberger Stadtkirche seine Mönchskutte abgelegt und war erstmals in der Schaube – einem langen, ungegürteten schwarzen Überrock – auf die Kanzel getreten. Diese war im 16. Jahrhundert mitnichten eine klerikale Tracht; Luther legte bewusst die bürgerliche Laienkleidung an, um symbolisch die Trennung zwischen Priestern und Laien aufzuheben. In der evangelisch-lutherischen Geistlichkeit an den protestantischen Universitäten wie auf den Kanzeln setzte sich das Gewand rasch durch. Zur Standestracht verfestigte es sich aber erst, als es im 17. Jahrhundert aus der bürgerlichen Mode und im 18. Jahrhundert aus den Universitäten verschwand. Einzig auf den Kirchenkanzeln wurde die Schaube, neben den alten Messgewändern, weiterhin getragen. Die regionalen Unterschiede in der Amtstracht protestantischer Pfarrer waren jedoch groß. Erst die Einführung des Talars zunächst in Preußen, dann in den anderen Landeskirchen setzte dieser Unübersichtlichkeit nach und nach ein Ende – in der preußischen Staatskirche machte die Uniformierung deutlich, dass der Pfarrer Teil des zentralistischen Staatsorganismus geworden war.[20] Mit dem Rückgriff auf den Gelehrtentalar als Amtstracht betonte man die Verbindung zu Luther, der zur selben Zeit als Begründer des evangelischen Pfarrhauses und als protestantische Markenikone schlechthin inszeniert wurde – die Bilder des Reformators und die der zeitgenössischen Pfarrer im Talar waren ununterscheidbar, der evangelische Pfarrer visuell zum Wiedergänger Luthers geworden.

**Johann Paul Wilhelm Breithaupt (1733–1804): Genealogia Breithauptiana, 1784**
Berlin, Deutsches Historisches Museum
Kat. 13

Der Stammbaum der Pastoren- und Theologenfamilie, den der Pfarrer und Schulrektor Johann Paul Wilhelm Breithaupt Ende des 18. Jahrhunderts zusammentrug, umfasst die männlichen Mitglieder von zwölf Generationen und reicht von 1410 bis 1782. In der Mitte des Bildes ist der Pietist Joachim Justus Breithaupt (1658–1732) zu sehen, als Abt des Klosters Berge mit gekreuzten Krummstäben und Mitra verzeichnet. Dieses sehr frühe Beispiel eines bürgerlichen Stammbaums veranschaulicht eine patriarchale Erinnerungskultur, in der Übernahme adliger Repräsentationsformen retrospektive Traditionspflege und prospektive Verewigung ineinandergreifen. Das einzelne Individuum hat so teil am sozialen Kapital des „Herkommens". *SB*
LIT.: Seebaß/Freist 1969–1980, Bd. 2, Nr. 536; Walther/Graf 2006.

1  Luther 1996, S. 14, S. 16.
2  Oelke 1992.
3  Goffman 2009, S. 99–128.
4  Steck 1984, S. 110.
5  Steck 1984, S. 111.
6  R. Braun 1925, S. 16.
7  Evangelisches Hörmagazin. Münster Nr. 1/2013.
8  Shakespeare 2000, S. 673f.
9  Heck/Jahn 2000, S. 1.
10 Zur Funktion der Predigerbilder vgl. Slenczka 2011.
11 Walther/Graf 2006, Sp. 426–432.
12 Baur 1878, S. 143.
13 Als Übersicht der publizierten Pfarrerbücher, in denen die Biogramme in der Regel sowohl nach Pfarrstellen als auch alphabetisch geordnet sind, vgl. Themel 1994. Vgl. auch http://www.hab.de/files/pfarrerverzeichnisse.pdf.
14 Dornheim 2009.
15 Christian Heinrich Zeller in einem Brief an Pfarrer Hermann Zeller vom 30. Juli 1857, in: Thiersch 1876, S. 49.
16 Janz 1989.
17 Moeller 1972, S. 21.
18 Ebd.
19 Baur 1878; Drews 1905; Werdermann 1925; Angermann 1939.
20 Ramming 2009, S. 129–144.

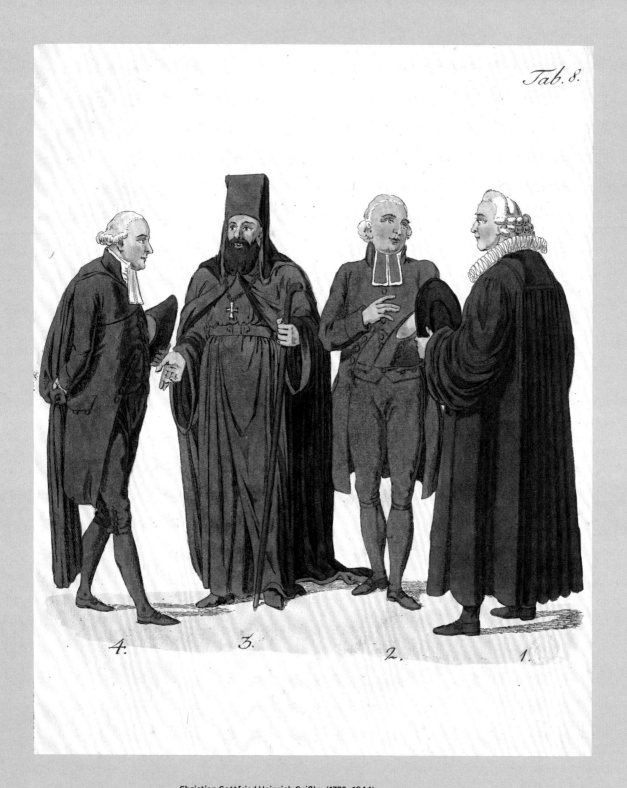

*Tab. 8.*

**Christian Gottfried Heinrich Geißler (1770–1844):**
**Kostüm der Geistlichkeit von vier Konfessionen, 1809**
Leipzig, Stadtgeschichtliches Museum Leipzig
Kat. 43

Die Radierung zeigt Geistliche der lutherischen (1.), katholischen (2.),
orthodoxen (3.) und reformierten (4.) Konfession in ihren jeweiligen
Amtstrachten. Im Kreis der protestantischen Geistlichkeit setzte
sich – nach dem Vorbild der Reformatoren – zunächst die schwarze
Schaube durch, ein häufig mit Pelz besetztes Männerobergewand,
das bis ins 17. Jahrhundert auch von Bürgerlichen und Gelehrten getragen wurde. Beffchen und Halskrause waren bis ins 18. Jahrhundert ebenfalls Bestandteil der bürgerlichen Kleidung. Der schwarze
Talar, der sich aus der Schaube entwickelte, wurde 1811 in Preußen
per Cabinetts-Ordre als protestantische Amtstracht eingeführt und
entfaltete Vorbildwirkung. *KA*
LIT.: Bringemeier 1974; Ramming 2009; Gottesdienst-Institut 2007.

**Albrecht Heubner nach H. Donath: Die Studierstube von
Heinrich Leonhard Heubner in der Superintendentur
(Bugenhagenhaus) in Wittenberg, 1935**
Eisenach, Stiftung Lutherhaus Eisenach, Evangelisches
Pfarrhausarchiv
Kat. 88

Das Wohnhaus der Familie Bugenhagen in Wittenberg
gilt als erstes evangelisches Pfarrhaus überhaupt. Das
Studierzimmer des Pfarrers wurde gern als „Sanctuarium",
als „heiliger" Ort, oder ähnlich bezeichnet, weil er hier seine
Predigten ausarbeitete. Das Studierzimmer von Heinrich
Leonhard Heubner (1780–1853), Superintendent und Leiter
des Predigerseminars, unterscheidet sich wenig von anderen
biedermeierlichen Interieurs – bis auf die betont kunstlosen
Möbel und das große Kreuz auf dem Schreibtisch. *BMB*

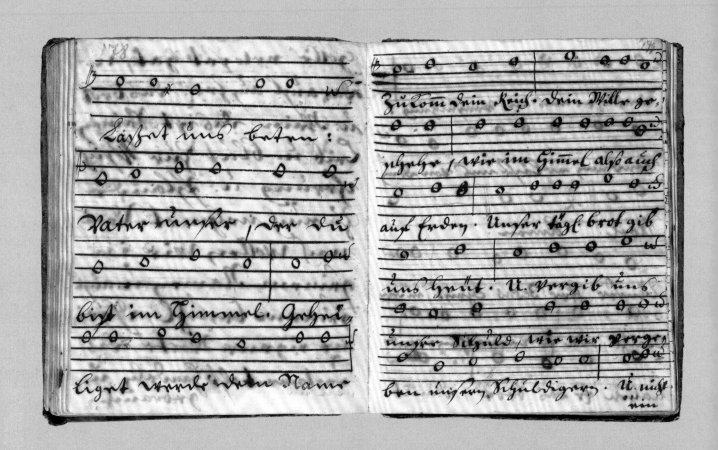

**Handagende eines evangelischen Pfarrers, 18. Jahrhundert**
Berlin, Deutsches Historisches Museum
Kat. 65

Die in aller Regel gedruckt vorliegenden Agenden, die neben
verschiedenen Gottesdienstabläufen auch Gebete und Texte
enthalten, waren und sind für evangelische Pfarrer kirchengesetzlich verbindlich. Eine handgeschriebene Agende lässt
auf eine liturgische Auseinandersetzung schließen, zumal der
von Luther beibehaltene, im 18. Jahrhundert aber umstrittene Exorzismus bei der Taufliturgie auftaucht. *SB*

**Johann Baptist Pflug
(1785–1866): Taufvisite im
evangelischen Pfarrhaus, 1828**
Stuttgart, Staatsgalerie
Stuttgart
Kat. 46

Pflugs Taufvisite ist das Gegen-
stück zu seiner „Katholischen
Pfarrstube", die nur von geistlichen Herren, Ministranten und
Haushälterinnen bevölkert wird.
Die protestantische Pfarrfamilie hingegen hat Nachwuchs
bekommen: Die Pfarrfrau liegt
noch im Wochenbett, Arzt und
Ehemann sitzen bei ihr, derweil
der Täufling von einer Jungfer
versorgt wird. Des Täuflings
Bruder wird vorn rechts von
einem Amtsbruder des Vaters
examiniert. Die auf dem Sessel
thronende Großmutter begut-
achtet die mitgebrachten Geschenke. Links haben sich schon
einige geistliche Herren zu einer
Kaffeerunde niedergelassen.
Gustav Adolf, Schiller und der
württembergische Kronprinz
sind als Wandschmuck zugegen.
*SB*
LIT.: Pflug 1975, S. 132f.

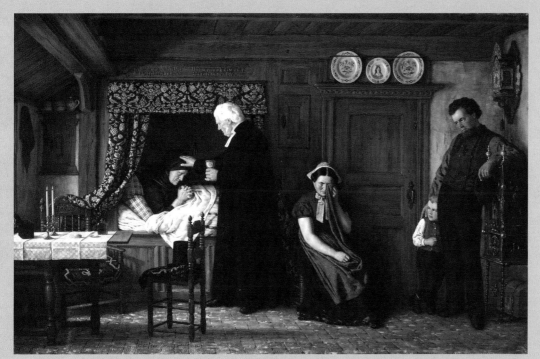

**Carl Ludwig Jessen (1833–1917):
Letzte Tröstung, 1880**
Flensburg, Museumsberg
Flensburg
Kat. 47

Der Pfarrer hat für die Sterben-
de in einem nordfriesischen
Bauernhaus Oblatendose,
Patene (Oblatenteller), Abend-
mahlskelch und Wein in einem
Futteral mitgebracht. Jeder
Pfarrer hält das Altargerät in
tragbarem Format für solche
Gelegenheiten bereit. Das
Abendmahl dient der Stärkung
des Glaubens als alleinigem
Weg zur Gnade Gottes und ist
deshalb der wahre Trost im
Angesicht des Todes. *BMB*

**David**
(1770–1843): „Das neue Verhältniß des
Herrn Schullehrers zum Pfarrer", um 1835
Zürich, Kunsthaus Zürich
Kat. 130

Für den Züricher Karikaturisten David Hess steht die
Welt(kugel) tatsächlich kopf: Seine konservative Kritik an
den liberalen schweizerischen Schulreformen von 1832, die
der Kirche und damit den Pfarrern die Zuständigkeit über
das Schulwesen entzogen, kuliminiert im damit verbundenen Rollentausch. Nicht mehr der Pfarrer examiniert, wie
jahrhundertelang üblich, den Lehrer, sondern nun steht der
Pfarrer wie ein Schulbub vor dem Schulmeister. Die Reformen verdrängten die bis dahin übliche Fokussierung auf die
Katechese, stattdessen wurden an den neuen staatlichen
Schulen Fächer wie Naturkunde, Geografie und Geschichte
eingeführt. So setzt das Bücherregal mit der Bibel hier schon
deutlich Spinnweben an, während auf dem Tisch des Lehrers
obenauf der „Freiheitsfreund" liegt. *SB*
LIT.: Fend 2006.

**Konfitentenlade, um 1736**
Wyk auf Föhr, Ev.-luth.
Kirchengemeinde St. Nicolai
Kat. 63

**Nicolaus Rosthius (1568–1611): Libellus Absolutorius,
Titelkupfer, 1684**
Gotha, Universitäts- und Forschungsbibliothek Erfurt/
Gotha, Forschungsbibliothek Gotha
Kat. 64

Entgegen einer gängigen Annahme hatte Luther die Privatbeichte nicht abgeschafft. Davon zeugen nicht nur die
überlieferten Beichtstühle in evangelischen Kirchen, sondern
auch – in einigen Regionen – die sogenannten Konfitenten-
laden, in die die Konfitenten (Beichtenden) ihren Obolus, den
Beichtgroschen oder -pfennig für den Pfarrer einwarfen. Bis
ins 18. Jahrhundert hinein war der Beichtgang am Samstag
vor dem sonntäglichen Abendmahlsbesuch obligatorisch,
der Ausschluss von diesem ein Mittel der Kirchenzucht. Die
Sündenvergebung der Konfitenten wurde in gleichnamigen
Registern verzeichnet. Der „Libellus Absolutorius" des sächsischen Superintendenten Rost enthält neben Anleitungen
zur Beichte im Wesentlichen Absolutionsformeln. *SB*
LIT.: Aland 1960; Wieckowski 2005, S. 66.

M. NICOLAI RHOSTII
LIBELLUS ABSOLUTORIUS
oder
Bericht wie man zu ieder Zeit, auf
mancherley schwere fälle im
Beichtstuel sich zu verhaltē.
Erfurdt
Verlegts Christian von Saher
Anno 1663.

**Adolph Tidemand (1814–1876): Gottesdienst
in einer norwegischen Landkirche, 1845**
*Gudstjeneste i en norsk landskirke*
Oslo, The National Museum of Art, Architecture
and Design Oslo – The National Gallery
Kat. 52

Adolph Tidemand zählt neben Bengt Nordenberg zu den
wichtigsten skandinavischen Malern der Düsseldorfer Schule, die sich der Genremalerei volkstümlicher Szenen aus ihrer
Heimat widmeten – hier dem Gottesdienst in einer norwegischen Stabkirche. Der Pfarrer am Altar ist ins Gebet vertieft,
die Bauern in den Kirchenbänken versuchen ein wenig Licht
von der Tür zu erhaschen und schauen angestrengt in ihre
Gesangbücher. Der Kirchenaufseher am Eingang mustert
den Nachzügler mit strengem Blick. Auf der Empore ist man
offenbar mit anderen Dingen beschäftigt. Ein katholisches
Ritual hat sich erhalten: Die Heiligenfigur des Nikolaus an
der Wand wurde zur Prozession in der Mittsommernacht
herumgetragen. *SB*
LIT.: Kunstmuseum Düsseldorf/Galerie Paffrath 1997/98.

**Knut Ander (1873–1908): Das Hausverhör, um 1904**
*Husförhör*
Stockholm, Privatsammlung
Kat. 55

Von dem schwedischen Maler, Grafiker und Bildhauer Knut
Ander stammt eine der letzten Darstellungen eines schwedischen *Husförhör* (in Finnland: *Läsförhör*), das neben der
Prüfung von Katechismus-, Bibel-, Gesangbuchkenntnis und
Lesefähigkeit die Überwachung des Familien- und Ehelebens
umfasste. 1686 unter Bischof Gezelius d. Ä. eingeführt,
fanden diese kirchengesetzlich verpflichtenden Befragungen
der Gemeindeglieder vereinzelt bis Anfang des 20. Jahrhunderts statt. Der Geistliche suchte zu diesem Zweck jährlich
der Reihe nach jeden Hof seiner Gemeinde auf, auch die
Nachbarn wurden eingeladen. Bei diesen Visiten, über die er
im *Husförhörslängd* Buch führte, wurde außerdem gesungen, gepredigt, getauft und ein abschließendes Festessen
ausgerichtet. *SB*
LIT.: Kurkiala-Rolfs 1943, S. 95f.; Nordberg 1938.

**Anders Gustaf Koskull (1831–1904): Die Kollekte
des Kirchenaufsehers, 1866**
*Kyrkstötens Kollekt*
Stockholm, Nationalmuseum
Kat. 60

Der *Kyrkstöt*, der Kirchenaufseher in der schwedischen
Kirche, war nach dem Stab benannt, mit dem er seinen Dienst
versah – der Objekt gewordenen Kirchenzucht. Der circa
zwei Meter lange Stock war mit Glöckchen behängt, die klin-
gelten, sobald der Aufseher damit auf den Boden stieß oder
Gemeindeglieder anstupste, die während der Predigt einge-
schlafen waren. Bezahlt wurde der *Kyrkstöt* unter anderem
durch eine jährliche Kollekte, die er hier in der Sakristei, an
der Seite von Frau und Tochter, auszählt. *SB*
LIT.: Schlyter 1986.

**Kirchenlade, 1691**
Cuxhaven, Ev.-luth.Kirchengemeinde St. Nicolai Altenbruch
Kat. 135

Solche truhenartigen Möbelstücke dienten in Kirchengemeinden, aber auch in Korporationen wie Zünften und Räten
als Archiv- bzw. Registraturschrank und Tresor für Akten,
Urkunden und Bargeld. Versehen mit mehreren Schlössern,
ließen sie sich in der Regel nur öffnen, wenn alle Schlüssel-
besitzer gleichzeitig aufschlossen. Die Juraten im hanno-
veranischen Altenbruch – gewählte oder berufene Vertreter
der Gemeinde, die gemeinsam mit dem Pastor die Pfarre
verwalteten – bewahrten in dieser Lade Briefe, Rechnungen
sowie die Kirchensiegel auf. *SB*

## DAS STUDIERZIMMER DES PFARRERS

*„Das Amtszimmer mit Siegel, Kartei, Akten und Telefon ist der der Öffentlichkeit zugewendete Raum.
Der Pfarrer ist Amtsperson, ein zur Gemeindeleitung berufener Experte, der Vorsitzende des Gemeinde-
kirchenrates, in dessen Händen nach wie vor eine Fülle von Zuständigkeiten liegen. […] hier soll über
das Studierzimmer gesprochen werden. Denn Studieren gehört zum Amt. […] Das Studierzimmer des
Pfarrers war gegenüber der Familie ein respektierter und geschützter Raum und gleichzeitig Raum für
Gespräche mit jedermann. Entscheidend war es der Raum geistlichen Hörens und Verarbeitens, des Stu-
dierens und Formulierens, der Zurüstung und des Gebets. […] Unser theologisches Studium ist ja nur ein
Start, der studierfähig machen soll. Der Theologe lebt von einer Botschaft, die ihn hören und verstehen
lassen will. Es ist eine Botschaft von dem, der Himmel und Erde geschaffen hat und der sich der verirr-
ten Welt zu ihrer Versöhnung und Heiligung zugewendet hat. […] Dem Theologen stehen deshalb so viele
Türen offen wie keinem Spezialisten der Welt. Es dürfte wenig Studierzimmer von Akademikern geben
mit so reichen und universalen Ansätzen und Bezügen wie Studierzimmer geistlich wacher Pfarrer. Da
obendrein kaum ein Beruf so beständig in Atem gehalten wird durch seine Sache, durch Gott und Menschen, durch Tradition und Gegenwart, durch Versuchungen, Leiden und Fragen der Zeitgenossen, ihrer*

**Georg Friedrich Kersting (1785–1847):
Reinhards Studierstube, um 1811**
Berlin, Staatliche Museen zu Berlin,
Nationalgalerie
Kat. 89

Sein langer Arbeitstag begann um 6
Uhr, wenn Franz Volkmar Reinhard
(1753–1812), der Oberhofprediger in
Dresden, als Erstes die Predigt auswendig
lernte. Während der Mittagsruhe las er
Zeitungen und Bücher, darauf folgten ein
Spaziergang oder eine Teegesellschaft am
späten Nachmittag. Nach dem Abendes-
sen suchte er noch einmal die Studierstube auf, um Briefe zu schreiben. *BMB*
LIT.: Werdermann 1925, S. 84.

*Väter, Mütter und Kinder, ist für geistige Wachsamkeit zum Abruf des Heilsamen und Gültigen gesorgt, also für ein ‚ewiges‘ Studium. Was sonntägliche Predigt verlangt, ist nur zu leisten bei wachsamem Studieren und angespannten Verarbeiten. Fehlt dies, so werden Pfarrer subaltern, werden zu ängstlichen Beobachtern aller gefährdenden Mächte und Versäumnisse in Kirche und Welt oder versteinern in rechthaberischer Doktrin. Für Predigt und geistliche Substanz ergibt sich dann das schreckliche Defizit: von einem geistlichen Nichts kann nichts genommen werden. […] Studieren dient dem Wort und Gebet. Die Besucher des Raumes dürfen spüren, das Einsichten und Verantwortung hier dem Gebet, d.h. Gott selber und seinen Menschen zutreiben. […] So ist des Pfarrers Studierzimmer theologische Intensivstation, Werkstätte nach innen und außen, Kampfplatz des Hörens und Gehorchens, der Niederlagen und Siege.“*

Martin Fischer, Vom Studierzimmer des Pfarrers, in: Wissenschaft und Praxis in Kirche und Gesellschaft 69 (1980), S. 503-506.

## WORT & TAT

*„Den Unterschied zwischen Wort und Tat kennt niemand besser als die Frau des Pastors und der Mann der Pastorin.“*

Paul Mommertz, Sichtwechsel. Aphorismen über Menschen und Meinungen, München 2005, S. 44.

## ZEREMONIENMEISTER

*„Er (der Pfarrer) ist zunächst ‚nolens volens‘ Funktionär des Brauchtums, und zwar amtiert er als ‚Zeremonienmeister‘. Dieser Begriff enthält nichts Abschätziges. Wenn wir einmal eingesehen haben, daß jeder Mensch auf die Hilfe der Gesellschaft und ihrer Riten angewiesen ist, sträuben wir uns nicht dagegen, daß das Zeremoniell einen Leiter haben muß, der seinen Ablauf mit Befehlsworten, Gesten und Symbolen lenkt und es mit der Rezitation von traditionellen oder originalen, aber situationsgerechten Texten bereichert. Der Dienst des Zeremonienmeisters ist bei dieser Veranstaltung so wichtig wie der des Totengräbers oder des Wirtes, der das Beerdigungsmahl zubereitet.“*

Walter Neidhart, Die Rolle des Pfarrers beim Begräbnis, in: Wort und Gemeinde. Probleme und Aufgaben der praktischen Theologie. Eduard Thurneysen zum 80. Geburtstag, Zürich 1968, S. 231.

**Adolph Tidemand (1814–1876):**
**Die Andacht der Haugianer, 1848**
Düsseldorf, Stiftung Museum Kunstpalast
Kat. 177

Der norwegische Bauer Hans Nielsen Hauge (1771–1824) begründete seit 1796 eine pietistische „Erweckungsbewegung"
gegen die in der Aufklärungszeit herrschende Vernunfttheo-
logie der Landeskirche. Diese ließ Hauge wegen Sekten-
bildung sieben Jahre inhaftieren und zu hoher Geldstrafe
verurteilen. Er selbst forderte die Haugianer zum Verbleib
in der Kirche auf, wo ihr Einfluss lange nachwirkte. *BMB*
LIT.: Buchberger 1907, Sp. 1861.

**Laterna Magica mit zwei Glasdias. Bildserie
„Heiliges Land", um 1900
a ) Jerusalem, Grabeskirche
b) Petra, Khazne al-Firaun**
Halle, Stadtmuseum Halle/Saale
Kat. 175

Die Laterna Magica und späler der Diaprojek-
tor mit ihren Glasplatten und Dias waren im
Protestantismus das massenmediale Auge
zur und in die Welt. Ob Bilder aus exotischen
Missionsgebieten oder dem fernen Heiligen
Land, aber auch unzählige Diaserien zu
kirchengeschichtlichen, welthistorischen
Ereignissen und biblischen Geschichten – die
leuchtenden Wandbilder eröffneten den
Blick in eine fremde und faszinierende Welt.
Sie waren gewissermaßen das evangelische
Pendant zum katholischen Wandelaltar:
Sie erzählten mit ihren Bildern die religiösen Helden- und Exempel-Geschichten
der evangelischen (Heils-)Geschichte. Der
Pfarrerssohn Ingmar Bergman berichtet in
seiner Autobiografie „Laterna Magica", dass
sein Vater sie im Religionsunterricht benutzte
wie schon die Landpfarrer im 18. Jahrhundert, die die Zauberlaterne für die unter-
haltsame Volksaufklärung zum Leuchten
brachten. Diese Laterna Magica war einmal
im Pfarrhaus in Mötzlich bei Halle im Einsatz
gewesen. *SB*
LIT.: Nekes 2002.

# STATUSFRAGEN

**Daniel Nikolaus Chodowiecki
(1726–1801): Titelkupfer
zu „Henrich Stillings
Jünglings=Jahre. Eine wahr-
hafte Geschichte", 1778**
Berlin, Deutsches Historisches
Museum
Kat. 267

Vor allem seinem Gottvertrau-
en schrieb der spätere Arzt,
Professor und Hofbeamte
Johann Heinrich Jung-Stilling
(1740–1817) den Aufstieg aus
ärmlichen Verhältnissen im Sie-
gerland zu. Als Kind verkleidete
er sich gern als Pfarrer, um vor
den Kameraden zu predigen –
bis er von Pastor Stollbein
ertappt und zur Rede gestellt
wurde: Schulmeister habe er
zu werden! Eine geistreiche
Antwort rettete Heinrich vor
Schlägen. *BMB*

Als „Bürger besonderer Art" hat der Historiker Oliver Janz die Bewohner des Pfarrhauses bezeichnet. Diese Exklusivität bezog sich zum einen auf ein altbürgerliches Selbstverständnis, das sich im 19. Jahrhundert auf bescheidener ökonomischer Grundlage, aber umso bildungs- und sittenstolzer vom schnöden Geldbürgertum abgrenzte – und sich deshalb gern selbst als Maßstab eigentlicher Bürgerlichkeit ansah. Zum anderen waren ein im Vergleich zu anderen Berufsgruppen hoher Selbstrekrutierungsgrad von Pfarrern und Pfarrfrauen aus Pastorenfamilien dafür verantwortlich, der in machen deutschen Territorien wie Württemberg oder Preußen um 1850 noch bei 30 bis 35 Prozent lag, sowie eine bürgerliche Herkunft der Pfarrerschaft insgesamt, die noch Mitte des 20. Jahrhunderts rund 50 Prozent ausmachte – wobei die Zahl der verfügbaren Stellen sich deutlich auf konjunkturelle Schwankungen in der Attraktivität des Pastorenberufs auswirkte.

In etlichen sozialen Konstellationen unterschied sich das deutsche Pfarrhaus etwa vom anglikanischen (zumindest bis ins viktorianische Zeitalter hinein), wo Landpfarrer selbst zur *gentry* zählten, nicht selten dem Adel angehörten, Vermögen besaßen, aber meist keine theologische Ausbildung und ihr Standesbewusstsein infolgedessen nicht primär darauf aufbauten. Auf deutschen Dörfern bildete das Pfarrhaus vor allem den Stützpunkt bürgerlichen Lebens neben den Bauernhäusern und gegebenenfalls dem Schloss. Der Pfarrer war Objekt des Ansehens wie des Unmutes, der den Naturalabgaben entsprang, zugleich hatte er bis ins 19. Jahrhundert noch häufig selbst das Feld zu bestellen – die Gefahr einer „Verbauerung" des Landpfarrers stand im Raum. In der Stadt war das Einkommen höher, die direkte Abhängigkeit von bäuerlichen Zuwendungen entfiel, und so traten die Versuchungen eines gemeinsamen bildungsbürgerlich-homogenen Milieus von Pfarrfamilie und Gemeinde hier am deutlichsten zutage. Gutspfarrer wiederum befanden sich in einer besonders delikaten sozialen Situation, da der Adel zuweilen sowohl die geistliche als auch die soziale Fürsorge mitbestimmte, das Pastorenehepaar aber in den gesellschaftlichen Kosmos des Gutes nur am Rande integriert war. In Gestalt des Lehrers begegnete dem Pfarrer eine Mischung aus Untergebenem und Konkurrenten, der sich als Gegenstand der geistlichen Schulaufsicht wie im Nebenamt des Küsters und Organisten in einer doppelten Abhängigkeit befand, nicht selten aber über eine breitere weltliche Bildung verfügte und eine begreifliche Verbitterung ob seines vergleichsweise kümmerlichen Einkommens hegte.

Die Anfechtungen eines vorwiegend werteabhängigen Sozialstatus wurden dem angehenden Pfarrer schon an der Universität bewusst, als sich eine Berührung mit dem losen Treiben der übrigen Studiosi nicht ganz vermeiden ließ. Der noch stellungslose „Candidat" wiederum fand sich als „Hofmeister", d.h. als Privatlehrer, in Adels- oder Großbürgerfamilien wieder – ein Abschnitt der Biografie, der vor allem zwischen der Mitte des 18. Jahrhunderts und dem Kaiserreich literarisch dicht überliefert ist, und zwar als besonders spannungsgeladen (man denke nur an Jakob Michael Reinhold Lenz' Drama „Der Hofmeister" von 1774). Vom Status eines Domestiken aus ließ sich gegenüber sozial höher gestellten Schülerinnen und Schülern das protestantische Bildungsbürgerethos kaum durchsetzen, das dem späteren Pfarrer eben dadurch als überlegenes bestätigt schien. Die Vorteile – ein wenig Weltläufigkeit, gesellschaftlicher Schliff, Auslandsreisen, Übung in lebenden Fremdsprachen – bewertete der ostentative Biedersinn des Pfarrhauses eher zwiespältig.

Sozialer Status versichert sich seiner selbst in der Distinktion. Und die nahm in der Geschichte des Pfarrhauses durchaus verschiedene Züge an. Frommer Lebenswandel und Verachtung jedweder Eitelkeiten der Welt konnten in der Zeit der Aufklärung hinter gänzlich andere Leitbilder zurücktreten: Pfarrhausleben etwa als sinnenfrohes Dauer-Picknick in Johann Heinrich Voß'

**Lichtschirm mit Lithophanie,
Porträt des Theologen Friedrich
Schleiermacher, um 1855**
Basel, Historisches Museum
Basel
Kat. 213

Friedrich Daniel Ernst Schleiermacher (1768–1834), der „Kirchenvater des 19. Jahrhunderts" und Lichtgestalt der liberalen Theologen, wird hier wahrhaftig vom Kerzenschein illuminiert. Der Basler Pfarrer Johann Jakob Miville-Miville (1812–1897), der während des Studiums in Berlin „zu Füßen der Theologen Schleiermacher und Neander" gesessen hatte und aus dessen Nachlass der Lichtschirm stammt, zündete sich offenbar in Erinnerung und zur Vergegenwärtigung seines verehrten Lehrers ein Licht an. Schleiermacher setzte der aufklärerischen Fokussierung auf die Vernunft, die darauf hinauslief, das Nichtvernünftige auszuschließen und das Christentum auf Moral zu reduzieren, die Überzeugung entgegen, Religion sei „Sinn und Geschmack für das Unendliche" („Über die Religion", 1799), und rückte damit die subjektive religiöse Erfahrung des Einzelnen in den Mittelpunkt. *SB*
LIT.: Historisches Museum Basel 2003, S. 71.

„Luise" (1783/1795) und offenkundige Abgrenzung gegen jede unzeitgemäße Orthodoxie in Lebens- wie Glaubensfragen. Wenn allerdings Pfarrer Gustav Friedrich Dinter im Lehrerseminar zum Zeitvertreib Socken strickte, erregte das bereits Stirnrunzeln. Die auch kirchenpolitisch restaurative Epoche betonte wieder den „geistlichen Stand": Erst jetzt wurde der Talar obligatorisch, die Pfarrfamilie von Tanzvergnügen, Wirtshaus- und Theaterbesuchen, Glücksspielen, Jagd oder der Mitgliedschaft in den musischen Gesellschaften der städtischen Honoratioren ausgeschlossen, jedenfalls nach dem Willen konservativer Pastoraltheologen und Konsistorien. Kleider-„Putzsucht" hatten die Pastoralhandbücher schon immer verworfen, aber die Zeitläufte boten Diskussionen um die rechte Lebensführung immer neuen Stoff: Durften Pfarrer Pfeife rauchen, Schlittschuh laufen oder Fahrrad fahren? Distinktion konnte sich in vorbildlicher Würde der Erscheinung von Pfarrern und ihren Haushalten ausdrücken – aber auch in einer immer wieder beschriebenen Verwahrlosung. Der liberale Badener Theologe Adolf Hausrath meinte um 1860, frömmelnde Neopietisten an Äußerlichkeiten erkennen zu können: „besondere Röcke, besondere Frisur … besonderes Lächeln und eine besondere Aussprache".

Der Lebenszuschnitt der Pfarrhaushalte näherte sich allerdings bis um 1900 zumindest in den bessergestellten städtischen Gemeinden dem akademischen Durchschnitt an, die mentale Geschlossenheit des Standes brach in Gatten- und Berufswahl der Pfarrerskinder auf. Dennoch blieb Exklusivität spürbar – nur eben an den Rändern der Geistlichkeit:

Die deutschen Missionare der Pionierzeit im 19. Jahrhundert verfügten meist nicht über eine universitäre Theologenausbildung; von einem „Evangelisten" der Neuendettelsauer Mission wurde beispielsweise eher erwartet, dass er ein Handwerk beherrschte, sei es das des Bäckers oder Buchdruckers. Dabei waren die Missionare in ihren Entsendungsgebieten – ob in China, Afrika oder Ozeanien – in ungleich größerem Umfang als die Pfarrer im Herkunftsland gefordert, was die Wortverkündigung anging. Dass die Missionare die indigenen Sprachen lernen mussten, war selbstverständlich. Darüber hinaus hatten sie allerdings oft erst Wörterbücher und zumindest auszugsweise eigene Bibelübersetzungen zu erstellen. In den heidnischen Kulten vermeinten sie den „Hauch der dämonischen Mächte" unmittelbar zu spüren.

Für die Missionarsfrau wiederum ging es bei der Bewältigung des Haushaltes um mehr als um die Bewirtschaftung eines Pfarrgartens und all die anderen Obliegenheiten, unter deren Last die Hausherrin schon einer deutschen Dorfpfarrei fast zusammenbrach. In Missionsstationen gehörten Plantagenwirtschaft und Viehhaltung zum wirtschaftlichen Fundament des Ganzen, während in den deutschen Landeskirchen längst das beamtenähnliche Gehalt und der Unterhalt der Liegenschaften gesichert waren. Krankenpflegerische Dienste wurden durch wenig erforschte endemische Krankheiten herausgefordert. Kurzum: Es handelte sich um eine archaische Form des Pfarrerdaseins, was sich bei den Begegnungen von Mission und „Heimatfront" der Glaubensverkündigung bemerkbar machte. Gewiss, der Missionar mit seinen Lichtbildvorträgen brachte Exotik und Abenteuer in die Gemeindesäle, aber wenn seine meist konservative Frömmigkeit auf die legeren Sitten der mittlerweile oft ziemlich normalen Bürger der evangelischen Großstadtgeistlichkeit traf, sorgte dies wechselseitig für einiges Befremden. *BMB*

LIT.: Bauer 1933, S. 188; Dinter 1829, S. 173/174; Fertig 1979; Hoffmann 1948, S. 283/284; Janz 1994; Janz 1998.

**Daniel Nikolaus Chodowiecki (1726–1801): Das Frühstück im Walde, Titelkupfer zu „Luise. Ein Laendliches Gedicht in Drei Idyllen" von Johann Heinrich Voß, 1795**
Berlin, Deutsches Historisches Museum
Kat. 265

Johann Heinrich Voß (1751–1826) von Jean Paul gerühmt für seinen „lutherisch-lessingschen Sprachatem", redete Jahre vor der Französischen Revolution dem Tyrannenhass das Wort. Idyllisch fiel 1783 sein „ländliches Gedicht" über die Heirat der Tochter eines Dorfpfarrers aus: Das bürgerliche Publikum las die in Hexametern abgefasste „Luise" als Verklärung seiner eigenen Lebensform. *JS*
LIT.: Mittler 2001.

**Benjamin Vautier (1829–1898): Der Hauslehrer, 1865**
Nürnberg, Germanisches Nationalmuseum Nürnberg
Kat. 157

Der Besuch öffentlicher Schulen war für die Kinder des Adels
und des gehobenen Bürgertum bis weit ins 19. Jahrhundert
unüblich. Auf ländlichen Adelssitzen hielt sich der Privat-
unterricht noch weitaus länger. Die Hauslehrer wurden oft
einfach als „Candidat" bezeichnet, denn es handelte sich
überwiegend um junge Männer, die eben ihr Theologiestudium beendet hatten und auf eine Vikariats- oder Pfarrstelle warteten. Diese „Hofmeister"-Dienste waren in der
Geistlichkeit stets umstritten: Der Status des Privatlehrers
schwankte je nach Haushalt zwischen gebildetem Hausfreund und Angehörigem der Dienerschaft. Die künftigen
Pfarrer drohten allzu sehr mit Luxus und weltlichen Genüs-
sen in Berührung zu kommen. *BMB*
LIT.: Fertig 1979.

*Sattelberg.*
*Missionar Panzer mit seinen Täuflingen.*
*Deutsch Neu Guinea.*
*Neuen Dettelsauer Missi*

**Der Missionar Karl Panzer mit seinen Täuflingen, Neuguinea**
**um 1914**
Neuendettelsau, Archiv Mission EineWelt
Kat. 162

Er blieb der einzige Neuendettelsauer Missionar, der aus
der Rolle fiel: Karl Panzer (1884–1951) galt als begabt und
tatkräftig, sonderte sich aber seit 1921 zunehmend ab und
entwickelte wahnhafte Züge. Er verließ seine Familie und zog
sich mit einer einheimischen Frau in den Urwald zurück – ein
Verstoß gegen die Gebote der Mission wie gegen die Gesetze.
Er kam in Haft und musste die Insel verlassen. *BMB*
LIT.: Fischer 2003; AMEW, Personalakte Panzer.

Ursprünglich katholisches, nach der Reformation evangelisches Pfarrhaus von Oberboihingen (Landkreis Esslingen),
„das älteste und schönste im Landkreis"
Foto: Horst Rudel, Stuttgart
Kat. 91

Ein Priesterhaus, 1467 erbaut, wird zum evangelischen
Pfarrhaus, gilt 1613 als baufällig und „nicht mehr standesge-
mäß für den Pfarrer" und wird an Privatleute verkauft. In den
1970er Jahren drohte der Abriss. Eine Bürgerinitiative rettete
das Denkmal („Kirchenaxt gegen Kulturdenkmal"). *CKH*

Christel Köhle-Hezinger

# DAS EVANGELISCHE PFARRHAUS: KOSMOS, GLASHAUS, SAKRALHÜGEL?

## DER GEISTLICHEN HÜTTEN UND WOHNUNGEN

Das Pfarrhaus war, um bei der materiellen Seite der irdischen Behausung zu beginnen, eine Bauaufgabe – und eine Baulast. Früheste Bauordnungen zielten bereits sehr genau auf seine Sonderstellung in einem äußerlich sichtbaren Sinne. So bestimmte die Erste württembergische Landes-Ordnung von 1495, „daß in dörfern von unsern Underthon kain purnhauß über zween Stöck haben soll, es wäre denn ains priesters oder wirtshauß." Um Kirche und Friedhof geschart, bildeten Pfarr- und Wirtshaus, oft weithin sichtbar, den Ortskern; beide waren Zufluchtsort für Fremde und Herbergssuchende – denn der Pfarrer sollte dem Gebot der Nächstenliebe folgen, der Wirt der Beherbergungspflicht. Dies war der eine Grund für die Hervorhebung. Der andere: Mehrstöckigkeit signalisierte städtisches Aussehen und stand den Bauern nicht zu. Aus Sicht der Herrschaft war sie ein durchaus gewolltes Scheidungsmerkmal zwischen Stadt und Land, ein Symbol, das auf höhere Potenzen sozialer wie kultureller Ordnung verwies.[1]

Mit der Reformation wurde den Pfarrhäusern ein anderer Sinn und Inhalt verliehen. 1556 klagte ein Pfarrer „samt seinen zehn lebendigen Kindern, die er im Stand der heiligen Ehe erzeugt", dass seine Familie „wegen merklichen Abgangs und Unbaus" das Pfarrhaus habe tauschen müssen mit dem kaum weniger baufälligen Frühmessnerhaus. Nach 21 Amtsjahren hatte sein Ersuchen endlich Erfolg, die zwölfköpfige Pfarrfamilie zog in ein neues, stattliches Pfarrhaus mit Ställen und Wirtschaftskammern in einem „steinernen Stock", darauf ein „hölzerner Stock" mit zwei Stuben, fünf Kammern sowie einer Küche und ein Dachstock mit einer Kornschütte.[2]

Pfarrfrauen, Pfarrerskinder und Pfarrfamilien im Pfarrhaus waren Folgewirkungen der Reformation in einem ganz praktischen, alltäglichen Sinne. Sie ergaben sich unausweichlich aus der Priesterehe. Bereits im Jahre 1540 sah sich ein Kaplan zu folgender Klage veranlasst: „Hat kein Ort zum Studieren vor dem Geschrei seiner

Kinder, kann in seiner Herberg vor Regen nicht bleiben!" Seine Frau, so erfahren wir, war im Ort als Hebamme angestellt und erhielt dafür vier Gulden und freies Brennholz. Die Pfarrhäuser waren „fast überall zu eng. Denn sie waren bisher eben grundsätzlich nicht für ein Ehepaar und eine ganze, womöglich große Familie eingerichtet gewesen."[3]

Eine Generation nach der Reformation hatten die Klagen vielerorts zum Erfolg geführt, neue Pfarrhäuser wurden gebaut. In der Reichsstadt Ulm hatte das „Pfarrkirchenbaupflegeamt" dafür ein eigenes Schema entwickelt: „Im unteren massiven Stock Badstüblein, Backofen und Stall; im oberen aus Fachwerk zwei Stuben (heizbare Räume) und drei Kammern (unheizbar)."[4] Viele dieser „typischen" nachreformatorischen Pfarrhäuser haben sich bis heute erhalten. Mit oft nur wenigen Veränderungen erfüllten sie über Jahrhunderte hinweg ihre Funktion und ihren Zweck, dem Pfarramt und einer großen Familie auf repräsentative, würdige und standesgemäße Weise Raum zu bieten.

Hier, so hieß es in einer Ausstellung über ein 400 Jahre altes schwäbisches Pfarrhaus, „wohnten und wirkten seit der Einführung der Reformation in Schöckingen 33 Pfarrer mit ihren Familien. Über wenige Pfarrer wissen wir mehr als die Lebensdaten." Noch weniger, so wäre hinzuzufügen, wissen wir über ihre Frauen und Kinder, über den ganzen Hausstand, den *oikos*, und den Alltag der Menschen im Haus. Die Pfarrer wechselten, das Pfarrhaus blieb beständig: an seinem Platz neben der Kirche, in seinem Wert, seiner Nutzung und Bedeutung. Anlässlich der Ausschreibung der Pfarrstelle Schöckingen im Jahre 1906 erfahren wir über das damals bereits 300 Jahre alte Pfarrhaus: „Im Wohnstock (Höhe ca. 2,6 m): 4 heizb. Zimmer (3 Öfen), geräumige Küche, Speisekammer; nördliche Seite etwas feucht; der sehr schmale Öhrn[5] wird vielleicht jetzt verbreitert. Im Oberstock (ca. 2,2 m) außer dem einen durch Bretterverschlag geteilten Zimmer (z. Zt. Magdkammer und Kastenzimmer) jetzt anstelle der Kammer 2 weitere Zimmer, Studier- und Gastzimmer, beide heizb. (2 Öfen) und

mit elektr. Licht (kann leicht auch in der Wohn-
stube eingerichtet werden), freundlich, gegen
den Garten gelegen, aber je mit einer schiefen
Wand. Waschhaus mit neuem Herd und Kessel.
Scheune 1894 abgebrochen; der Garten (liegt) am
Haus. ..."[6]

Das war die typische, über Württemberg hinaus verbreitete pfarrhäusliche Welt, ihr äußerer
Rahmen. Was hat dieses Gehäuse für die darin
Lebenden bedeutet, wie hat es ihr Erleben beeinflusst, über Generationen und Jahrhunderte
hinweg? Welche Privilegien, welche Lasten waren
damit verbunden?

Pfarrhausgeschichte als Alltags- und Menta-
litätsgeschichte, wie sie im Folgenden in wenigen Zügen und an vornehmlich süddeutschen
Beispielen skizziert wird, fragt nach der historischen Bürde und dem Erbe, dem materiellen und
immateriellen *cultural heritage* des evangelischen
Pfarrhauses.

## PFARRZEHNT UND EMOLUMENTE:
## DAS NATURALIENBAND

Die Pfarrbesoldungen waren in der nachreformatorischen Neuordnung des Kirchenwesens
territorial sehr unterschiedlich geregelt worden.
Württemberg unterschied sich von allen anderen deutschen Ländern durch den sogenannten
festen Besoldungteil, einen Geldbetrag, der
den Pfarrern neben Frucht, Wein und Holz aus
dem Kirchengut zustand. So „war wenigstens ein
Hauptteil der Pfarrbesoldung vor Fehljahren und
Mißwuchs geschützt, der Pfarrer von vielen ökonomischen Geschäften entlastet".[7] Naturalein-
künfte – ein Fixum auf alle Zeit, allenfalls erhöht
durch Zulagen oder Gratiale – wurden von den

Verwaltern ins Pfarrhaus geliefert, während der
Kleine Zehnt bis zur Zehntablösung, der Umwandlung in Geldabgaben im 19. Jahrhundert,
vom Pfarrer selbst eingezogen werden musste.
Darunter fielen die „Hackfrüchte", Erbsen und
Wicken, Linsen und Rüben, Obst und Kraut, Hanf
und Flachs. Im Streitfall musste der Pfarrer die
Feldfrüchte einfahren lassen, was hohe Kosten
verursachte. Das Pfarrhaus fungierte daher auch
als Warenumschlagsplatz, denn seine Bewohner waren Zehntempfänger und Zehntknechte
zugleich. Der Zehnteinzug verband Pfarrhaus
und Gemeinde in alltäglich-weltlichem Handeln.
Als im Jahre 1793 nach den derzeitigen Praktiken
und dem Status quo gefragt wurde, um die Chan-
cen für eine Umwandlung in Geldäquivalente zu
eruieren, war nur in sieben von insgesamt 638
Gemeinden ein „friedlicher Einzug" vermerkt.

War der Zehnt geeignet, Assoziationen von
weltlicher Herrschaft zu wecken und im Streit-
fall Umkehrungen im Verhältnis von Herr und
Knecht zu provozieren, so waren die Emolumente
Nebeneinkünfte, von Nutzen und Vorteil für
beide Seiten. Ebenso die Akzidentien, ursprüng-
lich nicht zum festen Einkommen gehörende
Stolgebühren für Kasualien wie Taufe, Hochzeit,
Beerdigung. Daraus wurden, je nach örtlichem
Brauch, Naturaliengeschenke, die man „altem
Herkommen gemäß" ins Pfarrhaus trug: Mehl,
Schmalz, Gänse, Eier, die „Metzelsuppe" vom
Schlachten, Kuchen bei Taufe und Konfirmation,
Kirchweih und Hochzeit. All diese jahres- und
lebenszyklischen Stationen schufen gutnach-
barliche Beziehungen in Tauschhandlungen.
„Hehlingen gute Pfarreien", also „heimlich gute",
hießen im Schwäbischen die Orte, in denen die
Geschenke besonders reichlich und verlässlich
ins Pfarrhaus flossen.

Als im 19. Jahrhundert Pfarrzehnt und Natu-
raleinkünfte fielen, allenfalls als örtliche Sitte
erhalten blieben, fielen auch die Schranken,
über diese Modalitäten offen zu reden. In einer
Satire schilderte dies Carl Theodor Griesinger,
Pfarrerssohn, Stiftler und Vikar, der 26-jährig
dem geistlichen Stand entsagte und aus eigener
Erfahrung wusste, wie es um die materiellen wie
kommunikativen Bedürfnisse des Pfarrhauses
bestellt war:

„Der Herr Pfarrer lebt glücklich mit seiner Frau
... Die merkwürdigsten Tage sind ihr die Tage
vor einem Abendmahl, die Neujahrswoche und
die Krämermärkte in der Stadt ... Die Tage vor
einem Abendmahl und um das Neujahr herum
sind der Frau Pfarrerin deswegen so lieb, weil
sie da Präsente bekommt, Anmeldungs-Präsen-
te und Neujahrs-Präsente. Da kommt ein Weib

und bringt Eier mit, da eine andere mit Kaffee, dort eine dritte mit Zucker, eine vierte mit einem Entchen, eine fünfte gar mit einem Gänschen … Und die Frau Pfarrerin nimmt alle liebreich an und heißt die guten Weiber sich setzen und läßt Kaffee machen und batscht mit ihnen den lieben langen Tag. Sie kann es auch wohl brauchen in ihrer Haushaltung, denn die Speisekammer ist oft verdammt leer, absonderlich wenn die verschiedenen Metzelsuppen ausbleiben … So lebt denn der Herr Pfarrer hin, und seine Beichtkinder lieben ihn, obgleich er viel Streit wegen des Zehnten mit ihnen gehabt, … er hinterlässt nichts als eine arme Witwe und viele Kinder. …"[8]

In welch engem Verhältnis – angesichts solcher Realien – pfarrhäusliche Wohlgewogenheit und Umfang der Verehrungen standen, lässt sich denken. Im Württembergischen Landrecht von 1821 wird dieses Naturalienband, das bereits 1614 in den Schriften von Johann Valentin Andreae auftaucht, ohne Umschweife im Register aufgeführt als das, was es für die Leute war: „Schmieralia".[9]

Dieser pfarrhäusliche Güterverkehr war, materiell gesehen, eine Einbahnstraße, verlief in nur eine Richtung: ins Pfarrhaus hinein. Die Gegengabe hingegen war spiritueller, symbolischer Natur.[10] Das Bringen war für die Gemeindeglieder ein Handeln traditioneller Art, während das Empfangen im Pfarrhaus Teil dessen war, was dem Pfarrer und seinem Haus qua Amt, Regelung oder Sitte zustand: Es war amtlich und es war, in doppeltem Sinne, von höherer Natur.

Das Volk machte sich auf diese Doppeldeutigkeit seinen eigenen Reim. „Ins Pfarrhaus geht man nicht gern, weil man fürchtet, als Zuträger (‚Pfarrhausschwätzer') angesehen zu werden." An dieser Redensart, dem Schwäbischen Wörterbuch entnommen,[11] zeigt sich, welches Verhalten man für angebracht hielt. Kritisches Beobachten, vorsichtige Distanz und je situatives Abwägen waren Strategien, die sich für beide Seiten empfahlen. Nur so lässt sich erklären, weshalb es relativ selten zu Reibereien, Konflikt und Streit in aktenkundiger Form kam.

„Weiberstreit" war der häufigste Dissens zwischen Pfarrhaus und Welt. Er entzündete sich meist an der Pförtnerrolle der Pfarrfrau. „Der Pfarrer sollt billig sein Weib besser ziehen" – diesen Verweis muss sich ein Pfarrer 1852 gefallen lassen. Eine „Maultäsche", ein Schlag auf den Mund, gab den Anlass für diese obrigkeitliche Rüge: „Die leicht erregbare Pfarrfrau" sei in das Haus des Schultheißen eingedrungen und habe dessen Magd, von der sie „durch lügenhafte Behauptungen" gereizt worden sei, eben jene Maultäsche verabreicht, worüber sich nun das

ganze Dorf empöre. Der Pfarrer erhielt dafür eine Geldstrafe, verhängt durch das örtliche Ruggericht, und einen Verweis im Synodalprotokoll.[12]

Spektakuläre Fälle dieser Art füllen zwar die Akten, aber repräsentativ sind sie nicht. Sie verzerren das Bild des realen, gelebten Alltags – ähnlich wie die Protokolle der weltlichen und kirchlichen Sittengerichte oder endlos wiederholte Gesetze und Ermahnungen. Die Norm wird darin nicht abgebildet. Sie findet sich eher in dem, was für Martin Hasselhorn asketischer Rigorismus, pietistisch geprägte Moral ist und eine Grundstimmung „tiefen sittlichen Ernstes" hervorrief. Pfarrhauskultur war eine Welt in der Welt, war *oikos* und Kosmos, ein kulturelles Binnensystem eigener Art.

## „PFARRERS KINDER, MÜLLERS VIEH …": HAUSHALT UND FAMILIE

Erst seit 1521 kann von der Gründung von Pfarrfamilien im Pfarrhaus die Rede sein. Wichtiger ist die beginnende Selbstrekrutierung des Pfarrhauses, die nachweislich um 1540 einsetzte. Das erste Pfarrhauskind, eine Tochter des Wittenber-

Johann Jakob Ihle (1702–1774): Jugendbildnis der Johanna Charlotta von Keller (geb. Langenhahn), 1747 Stuttgart, Landeskirchliches Archiv Kat. 184

Die höfisch gewandete junge Dame von Adel ist noch nicht Pfarrersfrau – wie viel an Seidenbändern und Spitzen ihr nach der Verehelichung noch erlaubt war, ist ungewiss. Als Gemahlin des Aufklärungstheologen Ernst Urban (von) Keller (1730–1812), ein „edler, menschenfreundlicher Charakter", Stiftsprediger in der Residenz Stuttgart, Oberkonsistorialrat und Abt von Herrenalb, wurde ihr allzu viel Entsagung wohl nicht abverlangt. *BMB*
LIT.: LKA Stuttgart, Generalmagisterbuch, S. 166.

Die theologischen Bildungsstätten Württembergs. Originalzeichnung von G. Theuerkauf. (S. 423.)

Urach. Maulbronn. Klosterkirche in Blaubeuren. Tübingen. Stift in Tübingen. Blaubeuren. Schönthal.

**Die evangelischen theolo-
gischen Bildungsstätten
Württembergs, 1878**
Stuttgart, Landeskirchliches
Archiv
Kat. 145

In den Seminaren Urach,
Blaubeuren, Maulbronn und
Schöntal verbrachten die
künftigen Pfarrer vier Jahre,
wenn sie die Aufnahmeprüfung,
das gefürchtete „Landexamen",
geschafft hatten. Darauf folgte
das Studium in Tübingen, wo sie
internatsähnlich im Stift lebten.
Dieser angesehene Ausbil-
dungsweg machte die würt-
tembergische Pfarrerschaft
zu einem recht exklusiven
Zirkel. *BMB*
LIT.: Zwischen Kanzel ..., Textband 1994, S. 130/131.

ger Pfarrers Bartholomäus Bernhardi, der 1521
geheiratet hatte, ehelichte einen Pfarrer – „ein
großer Teil der künftigen Pfarrfrauen konnte von
jetzt an aus den Pfarrhäusern selbst hervorgehen
… Die Pfarrerstöchter kannten das Leben und
Treiben im Pfarrhaus und hatten bewußt und
unbewußt bei der Mutter die beste Schule gehabt
für Leben und Beruf", so Hermann Werdermann
in seinem 1935 erschienenen Lobpreis und Idealbild „Die deutsche evangelische Pfarrfrau".[13]

Was die traditionelle Kirchengeschichtsschrei-
bung als Fortschritt, als Auf- und Ausbau des
geistlichen Exempels sah – gegenläufig zu dem,
das die Reformation an Schlechtem hinter sich
gelassen hatte –, das hält kritischer Prüfung
kaum stand. Dass das Pfarrhaus wirklich ein
„Symbol des Himmlischen" war, „Mittelpunkt der
Gemeinde", die Pfarrersehe der Gemeinde als ein
Vorbild wirkte, darf bezweifelt werden.

Über das Leben im Pfarrhaus, seine Alltäglichkeit und Typik haben wir nur wenige und
einseitige Überlieferungen. Sie sind von „oben"
in Blickrichtung nach „unten" geschrieben, fast

ausschließlich von Männern zudem. Alltag ist
darin kein Thema. Aktenkundig wird vielmehr,
wie obiges Maultäschen-Beispiel zeigt, die Abweichung, der Konflikt. Streit, Schläge, Trunksucht,
„mangelnde Sittlichkeit" sind stets peinlich
genau vermerkt. Werden diese Quellen für die
Alltagswirklichkeit gehalten, ergibt sich fraglos
ein schiefes Bild.

Das evangelische Pfarrhaus wurde von Beginn
an mit besonderem Interesse beobachtet, seine
„Leistungsbilanz" in kirchlicher, nationaler,
kultureller und familiärer Hinsicht genauestens
registriert: Wie viele Kinder, wie viele Pfarrer,
Theologen, Gelehrte, Pfarrfrauen, schwarze
Schafe bringt es hervor? Die Fixierung auf das (in
doppeltem Sinne) reiche „Samenbringen" und
fruchtbare „sich Mehren" brachte es mit sich,
dass jede Abweichung vom Ideal stets besonders
gierig aufgesogen und kolportiert wurde: genau
und hämisch im örtlichen Gerede, in den weithin
versippten Pfarrfamilien und Pfarrkonventen
diskursiv und korrespondierend. Ein immenser
Leistungs- und Gewissensdruck waren die Folge,

sollte und wollte man die hohen Normen und Erwartungen erfüllen.

Das klassische Bild vom *oikos*, dem „ganzen Haus", als Vorbild auch in biblischem Sinne konnte für die Bewohner im Alltag zum Albtraum werden. Es galt, vorschriftsgemäß und vorbildlich zu amten und zu wirtschaften („hausen und sparen") sowie, als zentrales Ziel der Kinderaufzucht, den Söhnen eine Ausbildung und den Töchtern eine Aussteuer samt standesgemäßer Heirat zu ermöglichen. Alles dies zu vereinen und zu erreichen war allein schon in materieller Hinsicht ein Überforderungsprogramm. Die Würde von Amt und Stand alltäglich aufs Neue und auf lange Sicht für die ganze Pfarrfamilie zu erhalten, war Lebensaufgabe und Kulturleistung.

Dem Pfarrvolk war diese andere – weil ferne, gebildete – Pfarrhauskultur im Grunde fremd und suspekt, ähnlich wie die der Müller: Auch sie lebten vom Ort separiert, waren in der Regel wohlhabend und geschickt und bildeten eine eigene, sich weithin selbst rekrutierende soziale Schicht. Gleichsam handhabbar wurde das Anderssein, indem man Misserfolge betonte und sie zum Normalfall stilisierte, wie als Trost, dass es beim Pfarrer auch „menschele", Vollkommenheit und Heiligkeit hier ebenfalls nur Idealbild seien. Auf dieses Auseinanderklaffen von Bildern und Realitäten weist Andreas Gestrich hin: So sei das problemlose Heranwachsen – „auch im protestantischen Pfarrhaus die Regel!" – als Normalfall dem Blick praktisch entschwunden.

Was sich daraus für die Sozialisation der Pfarrerskinder in Pfarrhaus und -familie folgern lässt, gilt ebenso – in seinen Außenwirkungen möglicherweise gravierender noch – für die Enkulturation des Pfarrhauses im Ort und in der Welt. Die Einsamkeit im Pfarrhaus lasse sich, so Gestrich, nur ahnen hinter gelegentlichen Einträgen, in Hinweisen auf beschwerliche Melancholie vermuten. Aus neueren, offeneren und kritischen Autobiografien schließt er, dass das Pfarrhaus „nicht nur die Kultur des Wortes, der Sprache, sondern auch die Kunst des Schweigens, des Verschweigens (psychologisch gewendet: der Verdrängung) zu einer erstaunlichen Blüte entwickelt" habe.[14]

## GLASHAUS, SAKRALHÜGEL? PFARRHAUS-BILDER

Das Bild vom Glashaus ist das wohl populärste, seit über Pfarrhäuser geschrieben und geforscht wird. Es steht für die Belastungen der darin Wohnenden: „transparent" zu sein, jederzeit eingesehen und kontrolliert werden zu können,

gleichsam öffentliche Person in einem öffentlichen Haus zu sein und damit Erwartungen und Ansprüche unterschiedlichster Art aushalten zu müssen. Was für das Haus gilt, trifft auch für dessen Innenleben zu. Es hatte – eine unauflösbare Agenda – zugleich sakral und zentral, Fremdkörper und Insel zu sein.

Festschreibungen der Bilder gab es durch Kirche, Familie, Gemeinde und Welt. Sie waren eng, schematisch, starr und nicht selten hohen, divergenten Spannungen ausgesetzt. Doch waren die Wände aus Glas? War das Pfarrhaus wirklich transparent? Nach dem Tod des Pfarrers im frommen Weberdorf Laichingen kamen immense Schulden und ein wahrer Luxus ans Licht. Seine Amtsführung war gut, sein Ruf untadelig gewesen. Nun wurde offenbar, dass er „ganz erheblich über seine Verhältnisse gelebt hatte … Seine Schulden überstiegen den Wert seines Vermögens um ein Erhebliches … Sein Hausrat (zeigt) die prächtige Welt seines Luxus, dem er hingegeben war: Dutzende von Kaffeetassen, silbernen Kaffeelöffeln und anderem Besteck, zwei neumodische ‚Kaffeemaschinen' und eine ‚Präsentiertafel', eine Konfektschale aus blauem Porzellan nebst silberbeschlagenem Buchbesitz und drei Spiegeln … All dies war nicht nach außen gewendet und gewaltsam-aufdringlich, vielmehr verschämt – vor der Öffentlichkeit verborgen … Ein echt protestantischer Luxus: nach innen gewendet und beschränkt aufs Haus."[15] Dass man „unter Pfarrern" von solchen Dingen wohl wusste, lässt ein Monitum von Philipp Matthäus Hahn vermuten: „Wie kann da Erbauung stattfinden, so die Pfarrer Herren sind, die Nächsten nicht lieben, und sich ihnen gleich achten!"[16]

Pfarrhaus und Welt trennt eine tiefe Kluft des Standes und der Bildung, zumal in Deutschland; darauf hat bereits Helmuth Plessner 1959 in seiner klassischen Studie „Die verspätete Nation" hingewiesen.[17] Diese Entwicklung verschärft sich eklatant im 19. Jahrhundert. Denn die Pfarrhauswelt war nicht die der bäuerlichen Gemeinschaft oder der Fabriken: 75 Prozent der Pfarrer kamen in dieser Zeit aus dem Beamtenstand. Kaum drei Prozent waren bäuerlicher Herkunft.[18]

Das Bild des Sakralhügels betont stärker als das des Glashauses die Isolation. Den Begriff des Sakralhügels prägte David Gugerli in seiner eindrucksvollen Studie zur Schweizer Pfarrhauswelt im 18. Jahrhundert: Die „relative Isolierung der Pfarrerskinder" und die absolute des Vaters und des „ganzen Hauses" spiegele die „Existenz eines dörflichen Sakralbereichs" wider, bestehend aus Kirche, Friedhof, Pfarrhaus, Ökonomiegebäuden und Pfarrgarten, oft noch daneben das

Schulhaus. Mit diesem, wenn möglich auf einer Anhöhe angelegten Ensemble war für alle das Erhabene, Abgehobene sinnlich erfahrbar; das gilt für die größere Nähe zum sakralen „Oben" und die größere Distanz zum profanen „Unten".[19]

Der Wunsch nach Abgrenzung und Unterscheidung floss seit dem Spätmittelalter ein, wenn neue Pfarrhäuser gebaut wurden aus Standesgründen, aber auch aus praktischen Erwägungen.[20] Distanz und Differenz folgten daraus: Was sich mit der Pfarrhaus-Hülle verband und was über Generationen und Jahrhunderte hinweg symbolische Repräsentation war, ließ sich von seinen Strukturen und Folgewirkungen fortan kaum mehr trennen, weder im Ansehen noch im Handeln. Pfarrhauskultur ist so bis heute Memoria und Spiegel: Das Haus tradiert die Bilder.

1   Auf Wechselwirkungen von Gesetzesvorschriften, Bräuchen und ihren Auswirkungen auf die Kulturlandschaften hat früh und eindrücklich hingewiesen Bischoff-Luithlen 1973, hier S. 98.
2   Sauer 1972, S. 50f.; vgl. zu diesem und anderen Fallbeispielen ausführlicher Köhle-Hezinger 1984.
3   Werdermann 1935, S. 42f. Werdermann muss allerdings kritisch, als zeitgenössische Quelle und Diskurs gelesen werden, denn er ist selbst Teil der deutschen Pfarrhaus-Hagiografie. Zum „evangelischen Pfarrer in Geschichte und Gegenwart" hatte er bereits zehn Jahre zuvor publiziert (Leipzig 1925).
4   Ders., S. 45.
5   Süddt. Ausdruck für Hausflur.
6   Ausstellungstext Schöckingen 1994. Das Pfarrhaus in Schöckingen (Landkreis Ludwigsburg) wurde 1594 erbaut.
7   Vgl. (auch zu den folgenden Begriffen und Gebräuchen) Hasselhorn 1958, S. 2. Hasselhorns Studie ist bis heute ein Solitär: knapp, dicht und präzise der Fragestellung folgend, Kontext und Kultur breit thematisierend. Vgl. auch Köhle-Hezinger 1984.
8   Griesinger 1979, S. 27f.
9   Vgl. dazu ausführlicher Hasselhorn 1958 und Köhle-Hezinger 1984.
10  Die Anmeldung zum Abendmahl etwa, die vielerorts im Pfarrhaus am Vorabend zu geschehen hatte und verbunden war mit dem Entrichten eines Geldbetrages, war der symbolisch-einleitende Akt des Büßens: der pfarrhäusliche Prolog zu Beichte und Abendmahl am Sonntag in der Kirche. Vgl. Köhle-Hezinger 1980, S. 69–81.
11  Schwäbisches Wörterbuch, bearb. von Hermann Fischer, Bd. 1: A.B.P., Tübingen 1904, Sp. 1013–1017.
12  Das aus einem Dorf auf der Schwäbischen Alb stammende Beispiel verdanke ich Angelika Bischoff-Luithlen (unpubl.).
13  Werdermann 1935, S. 46f.
14  Gestrich 1984, S. 71, S. 81.
15  Zu weiteren, auch „verschämten" Luxus-Beispielen (das zitierte stammt von Hans Medick), die bisherige Bilder vielfach konterkarieren, vgl. Angerer u.a. 2009.
16  Zit. n. Trautwein 1972, S. 32.
17  Plessner 1959.
18  Eine beachtliche und denkwürdige Ausnahme bildet der Dorfpfarrer Hermann Gebhardt; seine anonym erschienene „Bäuerliche Glaubens- und Sittenlehre" beobachtet und thematisiert solche Probleme in ethnografisch vorbildlicher Weise. Vgl. Köhle-Hezinger/Michel 2004. Eklatant ist im 19. Jahrhundert außerdem die konfessionelle Differenz: Katholische Pfarrer rekrutierten sich weithin aus dem bäuerlichen Milieu. Vgl. Bormann-Heischkeil 1984.
19  Gugerli 1988, S. 243ff.
20  Eindrucksvoll dokumentiert dies die regional und territorial breit angelegte, in dieser Weise seltene Bestandsaufnahme Spohn 2000.

**Pfarrhaus Collmen, 1843**
Dresden, Sächsische Landesbibliothek –
Staats- und Universitätsbibliothek Dresden
Kat. 258

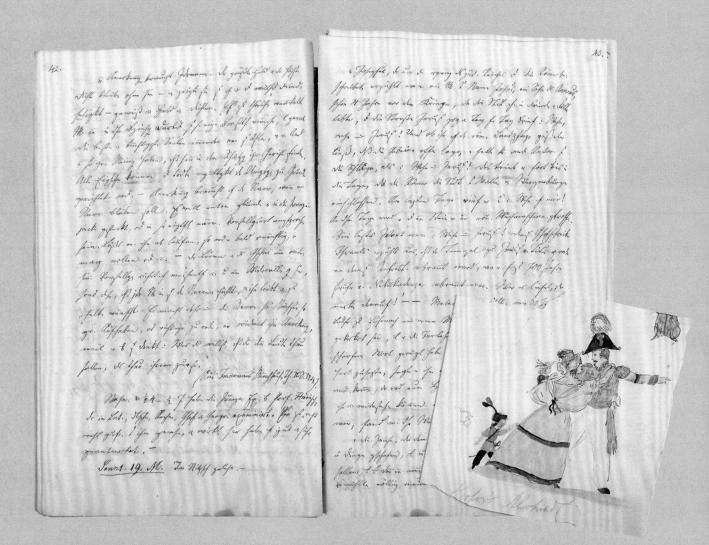

**Tagebuch von Eduard Kratzenstein, 1848, mit Theaterszene**
Eisenach, Stiftung Lutherhaus Eisenach, Evangelisches
Pfarrhausarchiv
Kat. 151

Nach dem Theologiestudium in Halle reiste Eduard Kratzenstein (1823–1896) durch Deutschland, zeichnete emsig und
besuchte Lustspiele im Theater, während er auf seine erste
Hauslehrerstelle wartete. Eine weitere Hauslehrerstelle in
der Schweiz ermöglichte ihm Kontakte mit Reformierten
und Anhängern englischer Sekten. Seit 1851 im Pfarrdienst,
wurde er 1858 geistlicher „Missionsinspektor" der Berliner
Mission. *BMB*
LIT.: Kratzenstein 1897.

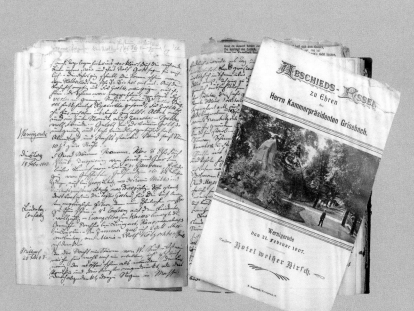

**Tagebuch des Pfarrers Robert Riem, 1906/07**
Eisenach, Stiftung Lutherhaus Eisenach, Evangelisches
Pfarrhausarchiv
Kat. 153

Die Tagebücher von Robert Riem (1839–1924), Oberpfarrer in
Wernigerode, enthalten eine Vielzahl von Konzertprogram-
men, Geburtsanzeigen, Menükarten zu festlichen Diners oder
Einladungen – Zeugnisse der gesellschaftlichen Verflechtung
des Pfarrers mit dem städtischen Bürgertum. Die Lebensverhältnisse hatten sich im späten 19. Jahrhundert angeglichen,
und ein ehedem zur Schau getragener Sonderstatus verlor
sich. *BMB*

**Johann Samuel Adam (1638–1713): Die Exemplarische und
GOTT=wohlgefällige Priester=Frau [...], Frankfurt und
Leipzig 1702**
Eisenach, Stiftung Lutherhaus Eisenach, Evangelisches
Pfarrhausarchiv
Kat. 285

Schon der Titelkupfer weist die Richtung: Der Pfarrer und
seine schlicht gekleidete Frau in „teutscher Tracht" begegnen der Ehefrau des adeligen Patrons in affektierter „Französischer Mode". Die Pfarrfrau soll fromm sein – und ansonsten
ein Muster an evangelischer Bürgerlichkeit: bescheiden,
sittsam, friedfertig, sparsam, fleißig und dabei stets heiteren
Sinnes. *BMB*

**Johann Samuel Adam (1638–1713): Der Exemplarische
Priester [...], Leipzig 1697**
Gotha, Universitäts- und Forschungsbibliothek Erfurt/
Gotha, Forschungsbibliothek Gotha
Kat. 284

Seine „Amtsehre" ist es vor allem, die der Pfarrer im Auge
haben soll. Dazu gehört, dass er weder trinkt noch starken
Gefühlen wie dem Zorn freien Lauf lässt. Zwischen seinem
Reden und Tun darf sich kein Widerspruch auftun. Gast-
freundschaft zeichnet ihn aus. Und wenn er alldem nicht
genügen sollte: Gottes Wort, das er verkündet, zählt mehr
als er selbst. *BMB*

**Johann Samuel Adam (1638–1713): Das exemplarische und
GOTT wohlgefällige Priester=Kind [...], Frankfurt 1701**
Gotha, Universitäts- und Forschungsbibliothek Erfurt/
Gotha, Forschungsbibliothek Gotha
Kat. 286

Die Quintessenz lautet: Pfarrer sollen Kinder haben, aber
diese haben sich „wohlgeraten", d.h. beispielgebend zu
entwickeln. Deshalb gilt es, besondere Tugenden wie auch
Anfechtungen des Pfarrerskindes zu erkennen. Für den
Fall, dass die Erziehung – für die allerlei Merksprüchlein in
Reimform angeboten werden – misslingt, hält der Autor
„Trostgründe" für die Eltern bereit. *BMB*

Gawen Hamilton (1698–1737) zugeschr.: Der Dorfpfarrer
besucht den jungen Herrn, um 1730
*The Vicar of the Parish Visits the Infant Squire*
Glasgow, CSG CIC Glasgow Museums Collection
Kat. 180

Mit dem aristokratischen Milieu pflegt der anglikanische
Pastor offenbar selbstbewussten Umgang, auch wenn er
in Abhängigkeit von der Patronatsfamilie steht. Seine Tracht
des Geistlichen hebt ihn, dies will das Bild in der farblichen
Komposition betonen, zumindest noch äußerlich vom
herrschaftlichen Glanz ab. *BMB*

Oliver Janz

# PARSON UND PASTOR
## EVANGELISCHE PFARRER IN DEUTSCHLAND UND ENGLAND IM 18. UND 19. JAHRHUNDERT*

Die Kirche in England hatte – in vermutlich größerem Umfang als die Kirchen in den evangelischen Territorien des Alten Reiches – im Zuge der Reformation und den beiden folgenden Jahrhunderten erhebliche Einbußen an Besitz und Vermögen hinnehmen müssen. Ein Gutteil der Pfründen gelangte unter die Kontrolle des Staates und vor allem des grundbesitzenden Adels;[1] Status und Einkommen der anglikanischen Geistlichen waren daher meist niedrig, ihre Rekrutierungsbasis wenig exklusiv. Um 1750 verfügten nur etwa 50 Prozent der Geistlichen über eine akademische Ausbildung, deutlich weniger als in den deutschen Territorien. Der Lebensstil der anglikanischen Geistlichkeit war einfach und ähnelte häufig dem der bäuerlichen Bevölkerung. Viele Pfarrer sahen sich zur Ausübung von Nebentätigkeiten gezwungen, die oft nichts mit ihrem geistlichen Amt zu tun hatten, und bedienten zudem mehrere Pfarrgemeinden gleichzeitig. Zahlreiche Gemeinden sahen ihren Pfarrer deshalb nur selten, mussten sich mit unterbezahlten Vertretern begnügen oder gänzlich auf geistlichen Beistand verzichten.[2] Die Kirchenorganisation war durch Lokalismus und Fragmentierung gekennzeichnet. Eine zentrale Kirchenbürokratie, die eine wirksame Aufsicht über die Pfarrer hätte führen können, fehlte weitgehend.

In der zweiten Hälfte des 18. und im frühen 19. Jahrhundert vollzog sich jedoch ein tief greifender Wandel, der der anglikanischen Geistlichkeit einen deutlichen sozialen Aufstieg bescherte.[3] Hervorgerufen wurde er vor allem durch Einkommenszuwächse dank der Umwandlung von dörflichem Gemeindeland in Privatbesitz (enclosure movement), die auch den Pfründen zugutekam. Stellenweise erhielten die Pfarrer 15 bis 20 Prozent der Allmende zugesprochen.[4] Eine günstige konjunkturelle Entwicklung für Agrarprodukte sorgte zudem dafür, dass die Pfründeneinkommen stiegen. Damit wurde der Pfarrerberuf nun auch für die Söhne der bürgerlich-adligen Gutsbesitzerschicht (gentry) attraktiv.[5]

Die gewandelte Rekrutierungsbasis wirkte sich auf die Ausbildung der Geistlichen aus. Jetzt wurde der kultivierte und allseitig gebildete Gentleman-Pfarrer zur kulturellen Norm. Im frühen 19. Jahrhundert erhielt der überwiegende Teil der Pfarrer seine Ausbildung an Universitäten, meist in Oxford und Cambridge, an denen auch die übrige Elite des Landes studierte.[6] Die Akademisierung der Pfarrer war also hier keine Folge staatlicher Normierung, sondern Begleiterscheinung des ökonomischen und sozialen Aufstiegs, der den Lebensstil der Geistlichen ebenfalls veränderte: Viele Pfarrer bauten sich nun herrschaftliche Pfarrhäuser, die eher den Gutshäusern der Herrenschicht denn den Bauernhäusern der Umgebung ähnelten. Die Annäherung und Osmose von gentry und Pfarrerstand stützte sich vor allem auf das gemeinsame Interesse an der Auflösung der Gemeindeländereien, die im Bündnis gegen die ländlichen Unterschichten durchgesetzt wurde.[7] Diese soziale Allianz festigte sich noch, als im Gefolge der Französischen Revolution soziale Unruhen und Revolten im frühen 19. Jahrhundert das Land erschütterten.

Den Pfarrern wurden nun vermehrt öffentliche Ehrenämter mit weitgespannten Justiz- und Polizeifunktionen übertragen: Sie wurden zu Friedensrichtern nominiert, übernahmen Ämter der örtlichen Verwaltung sowie das gemeindliche Armenwesen. Sie fungierten als Standesbeamte und überwachten das lokale Gesundheitswesen. Insgesamt gewannen die anglikanischen Geistlichen auf lokaler Ebene erheblich an sozialem und politischem Einfluss, zumal ihnen wie in Deutschland das lokale Volksschulwesen unterstand, das in England rein kirchlichen Charakter trug und nach 1810 starken Aufschwung nahm.

Weit entfernt davon, sich an einem klerikalen Sonderethos zu orientieren, sahen sich die Pfarrer der anglikanischen Kirche in erster Linie als Teil der kultivierten und besitzenden Herrenschicht, mit der sie häufig durch Herkunft und Heirat verbunden waren. Ihr Einkommen erlaubte es ihnen, standesgemäßen Müßiggang zu pflegen und an der Geselligkeit der ländlichen Oberschicht teilzunehmen. Sie gingen auf die

Jagd, züchteten Pferde, hielten Jagdhunde, nahmen an Pferderennen und Bällen teil.[8]

Das Engagement in der Gemeindearbeit hielt sich dagegen meist in engen Grenzen. Eine Residenzpflicht der Pfarrer in den Gemeinden gab es nicht, so dass ein nicht unbeträchtlicher Teil der Gläubigen weiterhin von schlecht bezahlten Pfarrverwesern (curates) versorgt wurde, denen der Sprung in ein festes Pfarramt oft lebenslang versagt blieb.[9]

An der Wende zum 19. Jahrhundert lassen sich zwischen der deutschen evangelischen Pfarrerschaft und der anglikanischen Geistlichkeit einige Gemeinsamkeiten ausmachen: In beiden Fällen verfügten die Geistlichen mittlerweile über einen herausgehobenen Sozialstatus. Er stützte sich auf ihre höhere Bildung, ihr Amt, das sie als Vertreter einer Staatskirche und der Obrigkeit auswies, auf rechtliche Privilegien (vor allem in Deutschland) und eine (besonders in England) auch ökonomisch privilegierte Position, sowie auf ein hohes Maß an sozialer Sicherheit. Überdies nahmen die protestantischen Pfarrer beider Landeskirchen neben ihren kirchlich-geistlichen Funktionen (Predigt, Seelsorge, Sakramente) eine ganze Reihe sekundärer Funktionen im öffentlich-staatlichen Bereich wahr, meist auf kommunaler Ebene.

Die Pfarrerschaft hatte noch nicht den Charakter eines modernen Berufs, sondern einer Status-Profession. In beiden Ländern erhielten die Pfarrer primär eine allgemeine, klassisch orientierte Bildung. Das evangelische Theologiestudium in Deutschland war zwar seit den Reformen des frühen 19. Jahrhunderts vermutlich wissenschaftlicher orientiert als die Ausbildung der anglikanischen Geistlichen in Oxford und Cambridge, aber auch die deutschen Universitäten dienten mit ihren para-akademischen Sozialisationsinstanzen wie etwa den Studentenverbindungen nicht nur der Vermittlung von Fachwissen, sondern waren mindestens ebenso stark auf den Erwerb bildungsbürgerlicher Habitusformen gerichtet. Sahen sich die anglikanischen Geistlichen in erster Linie als Gentlemen, betrachteten sich die deutschen evangelischen Pfarrer in erster Linie als gebildete Bürger. Der Anspruch der protestantischen Geistlichen auf Zugehörigkeit zu der kultivierten Oberschicht, die freilich in Deutschland und England ganz unterschiedlich strukturiert war, rangierte im Selbstbild wie in der Fremdwahrnehmung klar vor den spezifisch geistlichen Elementen ihres Berufs.

Anders als die entstehenden professionellen und bürokratischen Funktionseliten in England und Deutschland wurden die Landpfarrer nicht mit festen Geldzahlungen besoldet, sondern lebten von den lokalen Pfründen und von Abgaben und Gebühren der Gemeindemitglieder, die zum Teil bis ins 19. Jahrhundert in Naturalien entrichtet wurden. Die ländlichen Pfarrhäuser waren daher tief in eine agrarische Ökonomik eingebunden. Viele Pfarrer bewirtschafteten ihre Ländereien in eigener Regie oder mussten Pachterträge und Naturalabgaben selbst vermarkten.[10] Dieses erweiterte Tätigkeitsprofil setzte der professionellen Konzentration auf die kirchlichen Aufgaben ebenfalls Grenzen.

Daneben gab es jedoch auch wichtige Unterschiede: Ein dem englischen enclosure movement vergleichbares Phänomen fehlte in Deutschland weitgehend. Ob die deutschen Pfarrer von der Agrarkonjunktur profitiert haben, ist bisher noch nicht untersucht. Sicher ist jedoch, dass sich die Pfarrländereien und Abgaben in unserem Zeitraum in Deutschland insgesamt nicht nennenswert vergrößerten. Manche Pfarrer verfügten dennoch über durchaus reiche Pfründen. Generell aber blieb die materielle Situation der deutschen Pfarrer nicht nur im Vergleich zur grundbesitzenden Oberschicht, sondern auch im Verhältnis zum städtischen Bildungsbürgertum äußerst bescheiden. Der herausgehobene Sozialstatus der Geistlichen definierte sich viel stärker als in England und fast ausschließlich über Amt und Bildung, nicht über Einkommen oder Vermögen. Das lag auch an einem anderen Rekrutierungsprofil: In Deutschland galt der Pfarrerberuf häufig als Aufstiegskanal aus dem mittleren Beamtentum und städtischem Mittelstand in die Schicht der Gebildeten. Rund 40 Prozent der Pfarrer waren selbst in Pfarrhäusern aufgewachsen. Für den Adel, großbürgerliche Familien oder die Söhne höherer Beamter blieb der Beruf relativ unattraktiv.[11]

Ganz anders als in England stellte sich in Deutschland vor allem das Verhältnis zwischen ländlicher Pfarrerschaft und der grundbesitzenden, adligen Oberschicht dar. Die evangelischen Pfarrer stammten nicht nur selten aus dieser Schicht, sie heirateten auch selten in sie hinein. Gesellige Kontakte zwischen Pfarrhäusern und adligen Familien gab es kaum, von der Elite des theologischen Berufsstandes und regionalen Abweichungen einmal abgesehen. Die evangelische Pfarrerschaft wirkte daher bürgerlicher als ihr anglikanisches Pendant.

Bestimmend wurden hier das Modell des staatsnahen akademischen Bildungsberufes und das „Bildungsbürgertum", eine Sozialformation, die die deutsche Pfarrerschaft nicht nur entscheidend mitprägte, sondern in der sie auch

quantitativ im frühen 19. Jahrhundert noch eine starke Stellung einnahm.[12] Das Selbstverständnis der evangelischen Pfarrer als „gebildete Bürger" dokumentierte sich in ihrem Sozialverhalten, in ihrer aktiven Partizipation an der bürgerlichen Kulturwelt des deutschen Idealismus und der Romantik, in einer ausgedehnten, nicht auf kirchliche Themen beschränkten, schriftstellerischen und wissenschaftlichen Tätigkeit neben dem Amt, in der musischen Kultur der Pfarrhäuser, ihrer Teilnahme an bürgerlichen Salons, Lesegesellschaften, Geselligkeitsclubs und schließlich in der ausgeprägten Bildungszentriertheit der Pfarrhäuser, die alle Energien auf die für die Status-Reproduktion der Familie entscheidende Ausbildung der Söhne lenkten.

In England dagegen fungierte die akademische Bildung in weit geringerem Maße als soziale Klammer für die gehobenen Berufsgruppen wie Pfarrer und Ärzte, Anwälte und höhere Beamte. Ein vergleichbares Bürgertum der Gebildeten, eine spezifische Bildungsschicht, die klar gegen Kaufleute, Bankiers und Unternehmer auf der einen Seite, die landbesitzende Oberschicht und den Adel auf der anderen Seite abgegrenzt war, bildete sich hier vorerst nicht heraus.

Die Einbindung der deutschen Pfarrer in die bürgerliche Bildungsschicht und ihre Orientierung auf das höhere, akademisch gebildete Beamtentum, das deren Kern bildete, wurde gefördert durch die staatskirchlich-bürokratischen Züge des preußisch-deutschen Protestantismus. So kommt es etwa in Preußen anders als in England schon im ersten Drittel des 19. Jahrhunderts unter staatlicher Lenkung zum Aufbau einer straff bürokratisch und hierarchisch organisierten protestantischen Staatskirche, die im Wesentlichen bis 1918 Bestand hatte.[13] Damit verstärkte sich der Einfluss des Staates und der Kirchenbürokratie auf den Zugang zum Kandidatenstand und zum Pfarramt, auf die Besetzung der Pfarrstellen, es verschärfte sich die zentrale Kontrolle über die Pfarrer, ihre Bildungsstandards, ihre amtliche Tätigkeit und ihr außeramtliches Verhalten, während sich der Einfluss lokaler Gewalten, der Gemeinden und Patrone, deutlich abschwächte. Die evangelischen Pastoren gewannen damit endgültig das Profil von akademisch gebildeten Staatsbeamten.

Zwischen 1830 und 1900 sahen sich die Pfarrer beider protestantischen Staatskirchen indes mit ähnlichen Herausforderungen konfrontiert, und dies führte zu einer gewissen Annäherung der Berufsbilder. Bevölkerungswachstum, Urbanisierung und Industrialisierung lösten in England wie in Deutschland den traditionellen Kontext ihres beruflichen Handelns auf und unterminierten den bisherigen patriarchalischen Status der Geistlichen. Nicht nur in der wachsenden Arbeiterschaft, sondern auch in den Oberschich-

*Oh Lord oh Lord which way Shall I turn me.*

**Britische Karikatur auf einen genusssüchtigen Geistlichen, um 1800**
Berlin, b p k Bildagentur für Kunst, Kultur und Geschichte Kat. 182

Die Anrufung des HERRN – „Welchen Weg soll ich wählen?" – wirkt hier blasphemisch. Nicht die Entscheidung zwischen Gut und Böse steht an, sondern die zwischen zwei Lastern: Wollust hie, Völlerei da. Die Verspottung allzu weltlicher Lebensweise der Geistlichen gehörte seit der Reformation zum üblichen Repertoire der Kirchenkritik. Sie machte vor evangelischen Pastoren nicht halt. *BMB*

ten nahmen Religionskritik und Distanz zum kirchlichen Leben zu. Im Zuge der technisch-industriellen Entwicklung, der Verschulung, der Medikalisierung und der Ausdehnung der öffentlichen Verwaltungen kam es überdies zu einer erheblichen Zunahme und funktionalen Differenzierung der höheren Berufe, was mit einer Tendenz zur Verfachlichung und Verwissenschaftlichung der höheren Bildung und der akademischen Berufswelt einherging.

Eine Reform ihrer verkrusteten Strukturen hatte die anglikanische Kirche bereits zu Beginn des 19. Jahrhunderts in Gang gesetzt. Dabei galt es zunächst, die Hauptamtlichkeit der Pfarrerrolle und eine flächendeckende Versorgung der Bevölkerung mit Pfarrstellen zu gewährleisten sowie die gröbsten Exzesse des Patronage-Systems zu beseitigen. Dies geschah durch eine Reihe von Parlaments-Akten: 1813 wurde abwesenden Stelleninhabern, die ihre Gemeinden nicht versorgten, die Anstellung und angemessene Bezahlung eines Pfarrverwesers zur Pflicht gemacht – das machte den Absentismus kostspielig –, von 1817 an konnten die Bischöfe die Anstellung der *curates* anordnen.[14] Außerdem wurde der weitverbreitete *pluralism*, ein in den deutschen Landeskirchen weitgehend unbekanntes Phänomen, zurückgedrängt: Seit 1838 durfte ein Pfarrer nicht mehr als zwei Pfarrstellen, seit 1850 nur noch eine Pfarrstelle bekleiden.[15] So wurde die Residenzpflicht bis zur Jahrhundertmitte allmählich durchgesetzt: 1850 hatten nur noch 9,5 Prozent der Gemeinden keinen am Ort wohnenden Pfarrer.[16]

Entscheidende Anstöße zur stärkeren Professionalisierung der Pfarrer gingen in England wie in Deutschland von Kirche und Pfarrerstand selbst aus. Getragen wurden diese Tendenzen vor allem von den evangelikalen und neoorthodoxen Bewegungen, von den Evangelicals

und dem Oxford-Movement auf der einen, der Erweckungsbewegung und dem Neuluthertum auf der anderen Seite.[17] Gemeinsam war ihnen die Abkehr vom theologischen Rationalismus, ein ausgeprägter Biblizismus, das Insistieren auf der persönlichen Gläubigkeit der Pastoren und die Konzeption des Pfarrerberufs als totaler Berufsrolle, die eine uneingeschränkte Identifikation erforderte.[18] Sie akzentuierten alle die Kernelemente des Pfarramts (Verkündigung, Spendung der Sakramente, Seelsorge) und propagierten eine gesellschaftliche Sonderrolle des Pfarrers und ein distinktes klerikales Berufs- und Verhaltensethos.

Mit der Konzentration auf die Kernelemente der Pfarrerrolle ging ein weitgehender Verlust der sekundären Berufsfunktionen anglikanischer Pfarrer einher. Bei der Einführung der Zivilehe 1836 gaben sie ihre Funktion als Standesbeamte ab,[19] von den ehrenamtlichen Justiz- und Polizeiaufgaben auf Kreisebene zogen sie sich ebenfalls zurück.[20] Das neue geistliche Amtsverständnis sah den Pfarrer nun nicht mehr als Autoritätsperson, sondern als Freund, Ratgeber, Seelsorger der Gemeindemitglieder und wies ihm überdies einen Ort über den sozialen Klassen und ihren Konflikten zu. Und schließlich unterlag der Justiz- und Polizeidienst seinerseits einem zunehmenden Professionalisierungsprozess.

Zentrale Funktionen hatten die Pfarrer in beiden Ländern im ländlichen Volksschulwesen. In England wurde, in deutlichem Rückstand zu Deutschland, das Volksschulwesen überhaupt von der Kirche aufgebaut, vor allem von dem 1811 gegründeten kirchlichen Schulverein, der staatliche Zuschüsse erhielt und bis 1833 schon 7000 Schulen gegründet hatte. 1851 besuchten 75 Prozent der englischen Volksschulkinder staatlich unterstützte Schulen der anglikanischen Kirche.[21] Die Pfarrer waren nicht nur am Bau und an der Aufsicht über die Schulen beteiligt, sie hatten oft auch einen großen Teil des Unterrichts übernommen. Nach 1850 zogen sich die Geistlichen daraus jedoch allmählich zurück.

Ein wesentliches Element der sich ausbildenden klerikalen Subkultur war die Entwicklung eines spezifisch pastoralen Verhaltens- und Berufskodex.[22] Die anglikanischen Geistlichen der Generation nach 1830 sahen sich nun als „different kind of gentlemen", die protestantischen Geistlichen als „Bürger besonderer Art". Dieses klerikale Sonderethos wurde über Pastoralhandbücher und theologische Studienratgeber verbreitet, es wurde den Geistlichen in den entstehenden theologischen Konvikten, Predigerseminaren und im Lehrvikariat eingeimpft, von

Kirchenleitungen, Superintendenten, Synoden und Pfarrkonventen verstärkt und kontrolliert, in den Pfarrhäusern an den klerikalen Nachwuchs weitergegeben. Es dokumentierte sich in spezifischen Kleidungsnormen, einem eigenen Sprach- und Predigtduktus, in Habitus und Gestus. Es erstreckte sich nicht nur auf die Amtsführung, in der nun stärker bisher auf die professionelle Distanz zur Klientel geachtet wurde, sondern auch auf das Privat- und Familienleben, die Freizeitbeschäftigungen, auf Geselligkeit und Sozialkontakte der Pfarrer. Jagd, Tanz, Sport und Wirtshausbesuch galten nun als unzulässig, Pfarrer sollten kein „großes Haus" mehr führen, Zurückhaltung beim Alkoholgenuss üben, ja selbst der Theater- und Konzertbesuch galt nun vielen Pastoraltheologen als zweifelhaftes Vergnügen. Das Pfarrhaus der viktorianischen Epoche wurde in seinem Lebensstil ganz auf die klassischen Werte eher klein- als großbürgerlicher Mittelschichten verpflichtet, auf Sparsamkeit, Disziplin, Mäßigung, Familiensinn usw., die es der Gemeinde (und hier vor allem den zu erziehenden Unterschichten) vorzuleben galt.

Was die Ausbildung anging, so gab es an den englischen Universitäten, in deutlichem Rückstand zu Deutschland, bis 1830 keine theologische Fachschulung. Im Kanon der englischen Universitäten etablierte sich die Theologie als eigenes Fach erst bis 1860. Dagegen erlangten die theologischen Colleges eine weit stärkere Bedeutung als die deutschen Predigerseminare. Denn anders als in Deutschland, wo die akademische Ausbildung für die Theologen ausnahmslos Pflicht blieb und Predigerseminar und Lehrvikariat lediglich eine zweite, wenn auch zunehmend obligatorische post-akademische Ausbildungsphase darstellten, ersetzten die theologischen Colleges die traditionelle universitäre Pfarrerausbildung zunehmend. So kam in der viktorianischen Epoche ein wachsender Teil der Pfarrer nur mit dem College-Abschluss ins Pfarramt. Damit „verkirchlichte" sich die Ausbildung eines großen Teiles der anglikanischen Pfarrerschaft bereits in der primären Phase der theologischen Fachschulung, im deutlichen Gegensatz zu Deutschland, wo kircheneigene Hochschulen sich bis zum Ersten Weltkrieg nicht durchsetzen konnten.

In Deutschland wurde der Zugang zum Pfarrerberuf relativ früh staatlich normiert und nach bürokratisch-meritokratischen Gesichtspunkten gestaltet. In England hielt sich dagegen eine weit größere Uneinheitlichkeit, finden wir einen weit geringeren Grad an staatskirchlicher Zentralisierung und meritokratischer Rationalität. In der anglikanischen Kirche fehlte bis tief in die

Henry Singleton (1766–1839): **Der Pastor von Silverton liest der Familie von Sir Thomas Acland am Kamin vor, 1820er Jahre**
*The Pastor's Fireside: The family of Sir Thomas Acland, 10th Bt being read to by the Vicar of Silverton*
Killerton, Killerton House, Devon. Acland Family Collection (The National Trust)
Kat. 179

Ein Familienbildnis – nur steht nicht das adelige Grundbesitzerpaar im Mittelpunkt des Kinderreigens, sondern der offensichtlich gern gesehene Pfarrer. Ob er nun aus einer Erbauungsschrift, einem Gedichtband oder Roman vorliest, der Kamin als Ort behaglicher Konversation deutet zumindest nicht auf schwerwiegende geistliche Themen hin. *BMB*

Ferdinand Brütt (1849–1936):
Studie zu dem Gemälde „Ein-
führung eines jungen Pfarrers",
um 1904
Frankfurt a.M., Sammlung
GIERSCH
Kat. 49

Mit ernstem Gesicht erwartet
der Pfarrer Wilhelm Assmann
(1865–1953) seine Ordination
in der St. Johann-Kirche in
Kronberg/Taunus. Der Pfarrer
ist – in einer Zeit üppiger
Bärte – glatt rasiert, trägt das
lange Haar unfrisiert und streng
gescheitelt: Modeverweigerung
des geistlichen Standes. Brütt
lebte in Kronberg, er verkehrte
mit der Kaiserinmutter Victoria
und hat 1901 ihre Aufbahrung in
derselben Kirche festgehalten.
*BMB*
LIT.: Museum Giersch 2007,
S. 7–13, S. 189.

viktorianische Epoche hinein ein einheitliches
Prüfungswesen, die Entscheidung über die Zulassung zur Ordination und damit zum Pfarrerberuf
lag vielmehr im Ermessen der einzelnen Bischöfe, die etwa den preußischen Generalsuperintendenten entsprachen. Familiäre Beziehungen
und Nepotismus waren daher beim Zugang zum
Pfarrerstand lange entscheidend. In Deutschland
finden wir hingegen schon um 1800 standardi-
sierte und relativ einheitliche Prüfungsbestim-
mungen und Zugangsvoraussetzungen.

Die Modalitäten der eigentlichen Pfarrstel-
lenbesetzung waren ebenfalls unterschiedlich
geregelt. In der anglikanischen Kirche unterstand
ein großer Teil der Pfarrstellen privaten Patronen,
die über deren Besetzung entschieden.[23] Zwar
war das private Patronat auch in Preußen weit
verbreitet, besonders in den Gebieten östlich der
Elbe. In der anglikanischen Kirche haftete das
Patronat jedoch nicht als Ehrenrecht an bestimmten Gütern, sondern war von ihnen gelöst
und verkäuflich, was dem Ämterkauf eine erhebliche Bedeutung einräumte. Trotz allmählicher
Ausweitung der bischöflichen Kompetenzen bei
der Stellenbesetzung befand sich 1878 noch ein
Drittel aller Pfarrstellen in privater Hand.

In Deutschland dagegen waren die Stellen
nicht nur unverkäuflich, der Einfluss der Patrone
wurde zudem schon am Anfang des 19. Jahrhunderts massiv eingeschränkt. Damit war die
Verfügungsgewalt der zentralen Kirchenbehör-
den über die einzelnen Pfarrstellen wesentlich
ausgeprägter, auch wenn Beziehungen noch lange
eine große Rolle spielten. Gemeinden und Patrone hatten allerdings lediglich ein Vorschlagsrecht
und mussten Kandidaten auswählen, die bereits

das zweite kirchliche Examen abgelegt hatten.
Der sozialrechtliche Status deutscher Pfarrer
und anglikanischer Geistlicher klaffte gleichfalls
weit auseinander. In Deutschland war dieser
auch nach der formalen Trennung von Kirche
und Staat um 1850 noch in enger Anlehnung
und Analogie zum staatlichen Beamtentum
konstruiert. Die Pfarrer blieben, wenn auch
nicht mehr unmittelbar dem Staat unterstellt,
öffentliche Beamte, denn das landesherrliche
Kirchenregiment hatte weiterhin Bestand und
damit das besondere Verhältnis zum Monar-
chen, dem sie den Treueid zu schwören hatten.
Sie genossen wichtige Privilegien des Beamten-
tums wie lebenslange Anstellung und soziale
Absicherung. Ein Faktor hat sicher im Vergleich
zu ihren anglikanischen Kollegen entscheidend
dazu beigetragen, dass sich die evangelischen
Pfarrer in Deutschland ungebrochen als Beamte
einer öffentlichen, quasi-staatlichen Kultusein-
richtung fühlen konnten: Das Monopol über ihr
Berufsfeld ging im Kern nicht verloren. Es kam
zwar zu massiven Entkirchlichungstendenzen
im Protestantismus, aber der Kirchenaustritt
blieb bis 1914 ein Randphänomen, und auch die
Nachfrage nach den lebensbegleitenden kirchlichen Amtshandlungen hielt sich bis zum Ersten
Weltkrieg fast uneingeschränkt. Die Pfarrer
hatten zwar mit einer wachsenden Kirchenferne
und religiöser Indifferenz im Alltag zu kämpfen,
aber die Bedeutung der protestantischen Sekten
blieb marginal. Die Pfarrer der anglikanischen
Staatskirche hingegen hatten sich nicht nur
traditionell gegen die Konkurrenz der Dissen-
ter zu behaupten, im späten 18. Jahrhundert
begannen die protestantischen Freikirchen auch
massiv zu expandieren, und neue Denomina-
tionen entstanden, ein Prozess, der sich im 19.
Jahrhundert in unerhörtem Ausmaß fortsetzte.
Die anglikanische Kirche wurde immer mehr zu
einem Anbieter religiöser Dienstleistungen unter
anderen: 1911 standen den knapp 26 000 Pfarrern
der episcopal churches im ganzen Königreich
allein 4500 methodistische Pfarrer gegenüber
und rund 13 000 Pfarrer anderer protestantischer
Religionsgemeinschaften. Der anglikanische
Klerus stellte also vor dem Ersten Weltkrieg nur
noch zwei Drittel der hauptamtlichen protestantischen Geistlichen.[24]

Bis weit über die Jahrhundertmitte scheint ein
beträchtlicher Teil der anglikanischen Pfarrer
über erhebliche Vermögen verfügt zu haben. Die
anglikanische Pfarrerschaft war daher zu dieser
Zeit insgesamt „poor as a profession, but rich as
a class" und um 1850 nach materieller Lage und
Lebensführung noch eindeutig Teil der „bet-

ter-off-professions".[25] Das änderte sich, als die Agrarkrise in der zweiten Hälfte des 19. Jahrhunderts auch die anglikanischen Pfarrer hart traf, ohne dass die Einnahmeausfälle in nennenswertem Umfang durch zentralkirchliche Fonds ausgeglichen worden wären. Dieser Statusverlust der anglikanischen Geistlichen schlug sich unter anderem in einer deutlichen Öffnung ihrer Rekrutierung nieder. Ein Indiz für die schwindende Exklusivität des Pfarrerberufs war der wachsende Anteil von „non-graduates" unter den Ordinanden, der von 10 Prozent (1834-43) auf 35 Prozent (1902–1906) stieg. Diese Männer, die sich eine Oxbridge-Ausbildung nicht leisten konnten, kamen meist aus kleinbürgerlichen, bäuerlichen oder auch proletarischen Familien.

So ähnelte die Situation in der anglikanischen Kirche im ausgehenden 19. Jahrhundert immer mehr den Verhältnissen, die traditionell in den deutschen Landeskirchen geherrscht hatten: von Stelle zu Stelle stark variierende, insgesamt relativ niedrige Pfarreinkommen, die nicht mit dem Dienstalter oder der Arbeitsbelastung der einzelnen Pfarrer korrelierten, eine nach unten relativ offene Rekrutierung mit stark kleinbürgerlich-mittelständischem Einschlag, geringe soziale Absicherungen für Alter und Krankheit und eine insgesamt bescheidene materielle Lage, die sich deutlich von den anderen höheren Bildungsberufen, den höheren Staatsbeamten, Richtern, Anwälten und Ärzten, abhob.[26]

Die deutsche Entwicklung nahm dagegen Ende des 19. Jahrhunderts den umgekehrten Weg: Hier konnten die Pfarrer dank eines massiven finanziellen Engagements des Staates ihren Status ökonomisch stabilisieren und sogar verbessern, da die Kirche den „staatserhaltenden Kräften" als Bollwerk gegen die erstarkende Sozialdemokratie galt. Die Pfarrerbesoldung im ausgehenden 19. Jahrhundert dokumentiert eindrucksvoll, wie stark im deutschen Fall die politischen Entscheidungsträger, aber auch der Pfarrerstand selbst auf staatskirchliche Ordnungsvorstellungen und das Modell des evangelischen Pfarrers als staatsnahem, öffentlich privilegierten, beamtenähnlichen akademischen Bildungsberuf fixiert waren.

\* Der Beitrag basiert, stark gekürzt, auf: Oliver Janz, Protestantische Pfarrer vom 18. bis zum frühen 19. Jahrhundert. Deutschland und England im Vergleich, in: Comparativ 8 (1998), S. 83–111.
Wir danken für die Genehmigung zum Wiederabdruck.

1  Vgl. Russell 1980, S. 29; Gilbert 1976, S. 5f.
2  Noch 1812 gab es 4800 Amtsinhaber, die nicht in ihren Gemeinden lebten, aber nur 3700 angestellte Vertreter. Vgl. Gilbert 1976, S. 112.
3  Vgl. Ward 1972, S. 9ff.; Towler/Coxon, 1979, S. 7f.
4  Vgl. Ward 1965, S. 69ff.; McClatchey 1960, S. 109ff.
5  Vgl. Russell 1980, S. 32; McClatchey 1960, S. 26ff.
6  Vgl. Haig 1984, S. 32.
7  Vgl. McClatchey 1960, S. 23ff., S. 99–112.
8  Vgl. Ward 1972, S. 9ff.
9  Zum Beispiel Oxfordshire vgl. McClatchey 1960, S. 31.
10  Vgl. Schorn-Schütte 1989, S. 228.
11  Vgl. ebd., S. 220ff.; Schorn-Schütte 1996, S. 91-97; Janz 1994, S. 501.
12  Vgl. Janz 1994, S. 109–118, S. 508.
13  Vgl. ebd., S. 11-25.
14  Vgl. Haig 1984, S. 36.
15  Vgl. McClatchey 1960, S. 45.
16  Vgl. Russell 1980, S. 37; McClatchey 1960, S. 31.
17  Vgl. Russell 1980, S. 37ff.
18  Vgl. Heeney 1976, S. 15ff.
19  Vgl. Russell 1980, S. 142–146.
20  Vgl. Heeney 1980, S. 64ff.; Russell 1980, S. 160ff.
21  Vgl. Russell 1980, S. 192ff., S. 200.
22  Vgl. Haig 1984, S. 13ff.
23  Vgl. Russell 1980, S. 26.
24  Vgl. Currie u. a. 1977, S. 196-207.
25  Vgl. Haig 1984, S. 308, S. 313.
26  Vgl. ebd., S. 297ff.

## DER PFARRER ALS BAUER

Pfarrer hatten in früheren Zeiten ihren Lebensunterhalt zu erheblichen Teilen aus eigener Landwirtschaft zu bestreiten. Das war auch in der Schweiz so:

*„Die Schilderung eines Standesgenossen aus dem Jahre 1588 lautet so: Ich kenne Pfarrer im Lande, die aus Not gedrungen am Sonntag Morgen, die beste Zeit der Vorbereitung auf die zu haltende Predigt, in aller Frühe aufstehen, weit in einen Berg hineinlaufen, ihr Vieh füttern, heimkommen, in die Kirche gehen, in zwei Kirchen predigen, sobald das geschehen ist, den Milchkübel wieder auf den Rücken nehmen und wieder den Berg zu ihrem lieben Vieh besteigen, zurückkommen und des Abends noch Gebet halten müssen."*

Nach Eduard Meuß, Lebensbild des evangelischen Pfarrhauses, vornehmlich in Deutschland. Ein Beitrag zur Kulturgeschichte und Pastoraltheologie, Bielefeld/Leipzig 1884, S. 227

## FRAGWÜRDIGE PFEIFE

Ob der Tabakgenuss sich mit dem geistlichen Amt vereinbaren ließ, war eine gern diskutierte Frage. Der Pfarrer Gustav Trogisch (Landeshut/Schlesien) erörtert sie am Beispiel des frommen Erweckungspredigers und Missionsgründers Ludwig Harms (1808–1865), der in seinen Büchern mit Pfeife gezeigt wird.

*„Wenn aber nun einmal ein Ludwig Harms mit der Tabakspfeife (die übrigens auch ich lieber vom Bilde wegwünschte!) sich abmalen und das Wort vom ‚ewigen Leben' als Unterschrift dazu setzen läßt, so hat ja freilich ‚die Pfeife nichts mit dem ewigen Leben zu thun' – ein Harms aber will offenbar sagen: ‚Diese vielfach angefochtene Pfeife hindert mich nicht an der Erreichung meines höchsten Zieles; wer ich bin, wie ich lebe, wie ich im Amt mich hingebe, weiß jedermann; bei alledem gestatte ich mir, glaubend, daß ich's vor Gott darf, den Tabakgenuß.'"*

Gustav Trogisch, Angeregtes zur Anregung, in: Das Pfarrhaus, 2. Jg., Nr. 9, September 1886, S. 139–140

## AUF DÜNNEM EISE

Der Pfarrer stand unter Beobachtung: er sollte sich nicht zu sehr absondern, aber auch nicht „gemein" machen mit den anderen. Das war im Hinblick auf harmlose Alltagsvergnügungen nicht leicht:

*„Ähnlich ging es mit dem Schlittschuhlaufen, dem ich fast mit Leidenschaft ergeben war. Daß es manchen Gemeindemitgliedern auffallen und anstößig sein werde, wenn sie ihren Pastor auf dem Eise herumschweifen oder auch einmal hinstürzen sähen, konnte nicht bezweifelt werden. Als der Pastor einer benachbarten Gemeinde beim Eislauf auf der Weser durchgebrochen war und mit Mühe hatte vom Ertrinken gerettet werden können, verlauteten nicht wenige Stimmen, er habe seit einer Woche fast jeden Tag sich stundenlang auf dem Eise herumgetrieben und man müsse sich wundern, daß er in seiner großen, arbeitsvollen Gemeinde soviel Zeit für dies Vergnügen finde. So herzlich die Freude war, daß er mit dem Leben davon kam, so bemerkbar äußerte sich die Stimmung, ein Pastor habe besseres zu tun als Schlittschuhlaufen. [...] Nach Jahrzehnten kam ich wieder in jene Gegend, doch nicht in dieselbe Gemeinde, und hörte beiläufig Leute ihren Pastor sehr rühmen wegen seiner Menschenfreundlichkeit oder, wie sie sich ausdrückten, wegen seiner ‚Gemeinheit': ‚He es en ganz gemeenen Minsch!' Dies wurde besonders damit begründet, daß er auf dem gestrigen Kriegervereinsball nicht nur eine famose Rede gehalten, sondern auch bis zwei Uhr nachts flott getanzt habe. In dem Augenblicke ging der Pastor im Talar am Fenster vorbei. Er hatte Frühgottesdienst am Wochentage mit Beichte und Abendmahl zu halten gehabt. Also nach der durchtanzten und durchzechten Nacht dieser Morgen mit seinem Dienst in Gottes Haus, an Gottes Tisch, in der Gemeinde, die der Herr mit seinem Blute erkauft hat!"*

Friedrich Hashagen, Aus dem amtlichen Leben eines alten Pastors, Leipzig 1911, S. 42f.

**Sir Henry Raeburn (1756–1823):**
**Reverend Robert Walker (1755–1808)**
**beim Schlittschuhlaufen, um 1795**
*Reverend Robert Walker Skating on*
*Duddingston Lock*
Edinburgh, Scottish National Gallery
Kat. 183

# (SEELEN-)HAUSHALT

**Carl Julius Milde (1803–1875): Pastor Johann Wilhelm
Rautenberg und Familie, 1833**
Hamburg, Hamburger Kunsthalle
Kat. 264

Johann Wilhelm Rautenberg (1791–1865), Pastor an der
Hamburger Dreieinigkeitskirche, wortgewaltiger Prediger
und Begründer der ersten deutschen Sonntagsschule, sitzt
hier einträchtig mit Frau und Kindern beim Nachmittags-
tee am Wohnzimmertisch – ein wahres biedermeierliches
Pfarrfamilienidyll. Der Vater, der abwesend in seine Lektüre
vertieft ist, steht im Zentrum der Aufmerksamkeit. Die
Kreuzabnahme an der Wand ist umrahmt von Familien-
bildern. *SB*

Mit der Gründung der evangelischen Pfarrersfamilie wird nicht nur die bis dahin gültige Verbindung zwischen Heiligkeit und Enthaltsamkeit gelöst. Die Vereinigung der beiden Geschlechter wird vielmehr zum unantastbaren Fundament der gesellschaftlichen Ordnung überhöht – eine „heilige Familie", in der Sexualität und Fortpflanzung als solche spiritualisiert werden und die mit einer gewaltigen Anforderung an die Vorbildlichkeit ihrer Lebensführung konfrontiert ist. Sie wird über die Jahrhunderte zum Idealbild der bürgerlichen Familie stilisiert, eine weitreichende Festsetzung, deren Folgen bis in die gegenwärtigen Diskussionen um den Wandel der Lebensformen auch im Pfarrhaus reichen. Die Entstehung regelrechter Pfarrerdynastien, in denen die Verschränkung von (Privat-)Leben und Amtspraxis gleichsam von der Wiege an aufgesogen wird, verfestigte diese Selbst- wie Fremdwahrnehmung noch. Es differenzierte sich ein Standesbewusstsein heraus, das jeden Winkel des pfarrhäuslichen Alltags erfasste.

Mit dem neuen protestantischen Pfarrhaushalt, bestehend aus dem Pfarrer als Hausvater, der Pfarrfrau als Hausmutter, den Pfarrerskindern und Bediensteten, ist die Ökonomie des ganzen Hauses angesprochen. Das mittelalterliche Benefizialsystem überdauerte, bis auf Ausnahmen (etwa in Württemberg), die Reformation, die Erträge mussten nun aber eine ganze Familie ernähren. Der Pfarrer und seine Familie bewirtschafteten die Pfründe (Ländereien, Gebäude) in aller Regel selbst. Zudem waren diese höchst unterschiedlich ausgestattet, so dass zwischen den einzelnen Pfarreien häufig große Unterschiede in den Einkünften bestanden. Die oftmals prekäre Besoldungsstruktur hielt sich bis ins 19. Jahrhundert, ergänzt durch die Naturalabgaben (Zehnt) der Bauern und die sogenannten Stolgebühren oder Akzidenzien (Gebühren für Amtshandlungen wie Taufe oder Beerdigung, bei denen ursprünglich die Stola getragen wurde) – beides Abgaben, die der Pfarrer von seinen Gemeindemitglieder einfordern musste. Eine wichtige Grundsicherung für die Pfarrfamilien stellte der Pfarrgarten dar, der lange ausschließlich als Nutzgarten angelegt war.

In der zweiten Hälfte des 19. Jahrhunderts büßte das Pfarramt zunehmend Funktionen ein, etwa durch die Einführung der obligatorischen Zivilehe. Der Wegfall der damit verbundenen Gebühreneinnahmen verschärfte die oftmals ohnehin unzureichende finanzielle Situation der Pfarrer und ihrer Familien noch. An die Stelle des durchökonomisierten Abhängigkeitsverhältnisses zwischen dem Pfarrer und seiner Gemeinde trat 1898 in Preußen die Verbeamtung der Pfarrer nach dem Vorbild der höheren Staatsbediensteten. Das mittelalterliche Pfründesystem wurde durch die Regulierung der Pfarreinkünfte nach dem Modell der Beamtenbesoldung abgelöst.

Auch in anderer Hinsicht wurde der Pfarrer unabhängiger. War er bis weit ins 19. Jahrhundert auf die bäuerlichen Spanndienste angewiesen oder musste selbst Pferd und Wagen unterhalten, um den Pflichten in seiner Gemeinde nachkommen zu können, so bricht sich in den 1890er Jahren nach und nach das Stahlrad Bahn, während sich dreißig Jahre später die Pfarrerschaft langsam automobilisiert. *SB*

Spruchkärtchen in Stramintasche am blauen Seidenband, um 1900
Speyer, Zentralarchiv der Ev. Kirche der Pfalz
Kat. 215

Die im 19. Jahrhundert weit verbreiteten Ziehkästchen (hier zum Aufhängen), auf deren Kärtchen Bibelverse und Liedstrophen gedruckt waren, dienten der privaten Erbauung. Man zog die Kärtchen im Vertrauen darauf, dass Gott durch diese Verse zu einem sprach, oder verwendete sie bei Zusammenkünften häuslicher Frömmigkeit wie den Konventikeln als Konversationskarten, um das erbauliche Gespräch anzuregen. *SB*
LIT.: S. Brückner 2013.

Johannes III von Speyr-Bernoulli (1784–1816): Stammbuch, um 1800
Basel, Historisches Museum Basel
Kat. 206

Die meisten Einträge im Stammbuch des Johannes III von Speyr-Bernoulli, Sprössling einer großen Pfarrersfamilie, stammen aus der Zeit seines Theologiestudiums an der Baseler Universität. Neben Kommilitonen und Professoren verewigte sich auch der Vater mit einem Eintrag und ließ diesen mit der Ansicht von Kirche und Pfarrhaus in Bretzwil (Kanton Baselland) illustrieren, wo der Sohn seine ersten Lebensjahre verbracht hatte. *SB*
LIT.: Historisches Museum Basel 2011, S. 80.

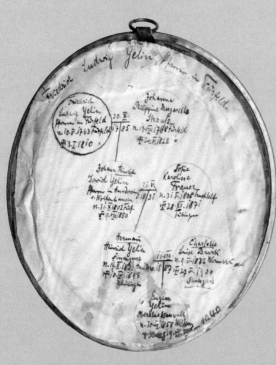

**Unbekannter Künstler: Miniaturbildnis von Friedrich Ludwig Yelin (1763–1810), Pfarrer in Fürfeld, um 1800**
Tübingen, Privatsammlung Reinhard Faul
Kat. 209

Auf der Rückseite des Bildes ist handschriftlich (um 1900, mit Nachtrag 1940) die Genealogie einer Familie über vier Generationen verzeichnet. F. L. Yelin, selbst Pfarrerssohn, amtierte seit 1781 als Pfarrverweser, seit 1784 als Pfarrer in Fürfeld, wo er sich mit der Posthalterstochter Johanna Phlippina Strauss verehelichte. Auch die Söhne wurden Pfarrer, genannt ist nur Johann Heinrich David (1802–1850).
*BMB*
LIT.: Baden-Württembergisches Pfarrerbuch 1988.

# Stammtafel Luther ~ Cranach ~ Goethe ~ Schede.

Lukas Cranachs U. 1472 – 1553.
Barbara Brengbier † 1540.

| | |
|---|---|
| Lukas Cranach d.J. 1515 – 1586.<br>Magdalena Schurf 1531 – 1606. | Barbara Cranach<br>Christian Brück. |
| Elisabeth Cranach 1560 – 1646.<br>Polykarp Leyser 1552 – 1610. | Barbara Brück.<br>Jakob Schröter. |
| Polykarp Leyser d.J. 1586 – 1633.<br>Sabina Volkmar 1598 – 1634. | Jakob Schröter d.J.<br>Anastasia Zöller. |
| Friedrich Wilh. Leyser 1622–1691.<br>Christine Marg. Leyser (Malsch). | Elisabeth Schröter<br>Johann Geip |
| | Johann David Geip<br>Elisabeth Kath. Steuber |
| | Katharina Elisab. Geip<br>Cornelius Lindheimer |
| | Anna Marg. Lindheimer<br>Johann Wolfgang Textor |
| | Katharina Elisab. Textor<br>Johann Caspar Goethe |
| | Johann Wolfgang Goethe<br>1749 – 1832. |

**Kurt Schede (1870–1952): Stammtafel
„Luther – Cranach – Goethe – Schede", um 1930**
Speyer, Zentralarchiv der Ev. Kirche der Pfalz
Kat. 208

Der Journalist Kurt Schede, selbst Pfarrersenkel und
(vermutlich) Mitbegründer der von Pfarrer Otto Sartorius
(1864–1947) im Jahr 1926 ins Leben gerufenen Lutheri-
den-Vereinigung, der *blutsverwandtschaftlichen* Nachkommen Luthers, schreibt sich via Genealogie in das deutsche
Dreigestirn Luther – Cranach – Goethe ein. *SB*
LIT.: Sartorius 1925.

**Bengt Nordenberg (1822–1902): Die Abgabe des Zehnten in
Schonen, 1865**
*Tlonde möte, Skåne*
Stockholm, Nationalmuseum
Kat. 233

Jahrhundertelang erhielt der Pfarrer keine oder nur eine
geringe Festbesoldung. Neben den Pfründeerträgen, die er
in der Regel selbst erwirtschaftete, lebte er bis ins 19. Jahrhundert hinein vor allem von Gebühren für kirchliche Amtshandlungen und den Zehntabgaben seiner Gemeindeglieder,
über die es aber immer wieder zu Streitigkeiten kam. Bei Nordenberg geht es allerdings sehr friedlich zu: Der Pfarrer sitzt
behaglich mit der Pfeife neben seinem Adjunkt (Hilfspfarrer),
der Küster am Tisch führt über die Naturalienabgaben Buch,
derweil die Damen einen Plausch halten. *SB*

**Georg Friedrich Blaul (1809–1863): Haushaltsbuch, 1850–1857**
Speyer, Zentralarchiv der Ev. Kirche der Pfalz
Kat. 235

Wofür gab man im protestantischen Pfarrhaus in der Mitte des 19. Jahrhunderts sein Geld aus? Detaillierte Auskunft darüber gibt uns ein Haushaltsbuch, das der Pfarrer und Schriftsteller Georg Friedrich Blaul geführt hat. „Mit spitzer Feder" trug Hausvater Blaul Einnahmen und Ausgaben ein. Die einzige größere Investition in den acht Haushaltsjahren bleibt ein Klavier, das von dem Notar Neumeyer für 100 Gulden erworben wird. In der folgenden Zeit sind entsprechend Ausgaben für Klavierunterricht und Klavierstimmen verzeichnet. Einen großen Teil des Familienetats verschlingen die Ausbildung und Erziehung der Kinder: Schnellschreib-, Schwimm-, Schattier-, Tanz- und Sprachunterricht, außerdem viele Exkursionen und Bildungsreisen, die Blaul mit seinen Söhnen in die Pfalz unternimmt. *GP*
LIT.: Parzich 1998.

Der Steuer- und Führerscheinfreie Goliath-Dreiradwagen.

einem Sportflieger, anbringen lassen, damit man beim Kurven- und Zickzack-
fahren nicht aus dem Wagen fliegt. Wir haben auf einer, allerdings breiten
Straße gewendet mit einer Geschwindigkeit von 55 Stunden-km. Man
mache das einmal mit einem Standartwagen nach, oder lieber nicht! Auch
über diesen Wagen will ich nun doch sagen, lassen wir ihn von den
anderen erproben, bis er sich bewährt hat. Allerdings ist sein Preis mit
etwa 1900 M. für uns schon eher möglich, auch wenn er sich im Dauer-
gebrauch nicht ganz bewähren sollte. Er ist aber jedenfalls nur als Zweisitzer
gedacht und gebaut.

Opel.

Hier ist der alte 4/20 etwas verbessert und verschönt. Er ist ja
bekannt genug. Neu ist aber der 1,8 Liter mit 6 Zylindern, ein Wagen
der für uns wohl in Betracht kommen kann. Er soll der Standartwagen
reifster Konstruktion sein, sagt die „Motorkritik", auf deren Urteil man schon
etwas geben kann. Dieser Wagen scheint der 4-Sitzer für unsere Verhältnisse
zu werden, wo man sich zum Ford nicht entschließen will. Man kann ja
auch schließlich von General-Motors erwarten, daß sie im Blick auf Ford
etwas Solides bringen werden. So geräumig wie Ford ist er allerdings
nicht, aber dafür ist er ja auch in Steuer und Versicherung billiger (und
sein Motor ist nur etwas über die Hälfte so groß als der des Ford.

B.M.W.

Fast hätte ich ihn vergessen. Er ist um 20 cm verlängert worden und
der Motor etwas verstärkt. Nun besteht die Gefahr, daß er als Viersitzer

5

**Passfoto Karl-August Fritsch (1889–1962)**
Kat. 251

**Dreiradwagen Goliath, aus: Harma Pyros. Mitteilungen
der Pfarrer-Kraftfahrer-Vereingung 6 (1931), Nr. 3/4**
Eisenach, Landeskirchenarchiv Eisenach
Kat. 253b

Nachdem der deutschnationale „Autopfarrer" Karl-August
Fritsch 1925 einen Aufruf veröffentlichte, um „sich in allen
Fragen des Kraftfahrzeugwesens gegenseitig zu beraten und
zu unterstützen", gründete er gemeinsam mit neun Amtsbrüdern vorrangig aus Thüringen und Sachsen, am 2. Juni 1926
in Greiz die Pfarrer-Kraftfahrer-Vereinigung (PKV), einen
berufsständisch organisierten Kasko-Versicherungsverein
auf Gegenseitigkeit. Die Verbandszeitschrift *Harma Pyros*
(eine Anspielung auf den Feuerwagen, mit dem der Prophet
Elia zum Himmel auffuhr, 2. Kön. 2, 11f.) informierte über
alle Fragen rund um die Automobilität und empfahl auch
geeignete Kraftfahrzeuge wie den kleinen „Steuer- und Füh-
rerscheinfreien Dreiwagen" aus Bremen mit dem sinn(hin-)
fälligen Namen „Goliath Pionier". Mit der Einführung der
gesetzlichen Haftpflicht für KfZ-Besitzer 1933, gründete die
PKV zusammen mit der „Lehrer-Kraftfahrer-Vereinigung die
Haftpflicht-Unterstützungs-Kasse kraftfahrender Beamter
Deutschlands", die heute unter dem Namen HUK Coburg
bekannt ist. *SB*
LIT.: Harma Pyros 1931; Behlau 2008.

**Pastor Bartels mit Familie und Rad vor dem Pfarrhaus
in Leiferde, um 1900**
Leiferde, Ev. Luth. Kirchengemeinde Leiferde
Kat. 249

Der Wegfall der sogenannten Spanndienste, die Bauern dem
Pfarrer mit Pferd und Wagen zu erbringen hatten, die Einführung des Kettenantriebs sowie die Entwicklung luftgefüllter
Reifen, die dem Niedrigrad Anfang der 1890er Jahre zum
Durchbruch verhalfen, brachte auch Pfarrer – vor allem auf
dem Land – auf das Velocipéd. Die Diskussion, ob sich das
Fahren eines (anfangs oft dreirädrigen) Stahlrades mit dem
geistlichen Decorum und der Würde des Amtes vereinbaren ließ, kam nach einigen Jahren zum Erliegen. Wie Pastor
Johannes Bartels (1857–1911) im hannoverschen Leiferde
nutzten immer mehr Geistliche die neue Freiheit auf zwei
bzw. drei Rädern. *SB*
LIT.: Das Pfarrhaus 1890–1902; Meyer 1941–1953, Bd. 2. S. 476,
68, 245.

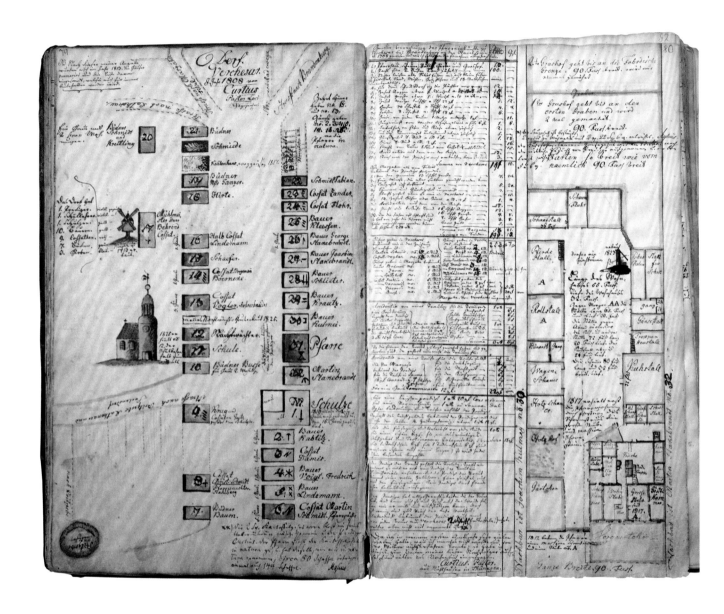

**Kirchenbuch Hohenferchesar**
**(Tauf-, Trau- und Sterberegister), 1768–1893**
Brandenburg/Havel, Domstiftsarchiv Brandenburg
Kat. 240

Auf dem Land waren Kirchenbücher oft ganze Chroniken,
die neben den Eintragungen von Taufen, Trauungen und
Begräbnissen – und somit der genealogischen Historie – auch
ortsgeschichtliche Aufzeichnungen enthielten. Zu seinem
Amtsantritt im märkischen Hohenferchesar 1808 skizzierte
Pfarrer Johann Christian Curtius (1770–1844) in zwei über-
sichtlich kolorierten Plänen die Besitzverhältnisse im Dorf
und die pfarrhäusliche Ökonomie (mit Pfarrhaus, Garten,
Ställen für Hühner, Gänse, Kühe, Pferde, Schweine, mit
Scheunen, Holz- und Wagenschauer) samt der Pfarreinkünfte
seit 1768. *SB*
LIT.: Fischer 1941, Bd. 2/1, S. 142.

Luise Schorn-Schütte

# VORBILD PFARRHAUS

Das evangelische Pfarrhaus hat seinen Ursprung im 16. Jahrhundert, es war das ausdrückliche Gegenmodell zum Amt des katholischen Priesters. Während dieses die Ehelosigkeit des Geistlichen voraussetzte und ihn auch damit aus der Menge der gläubigen Laien heraushob, sollte jenes, dem urchristlichen Vorbild folgend,[1] wieder eingebunden sein in die Gemeinde; als deren Teil sollte der Pfarrer alle Sorgen des alltäglichen, weltlichen Lebens – nicht zuletzt die als Ehemann und Vater – teilen können. Diese Vorstellung von der Einbindung des geistlichen Amtes in das weltliche Leben war das Kernanliegen der Reformatoren: Die Erfüllung aller weltlichen Aufgaben/Ämter ist Gottesdienst, es bedarf keines herausgehobenen geistlichen Mittlers zwischen Gott und den Gläubigen. Deshalb auch war das geistliche Amt im Protestantismus kein Sakrament mehr, sein entscheidendes Merkmal wurde vielmehr die Auslegung des Wortes mit all den damit verbundenen Konsequenzen, sei es die Betonung einer guten Ausbildung der Geistlichkeit oder die Aufforderung/Verpflichtung, möglichst viele Gemeindeglieder zum Lesen zu befähigen.

In diesem Kontext ist die Erwartung an das evangelische Pfarramt als Erwartung an den Amtsinhaber und dessen legitime Familie entstanden. Die Hoffnung auf das gelebte Vorbild hat sich über die Jahrhunderte gehalten, gerade deshalb wurden an diejenigen, die im „gläsernen Haus" lebten, hohe Maßstäbe angelegt. Wer danach leben sollte, hat dies häufig zugleich als belastend empfunden. Beide Aspekte haben in allen Jahrhunderten zu einer lebhaften Debatte über das Pfarrhaus und seine Rolle in der Gesellschaft geführt. Ein Blick allein auf das Pfarrhaus des 19./20.Jahrhunderts, das sehr vereinfachend als „Sinnbild bürgerlichen Lebens" beschrieben wurde, greift mithin zu kurz.[2] In den ersten Generationen zwischen 1550 und 1700 wirkte das Pfarrhaus in erster Linie konfessionell und sozial integrierend, eine große Zahl der Pfarrer und ihrer Familien lebte auf dem Land, gehörte zur bäuerlichen Gemeinde, auch in einem sehr realen wirtschaftlichen Sinn: Die Pfarrer bewirtschafteten die mitunter großen Pfarrgüter vielfach mit nur wenig Gesinde selbst. Erst seit der

Mitte des 18. Jahrhunderts wurde das Pfarrhaus zu jenem bürgerlichen und christlichen Lebensideal, das in Literatur, Kunst und Wissenschaft entworfen wurde, und prägte dann natürlich auch die Selbstwahrnehmung der Pfarrfamilien. Im ausgehenden 20. und frühen 21. Jahrhundert wandelte sich die Rolle des Christentums in der Welt grundlegend; das Pfarrhaus wurde Teil, manchmal auch Motor dieser Veränderungen.

## DAS PFARRHAUS IN DER LÄNDLICHEN GEMEINDE (1550–1700)

Die Angehörigen der ersten Generation protestantischer Pfarrer waren überwiegend ehemals katholische Priester oder Ordenskleriker. Selbst wenn der Bildungsstand der Letzteren ausgezeichnet war, wie der Blick auf einige der Reformatoren selbst zeigt (Luther, Melanchthon, Bugenhagen, Menius), galt dies durchgängig weder für die Priester auf dem Dorf noch in den kleineren Städten. Das trifft auch für die Ehefrauen dieser ersten Pfarrergeneration zu; wiederum ist nicht das Beispiel der adligen Nonne Katharina von Bora, der Ehefrau Luthers, typisch, sondern die Tatsache, dass etliche der Pfarrer ihre illegitimen Begleiterinnen heirateten, die häufig den bäuerlichen Gemeinden entstammten. Das änderte sich bereits in der zweiten und dritten Generation der protestantischen Theologen, denn eine angemessene Bildung erwarteten nicht nur die Gemeinden, sondern auch die überwiegend adligen Patronatsherren, die in der Kirche der Reformation das Recht auf Besetzung der Pfarrämter beibehielten. Zusammen mit dem Bildungsstand der Pfarrer erhöhte sich auch derjenige der nunmehr legitimen Ehefrauen. Das ist einerseits mit der sozialen Herkunft der Pfarrfrauen zu erklären, die zumindest in den Städten häufig aus dem wohlhabenderen städtischen Bürgertum stammten, in dem der Bildung der Töchter ohnehin Bedeutung zugemessen wurde. Es lag andererseits an den Aufgaben, die der Pfarrfrau in Pfarrhaus und Gemeinde zugewiesen wurden. Aus der zeitgenössisch weit verbreiteten sogenannten Hausväterliteratur ist das Ideal der „Hausmutter" bekannt, das sich in der Pfarrfrau verwirklichen sollte, die sich als Vorbild für die

**Adrian Ludwig Richter (1803–1884): Der Pfarrherr und sein Söhnchen, 1855**
Dresden, Kupferstichkabinett, Staatliche Kunstsammlungen Dresden
Kat. 230

Die Zeichnung stammt aus Ludwig Richters Serie „Beschauliches und Erbauliches", mit der er Eduard Mörikes Idylle „Der alte Turmhahn" (1840) illustrierte. Mörike (1804–1875) beschreibt darin in Knittelversen aus der Perspektive des ausgedienten Kirchturmhahns, der seinen „Lebensabend" auf dem Ofen verbringen darf, die Geruhsamkeit des Pfarrhauslebens in Cleversulzbach, wo er von 1834 bis 1843 amtierte. In der Pfarrstube, umgeben von „Bücher- und Gelahrtenduft", zimmert der Pfarrer am Samstagnachmittag dem Sohn einen Vogelkäfig. *SB*

fleißige, zuverlässige Mutter der Gemeinde nicht nur der Erziehung und religiösen Bildung der eigenen Kinder, sondern auch derjenigen der weiblichen Gemeindeglieder zu widmen hatte. Es ist bemerkenswert, dass im ausgehenden 16. Jahrhundert etliche Pfarrfrauen sowohl in kleineren Städten als auch auf dem Lande in entsprechenden Berufen anzutreffen waren: Sie waren beispielsweise als Lehrerinnen an Mädchenschulen und/oder als Hebammen tätig.

Die protestantischen Pfarrer des 16./17. Jahrhunderts verfassten bald selbst sogenannte Predigten vom Hausstand, die wiederum in die Hausväterliteratur eingingen. Danach war der Kern des Hauses der Ehestand: Der friedfertige Umgang der Eheleute miteinander und ihre gleichberechtigte Leitung des Hauses hinsichtlich der Erziehung der Kinder und der Anleitung des Gesindes galten als Ideal eines christlichen Haushaltes, und dieser war in der aristotelischen Tradition der Herrschaftslehre Ausgangspunkt auch der politischen Ordnung. Indem Luther diese Leitlinien in seiner Hauspostille von 1544 ausdrücklich betonte, unterstrich er die Gültigkeit dieser Legitimation politischer Ordnung:

Der *oikos* ist steht im Zentrum aller Ordnung, das gemeinsame Regiment von Hausvater und Hausmutter ist das Vorbild des weltlichen Regiments, das wiederum im Landesvater beziehungsweise der Landesmutter verkörpert ist. „So aber im haußhalten diese tugent so hoch von nöten ist, wie vil mer will es im Regiment und höcheren Stenden von nötten sein …".[3]

Es liegt auf der Hand, dass dieses langsam reifende, stetig betonte Ideal keineswegs überall Realität wurde; in den sich verfestigenden Kanon der Amtspflichten und -tugenden des protestantischen Pfarrers aber wurden diese Normen kontinuierlich einbezogen. Dass sie auch immer wieder gelebt wurden, lässt sich an zeitgenössischen Briefwechseln zwischen Pfarrerehepaaren erkennen: Die Fürsorge für die Kinder, der liebevolle Umgang, die Erziehung natürlich zur Gottesfurcht, die Anteilnahme am Wohlergehen selbst aus der Ferne sind unübersehbar. Das Pfarrhaus lag inmitten der Gemeinde, es war eingebunden in deren tägliches Leben und Vorbild der Lebensführung; spätestens seit dem ausgehenden 16. Jahrhundert wurde erwartet, dass es den gepredigten Ansprüchen in jeder Hinsicht genügte.

Und mehr als das: In den zahlreichen protestantischen Kirchenordnungen, die seit dem letzten Drittel des 16. Jahrhunderts das kirchliche Leben einzurahmen begannen, spielten die Vorgaben für einen „unsträflichen Lebenswandel" des Pfarrers und seiner Familie auch als äußerlich für die ganze Gemeinde wahrnehmbare Tugenden zunehmend eine Rolle. Der sittliche Maßstab wurde über denjenigen gesetzt, der für normale Gemeindeglieder galt, nicht zuletzt, um die besondere Qualität des „geistlichen" Amtes zu betonen. Bereits am Ende des 16. Jahrhunderts gehörten zu den unabdingbaren Tugenden Gelehrtheit, Zuverlässigkeit im Amt, Anerkennung der weltlichen Obrigkeit, Friedfertigkeit in der Ehe, Sorgfalt im äußeren Erscheinungsbild. Dass sich mit dieser Erwartung zugleich ein Strukturkonflikt auftat, ist den Zeitgenossen des ausgehenden 16. und frühen 17. Jahrhunderts keineswegs verborgen geblieben: Akzeptierte die Geistlichkeit die Normen des vorbildlichen Lebenswandels, so bestand zumindest die Gefahr wachsender Distanz zur Gemeinde; suchte sie die Integration, drohte sie in Gegensatz zur Maxime des „geistlichen Wandels" zu geraten. So begründete eine hessische Gemeinde im Jahr 1622 die Forderung nach Ablösung ihres Schulrektors, eines zeittypisch ausgebildeten Theologen, damit, dass er „sich zu gemeinem gesind gehalten [habe], welches der schul eine verachtung gab".[4]

## DAS PFARRHAUS DES 18. UND FRÜHEN 19. JAHRHUNDERTS: VON AUFGEKLÄRTER VORBILDLICHKEIT ZUR BÜRGERLICHEN PFARRFAMILIE

Auf dieser Basis wuchs den Pfarrhäusern im europäischen Protestantismus seit der Mitte des 17. Jahrhunderts eine soziale, theologiepolitische und geistig-geistliche Prägekraft zu, die sich nicht zuletzt an den Antworten des Katholizismus ablesen lässt. Bildung und Ausbildung wurden immer bedeutsamer, das galt für die ganze Pfarrfamilie. Alle Kinder besuchten eine Schule; seit der Mitte des 17. Jahrhunderts ist zu beobachten, dass die Töchter in einem fremden Pfarrhaushalt die Grundkenntnisse der Haushaltsführung erwarben, so dass sie ihrer möglichen Aufgabe einer vorbildlichen Haushaltsführung gerecht werden konnten. Die Söhne erhielten in der Mehrzahl der Fälle eine akademische Ausbildung, nicht immer als Theologen, aber doch in bemerkenswerter Regelmäßigkeit. Das Studium war die erste Stufe einer gegliederten theologischen Ausbildung, die sich seit der Mitte des 17. Jahrhunderts im protestantischen Europa zu institutionalisieren begann; als zweite Stufe etablierte sich der Besuch von Predigerseminaren, in denen praktische Fertigkeiten der Gemeindeführung vermittelt wurden. Mit dieser Entwicklung erreichte das Pfarramt einen eigenen Grad an Professionalität; neben die juristisch gebildeten traten die theologisch gebildeten Amtsträger in den protestantischen Gesellschaften Europas. Das änderte aber nichts an der Erwartung besonderer Vorbildlichkeit der Amtsführung, die auch für das 17. und 18. Jahrhundert Bestand hatte. Neben der nun bereits als selbstverständlich angesehenen ehrbaren Lebensführung erweiterte sich der Kanon um „besondere Gelehrsamkeit […], die Ablehnung aller weltlicher Geschäfte, geistliche Für- und Seelsorge, erbauliche Predigt und Zurückhaltung gegenüber politischen Händeln".[5] Als besonders ungeistlich galt jede materielle Anspruchshaltung der Seelsorger. Es war ein schmaler Grat zwischen materiellem Auskommen und gefordertem Altruismus, auf dem sich die Geistlichkeit zu bewegen hatte.

An dieser Diskrepanz setzte der Prozess der Absonderung des Pfarrhauses vom alltäglichen Gemeindeleben an: Vorbildlichkeit wurde zur gewollten Distanz des gebildeten, gelehrten Amtsinhabers und seiner Familie, die sich bewusst vom Alltag der Gemeinde unterschied. Gerade die derart geprägte Pfarrfamilie war es aber auch, die der adligen Dominanz und sittenlosen Hofgesellschaft des 18. Jahrhunderts in kritischer Distanz gegenüberstand. Die aufgeklärte Hofkritik des gebildeten Bürgertums fand Unterstützung durch zahlreich Geistliche, ohne dass die Kirchenkritik der Zeitgenossen damit akzeptiert worden wäre. Mit der „gewollten Distanz" verbanden die gelehrten Pfarrer des ausgehenden 17. und des 18. Jahrhunderts ein Amtsverständnis, das den Pfarrer und seine Familie in einer lehrenden Rolle sah. Diese bezog sich auf das Vorleben der Tugenden und die Weitergabe der Fertigkeiten, die Pfarrer, Pfarrfrau und Pfarrerskinder damit verbanden, an die Gemeinde. Sie erstreckte sich jedoch auch auf das wohlbekannte Eintreten gerade der Landgeistlichkeit für die Verbesserung des ländlichen Ackerbaus, der ländlichen Geräte, der landwirtschaftlichen Gebäude sowie auf ihr Engagement für die Einführung neuer Pflanzen und Produktionsweisen (Kartoffelanbau, Tabak, Seidenraupenkultur). Begünstigt wurde diese Entwicklung vor allem durch die Rezeption aufgeklärter Theologie und Philosophie an den Universitäten des 18. Jahrhunderts. Die Etablierung einer praktisch orientierten Pastoraltheologie spielte indes ebenso eine Rolle wie die sich wandelnde Wirtschaftspraxis in etlichen Gemeinden. Denn seit der Mitte des 18. Jahrhunderts erhöhte sich der Anteil der Geldleistungen am Einkommen der Pfarrer, so dass die Abhängigkeit vom

**Bildpostkartensammlung der Pfarrerstöchter Thea und Käthe Schneider, um 1900**
Wolfenbüttel, Ev.-luth. Landeskirche in Braunschweig, Landeskirchliches Archiv Wolfenbüttel
Kat. 225

Auch Pfarrerstöchter schwärm(t)en für Idole jenseits der Kanzel: Die beiden Schwestern Thea und Käthe Schneider aus dem braunschweigischen Lesse trugen eine stattliche Kollektion von Huldigungskarten mit hohen Herrschaften aus den Adelshäusern ihrer Zeit zusammen. Die Sammelkarten übten hinsichtlich Verhalten und Kleidung einen nicht zu unterschätzenden Einfluss aus. *SB*
LIT.: Pieske 1984, S. 125–127; Seebaß/Freist 1969–1980, Bd. 2, Nr. 3593.

Daniel Nikolaus Chodowiecki
(1726–1801): Der Pfarrer daheim
mit seiner Frau und dem Kind
auf dem Arm, Illustration zu
den Gedichten von Friedrich
Wilhelm August Schmidt, 1797
Berlin, Deutsches Historisches
Museum
Kat. 266

Daniel Nikolaus Chodowiecki
(1726–1801): Der Nachmittags-
spaziergang auf der Dorfpfarre,
Illustration zu den Gedichten
von Friedrich Wilhelm August
Schmidt, 1797
Berlin, Deutsches Historisches
Museum
Kat. 266

Im „reinlich ärmlichen Gehöft-
chen" traf Goethes Freund
Friedrich Zelter 1821, aus Berlin
angereist, den „Sandpoeten"
und „guten Landpastor" von
Werneuchen an: F.W.A. Schmidt
(1764–1838) hatte das ländliche
Idyll 1795 nach dem Theologiestudium bezogen. Heideland-
schaft und dörfliche Szenen
inspirierten ihn: „Unverschönerte,
wilde, gemeine Natur ist meine
Göttin." Die bewusst naiven
Verse im „Neuen Berlinischen
Musenalmanach" fand Goethe
provinziell, er parodierte sie in
den „Xenien". JS
LIT.: De Bruyn 1981.

Leistungswillen der Gemeinden zurückging. Die
Rezeption aufgeklärter Pädagogik führte zudem
zu einer angeregten Debatte über Kindererzie-
hung und das Verhältnis zwischen Kindern und
Eltern; das Vertrauen auf die Vernunft und die
Formbarkeit des Menschen durch Erziehung war
unter den gelehrten Theologen weit verbreitet.
Eine Zürcher Predigerordnung von 1758 ist denn
auch im Vergleich zum 16./17. Jahrhundert cha-
rakteristisch erweitert: „So soll ein jeder Pfarer
und Diacon sich angelegen seyn lassen, dass auch
sein Eheweib, seine Kinder, und alle seine Haus-
genossen, ein Vorbild seyen, [...] nicht stolz in Gebärden, sondern vernünftig, nüchtern, demüthig,
still und gehorsam."[6] Immer mehr Theologen
publizierten ihre praktischen Verbesserungsvor-
schläge in Predigten, Traktaten, wissenschaftlichen Abhandlungen, das Pfarrhaus wurde auch
als Haus des Wissens, der Gelehrsamkeit, der
vernünftigen Debatte ein vorbildlich lehrendes
Haus. Da es in den ländlichen Regionen zumeist
das einzige Haus war, in dem gelehrte Bildung
selbstverständlicher Teil des Lebens war, blieb
seine entsprechende Außenwirkung bis weit in
das 19. Jahrhundert hinein erhalten.

So ernst der Pfarrer seine Aufgabe der aufklärerischen Lehre nahm, so kritisch betrachtete er
eine weltliche Obrigkeit, die dieser Aufklärung
durch obrigkeitliche Willkür zuwiderhandelte.
Und damit erhielt sich im protestantischen
Pfarrhaus Offenheit für den Wandel, der sich
am Ende des 18. beziehungsweise zu Beginn des
19. Jahrhunderts abzeichnete. Adelskritik als
unverzichtbarer Bestandteil des bürgerlichen
Selbstverständnisses, das sich in dieser Zeitspan-
ne festigte, war im Pfarrhaus immer präsent,
weil der Pfarrer als Wächter und Lehrer sein Amt
auch in der Beobachtung einer pflichtvergesse-
nen Obrigkeit zu führen hatte. Diese Dimension
tritt in einer beeindruckenden Zahl literarischer
Werke zum Pfarrhaus seit dem Ende des 18.
Jahrhunderts zutage, etwa im Roman „Luise" des
Johann Heinrich Voß von 1795,[7] dessen Ziel es
war zu zeigen, „dass das Pfarrhaus hilft zur schönen Mitte zwischen den Ständen".[8] Gleichwohl
war dieses Ideal nur ein Aspekt unter anderen,
die Pfarrhausliteratur schilderte die Vielfalt
der pfarrfamiliären Lebenswirklichkeiten. Sie
reichten vom trübseligen Leben des Dorfgeist-
lichen, der sich sowohl gegen die kirchliche wie

die weltliche Obrigkeit nur im sprichwörtlich leidenden Gehorsam durchkämpfen konnte, über die Charakterisierung des gelehrten Theologen, der seine kritisch-rationale Theologie gegen alle innerkirchliche Orthodoxie und weltliche Unduldsamkeit durchhielt,[9] bis hin zum sozial und wirtschaftlich engagierten Pfarrer, der seiner bäuerlichen Gemeinde mithilfe eigener wissenschaftlicher Kenntnisse und Welterfahrung in der Opposition gegen Adel und landesherrliche Unduldsamkeit zur Seite stand. „Der ist kein demütig geduckter Untertan mehr, sondern ein freier, selbstbewusster Bürger mit Welterfahrung, der sich ironisch dem Adel wie den Kirchenautoritäten überlegen weiß. Er ist ein souveräner Erzieher in der Familie und im Dorf."[10]

Diese Charakterisierung des Pfarrers und seines Hauses findet sich in der historischen Forschung darüber, was das Pfarrhaus im 19. und frühen 20. Jahrhundert verkörperte, kaum mehr; stattdessen wird die besondere Staatstreue der protestantischen Pfarrer betont. Doch dieses Bild ist holzschnittartig vereinfacht, denn im Bürgertum des 19. und 20. Jahrhunderts gab es stets solche Gruppen, welche die Distanz zur Politik betonten, und solche, die dies für nicht notwendig erachteten – das gilt für die protestantische Geistlichkeit ebenso. Und dennoch: Trotz allen säkularisierenden Tendenzen, die das 19. Jahrhundert prägten, blieb die Frage nach dem Verhältnis von geistlichem Amt und Politik heftig umstritten. An die reformatorische Anschauung vom Wächteramt wollte seit der Mitte des 19. Jahrhunderts kaum jemand mehr anknüpfen, zugleich aber sollte die reformatorische Anerkennung der eigenen Würde des Weltlichen in eine zeitgemäße Antwort auf die Frage nach dem Charakter der Verzahnung von Religion und Politik eingebettet werden. Wenn, so die Haltung in der zweiten Hälfte des 19. Jahrhunderts, jeder Pfarrer zugleich Amtsträger und Staatsbürger war, wie konnte dann das Gleichgewicht zwischen beidem hergestellt werden? Eine bemerkenswerte Antwort stammt von dem bayerischen Konsistorialpräsidenten Adolf von Harleß, der 1862/3 die strikte Trennung von Christentum und Politik betonte: „Was ist denn nun verkehrter als dies, zu sagen, ein Christ müsse als solcher Royalist sein, oder er müsse Republikaner sein, oder er müsse Constitutioneller oder dergleichen sein? Zu nichts verpflichtet ihn sein Christsein, als dazu, dass er nicht daran denke, die bestehende Ordnung mit Gewalt zu beseitigen, sondern dass er sich als Royalist in einer unbedingten Monarchie, als Constitutionalist in einem constitutionellen

Karl Wilhelm Dietrich Vorwerk (1870–1942): Pfarrfrauen-Spiegel, um 1920
Stuttgart, Landeskirchliches Archiv
Kat. 231

Das Wandbild des Pfarrfrauen-Spiegels nach einem Text des sächsischen Superintendenten Vorwerk stammt aus einem württembergischen Pfarrhaus. Die aufgezählten Tugenden führen den enormen Erwartungsdruck an diese Rolle vor Augen: Als tüchtig, gehorsam und bescheiden „an seiner Seite", Mutter vieler Kinder, Vorsteherin einer großen Hauswirtschaft und „Mutter der Gemeinde" wurde die Pfarrfrau gleichsam zum Aushängeschild des Pfarrhauses stilisiert. *SB*
LIT.: Gutekunst 1997, S. 77.

Staate und als Republikaner in einer Republik thatsächlich halte."[11]

## WELCHER WANDEL IM 20. JAHRHUNDERT?

Der Vorbildcharakter des frühneuzeitlichen Pfarrhauses wurde spätestens seit der Mitte des 19. Jahrhunderts aufgegeben. Denn die für die Vormoderne selbstverständliche Identität von Kirchen- und politischer Gemeinde löste sich seit der Mitte des 19. Jahrhunderts dadurch auf, dass die Gläubigen selbst über ihre Zugehörigkeit zu einer Glaubensgemeinschaft entscheiden konnten, Kirchen „Vereinscharakter" erhielten. Unabhängig davon allerdings blieb die Erwartung an die moralisch und ethisch untadelige Lebensführung des Pfarrers und seiner Familie hoch. Dazu trug vermutlich auch bei, dass die für die bürgerliche Gesellschaft seit Beginn des 19. Jahrhunderts charakteristische Trennung von privater und öffentlicher Sphäre für das Pfarrhaus bis in die Mitte des 20. Jahrhunderts nicht

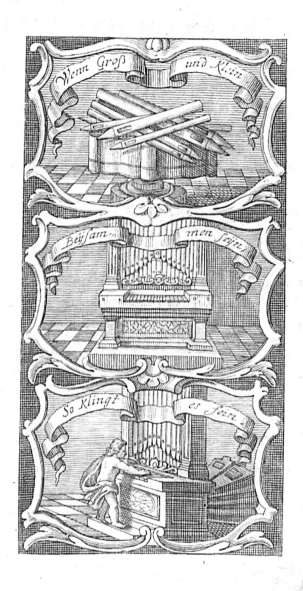

M. Erdmann Uhsens
Rect. Gymn. Martisb.
wohl=informirter

Redner,

worinnen
die Oratorischen

Kunst=Griffe

vom kleinesten bis zum grösten,
durch

Kurtze Fragen

und
ausführliche Antwort
vorgetragen werden.
Die Fünffte Aufflage,
an vielen Orten verbessert.
Mit Kön. Pol. und Chur=Fürstl. Sächs.
gnäd. Privilegio.

Leipzig,
verlegts Friedrich Groschuff, 1712.

**Erdmann Uhse (1677–1730): Wohl=informirter Redner,
worinnen die oratorischen Kunst=Griffe […] vorgetragen
werden, 1717**
Gotha, Universitäts- und Forschungsbibliothek Erfurt/
Gotha, Forschungsbibliothek Gotha
Kat. 287

Der Titelkupfer vergleicht die wohlgesetzte Rede mit Bau,
Spiel und Klang einer Orgel. Wie der Klangkörper aus den
Orgelpfeifen, so systematisch wird die Rede aufgebaut. Die
Oratorie (oder Oratorik) gehörte zu den vornehmsten Befä-
higungen des Pfarrers, denn sie diente seinem Kerngeschäft:
der Verkündigung des göttlichen Wortes, und ein kultivierter
Ton hatte auch sein Haus zu erfüllen. *BMB*

galt. Denn selbstverständlich konnte der Pfarrer davon ausgehen, dass seine Ehefrau als Pfarrfrau ihre Aufgabe erfüllte, die Familie also eingebunden blieb in sein Berufsfeld. Diese alteuropäische Geschlossenheit des Hauses hatte für das Pfarrhaus bis nach dem Zweiten Weltkrieg Bestand; sie wurde erst dadurch aufgebrochen, dass seit den sechziger Jahren auch Frauen ein Gemeindepfarramt übernehmen durften. Seit den achtziger Jahren schließlich wurde es selbstverständlich, dass die Ehefrauen der Pfarrer einen eigenen Beruf ausübten, und zwar durchaus fern der Gemeindetätigkeit; die Berufssphäre des Mannes trennte sich sichtbar von derjenigen der Ehefrau. Dieser Wandel ist grundsätzlicher Natur – und Ergebnis erst der letzten 40 Jahre.

Parallel dazu entwickelte sich in der Zeit der doppelten deutschen Staatlichkeit eine eigenständige, aber ambivalente Rolle des Pfarrhauses in der vergangenen DDR; dieses Phänomen ist kaum erforscht. In den fünfziger und frühen sechziger Jahren etablierte es sich einerseits erneut als „Kernbestand eines sich immer mehr auflösenden bildungsbürgerlichen Traditionsmilieus",[12] anderseits wurde es seit den siebziger Jahren zum Ausgangspunkt „einer Alternativkultur und neuer Formen gesellschaftlichen Engagements".[13] Dieser Funktionswandel des traditionellen Berufsbildes lässt sich auf den Eindruck jüngerer protestantischer Theologen in der DDR zurückführen, dass sie sich einer Ausgrenzung nur entziehen konnten, wenn sie sich auf die Entwicklungen innerhalb der DDR einließen. Zeitgenössisch wird dies mit dem Begriff „Kirche im Sozialismus" umschrieben.[14] In der Forschung wird die These vertreten, dass die Pfarrer aufgrund der Akzeptanz und Mitgestaltung der sozialen und politischen Ordnung ihre besondere Stellung beibehalten konnten. „Ihre Unangepasstheit verschaffte ihr [der Kirche] ein immer größeres Sympathieumfeld und wirkte vor allem auf gesellschaftskritisch eingestellte DDR Bürger attraktiv."[15] Die hier greifbare Mischung aus Anpassung und Resistenz gegen den Sozialismus, der im Pfarrhaus möglich war, lässt das „Vorbild Pfarrhaus" in einem neuen Licht erscheinen.[16]

1   1. Brief des Paulus an Timotheus 4,12: „Sei den Gläubigen ein Vorbild im Wort, im Wandel …"
2   So etwa bei Steck 1984, S. 109.
3   Martin Luther, Hauspostille am 22. Sonntag nach Trinitatis (1544), in: Weimarer Ausgabe 52, 561,5–562,4.
4   Schorn-Schütte 1996, S. 364 m. Anm. 196.
5   Ebd., S. 366.
6   Gugerli 1988, S. 40.
7   Johann Heinrich Voß, Luise. Ein ländliches Gedicht in drei Idyllen, Königsberg 1795.
8   Martini 1984, S. 128.

9   Ebd., S. 132f. Martini bezieht sich mit diesen Schilderungen auf Friedrich Nicolai, Das Leben und die Meinungen des Herrn Magister Sebaldus Nothanker, Berlin/Stettin 1773–1776.
10  Ebd., S. 134. Hier bezieht sich Martini auf Jakob Michael Reinhold Lenz, Der Landprediger. Eine Erzählung (1777).
11  Adolf von Harleß, Das Verhältniß des Christenthums zu Cultur- und Lebensfragen der Gegenwart, Erlangen 1863, zit. n.: Nowak 1997, S. 153 m. Anm. 9.

12  Kleßmann 1997, S. 191.
13  Ebd., S. 192.
14  Ebd., S. 193.
15  Detlef Pollack, Religion und gesellschaftlicher Wandel. Zur Rolle der Kirche im gesellschaftlichen Umbruch, in: Übergänge 1990, Heft 6, S. 239, zit. n.: Kleßmann 1997, S. 195 m. Anm. 32.
16  Kleßmann 1997, S. 197.

**Carl Ludwig Nietzsche
(1813–1849)**
a) Faltbrief mit Kinderzeichnungen von Carl Ludwig Nietzsche
b) Vogelbeerdigung
Weimar, Klassik Stiftung
Weimar, Goethe- und
Schiller-Archiv
Kat. 219 und 220

Die protestantische Erziehungskunst hat diese Kinderseele mit ihrem Glaubens- und Lebensideal bereits durchdrungen. Die religiöse Disziplinierung funktioniert über einen Gott, der alles sieht und hört, ganz wie in dem bis heute gesungenen Kinderlied „Pass auf, kleines Auge, was du siehst ...". Nach dem Auffalten des Briefes kommt eine Szene zum Vorschein, in der vor dem Altar ein mit Rohrstock und aufgeschlagener Bibel bewehrter Mann (der Vater?) drohend fordert, dass man das Wort Gottes ehren müsse. Die kindliche Wasserfarbenzeichnung einer Vogelbeerdigung ahmt offensichtlich die regelmäßig im Pfarrhaus bzw. in der Kirche erlebten Riten im kindlichen Spiel nach, die den kleinen Pastorensohn erkennbar beeindruckten. *SB*
LIT.: Goch 2000, S. 30f.

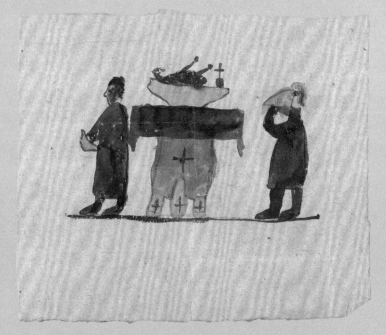

**„Arche Noah" als Kinderspielzeug, 1900**
Nürnberg, Spielzeugmuseum Nürnberg
Kat. 222

Das Spiel als solches stand in frommen Kreisen nicht hoch im Kurs: unnützer Zeitvertreib, als Glücksspiel völlig verpönt. Spielzeug sollte der Einübung in die Lebenspraxis dienen. Als kreatives Lernen entdeckte es erst die Aufklärungspädagogik um 1800. Im Pfarrhaus hatten Lernspiele den Vorrang, eine „Arche" erlaubte neben dem Spiel zugleich die Vermittlung der biblischen Geschichte von der Sintflut. *BMB*

**Würfelspiel „Die Reise ins Himmelreich", um 1900**
Berlin, Deutsches Historisches Museum
Kat. 223

„Die Reise ins Himmelreich" war als Familienspiel mit stark moralisierendem und belehrendem Charakter sehr beliebt, wie mehrere Ausgaben und Varianten des Spiels beweisen. Die spielerische Einübung bürgerlich-protestantischen Daseins wird anhand einer imaginierten Reise zur Himmelspforte unter Auflistung guter Taten und Säumnisse im großen Schuldbuch bis zur Hauptprüfung auf der Seelenwaage unter Geldeinsatz (!) durchexerziert. Nur wer „fleißig und fromm" ist, kommt ins Himmelreich, die anderen schmoren im Höllenfeuer, dessen Temperatur sorgfältig überprüft wird. *SB*
LIT.: Museum für Sepulkralkultur 2002, S.157f.

**Unbekannter Wachsbossierer: Wachsbildnis der Wibrandis
Rosenblatt (1504–1564), 2. Hälfte 16. Jahrhundert**
Basel, Historisches Museum Basel
Kat. 195

Wibrandis Rosenblatt war mit gleich drei oberrheinischen
Reformatoren verheiratet, die sie alle überlebte: von 1528
bis 1531 mit Johannes Oekolampad, von 1532 bis 1541 mit
Wolfgang Capito und von 1542 bis 1551 mit Martin Bucer.
Oekolampad schrieb 1529 an Capito: „Meine Frau ist, was
ich mir immer wünschte. Sie ist weder streitsüchtig noch
geschwätzig und treibt sich nicht herum, sondern kümmert
sich um den Haushalt." Als Pfarrfrau lebte sie das reformatorische Eheideal der „Gefährtin" und wirkte wesentlich an der
Entstehung des neuen Rollenmodells mit. *SB*
LIT.: Ribbert 2010, S. 177.

Petra Bahr

# DER LANGE WEG VON „FRAU PASTOR" ZUR PASTORIN

Als Katharina von Bora, die einmal als die „berühmteste Pfarrfrau der Welt" in die Geschichte eingehen wird, Martin Luther im Jahr 1525 heiratete, war dieses Ereignis nicht nur die Begründung einer neuen Institution, sondern ein ausgemachter Skandal. Ein Bund des Teufels, aus dem nur Monster entspringen können, so urteilten viele Zeitgenossen. Die Ehe der geflüchteten Nonne mit dem ehemaligen Mönch setzte der Verlotterung der Kirchenämter noch eins drauf. Eine Frau, die mit Christus verheiratet war, endet als „Pfaffenhure". Zwei Jahre vorher war Katharina von Bora in der Osternacht aus einem Zisterzienserinnenkloster bei Grimma nach Wittenberg geflohen und „in die Welt" zurückgekehrt. Sie kam im Haus des Malers Lucas Cranach unter, der die kirchenkritischen Lehren des Reformators Luther unterstützte. Luther selbst hat den Fluchthelfer öffentlich gelobt. Schon die Flucht Katharina von Boras und ihrer Gefährtinnen wird publizistisch als Akt christlicher Freiheit gedeutet. Luthers Kritik am klösterlichen Leben und die theologische Delegitimierung des Mönchwesens ließ sich quasi lebensweltlich nachvollziehen. So wurde schon die Entscheidung der jungen Frau, dem Kloster den Rücken zu kehren, zu einem kirchenpolitischen Fanal. Hier ging es um mehr als um einen individuellen Lebensweg. Hier ging es um ein theologisches Programm. Die Konjunktion von Enthaltsamkeit und Heiligkeit wird vor allen Augen aufgehoben. Das evangelische Pfarrhaus trägt von Beginn an die Signatur eines Gegenentwurfs. Es ist lebensweltliche Realität und Projektionsfläche in einem. Luther will die eigenwillige und gebildete Frau, die im Kloster entgegen dem protestantischen Vorurteil nicht gebrochen, sondern willensstark geworden war, an einen jungen Kollegen verheiraten. Doch sie lehnt ab. Als der Reformator sie dann mitten in den Bauernkriegen selbst heiratet, betont er, diese Ehe sei nicht „in fleischlicher Liebe oder Hitze" erfolgt, sondern um „mit der Tat zu bekräftigen, was ich gelehrt habe". In diesem Satz steckt im Grunde schon die Entwicklung des Pfarrhauses *in nuce*. Die Rolle der Pfarrfrau entwickelt sich in den folgenden Jahrzehnten aus diesem öffentlichen Anspruch. In der Ehe und in der Familie des Pfarrehepaars realisiert sich modellhaft der christliche Glaube, hier soll die religiöse Überzeugung von der Lehre ins Leben überspringen, hier muss im Alltag erkennbar werden, was sonntags von der Kanzel gepredigt wird. Folgerichtig wird hier auch die Rolle der Frau im evangelischen Glauben konturiert. Der Spezialfall der neuen Rolle an der Seite eines Geistlichen, der erst noch definiert werden muss, wird zugleich zum Modellfall für jede evangelische Ehefrau und Mutter. Das Pfarrhaus wird nicht durch die übertriebene Neugier der Gemeinde zum „Glashaus". Die Durchsicht auf das Familienleben des Pfarrers wird zum Selbstanspruch, der bis weit ins 19. Jahrhundert unbefragt bleibt.[1] Die Pfarrfrau wird zum Kraftzentrum dieses Anspruchs. So wird Katharina von Bora gleich in mehrfacher Hinsicht zu einer fast mythologisch aufgeladenen Gründungsfigur einer neuen gesellschaftlichen Ordnung, die in der Frühen Neuzeit als riskante und hoch umstrittene Lebensform startet und schnell zu einer alles bestimmenden gesellschaftlichen Norm wird. Für die Durchsetzung der Reformation und den damit verbundenen Sozialwirkungen ist die Entstehung des evangelischen Pfarrhauses epochal, ebenso für die Ordnung der Geschlechter. Die Ehe für Pfarrer wird schnell zu einem Muss. Alle Reformatoren waren verheiratet. In den Visitationen wird die Pfarrerehe als Katalysator des evangelischen Ehestandes weniger empfohlen als verordnet. Erst mit der Eheschließung wird der Pfarrer faktisch zur ordentlichen Amtsperson. Zum Vorteil für die Frauen? Es gehört zum Erinnerungstopos des Pfarrhauses, das seine Gründung als Befreiungsgeschichte für Frauen interpretiert wurde. Dafür spricht durchaus einiges. Die Rolle des Mutter- und Vateramtes, also des Elternamtes, wird nobilitiert, das „Haus" als *status oeconomicus* wird eine der drei tragenden Säulen der Gesellschaft neben weltlicher Herrschaft und Kirche. Hier werden die christlichen Lebenshaltungen eingeübt, die für die Gesellschaft nötig sind. Die Sexualität kann als Lebensausdruck endlich mehr sein als notweniges Übel für den Zeugungs- und Empfängnisakt – all das spricht in der Tat dafür, dass der Status von Frauen, zumal der Ehefrauen, aufgewertet wird. Kern des Eheverständnisses Luthers, wie es in seinem „Ehebuch" zum Ausdruck kommt, ist die „Gegenliebe" zwischen Mann und Frau. Deshalb soll die Ehefrau auch „Gehüllfe und Tragstab und nicht Fusschemel" sein. Die Frau als Gehilfin ist nicht die Magd, sondern „eine Gefertin des Lebens"[2]. Frauen gehören selbstverständlich zum Priestertum aller Getauften. „Sintemal alle getauften Weiber aller getauften Männer geistliche Schwestern sind, als solche, die einerlei Sakrament, Geist, Glaube, Gaben und Güter haben, damit sie viel näher im Geiste Freunde werden denn durch äusserliche Gevatterschaft", schreibt Martin Luther in seiner Eheschrift[3]. Hebammen werden im Zuge dieser Einsicht an vielen Orten im Gottesdienst in ihr „Amt" eingeführt. Einige davon sind Pfarrfrauen. In den letzten Jahren wird in der Forschung allerdings eher die Domestizierung der Frauen betont. Viele Räume und Lebensformen von Frauen in der Frühen Neuzeit verschwinden nämlich mit der Monopolisierung der „heiligen Familie".[4] Das patriarchalische Hierarchieverständnis lässt lange von der geistigen Freundschaft zwischen Männern und Frauen wenig merken. „Gehorsam" ist über Jahrhunderte das Leitwort des reformatorischen Ehe- und Hausväterschrifttums, das im 16. Jahrhundert zur Blüte gelangt und bis ins 19. Jahrhundert das Geschlechterverständnis im Pfarrhaus und außerhalb prägt. Vor allem verschwinden religiöse Räume und Ausdrucksformen für eine weibliche Spiritualität.[5] Sie muss oft an den Rändern geduldeter evangelischer Frömmigkeit zurückgewonnen werden. Pfarrfrauen beschleunigen in späteren Jahrhunderten, etwa im Pietismus, nachweislich den Erfolg spiritueller Aufbruchsbewegungen jenseits strenger Ämterhierarchie. Mit der Abschaffung der Klöster ist nicht nur ein vorzüglicher Bildungsraum für Frauen verschlossen, auch die Möglichkeit, ein kirchliches Amt wahrzunehmen, wie das einer Äbtissin, geht verloren. Vor allem verschwinden die großen Traditionen asketischer Spiritualität, in denen sich Frauen ausschließlich der imitatio Mariae widmen dürfen, ohne Mann und Kind. Im Pfarrhaus als dem neuen geistlichen Zentrum sollen sie nun nicht mehr nur Christus, sondern auch ihrem Ehemann gehorchen. Vielleicht leisteten bei der Einführung der Reformation deshalb so viele Frauenklöstergemeinschaften hartnäckigen Widerstand

gegen ihre Auflösung. Zum Mythos der Katharina von Bora gehört es denn auch, dass die Geschichtsbücher zwar den liebevollen Umgang der Ehepartner miteinander betonen und den aufopferungsvollen Dienst als „Hausmutter" für Familie und für Menschen in Not, aber es lange vergessen wurde, dass die berühmteste Pfarrfrau der Welt mehr war als die Frau an der Seite des Reformators: eine kundige Ökonomin, die mit Immobilienerwerb und der geschickten Organisation einer Landwirtschaft zum Familieneinkommen deutlich mehr beigetragen hat als der berühmte, aber schlecht bezahlte Theologieprofessor. Die Herrin über das ganze Haus wird im kollektiven Gedächtnis des Protestantismus als eine rührige Hausfrau erinnert, die Kinder großzieht und den Haushalt führt, dazu ihrem beanspruchten Gatten auch in schwierigen Zeiten die Treue hält. Der Umgang von Boras mit den depressiven Schüben ihres Mannes, dessen kraftstrotzender Geist von einem dunklen Schatten begleitet wird, steht im Leitbild der guten Pfarrfrau allerdings immer vorne. Die perfekte Pfarrfrau Bora ist Gastgeberin großer Tafeln, an denen die Gäste über Gott und Teufel, Kirche und Welt streiten, während sie die Speisefolgen organisiert. Sie erzieht die nächste Generation der Christenmenschen, nicht nur die eigenen Kinder, sondern auch Neffen, Nichten, Pflegekinder und Studenten. Sie kümmert sich um Arme und berät ihren Mann in schwierigen politischen Angelegenheiten. Da es kaum schriftliche Zeugnisse von „der Lutherin" gibt, entsteht das Bild der Pfarrfrau als resoluter, aber stummen „Frau an seiner Seite". Doch zumindest in der konstitutiven Phase dieser neuen Institution ist noch gar nicht ausgemacht, welche Rolle die Pfarrfrau darin einmal finden wird. Viele Pfarrfrauen und unverheiratete Pfarrerstöchter arbeiten in der Durchsetzungsphase des Pfarrhauses in Hospitälern, als Hebammen, in der Armenpflege und sogar als Lehrerinnen in den Mädchenschulen. In lutherischen und in reformierten Kirchenordnungen sind Schulmeisterinnen von „Jungfrauenschulen" eigens erwähnt. Da auch Katechismus- und Bibellektüre auf dem Stundenplan standen, waren auch theologische Grundkenntnisse unerlässlich. Dazu kam, dass in den radikaleren reformatorischen Bewegungen auch Frauen gepredigt haben. Diese Bewegungen wurden vom Establishment, also von Theologen und Obrigkeit, schnell bekämpft, aber die Bilder von predigenden Frauen waren in der Welt. Das löste offenbar auch bei den Reformatoren große Ängste aus. Diese Ängste werden durch eine Skizze von Lucas Cranach

dokumentiert. Auf ihr vertreiben Frauen mit verzerrten Gesichtern und verfilzten langen Haaren wütend die Priester (oder Pastoren) mit Äxten, Schaufeln und Messern. Lange war nicht klar, welchen Anteil an kirchlichen Ämtern Frauen haben würden.

Bis weit ins 17. Jahrhundert wird sogar in der lutherischen Orthodoxie immer wieder diskutiert, ob es über das Institut der Pfarrfrau hinaus nicht auch eigene Ämter für Frauen in der Kirche geben sollte, Ämter sui generis, in denen die seelsorgerlich-diakonische Begabung, die eine Frau von Natur aus zu haben schien – so der *common sense* der Theologen bis weit ins 20. Jahrhundert – mit einer Ordination zu einer besonderen Berufung aufgewertet werden sollte.

Um einen Einblick in die formative Phase des Pfarrhauses zu kriegen, in der die Figur der Frau im Pfarrhaus noch beweglich war, lohnt sich der Blick auf eine andere Katharina. Nicht nur der Taufname, auch der Lebenslauf der beiden Katharinen sind wenn nicht gleich, so doch vergleichbar. Die selbstbewusste Bürgerstochter aus Straßburg verlässt ihren Orden nach der Lektüre von Schriften Martin Luthers und heiratet schon 1523 Matthäus Zell, den ersten reformatorischen Prediger der Stadt und Prädikanten am Straßburger Münster. Katharina Zell, die sich publizistisch in die theologischen Debatten ihrer Zeit einmischt, versteht ihre Eheschließung selbst als Beitrag zur Überwindung der Zölibatsverstöße

des Klerus. Sie ist auf ethische Exemplarität ausgelegt, als öffentlicher Bekenntnisakt der gemeinsam getragenen seelsorgerlichen Verantwortung der christlichen Eheleute für die Gemeinde. Für Katharina Zell verwirklicht sich ein geistlicher Sendungsauftrag, sie hat nach eigener Deutung gewissermaßen Anteil am Amt ihres Mannes: Ihr fiele die Aufgabe zu, die von ihrem Mann gelehrte und gepredigte Nächstenliebe exemplarisch zu verwirklichen, so ihre Selbstbeschreibung.. Sie habe geholfen, „das Evangelium zu bauwen", sie habe „die veriagten aufgenumen/ die elenden getröstet" und „kirch/predigtstul und schulen gefürderet und geliebt"[6]. Katharina Zell legt den Schwerpunkt ihres Amtes auf die Seelsorge, sie nimmt Flüchtlinge auf und kämpft publizistisch für sie. Sie hat „Pestilentz und Todeten getragen/ die Angefochtenen leidenden innen Türnen/ Gefencknuß und Todt heimgesucht/ und getröstet"[7]. Ihr Pfarrfrauenamt leitet sie nicht direkt vom Amt ihres Mannes, sondern aus einem eigenen laienpriesterlichen Berufungsbewusstsein ab. Zeit ihres Lebens ist sie publizistisch aktiv, sie schreibt eine Psalmenauslegung und diskutiert mit Gelehrten, die in ihr Haus kommen. Nicht ohne Unterton wird ihr der Spitzname „Doktor Katharina" angehängt. Noch als Witwe mischt sie sich in theologische und politische Fragen ein. Da, wo Katharina Zell sich durch ihr Gewissen als „Amtsperson" öffentlich zu reden gefordert sieht, überschreitet sie die Grenzen, die für das weibli-

**Doppelporträt der Pfarrfrau Sibylle Elisabeth Calvör und des Pfarrers Joachim Calvör, 1667**
Clausthal-Zellerfeld, Ev.-luth. St.-Salvatoris-Kirchengemeinde Zellerfeld
Kat. 4

Die Pfarrerstochter Sibylle Elisabeth Calvör (1621–1686), geb. Twebom, hatte 1645 Joachim Calvör (1617–1693) geheiratet, später Pastor in Braunschweig. Die beiden Gemälde stammen bemerkenswerterweise nicht aus der Kirche des Ehemanns, sondern aus der des Sohnes Caspar Calvör, der Pfarrer in Clausthal-Zellerfeld war. Beide Ehepartner sind mit einem Gesangbuch ausgestattet; die Tulpe mit dem leicht hängenden Kopf in der Hand der Pfarrfrau verweist auf den Übergang vom irdischen zum ewigen Leben. *SB*
LIT.: Seebaß/Freist 1969–1980, Bd. 2. Nr. 666; Goes 2004.

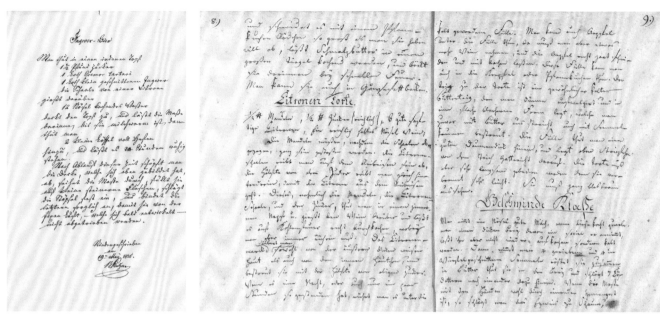

**Erdmuthe Dorothea Nietzsche (1778–1856):**
a) Kochbuch: „Recepte zu Speisen und Backwerk", Rezepte: Citronen-Torte, Beschmirde Kloeße
b) Ingwer-Bier
Weimar, Klassik Stiftung Weimar, Goethe- und Schiller-Archiv
Kat. 201 und 202

Von Friedrich Nietzsches Großmutter, als Pfarrerstochter und Pfarrfrau Teil einer weitläufigen Pfarrersdynastie, sind klassische Hinterlassenschaften einer Hausmutter überliefert: ein Kochbuch und unzählige Zettel mit Rezepten und Hausmitteln zur ersten medizinischen Versorgung von Familie und Pfarrkindern. Entgegen der offensichtlichen elterlichen Intention, ihre Tochter Erdmuthe Dorothea nach der ersten Frau Zinzendorfs, des Begründers der Herrnhuter Brüdergemeine zu benennen, war sie vielmehr von der aufklärerisch geprägten Religiosität ihres zweiten Ehemannes beeinflusst. *SB*

che Geschlecht in der Frühen Neuzeit vorgesehen sind, und zwar mit der Unterstützung ihres Mannes. Beiden ist es offenbar möglich, die theologischen Potentiale der Gleichwürdigkeit von Männern und Frauen gegen die Unterordnungssehnsüchte der patriarchalischen Gesellschaft zu setzen, die sich auch in der reformatorischen Bewegung schnell Raum verschafften. Dazu berief Katharina Zell sich auf das Notmandat, das auch Martin Luther Frauen zugestanden hat: „Darumb foddert die Ordnung, tzucht und eher, das weyber schweygen, wenn die menner reden, wenn aber keyn man prediget, ßo werß von nötten, das die weyber predigten."[8] Das Projekt Zells, weibliche Ämter in der Kirche jenseits des Pfarrfrauenamtes zu etablieren, scheitert. Verhindert wird es allerdings nicht mit theologischen Argumenten, sondern kraft der Gegenwehr der Gewohnheit, vertreten durch Geistlichkeit und Magistrat.

Während Katharina von Bora im protestantischen Gedächtnis zum Inbegriff der „Frau an seiner Seite" wurde, verschwand Katharina Zell, die eigenständige und öffentlich wirksame Pfarrfrau, über Jahrhunderte aus der Erinnerung. Erst in jüngerer Zeit wird durch neuere Forschungen deutlich, dass in der konstitutiven Phase der Reformation, die sich auch durch die Sozialform Pfarrhaus verbreitete, noch offen war, welche Rolle die Pfarrfrau im Pfarramt spielen würde.[9]

Bis ins 19. Jahrhundert gibt es immer wieder einzelne Pfarrfrauen, die als Dichterinnen, Übersetzerinnen, Musikerinnen, als Editorinnen, aber auch als Publizistinnen, die zu sozialen oder kirchlichen Fragen Stellung nehmen, von sich reden machen. Die unordentliche Pfarrfrau, die nicht kochen kann, dafür aber besser Griechisch übersetzt als ihr Mann und mit dicken Folian

ten im Pfarrhausgarten gesichtet wird, gehört zum Topos der Pfarrhauskarikatur. Verschwiegen wird das harte Los vieler Pfarrfrauen. Zwei Jahrhunderte lang ist ihre Existenz vor allem im Witwenstand oft prekär. Erst allmählich setzt sich ein geregeltes Versorgungssystem wie das der Witwenhäuser durch, wo wenigstens das Überleben von Frau und Kindern gesichert ist. In vielen Regionen, etwa in Norddeutschland, gilt die Rechtsgewohnheit der „Konservierung von Pfarrwitwen und -töchtern" bis weit ins 18. Jahrhundert. Der Amtsnachfolger muss die Witwe oder die Tochter seines Vorgängers heiraten. Eine zweifelhafte Versorgungsform, die sich mit dem ursprünglichen lutherischen Ehe-Ideal der „freien Gegenliebe" nur schwer verträgt, auch wenn sie im zeitlichen Kontext sicher keinen Anstoß erregte. Mit dem Leben im Pfarrhaus verband sich nicht nur die Gastfreiheit, nach der zu jeder Tages- und Nachtzeit ein Hilfesuchender aufgenommen werden musste, auch bei oft langen Abwesenheiten der Männer. Die Seelsorge am Küchentisch gehörte ebenfalls dazu, eine pastorale Kompetenz, die lange unbeachtet blieb. Pfarrfrauen lebten ihre Ehe im „Glashaus", sie mussten unter den Augen einer ganzen Gemeinde ihre Kinder erziehen, oder, was schlimmer war, Kinderlosigkeit erdulden. Ihre Anerkennung hing von der Anerkennung ihres Mannes ab. Ihre Arbeit, oft bis zur völligen Selbstaufgabe, wurde mit „Gotteslohn" bezahlt. Manchmal war das durchaus genug. Es gibt viele Zeugnisse von Pfarrfrauen, die ihre Lebensaufgabe mit großer Zufriedenheit, ja mit Begeisterung ausgeübt haben. Pfarrfrauen folgten ihren Männern nach China oder in die Tropen, in Arbeitersiedlungen oder aufs Land. Wenn es gut lief, eroberten

**Die Missionarsfrau Magdalena Schmutterer, geb. Pfeiffer, mit
ihrer Nähklasse in Finschhafen (Neuguinea), Mitte der 1920er Jahre**
Neuendettelsau, Archiv Mission EineWelt
Kat. 162

**Louise Flierl an Bord, sitzend in geblümter Bluse, dahinter
Sohn Wilhelm, rechts Missionar Johannes Flierl, 1904**
Neuendettelsau, Archiv Mission EineWelt
Kat. 162

**Ordination von Pfarrerin Cäcilie Karg in Dannigkow, 1965**
Berlin, Deutsches Historisches Museum
Kat. 115

Als Frau in einer Männerkirche: Cäcilie Karg (*1925), zunächst Lehrerin, dann Katechetin in Vehlitz und Gommern, wurde nach kirchlichem Fernstudium 1965 in Dannigkow ins Pfarramt ordiniert und gehört zur ersten Generation von Pfarrerinnen in der Kirchenprovinz Sachsen. Für diese galt bis Ende der 1960er Jahre das verpflichtende Zölibat, erst dann verloren Pfarrerinnen bei einer Heirat nicht mehr ihr Amt. Zwanzig Jahre versah sie den Pfarrdienst in dem kleinen Dorf bei Gommern und wohnte im dortigen Pfarrhaus, seit Mitte der 1970er Jahre gemeinsam mit der katholischen Lehrerin Elisabeth Dröder (1906–1997). *SB*
LIT.: Albrecht-Birkner 2003–2009, Bd. 4, S. 469.

sie sich mit Witz und Selbstbewusstsein eigene Arbeitsbereiche und eigene Anerkennung. Pfarrfrauen lebten aber auch oft in verordneter Einsamkeit und unter der Bürde eines Ideals, dem zu entsprechen sie sich vergeblich bemühten. Die Pfarrfrau sollte für alle da sein, sich aber doch nicht „gemein" machen. In der Exemplarität des Pfarrhauses lag lange auch die Betonung einer unsichtbaren Grenze, die Einsamkeit förderte. Immer wieder stießen sich Pfarrfrauen an den Wänden ihres gläsernen Hauses ihre Stirn. „Uns ist der Verstand im Mutterleib erfroren", dichtet die württembergische Pfarrfrau Magdalena Sibylla Rieger über ihr Schicksal als Pfarrfrau im 18. Jahrhundert. Sie wird im Jahr 1743 als einzige Frau zur *poeta laureata* gekürt und in eine der berühmten Sprachgesellschaften ihrer Zeit aufgenommen. In der Kirche wurden diese widerspenstigen Pfarrfrauen beäugt und gemaßregelt, in der Literatur lächerlich gemacht oder heimlich bewundert. Es sollte immer Pfarrfrauen geben, bei denen die seelsorgerlich-mütterlichen Begabungen weniger ausgeprägt waren als ihre geistig-intellektuellen Fähigkeiten. Manchmal waren sie sogar von ihren Vätern im Studierzimmer gefördert worden.

Weil das Amt der Pfarrfrau immer eine gesellschaftliche und kirchliche Sonderstellung hatte, bildeten sich schon früh Netzwerke von Pfarrfrauen. Anfang des 20. Jahrhunderts, als die Sozialform der Vereine auch für den Protestantismus immer beliebter wird, organisieren sich Pfarrfrauen dann, um Orte und Zeiten des Rück-

zugs und des Austausches, und der akademischen Weiterbildung zu haben. Hier wird auch die Rolle der Pfarrfrau zum ersten Mal gründlicher reflektiert und in den Kontext des gesellschaftlichen Wandels gestellt. Gebildete Pfarrerstöchter werden endlich an Universitäten zugelassen und spielen mit dem Wunsch, Theologie zu studieren. Immer mehr Frauen werden berufstätig. Darf das auch für eine Pfarrfrau gelten, fragen sich Frauen, die ihrer Kirche dienen, aber nicht mehr nur für Gotteslohn arbeiten wollen. Mit dem Zugang zur Universität wächst eine neue Generation von Pfarrfrauen heran. Viele haben geforscht und promoviert, wenn sie heiraten. Sie machen ihr Lehrerinnenexamen, ein üblicher Weg für Akademikerinnen, und gehen dann an der Seite ihrer Männer ins Pfarrhaus. Immer mehr junge Frauen studieren Theologie und machen die Examina, die ihre Studienkollegen zum Pfarrdienst befähigen. Doch auch die Frauen, die als Vikarinnen auf Sonderstellen in der Seelsorge oder der Jugendarbeit Stellen fanden, eine Art Pfarramt in eng gesteckten Grenzen, mussten ihre Arbeit aufgeben, wenn sie heirateten. Seit 1885 galt im Deutschen Reich das Zwangszölibat für Frauen in staatlichen Diensten. Die evangelischen Kirchen übernahmen diese Regelung, obwohl sie einmal angetreten waren, das Zölibat als Irrweg abzuschaffen. Auch viele Pfarrfrauen waren gegenüber den Kolleginnen ihrer Männer skeptisch. Doch kann man mit Fug und Recht sagen, dass der Weg ins Pfarramt für Frauen von studierten Pfarrfrauen zusammen mit ihren ledigen Kolleginnen beschleunigt wurde. Sie traten immer selbstbewusster auf.[10] Im Nationalsozialismus waren viele dieser Frauen in der Bekennenden Kirche engagiert. Sie wurden zu Fluchthelferinnen, sie gingen in illegale Predigerseminare. Einige wurden zu Mitwisserinnen im radikalen Flügel des Widerstands, andere traten mit klaren Worten selbst an die Öffentlichkeit. Vor allem vertraten sie ihre Männer im Pfarramt. Während die Geistlichen in den Krieg zogen, schlüpften ihre Ehefrauen in deren Talare und übernahmen wie selbstverständlich die Aufgaben in den Gemeinden, die oft genug fast nur aus Frauen bestanden. Theologische Argumentationshilfe war ihnen das Notmandat, das auch schon Katharina Zell für sich in Anspruch nahm.[11] Wo die Männer fehlten, übernahmen die Frauen, oft gedeckt von hektischen landeskirchlichen Sonderregelungen, alle Aufgaben, auch die von Predigt und Sakramentsverwaltung, die bislang den Männern vorbehalten war. Die theologische Grundstimmung gegenüber Frauen im Pfarramt hat sich in den Kirchenleitungen trotz der offensichtlich bewährten Praxis und der Anerkennung in den Gemeinden auch nach 1945 nicht geändert. Als die Männer aus Krieg und Gefangenschaft zurückkehrten, mussten die Pfarrfrauen, die faktisch Pfarrerinnen geworden waren, ihren Platz auf der Kanzel wieder räumen. Manche versah heimlich weiter die Aufgaben ihres seelisch und körperlich versehrten Mannes. Erst 1978 wurde in fast allen deutschen Landeskirchen die rechtliche Gleichstellung der Pfarrerinnen endgültig vollzogen. Vorausgegangen sind kulturkampfartige Debatten und ein mühsamer Lernprozess, der auch die Gründungsdokumente der reformatorischen Bewegungen nicht unangetastet ließ. Vorbehalte gibt es nur noch an den Rändern der Kirche. Doch als Margot Käßmann 1999 in der Landeskirche Hannover als Bischöfin kandidierte, wurde eilig eine pietistische Notsynode einberufen, weil das Wesen der Frau für das Bischofsamt nicht geeignet sei. Ein überliefertes Argumentationsmuster wiederholte sich. Immer noch gibt es protestantische Kirchen auf der Welt, die die Frauenordination nicht eingeführt haben. Doch an den meisten Orten hat sie sich durchgesetzt. Seitdem erlebt das Pfarrhaus einen neuen sozialen und kulturellen Wandel. Denn die Teilhabe von Frauen in der Ämterhierarchie der Kirchen hat auch Folgen für das Geschlechterverhältnis. Es gibt nun Männer, die an die Pfarrhaustür gehen, wenn es klingelt, während die Ehefrau eine Trauung hat oder in der Synode sitzt. Es gibt Pfarrfrauen, die ein Unternehmen oder eine Praxis haben, statt die Mädchengruppe zu leiten und die Orgel zu spielen, wenn der Musiker krank ist. Auch im Pfarrhaus zerbrechen Ehen. Längst hat die Vielfalt der Lebensformen das Pfarrhaus verändert. Eine Institution, die den Protestantismus getragen und geprägt hat, wandelt sich und wird verwandelt. Die Diskussion um gleichgeschlechtliche Paare, Patchworkfamilien, Singles und neue kommunitäre Bewegungen im Pfarrhaus zeigt das.[12] Nun gibt es Pfarrerinnensöhne, die das Leben im Pfarrhaus ihrer Mütter reflektieren. Töchter treten das Erbe ihrer Väter an.[13] Vor die Wände des „gläsernen Hauses" werden Vorhänge gezogen, die Grenzen zwischen Privatem und Öffentlichem werden neu diskutiert, Residenzpflichten aufgeweicht. Kann das Pfarrhaus die Bürde der Exemplarität gelebten christlichen Glaubens überhaupt tragen? Wieder einmal wird das Pfarrhaus, dieser kulturprägende Spezialfall, als dynamische Institution zum Modell, in dem sich die Zukunft des Protestantismus im veränderten historischen Kontext bewähren muss.

1   Als Dokument dieser Beharrlichkeit vgl. Baur 1884.
2   Zit. n. Scharffenorth 1991.
3   Martin Luther, Werke, WA 10, 2. Abt., S. 266.
4   Vgl. Koschorke 2000, S. 146–167.
5   Vgl. Roper 1999.
6   Zit. n. Kaufmann 1996, S. 189.
7   Ebd.
8   Martin Luther, Werke, WA 8, Anm. 18, 498, 12–14.
9   Vgl. Schorn-Schütte 1991 und Appold 2006.
10  Vgl. stellvertretend Sachse 2009.
11  Härter 1993.
12  Vgl. exemplarisch Hennings 2011.
13  Vgl. Eichel 2012.

**Johann Raphael Wehle (1848–1936):**
**„Und sie folgten ihm nach", um 1900**
Speyer, Zentralarchiv der Ev. Kirche der Pfalz
Kat. 278

Der Farbdruck nach einem Gemälde des Dresdner Akade-
mieprofessors Wehle war Anfang des 20. Jahrhunderts einer
der meistverkauftesten Drucke im deutschen Kunsthandel.
Wehle übernimmt den Bildaufbau von Spitzwegs berühmtem
„Sonntagsspaziergang" (1841), in dem diese bürgerliche Erfindung in Abgrenzung zum repräsentativen Ausritt oder der
Kutschfahrt des Adels als Ausflug aller Familienmitglieder
zu Fuß in die nahegelegenen Felder inszenziert wird. Damit
verbürgerlicht er Jesus und seine Jünger zu einem trauten
Kreise auf sonntäglichem Familienausflug im wogenden
Kornfeld. Wehles Gemälde wiederum war Vorbild für Giovan-
nis „Christus im Ährenfeld", einen Klassiker des Schlafzim-
merbildes. *SB*
LIT.: W. Brückner 1974, S. 121–126.

**Farbdruck nach Adolf Emil
Hering (1863–1932): „Lasset
die Kindlein zu mir kommen"
(Matth. 19,14)**
Stuttgart, Landesmuseum
Württemberg
Kat. 275

Eltern bringen ihre Kinder zu
Jesus, auf dass er sie segne. Er
lässt sie gegen den Einspruch
der Jünger zu sich, „denn
solchen gehört das Himmelreich". Kinder, davon war auch
Luther überzeugt, „leben ganz
rein im Glauben" – und nur das
erwirkt Gottes Gnade. Folglich
taucht das Motiv erst mit der
Reformation – im Werk der
Cranachs – in der Kunst auf,
richtete sich damals allerdings
gegen die Wiedertäufer und
ihre Ablehnung der Kindstaufe.
Religiöser Wandschmuck in
späterer Zeit hatte natürlich die
besondere Kindgerechtigkeit
der Geschichte im Blick. *BMB*
LIT.: Koepplin/Falk 1976, S. 517f.;
Schiller 1969, S.166.

**Fritz von Uhde (1848–1911):
Ölskizze zum Abendmahl,
um 1886**
München, Bayerische
Staatsgemäldesammlungen,
Neue Pinakothek
Kat. 399

Seine Jesus-Bilder schmückten
als Druckgrafiken das evangelische Heim: Fritz von Uhde galt
als „unser Maler" (Karl Gerok
1894), irrigerweise sogar als
Pfarrerssohn. Die Übersetzung
biblischer Motive in Gegen-
wartsszenarien entsprach
einer Neigung der Zeit: Der
Gottessohn wird verharmlost
zum Hausfreund, Lehrer und So-
zialarbeiter; der Kreuzestod tritt
als unbehagliche Erinnerung in
den Hintergrund. *BMB*
LIT.: Hansen 1998.

## PFARRHÄUSLICHE SPARSAMKEIT

*„Als beim ersten Frühstück der [Vikar] unbefangen nach einem Wecken griff, mit dessen Hülfe er hoffte, den Roggenkaffee bewältigen zu können, fragte der Pfarrer erstaunt: ‚Können Sie einen ganzen Wecken essen? das habe ich in meinem Leben nicht gekonnt.‘ Der verblüffte Vikar versicherte, er sei eben im Begriff ihn zu halbiren. ‚Gut, dann rathe ich Ihnen aber, Ihre Hälfte in Schnitten zu schneiden; dann läßt sich das Uebrige leichter verwenden.‘ – Mit dieser einen Scene ging dem vielgeprüften Jüngling eine Ahnung seiner Zukunft in diesem Hause auf: der Groschenwürste, aus denen die Frau Pfarrerin je achtundzwanzig Rädlein zu schneiden verstand, der hoffnungsvollen Gänse, die er vergebens mit froher Erwartung hatte schnattern hören, die aber ja nicht gebraten, sondern abgezogen und gesotten wurden, um ihnen jede Idee von Fett auszuziehen, und des Kalbsbratens, der viermal zum Nachtessen hinreichte, weil er gleich nach dem ersten dünnen Schnittchen gefragt wurde: ‚Begehren Sie noch mehr?‘ Als er nicht wagte, dies zu bejahen, trug die Frau Pfarrerin den Braten eilig hinaus mit dem Schluß: ‚Ich esse nichts mehr, der Papa mag nichts mehr, der Herr Vikar begehren nichts, der Hermännchen kriegt nichts und die Magd braucht nichts.‘“*

Ottilie Wildermuth, Schwäbische Pfarrhäuser, 3. Aufl. d. Neuausg., Tübingen 1980, S. 77f.

**Schnupftabaksdose mit Bildmotiv: Christus auf einem Esel, der Papst auf einem prächtigen Ross, um 1800**
Stuttgart, Landesmuseum Württemberg
Kat. 210

Die reformatorische Propaganda gegen das Papsttum hinterließ einen dauerhaften antirömischen Affekt in der evangelischen Seele. Das Bild auf der Dose preist die Armut Jesu, aber er allein spendet Gnade, und das macht ihn dem Sinnspruch zufolge zum wahren „Herrn". Der Papst in seiner Pracht ist in Wahrheit nur „Knecht", der nichts zu geben hat, erst recht keinen Sündenablass gegen Geld – ein Auslöser der Reformation 1517. *BMB*

## ZUM TOD SEINER FRAU. EINTRAG IM KIRCHENBUCH

*„Festo D. Andræ den 30. Novembr. starb nach Gottes heiligem undt ungezwiffeltem guten Rath undt Willen an einer sehr schmertzhaft- undt vor menschlichen Augen unglücklichen Geburth samt 2 lieben Kindern (welchen Gott selbsten das Grab in Mutterleib bereitet hatt) Sybilla, mein Eliæ Saurs, alhießigen Pfarrers, hertzallerliebstes Eheweib, die Cron meines Haupts, meiner Augen beste Lust undt meine höchste Freude auf dießer Erden, welche an Frommheit gegen ihren Gott, an Liebe undt Ehrerbietigkeit gegen mir, ihrem Ehemann, an Trew gegen ihren Kindern undt Gesinde, an Vorsichtigkeit in der Haußhaltung, an Fleiß in aller weiblichen ihr zuständigen Arbeit p. keiner nichts nachgegeben; undt wardt beÿ sehr volckreicher Versammlung der Frembd- und Inheimischen under vielen heißen Zähren sowohlen mein undt der Meinigen, alß deß grösten Theils der Begleitendten auf unsern Gottesacker alhier neben die Cantzel christ- undt ehrlich zur Erden bestattet, undt hatt der wohlehrwürdige undt hochgelährte Herr Caspar Müller, hochgräflich Leÿning-Hartenburgischer Hofprediger undt Caplan zue Türckheim, eine sehr bewegliche Leichsermon gehalten. Textus concionis war de partu et morte Rahelis [etc] Gen. 35.“*

Eintrag des Pfarrers Elias Sauer im Kirchenbuch Kallstadt, zit. n.: Hans-Helmut Görtz/Reinhold Düchting, Poesie in Freud und Leid. Das Leben des lutherischen Kallstadter Pfarrers Elias Saur (1642–1694), in: Blätter für pfälzische Kirchengeschichte und religiöse Volkskunde 77 (2010), S. 174.


## LANDPREDIGERTÖCHTER

*„Einen großen Theil alles Guten im deutschen Charakter habe ich aus den Landprediger-Töchtern abgeleitet: die tiefe, nicht tändelnde Empfindung; die Einfachheit bei hoher Bildung; die Entfernung alles vornehmen unangenehmen Tons, bei allen Eigenschaften, die man in vornehmen Zirkeln gern hat.“*

Briefe von Wilhelm von Humboldt an eine Freundin [d.i. Charlotte Diede], Erster Theil, Leipzig 1847, S. 22.


## BIBLISCHE TOTSCHLAGARGUMENTE

*„Alle weltliche Lebensfreude wurde mit irgend einer Bibelstelle todtgeschlagen.“*

Gottfried Kinkel, Meine Kindheit [1849/50], in: Die Gartenlaube. Illustrirtes Familienblatt (1872), Heft 31, S. 501.

„GELAHRTHEIT"

Fig. 1.

**Jonas Dürchs (um 1730–1785): Porträt des Pastors Gustaf
Fredrik Hjortberg mit Familie, um 1770**
*Porträtt av Kyrkoherde Gustaf Fredrik Hjortberg med familj*
Vallda, Swedish Church in Vallda o Släp
Kat. 372

Das Epitaph des schwedischen Gelehrten und Pfarrers Gustaf
Fredrik Hjortberg (1724–1776), seiner Frau Anna Helena, geb.
Löfman (1725–1808), und ihren Kindern (deren Namen und
Lebensdaten auf den Papieren in den Händen der Eltern verzeichnet sind) stammt aus der Kirche im südschwedischen
Släps. Aufgeteilt in eine männliche und eine weibliche Seite,
gibt es eine klare Zuordnung der gelehrten Gerätschaften
und Bücher, die von Hjortbergs vielfältigen wissenschaftlichen und technischen Interessen (u.a. Medizin, Landwirtschaft, Orgelbau) zeugen, zum Hausvater und seinen männlichen Nachkommen. Durch Kontakte seines Lehrers Carl von
Linné (1707–1778), der ihn für den „wissbegierigsten Priester"
ganz Schwedens hielt, fuhr Hjortberg drei Mal als Schiffspas-
tor mit der schwedischen Ostindienkompagnie nach Indien
und China und betätigte sich dort auch als Naturforscher.
Von seinen Reisen brachte er neue Pfarrhausbewohner mit:
Der neben dem Globus stehende Affe lebte ebenso bei den
Hjortbergs wie ein russischer Bär und ein amerikanischer
Waschbär. *SB*
LIT.: Hyltze 1995.

Vor allem das Jahrhundert der Aufklärung prägte das Bild des gelehrten Pfarrers, der als Sammler und Wissenschaftler seine Passionen oftmals klug mit den Aufgaben des (Land-)Pfarramtes, die ja weit über das eigentlich Theologische hinausgingen, zu verbinden wusste: Neben den vielfältigen Verwaltungsverpflichtungen des Amtes hatte er sich vor allem Fragen der Haus- und Landwirtschaft, der Aufsicht über die Schulen, aber auch Problemen der Gesunderhaltung von Mensch und Tier zu widmen, was arzneiwissenschaftliche, medizinische und veterinärmedizinische Grundkenntnisse erforderte. Immer ging es dabei um die praktische Verbesserung der Lebensverhältnisse seiner Pfarrkinder; bei der Durchsetzung zahlreicher Neuerungen und Erfindungen fungierten die Pfarrer häufig als wichtige Multiplikatoren. Das pastorale Betätigungsfeld erstreckte sich von Landwirtschaft und Obstanbau über Botanik und Bienenkunde bis zu Astronomie, Physiognomie und Statistik, um nur einige Schwerpunkte zu nennen.

Bedingt durch die reformatorische Rückbesinnung auf die biblischen Textquellen, das heißt auf die hebräischen und griechischen Urtexte der Heiligen Schrift, und Luthers Übersetzungsleistung dieser biblischen Urtexte in die deutsche Sprache, war die evangelische Theologie von Beginn an stark von den Philologien geprägt. Ihre breit angelegte (alt-)sprachliche akademische Bildung weckte in den Pfarrern ein so fundiertes wie umfassendes Interesse an philologischen Fragestellungen und Arbeitsfeldern. Sowohl in den klassischen Sprachen wie Latein und Griechisch als auch in den orientalischen, etwa Hebräisch oder Arabisch, leisteten Pfarrer Pionierarbeit. So geht die erste publizierte vollständige arabische Koranedition auf den Hamburger Prediger und Orientalisten Abraham Hinckelmann (1652–1695) zurück. Auf gänzlich unerschlossenes Terrain wagten sich Theologen, die im Zuge missionarischer Unternehmungen weit entfernte Kontinente bereisten. Sie erforschten die regionalen Sprachen und Dialekte, fixierten sie mitunter erstmals schriftlich und verfassten Grammatiken, um das eigentliche Ziel, die Übersetzung der Bibel, realisieren zu können. Der hallische Missionar Bartholomäus Ziegenbalg (1682–1719) erlernte beispielsweise in Ostindien die tamilische Sprache und machte mit seiner Übertragung erstmals das Neue Testament und Teile des Alten auf Tamilisch zugänglich; die Niederschrift erledigte er auf den landesüblichen Palmblättern. So entstanden zahlreiche Editionen, Übersetzungen und Wörterbücher, die den Sprachenschatz nicht nur der pastoralen Welt erweiterten.

Von eminenter Bedeutung für die breit gefächerte Gelehrtentätigkeit waren die Bibliotheken der Pfarrer, von denen eine ganze Reihe in heutigen Pfarr-, Landes- oder Universitätsbibliotheken überliefert ist. Sie vermitteln einen Eindruck von der immensen Breite der Interessen wie von der Intensität und Ernsthaftigkeit, mit der sich die Pfarrer ihren Passionen widmeten. Die Bücherschätze des Pfarrhauses eröffneten nicht nur den Pfarrerskindern (lange nur den Söhnen) oft die ersten Bildungserlebnisse, sondern wurden mitunter auch den Gemeindegliedern leihweise zugänglich gemacht.

Die gelehrte Kommunikation im 17. und 18. Jahrhundert realisierte sich über das Lesen, Schreiben und Publizieren. An diesem Austausch über Landes- und Sprachgrenzen hinweg nahmen die Pfarrer regen Anteil: Sie verfassten Artikel und Bücher, kartierten ihre engere und weitere Umgebung, hielten die einschlägigen Periodika als Abonnenten, diskutierten mit Gleichgesinnten mittels weitläufiger Korrespondenzen. Darüber hinaus engagierten sie sich in den verschiedensten Vereinen und gelehrten Gesellschaften, waren Mitglied wissenschaftlicher Akademien und der frühneuzeitlichen Sprachgesellschaften; nicht selten gehörten sie mehreren gleichzeitig an. An dieser gut vernetzten Gelehrtenrepublik konnten auch Pfarrer teilhaben, die abseits der Universitätsstädte auf dem Land und in kleineren Städten wirkten, und sie nutzten ihre Möglichkeiten auf jede erdenkliche Weise.

Der Bildungskosmos des evangelischen Pfarrhauses, in dem der Pfarrer zum ersten Lehrer seiner Kinder, vor allem der Söhne, wurde, bot denen, die darin lebten, ein reiches Tableau an Anregungen. Pfarrerskinder machten sich in den unterschiedlichsten Disziplinen und Künsten einen Namen. Der Polarforscher Alfred Wegener, die württembergische Scherenschnittkünstlerin Luise Duttenhofer, die Historiker Jacob Burckhardt und Theodor Mommsen, die Dichter und Schriftsteller Christian Fürchtegott Gellert, Christoph Martin Wieland und Jean Paul seien als einige wenige Beispiele herausgegriffen. Sie alle trugen dazu bei, dass jenes „gelahrte" Pfarrhaus als mythenumwobener Bildungsort in das kollektive Gedächtnis einging.                    *SB*

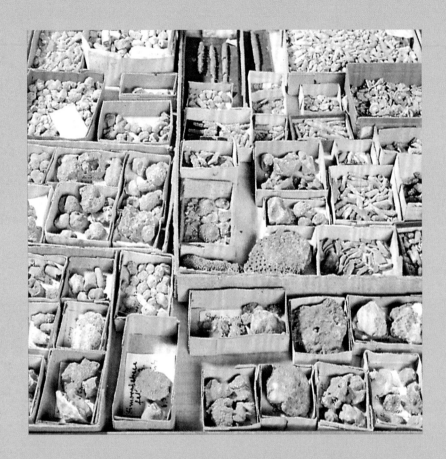

**Seeigel und andere Fossilien des Schwäbischen Juras aus der Sammlung des Pfarrers Theodor Engel, angelegt um 1910**
Göppingen, Städtisches Naturkundliches Museum Göppingen
Kat. 328

„Geolog und Theolog" nannte er sich selbst, als „Albpatri-
arch" kannten ihn die anderen: Der Forscher und Sammler
Theodor Engel (1842–1933), in Pfarrämtern auf der besonders
fossilienreichen Schwäbischen Alb tätig, legte 1883 sein
Werk „Geognostischer Wegweiser durch Württemberg" vor.
Das Wandern – begleitet vom Fossiliensammeln – wurde
durch Buch und Vorbild des Autors in Süddeutschland sehr
populär. *BMB*

Oscar Fraas im Kreise seiner
Mitarbeiter (ganz rechts
sein Sohn und Nachfolger im
Amt Eberhard Fraas), 1894
Stuttgart, Staatliches Museum
für Naturkunde Stuttgart
Kat. 334

Geologie und Paläontologie
beschäftigten Oscar Fraas
(1824–1897) schon während des
Studiums. Rund um seine erste
Pfarrei in Laufen a. d. Eyach
(Schwäbische Alb) fand
er Fossilien vor, mit denen
er zugunsten der Gemeinde
auch handelte. 1854 gab er das
Pfarramt für eine Stelle am Kgl.
Naturalienkabinett in Stuttgart
auf, dessen Leitung der angesehene und weit gereiste Forscher
schließlich übernahm. *BMB*

Ferdinand Schlotterbeck: Oscar
Fraas' Grabungsstelle
an der Schussenquelle (Situati-
onsskizze), 1866
Stuttgart, Staatliches Museum
für Naturkunde Stuttgart
Kat. 335

Die Grabungen förderten
eiszeitliche Rentierknochen mit
Bearbeitungsspuren zutage:
15.000 Jahre zuvor hatten also
schon Menschen existiert. Erst
1857 war das erste – umstrittene – Menschenfossil („Nean-
dertaler") bekannt geworden.
Dass sich das Alter von Erde und
Menschengeschlecht nicht mit
Berechnungen auf biblischer
Grundlage vereinbaren ließ, be-
unruhigte Theologen zu dieser
Zeit nicht mehr. *BMB*
LIT.: Schuler 1994.

**Johann Christian Reinhart (1761–1847): Pfarrer Sickler als Prediger, vor 1789**
Gotha, Stiftung Schloss Friedenstein/Kupferstichkabinett
Kat. 312

Johann Volkmar Sickler (1742–1820), Dorfpfarrer auf den Fahner Höhen bei Gotha, förderte dort den Gartenbau und verfasste u.a. sein 22 Bände starkes Magazin „Der Teutsche Obstgärtner" (1794–1804). Die Inschrift des Blattes „Der heil[ige] Sickler predigt den Heiden in Klein Fahnern ..." bezieht sich auf seine ebenso engagierte Seelsorge. Eine „Fresco Malerey des Massaccio in der Schloß Kirche zu Gotha" gibt es dort natürlich nicht. *BMB*

**Johann Christian Reinhart (1761–1847): Pfarrer Sickler, von seinen Gläubigern bedrängt, vor 1789**
Gotha, Stiftung Schloss Friedenstein/Kupferstichkabinett
Kat. 313

Der Hintergrund der Darstellung ist nicht ganz klar. Möglicherweise hatten Sickler (1742–1820) seine vielen segensreichen Maßnahmen zur Verbesserung der Landwirtschaft in finanzielle Bedrängnis gebracht. Nun sind offensichtlich die Kassen leer. *BMB*

Johann Volkmar Sickler
(1742–1820):
Der Teutsche Obstgärtner:
oder gemeinnütziges Magazin
des Obstbaues in Teutsch-
lands sämmtlichen Kreisen,
1794–1804, Bd. 16
Berlin, Staatsbibliothek zu Berlin, Preußischer Kulturbesitz
Kat. 309

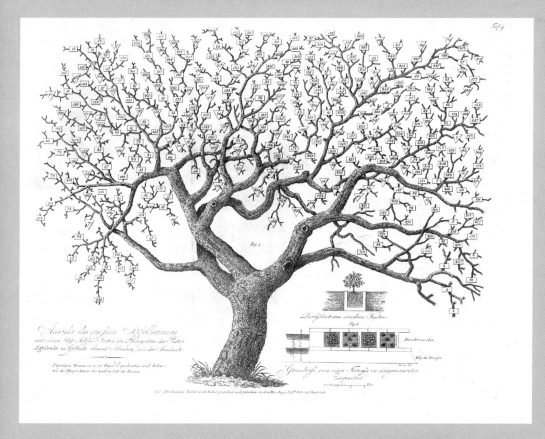

**Der Apfelbaum des Pfarrers
Agricola mit 329 verschiedenen
Sorten**
Abbildung aus Friedrich Justin
Bertuchs Allgemeines
Teutsches Garten=Magazin,
1818
Jena, Thüringer Universität-
und Landesbibliothek Jena
Kat. 308

Mehrsortenbäume erfreuten
sich bei geistlichen Obstzüch-
tern – etwa J. G. C. Oberdieck
(1794–1804) – einer gewissen
Beliebtheit, erlaubten sie doch
Vielfalt auf begrenzter Fläche
– wie in einem Pfarrgarten. Die
329 Apfelsorten allerdings, die
Pfarrer Ludwig Friedrich August
Agricola (1769–1828) in Göllnitz
auf einem einzigen Baum zog
und mit jeweils einem Namens-
schildchen versah, entsprangen
wohl auch einem Streben nach
Rekord. *BMB*
LIT.: Franz 1984, S. 293.

Shirley Brückner

# PASTORALE PASSIONEN
## DER GELEHRTE (LAND-)PFARRER UND VOLKSAUFKLÄRER IM 18. JAHRHUNDERT

Theologen gehörten in Deutschland die längste Zeit über jeweils zu den modernsten Köpfen, immer neu wurde ihnen geistige Bewährung abverlangt, und die Theologie blieb in Spannung und in Bewegung.["1] Schon in der frühneuzeitlichen Universität nahm die Theologische Fakultät unter den anderen Fakultäten den obersten Rang ein. Die Reformation, erwachsen aus einem akademischen Milieu, für das der umfassend gebildete Dr. Luther beispielhaft stand, forderte von ihren Pfarrern eine breit gefächerte (Gottes-)Gelehrsamkeit. Der Geistliche sollte zur kundigen Exegese und Vermittlung der Heiligen Schrift fähig sein; die Auseinandersetzung mit den klassischen und orientalischen Sprachen gehörte daher ebenso selbstverständlich zur universitären Pfarrerausbildung wie das Studium der Geschichte und Philosophie. Hinzu kam die Einbeziehung auch anderer Fachrichtungen. Angehende Theologen hörten medizinische und mathematische Vorlesungen, im 18. Jahrhundert wurden in Schweden Ökonomievorlesungen für die Landpfarrer verpflichtend,[2] auch der hallische Theologe Carl Friedrich Bahrdt (1741–1792) empfahl, im Zuge einer Studienreform Grundkenntnisse der Landwirtschaft zu vermitteln.[3]

Welches Bildungsideal sich daraus für Pfarrer im 18. und 19. Jahrhundert ergab, lässt sich vor allem den Zeugnissen entnehmen, die anlässlich von Visitationen oder Bewerbungen angefertigt wurden. Hervorgehoben wurden darin wiederholt die „gründliche theologische und wissenschaftliche Bildung", aber auch der Besitz einer gut ausgestatteten Bibliothek, Belesenheit, ein „reger Geist" und außertheologische Interessen waren von Vorteil.[4] Das Theologiestudium sollte nur der Anfang der akademischen Ausbildung und die Grundlage für ein lebenslanges Studium der Heiligen Schrift und der Wissenschaften sein.

## PIONIERE DES FORTSCHRITTS

Als gebildete Reformer wirkten die Pfarrer insbesondere auf dem Land als „Pioniere des Fortschritts", indem sie die geistlichen Aufgaben

des Amtes mit dem Bestreben verbanden, die Lebensumstände ihrer Pfarrkinder zu verbessern. Sie verstanden sich als Hauptträger der Volksaufklärung, und viele wissenschaftliche Beschäftigungen gerade der Landpfarrer gingen nicht allein auf Forscherdrang, sondern auf diese (lebens-)praktischen Notwendigkeiten zurück.[5] Im 18. Jahrhundert diente „wahre Gelehrsamkeit" der „Beförderung wahrer Weißheit unter den Menschen" und der „Erlangung wahrer Glückseligkeit". Dieses so verstandene gelehrte Denken und Forschen mit seinem Fortschritts- und Nützlichkeitsstreben grenzte sich deutlich von den „pedantischen Wissenschaften", Inbegriff klassischer „Stubengelahrtheit" ab, die „wohl scharffsinnige Gedancken, […] aber keinen Nutzen" für den Menschen bewirkten.[6] Damit geht auch ein begrifflicher Wandel von der „Gelahrtheit" zur „Gelehrsamkeit" einher, die aber beide weiter synonym gebraucht werden. In dem umfangreichen Landpfarrer-Artikel im 61. Band der Oeconomischen Encyclopädie (1793) von Johann Georg Krünitz[7] heißt es denn auch, der Pfarrer solle sich neben der Wahrnehmung seiner theologischen und seelsorgerischen Aufgaben arzneiwissenschaftliche, medizinische und veterinärmedizinische Grundkenntnisse aneignen, außerdem in Ökonomie und Recht bewandert sein, war er als „Studierter" auf dem Land doch häufig erster Ansprechpartner, wenn Rat und Hilfe benötigt wurden. Wie weitgespannt die Interessen sein konnten, die eine derart praktisch verstandene Religion beförderte, veranschaulicht das Beispiel des belesenen schwedischen Aufklärungspfarrers Gustaf Frederik Hjortberg. Der Pfarrer im halländischen Vallda betätigte sich als Arzt, Tierarzt, Botaniker, Uhrmacher und Orgelmacher. Er veröffentlichte mehrere wissenschaftlichen Schriften (unter anderem über den Kartoffelanbau), unterhielt eine gelehrte Korrespondenz mit seinem Lehrer Carl von Linné und gehörte der Schwedischen Akademie der Wissenschaften an.

Unter gänzlich anderen Vorzeichen als die Aufklärung, die sich von einem teleologischen Weltverständnis löste, widmete sich die Physiko-

Adam Friedrich Zürner (1679–1742): Atlas Augusteus Saxonicus, um 1730/40
Dresden, Sächsisches Staatsarchiv – Hauptstaatsarchiv Dresden
Kat. 361

Der von Adam Friedrich Zürner in zwei Fassungen erstellte „Atlas Augusteus Saxonicus" bündelte die Ergebnisse seiner rund 18.000 Meilen langen Reise durch Sachsen, die als zweite sächsische Landaufnahme in die Geschichte einging. Zürner hatte, zunächst neben seinem Pfarramt, als „Land- und Grenzkommissar" das Kurfürstentum neu vermessen – mit einem eigens konstruierten „geometrischen Mess-Wagen", der die Umdrehungen des Hinterrades auf ein Zählwerk übertrug. Aus den über 900 so entstandenen Einzelkarten wurde 1719 erstmals die „Neue Chur-Sächsische Post-Charte" gedruckt. Die bis heute anzutreffenden Postmeilensäulen in sächsischen Ortschaften gehen ebenso auf den umtriebigen Theologen zurück wie die Redewendung vom „fünften Rad am Wagen" – auf unwegsamem Gelände behalf er sich mit einer Schiebekarre, dem „fünften Rad" seines Messwagens. *SB*
LIT.: Enke/Probst 2011, S. 223–229.

theologie im 18. Jahrhundert der Erforschung der Natur. Diese im 17. Jahrhundert aufkommende Weltbetrachtung diente in erster Linie dem Gottesbeweis. Das Bemühen, die Existenz Gottes, seine Allmacht und Güte in sämtlichen Bereichen der Natur zu ergründen, war eine spezifische Form besonders erfahrungsnaher Frömmigkeit – es ging um das Staunen angesichts der unendlichen Größe und Güte Gottes.[8] Der Pfarrer verließ seine Studierstube, um in der Natur nach Gottes Spuren und Wundern zu suchen und mit empirischen Mitteln zu zeigen, wie wohlgeordnet Gott die Welt erschaffen habe. Die (Natur-)Wissenschaften standen damit im Dienst der Theologie. Ein klassischer Vertreter dieser Weltsicht war der Nordhäuser Pfarrer und Waisenhausverwalter Friedrich Christian Lesser (1692–1754), Mitglied der Leopoldina in Halle, der ältesten naturwissenschaftlichen Gelehrtengesellschaft im deutschsprachigen Raum. Er richtete sich ein Naturalienkabinett ein und veröffentlichte zahlreiche Schriften, darunter 1732 eine „Lithotheologie", um „durch natürliche und geistliche Betrachtung derer Steine, die Allmacht, Güte, Weißheit und Gerechtigkeit des Schöpffers zu erkennen, und die Menschen zur Bewunderung [...] desselben aufzumuntern"; es folgten eine „Insecto-" sowie 1744 eine „Testaceo-Theologia", Letztere ein „Gründlicher Beweis des Daseyns

und der vollkommnesten Eigenschaften eines göttlichen Wesens aus natürlicher und geistlicher Betrachtung der Schnecken und Muscheln zur gebührender Verherrlichung des grossen Gottes und Beförderung des ihm schuldigen Dienstes [...] ausgefertigt". Für den Physikotheologen ließ Gott sich in der Natur gleichsam unter dem Vergrößerungsglas erkennen.

Hatten die Physikotheologen eine Vielzahl empirischer Belege gesammelt, um das ordnende Prinzip der Natur offenzulegen, welches wiederum auf den Schöpfer verweise, so führte vermutlich gerade dieser Sammel- und Systematisierungsdrang zur Lösung von den theologischen Prämissen und Erklärungen. Die Physikotheologie war ein System mit einem statischen Naturbegriff, in dem alles durch Gott erklärbar und die Natur als Schöpfung Gottes vollkommen war. Das Bild der Natur in der Aufklärung hingegen ist das eines umfassenden, gleichgewichtigen Ordnungszusammenhangs. Ihren Niederschlag fand es seit Mitte des 18. Jahrhunderts in den großen Systemkonstruktionen wie etwa Carl von Linnés „Systema Naturae" (1735), die dynamisch und flexibel angelegt und damit offen für neue, auch unerwartete Befunde waren. Moderne wissenschaftliche Erkenntnis entsteht nach dieser Sichtweise nicht aus der bloßen Betrachtung der Natur, sondern in der unvoreingenommenen

**Entwurf eines Jauchewagens, um 1780**
Neuenstein, Hohenlohe-Zentralarchiv Neuenstein, Landesarchiv Baden-Württemberg, Abt. 5 Außenstelle Hohenlohe Kat. 315

Der Entwurf des Jauchewagens zur Felddüngung geht auf Skizzen des Pfarrers Johann Friedrich Mayer (1719–1798) in Kupferzell zurück, einen der einflussreichsten Landwirtschaftsreformer des 18. Jahrhunderts. Neben vielfältigen agrarischen Experimenten, die er auf seinem Pfarrgut unternahm, konstruierte er kleine Maschinen (wie Erdbirnenreiber und Birnenmostkelter), um den Bauern die Arbeit zu erleichtern. SB

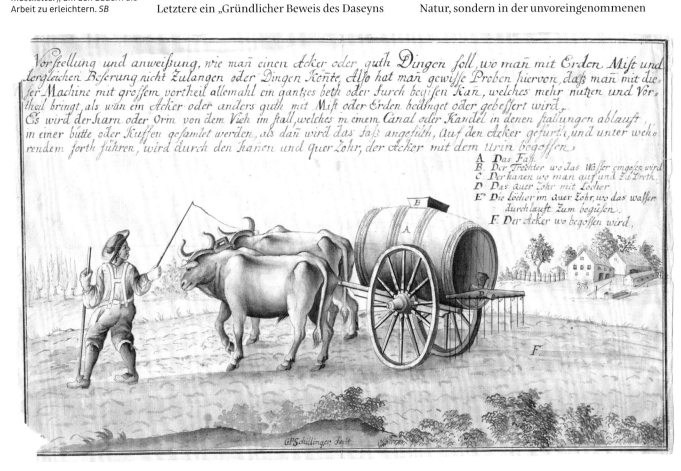

Deutung empirischer Daten anhand wissenschaftlicher Theorien. Die Naturwissenschaften hatten sich damit endgültig von der Theologie emanzipiert.

## VERMESSUNG UND „VERBESSERUNG" VON WELT UND MENSCH

Die Vermessung ihrer kleinen Welt vor Ort war den Pfarrer aufgrund ihrer vielfältigen Aufgaben einigermaßen vertraut, wie die chronikalischen, genealogischen und ökonomischen Aufzeichnungen in den Pfarrarchiven bezeugen. Daraus leitete so mancher auch größere Vorhaben ab. Der Wegbereiter der Bevölkerungsstatistik, der Breslauer Pfarrer und Kircheninspektor Kaspar Neumann (1648–1715), sammelte unter anderem Daten über Geburts- und Sterbefälle aus den Kirchenbüchern seiner Heimatstadt, ordnete sie und stellte Vergleiche an. Seine empirische Analyse von gesetzmäßigen Zusammenhängen zwischen Leben und Tod stützte sich damit erstmals auf massenstatistische Daten, die er mit dem Ziel erhob, abergläubische Erklärungen von Veränderungen zu widerlegen. Er wollte stattdessen zeigen, dass die „göttliche Providenz über unser Leben und Tod, Erhaltung und Vermehrung der Welt" bestimme.[9] Aus diesen Anfängen entwickelte der Berliner Pfarrer und Demograf Johann Peter Süßmilch (1707–1767) die Grundlagen der Bevölkerungsstatistik. Mit seinem Hauptwerk „Die göttliche Ordnung in den Veränderungen des menschlichen Geschlechts" (1741), in dem er sich ausdrücklich auf Neumann bezog, glaubte er, „durch den Nachweis der Konstanz massenstatistischer Merkmale der Bevölkerung", die er als Ausdruck des göttlichen Willen verstand, zugleich einen Gottesbeweis zu führen. Adam Friedrich Zürner, ebenfalls Pfarrer, vermaß die sächsische Landschaft, Naturforscher wie Oscar Fraas widmeten sich geologischen, archäologischen und paläontologischen Untersuchungen. Dies konnte, wie in Fraas' Fall, sogar zur Aufgabe des Pfarramtes zugunsten einer wissenschaftlichen Laufbahn führen. Wieder andere befassten sich mit Sonnenuhren, astronomischen Uhren, Neigungswaagen und „Weltmaschinen" wie der Pfarrer und Ingenieur Philipp Matthäus Hahn unter Mitwirkung seines Freundes und Assistenten Philipp Gottlieb Schaudt.

Mit der Vermessung der Welt ging häufig der Wunsch nach Verbesserung derselben einher. Insbesondere im Bereich der Landwirtschaft und Gartenbaukunde spielten Pfarrer vor Begründung der deutschen Agrarwissenschaft eine herausragende Rolle; als wichtige Multiplikatoren

Nachbau der Schäfferschen Waschmaschine, 1988
Gütersloh, Miele-Museum Gütersloh
Kat. 190

Der Regensburger Pfarrer und Superintendent Jakob Christian Schäffer (1718–1790) war ein vielseitiger Forscher und Erfinder. Er experimentierte u. a. mit der Papierherstellung aus Pflanzenfasern und stieß während der Suche nach einem „Papier-Holländer" (einer Maschine, die Faserbrei produzierte) auf einen Bericht über eine in England erfundene Waschmaschine. Deren Konstruktion verbesserte er und publizierte noch im selben Jahr ein Büchlein über jene „bequeme und höchstvortheilhafte Waschmaschine" (1766), die als sogenannte Rührflügelmaschine funktionierte. Sie wurde in zahlreichen Exemplaren gebaut und im In- und Ausland verkauft. *SB*
LIT.: Schäffer 1766.

vor Ort waren sie beispielsweise entscheidend an der Einführung und Durchsetzung des Kartoffel- und Kleeanbaus beteiligt.[10] Als Landwirtschaftsreformer seien Johann Friedrich Mayer im Hohenlohischen genannt, der Maschinen zur Felderbewirtschaftung konstruierte, aber auch mit neuen Düngemitteln wie Kompost, Gülle und Gips experimentierte (was ihm den Namen „Gipsapostel" einbrachte), oder „Apfelpfarrer" wie Johann Volkmar Sickler, der sich auf den Fahner Höhen bei Gotha mit der Züchtung von Äpfeln beschäftigte und ein pomologisches Kabinett einrichtete. An dem vielseitig interessierten Regensburger Pfarrer und Superintendenten Jakob Christian Schäffer, der ein umfangreiches Naturalienkabinett in seinem Hause anlegte und der Öffentlichkeit zugänglich machte sowie einschlägige mykologische, entomologische und ornithologische Untersuchungen verfasste, beeindruckt besonders sein Erfindergeist: Er experimentierte mit Pflanzenfasern zur Papierherstellung, um für den durch den Siebenjährigen Krieg verursachten Mangel an Lumpen, die als Verbandsmaterial gebraucht wurden, Alternativen zu finden. Pfarrer widmeten sich ebenso der

Christoph Friedrich Reinhold
Lisiewsky (1725–1794): Porträt
Johann Elias Silberschlag, 1776
Berlin, Evangelische Kirchenge-
meinde in der Friedrichstadt
Kat. 371

Der Hofmaler Lisiewsky por-
trätierte 1776 den Pfarrer der
Dreifaltigkeitskirche Johann
Elias Silberschlag (1721–1791),
der seinem Vorgänger Johann
Julius Hecker (1707–1768) im
Jahr 1769 nicht nur im Pfarramt an der neu errichteten
Dreifaltigkeitskirche, sondern
auch als Rektor der von Hecker
gegründeten ersten Realschule nachgefolgt war. Zugleich
wirkte Silberschlag in Berlin
als Geheimer Oberbaurat und
interessierte sich als Hydrauli-
ker besonders für den biblischen
Bericht von der Sintflut und die
bauliche Konstruktion der Arche. Nicht von ungefähr wurde
Liesiewskys Porträt daher zur
Vorlage für das Titelkupfer des
ebenfalls 1776 erschienenen
siebten Bandes der Krünitz-
schen Enzyklopädie, die über
Wirtschaft und Technik ihrer
Zeit Auskunft gab. *SB*
LIT.: Kulturstiftung Dessau-
Wörlitz 2010, S. 195f.; Fischer
1941, Bd. 2/2, S. 832.

Armutsbekämpfung und Ernährungsfragen, war-
ben mit Impf- und „Knollen"-Predigten von der
Kanzel aus für Neuerungen bei der Bevölkerung
und suchten ihr Wissen in volksaufklärerischen
Schriften zu verbreiten.[11]

Das Vermessungs- und Verbesserungsbe-
streben der rührigen Geistlichen machte – im
Zeichen von Aufklärung und Pietismus – vor
dem Menschen nicht halt. Der Züricher Pfarrer
Johann Caspar Lavater legte zwischen 1775 und
1778 in vier Bänden seine „Physiognomischen
Fragmente zur Beförderung der Menschenkennt-
niß und Menschenliebe" vor, die ihn in ganz
Europa bekannt machten. Seine Theorie über
den Zusammenhang zwischen Gesichtzügen,
Körperformen und Charakter wurde von den
Zeitgenossen lebhaft diskutiert. In ähnlichem
Geiste versuchten Grafologen, die die Handschrift
als eine Form der Körpersprache, als Ausdruck
des Naturells deuteten, von handschriftlichen
Proben auf Persönlichkeitsmerkmale zu schließen. Die Aufsicht über das örtliche Schulwesen,
das den Pfarrern seit Jahrhunderten unterstand,
ihre reichhaltigen Erfahrungen als Hauslehrer

in adeligen Familien, die viele Pfarrer vor der
Übernahme einer Pfarrei (oft notgedrungen)
gesammelt, die Menschenkenntnis, die sich sie
als Hüter ihrer Pfarrkinder erworben hatten – all
dies prädestinierte sie dazu, im „pädagogischen"
Jahrhundert als wichtige Protagonisten erzie-
herische Reformen voranzutreiben. So geht der
Beginn der Vorschulerziehung in Frankreich
auf den elsässischen Pfarrer und Sozialreformer
Johann Friedrich Oberlin zurück, der im ver-
armten Steinthal 1769 die Kinder seiner Pfarrei
in der ersten Strickschule versammelte, wo ihnen
neben handwerklichen Fertigkeiten auch Lesen
und Schreiben beigebracht wurde.[12] Der hallische
Pfarrer und Schulaufseher Christoph Semler bot
zunächst 1708, dann 1738 in einem zweiten Versuch mit der „Mathematischen, mechanischen
und ökonomischen Realschule" in seinem Hause
den ersten Realien-Unterricht für Handwerker-
kinder an, für den er zahlreiche Modelle zu An-
schauungszwecken fertigte. Aus diesen Anfängen
entstand die Realschule, die der Pietist Johann
Julius Hecker 1747 in Berlin gründete und in der
schulischer Unterricht und berufspraktische Ausbildung erstmals zum heute bekannten dualen
System verbunden wurden.

## DAS GELEHRTE GESPRÄCH

Der gelehrte Austausch fand im 17. und 18. Jahrhundert im Wesentlichen vermittelt über Briefe,
Zeitungen und Zeitschriften statt. Das Fehlen
einer deutschen Metropole und damit einer
Gelehrtenhauptstadt, wie etwa London oder
Paris sie darstellten, beförderte die Entstehung
entsprechender, dezentraler Netzwerke.[13] An
dieser „Gelehrtenrepublik" konnten Pfarrer
auch fern der Universitätsstädte teilhaben – als
Autoren wissenschaftlicher Beiträge, als rührige
Rezipienten, die Zeitungen und Zeitschriften,
mitunter im kollektiven Abonnement mit benachbarten Pfarrern oder anderen Dorfhonorati-
oren, bezogen und gelegentlich öffentlich daraus
vorlasen. Und eben als eifrige Briefschreiber,
die oft ein weit verzweigtes Netz an Korrespondenzen unterhielten. Der Vater des Pietismus,
Philipp Jacob Spener (1635–1705), bearbeitete
seinen umfangreichen Briefwechsel selbst für
den Druck und publizierte Teile daraus in seinen
„Theologischen Bedencken" – immerhin fünf
Bände mit über 7000 Druckseiten.[14] Europaweit
versandt wurden außerdem Druckschriften,
Tiere, Samen, Pflanzen und vieles mehr. In welch
hohem Maße die Pfarrer in diesen wissenschaftlichen Austausch integriert waren, zeigen auch
ihre zahlreichen Mitgliedschaften in pomologi-

schen Vereinen, in denen Fragen des Obstbaus diskutiert wurden, in ökonomischen Gesellschaften, die sich vornehmlich landwirtschaftlichen Fragen widmeten, volkskundlichen Vereinigungen oder wissenschaftlichen Akademien. Zu dieser regen Beteiligung verhalf ihnen nicht zuletzt ihre Kenntnis des Lateinischen, das dank seiner Universalität Kommunikation über Landes- und Sprachgrenzen hinweg erlaubte.

Zum Pfarramt selbst gehörte (und gehört bis heute) die Pflege der wissenschaftlichen und künstlerischen Überlieferungen der Kirchengemeinde. Der Pfarrer war der Kustos, dem die kirchlichen Sammlungen seiner Gemeinde anvertraut waren: 1. das Pfarrarchiv mit seinen Urkunden, Akten, Handschriften, Amtsblättern, Zeichnungen und Plänen, in denen die Geschichte, die Seelsorge und die Rechtsverhältnisse einer Pfarrei dokumentiert sind; 2. die kirchlichen Kunstdenkmäler wie die *vasa sacra* (das sakrale Gerät: Abendmahlsgeschirr, Altarkreuz et cetera), Gemälde, Altäre, Epitaphien, Orgel, Glocken, Paramente sowie das Kirchengebäude selbst; 3. die Pfarrbibliothek, die ausgestattet war mit Agenden, Bibeln und Gesangbüchern, Bekenntnisschriften, Predigtsammlungen, Kirchenordnungen sowie historischen, theologischen und anderen wissenschaftlichen Werken. Diese eingehende und kundige Beschäftigung mit der lokalen Historie und Tradition qualifizierte den Pfarrer, sich als Chronist seiner Gemeinde zu betätigen – und nicht wenige fühlten sich gefordert, sich dieser Aufgabe  ausdauernd zu widmen.[15]

Ein hinsichtlich seiner Wissens- wie Betätigungsfelder so umfassend verstandenes Pfarramt hat schon im 18. Jahrhundert Kritik hervorgerufen, insbesondere von jenen, die es auf seine theologisch-seelsorgerischen Aufgaben beschränkt beziehungsweise konzentriert sehen wollten. Auch in Württemberg hatte man wohl den Eindruck, Pfarrer seien auf allen möglichen Gebieten tätig, vernachlässigten aber den ureigensten Auftrag des Amtes. In einer Landtagsschrift von 1797 heißt es so anschaulich wie missbilligend: „Der eine treibt einen starken Weinhandel, der andere spekuliert mit Früchten, der 3. hat eine große Viehmastung, der 4. beschäftigt sich mit seinen Gütern, der 5. macht Sonnen- und Sack-Uhren, der 6. hat eine eigene Drehbank, der 7. stellt Witterungsbeobachtungen an, - neben der mechanischen Verrichtung seines Amtes. Man trifft unter der württembergischen Geistlichkeit zuverlässig mehr Mathematiker, Statistiker, Geografen, Historiker und Erziehungskundige als selbstdenkende rastlose Theologen."[16] Ein Mensch mit Neugierde und weitläufigen Interessen war im 18. Jahrhundert jedenfalls gut im Pfarrhaus aufgehoben, das auch ein Raum gelehrter Freiheit, der Experimentierfreude und pastoraler Liebhabereien war. So schrieb Eduard Mörike noch 1828 an seinen Freund Johannes Mährlen in Augsburg: „Wie Schuppen fiels mir von den Augen, daß ich alle jene Plane, die mein ganzes Herz erfüllen, auf keinem Fleck der Welt (wie nun eben die Welt ist!) sicherer und lustiger verfolgen kann als in der Dachstube eines wirtembergischen Pfarrhauses. Mich soll gleich der Teufel holen wenn das mein Ernst nicht ist."[17]

1   Moeller 1972, S. 20.
2   Stumpf 1790, S. 8, § 9.
3   Bahrdt 1785.
4   Janz 1994, S. 260.
5   Vgl. Franz 1984; G. Warnke 1997; Roloff 2010; Schorn-Schütte 2012.
6   Art. Gelehrsamkeit, in: Zedler 1735, Sp. 725.
7   Auch als Separatdruck erschienen: Krünitz 1794.
8   Trepp 2006.
9   Kaspar Neumann 1689 in seinen „Reflexiones über Leben und Tod bei denen in Breslau Geborenen und Gestorbenen" an Leibniz. zit. n.: Guhrauer 1863, S. 263f.
10  Vgl. etwa die 105 Pastoren umfassende Liste (es sind auch einige katholische Priester darunter) in: Stumpf 1790, S. 9–44; Schroeder-Lembke 1979.
11  Kuhn 2007.
12  Vgl. Chalmel 2012.
13  Ammermann 1983.
14  Spener 1700–1711.
15  Bretschneider 1918.
16  Zit. n.: Hasselhorn 1958, S. 50.
17  Mörike 1982, S. 260f.

**Philipp Matthäus Hahn (1739–1790)/Philipp Gottfried Schaudt (1739–1809): Globusuhr, Onstmettingen 1769**
Stuttgart, Landesmuseum Württemberg
Kat. 366

In den Pfarreien Onstmettingen, Kornwestheim und Echterdingen baute Hahn neben seinem – streng ausgeübten – seelsorgerischen Amt mit Unterstützung seines Mitarbeiters Schaudt Uhren und Waagen. Finanziell half ihm dabei das Vermögen seiner ersten Frau Anna Maria, von 1770 an Herzog Carl Eugen mit besser dotierten Pfarrstellen. Die astronomischen Uhren mit ihren Jahreszählern standen unter dem Einfluss der Weltalter-Lehre des Johann Albrecht Bengel (1687–1752). Dieser hatte die Wiederkunft Christi für das Jahr 1836 berechnet. Möglicherweise gab Hahn den Bau dieser Uhren auf, als ein von Bengel errechneter Sturz des Papsttums 1784 ausblieb. An der Vereinbarkeit von Glauben und exakter Naturwissenschaft hielt Hahn stets fest. *BMB*
LIT.: Philipp Matthäus Hahn 1989.

**Erhard Friedrich Schoenhardt: Große astronomische Uhr („Nürnberger Weltmaschine") von Philipp Matthäus Hahn, 1770/1779**
Stuttgart, Württembergische Landesbibliothek
Kat. 367

**Rasmus Malling-Hansen (1835–1890): Schreibkugel, um 1882**
*Skrivekugle*
Weimar, Klassik Stiftung Weimar; Direktion Museen
Kat. 365

Die Schreibkugel aus dem Nachlass Friedrich Nietzsches
hatte der dänische Pfarrer Rasmus Malling-Hansen entwickelt, der es als Leiter einer Kopenhagener Taubstummen-
anstalt seinen Zöglingen ermöglichen wollte, so zügig wie in
Fingersprache schriftlich zu kommunizieren. Er erfand eine
Halbkugel mit 54 Tasten, auf denen Großbuchstaben, Ziffern
und Zeichen angeordnet waren, die auf das zylindrisch
eingespannte Papier übertragen wurden – es war die erste
(von 1867 an) in Serie hergestellte Schreibmaschine überhaupt. Der stark kurzsichtige Nietzsche, der zu den ersten
deutschen Anwendern gehörte, hatte sich von dem Gerät
Erleichterung erhofft, denn „unser Schreibzeug arbeitet mit
an unseren Gedanken". Die Schreibmaschine verlangte ihm
jedoch mehr Aufmerksamkeit ab als seine Feder. *SB*
LIT.: Stiftung Weimarer Klassik 2002, S. 122.

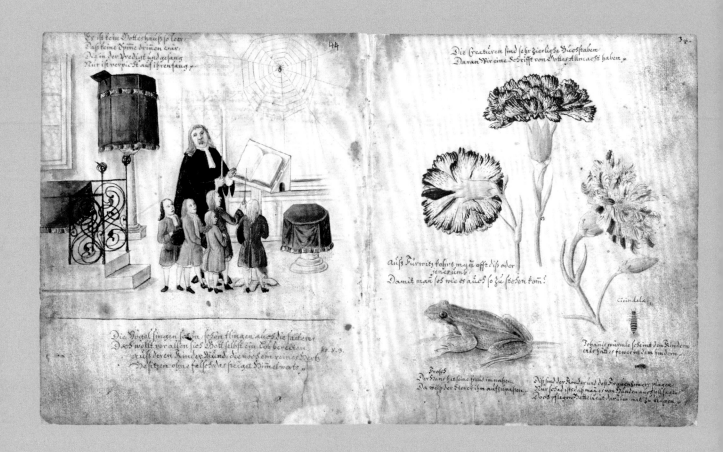

**Daniel Pfisterer (1651–1728): Gesangsstunde, aus dem „Buch von Blumen, Gewächsen, Thierlein und allerley Einfällen",
nach 1716**
Stuttgart, Landesmuseum Württemberg
Kat. 316

Pfarrer Pfisterer, seit 1699 Pfarrer im schwäbischen Köngen und geistlicher Hirte über 522 Seelen, hinterließ über 130 beidseitig mit Aquarellzeichnungen versehene Blätter. Auf ihnen hielt er in enzyklopädischer Dichte fest, was ihm in seinem Umfeld bemerkenswert erschien und was ihn in unruhiger Zeit gedanklich bewegte: einheimische Tier- und Pflanzenwelt, bäuerliches Arbeits- und Alltagsleben, durchziehende Fremde und Soldateska, Trachten der Stände und Landleute – nicht zuletzt sein geistliches Wirken. Seine Zeichnungen enthalten meist moralische Sinnsprüche, die über die Gegenstände hinausweisen: Die Spinne an der Wand denkt allein an ihren Nutzen und interessiert sich nicht für Predigt noch Gesang. Das Spielgerät dient nur dem unnützen Zeitvertreib. *BMB*
LIT.: Pfisterer 1996.

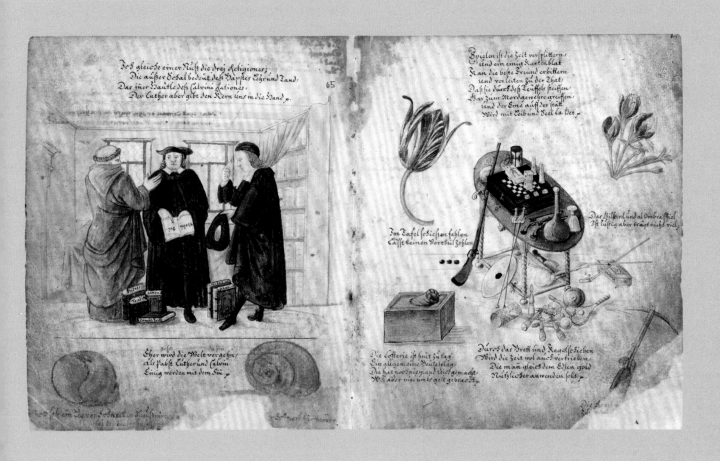

Daniel Pfisterer (1651–1728): Glücksspiele, Gesellschafts-
spiele, Tafelschießen, aus dem „Buch von Blumen,
Gewächsen, Thierlein und allerley Einfällen", nach 1716
Stuttgart, Landesmuseum Württemberg
Kat. 316

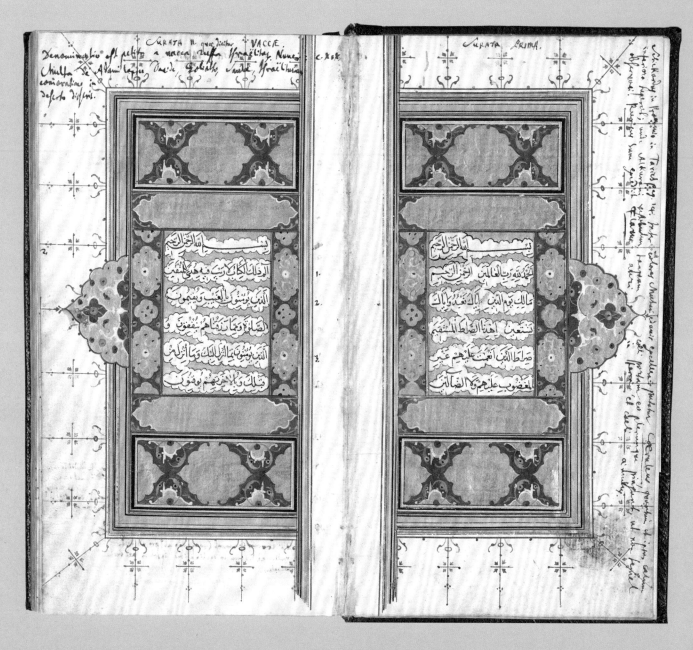

**Koran**
Hamburg, Staats- und Universitätsbibliothek Hamburg
Carl von Ossietzky
Kat. 393

Die Koranabschrift stammt aus der Bibliothek des Hamburger Theologen und Orientalisten Abraham Hinckelmann (1652–1695). Die reich verzierte Doppelseite zeigt auf der rechten Seite die erste Koransure (al-Fātiḥa) und auf der linken Seite die Verse 1–4 der zweiten Sure (al-Baqara). Hinckelmann, von 1689 bis 1695 Hauptpastor an der Kirche St. Katharinen in Hamburg, notierte handschriftlich inhaltliche Überlegungen sowie lateinische Übersetzungsproben. Seit der Reformation wurden Orientstudien im Wesentlichen an protestantischen Universitäten als Hilfswissenschaft für die Bibelexegese sowie zur theologischen Widerlegung des Islams gelehrt. Auf der Grundlage seiner orientalischen Handschriftensammlung legte Hinckelmann 1694 seinen vollständigen arabischen Korandruck vor, der als erster für die orientalische Forschung bestimmt war. *KA*
LIT.: Bobzin 1992; H. Braun 1959; Fück 1955; Seidensticker 2011, S. 86f.; Stork 2011.

**Gerhard von Kügelgen (1772–1820): Pfarrer David Samuel Roller, 1817**
Dresden, Ev.-luth. Kirchengemeinde Weixdorf
Kat. 373

Ein ausgesprochenes Pfarrer-Original: Roller (1779–1850)
amtierte in Lausa bei Dresden. Der fromme Eiferer gegen
Aufklärungstheologie, Pressefreiheit und Karneval war
zugleich unkonventioneller Pädagoge, Laienmaler, Verfasser
eines Büchleins gegen Obstschädlinge und einer der letzten
„Pastoralmediziner". Ofengeröstete Elstern pulverisierte
er und vertrieb das Produkt europaweit als Mittel gegen
Epilepsie. *BMB*
LIT.: Rühle 1878.

**Carl Leybold (1786–1844): Gustav Schwab, 1825**
Marbach, Deutsches Literaturarchiv Marbach
Kat. 321

Er war Dichter, Redakteur, Förderer junger Talente, mit vielen
Schriftstellern der Romantik bekannt – und stand doch seit
1814 im Pfarrdienst, meist in der Residenz Stuttgart: Gustav
Schwab (1792–1850). Zwischen 1837 und 1841 zog er sich als
Dorfpfarrer nach Gomaringen zurück, wo er „Die schönsten
Sagen des klassischen Altertums" aus oft verstreuten Bruch-
stücken zu stimmiger Erzählung formte. *BMB*
LIT.: Schwab/Lemmer 1965.

**Eduard Mörike (1804–1875): Scherenschnitte**
Marbach, Deutsches Literaturarchiv Marbach
Kat. 322

Schon während des Theologiestudiums hin- und hergerissen
zwischen Dichterberuf und geistlichem Amt, trat Eduard
Mörike schließlich eine Stelle als Vikar an. Denn nirgendwo
„lassen sich literarische Pläne sicherer und lustiger verfolgen
als in der Dachstube eines württembergischen Pfarrhauses".
Das vertraute der Autor des Künstlerromans „Maler Nolten"
dem Studienfreund Ludwig Bauer an. Mit ihm hatte er im
Tübinger Stift die fantastische Insel „Orplid" erdacht, einen
dichterischen Ort der Weltflucht. Das konnte das Pfarramt
dann doch nicht sein, er gab es früh (1843) wieder auf. Neben
seiner reichen literarischen Produktion zeichnete er gern,
Alltagsszenen, Karikaturen, Illustrationen und Motive, in
denen man Spuren seiner lebenslangen Stimmungsschwan-
kungen zu erkennen meint. *JS*
LIT.: Braungart 2000.

Album mit physiognomischen Studien für das Werk
von Johann Caspar Lavater, 1796–1800, gebunden in
St. Petersburg 1824, Bd. 1
Berlin, Privatsammlung
Kat. 375

Die Physiognomischen Fragmente zur Beförderung der Men-
schenkenntniß und Menschenliebe (1775–1778) des Züricher
Pfarrers Lavater (1741–1801) fanden ein großes Echo und
machten die Physiognomik zu einer Modewisssenschaft der
gebildeten Stände. Der Autor glaubte, aus der Gesichtsbil-
dung des Menschen Rückschlüsse auf den Charakter ziehen
und so am Ende prognostisch urteilen zu können – eine
Befähigung, die dem  Seelenhirten besonders verführerisch
erscheinen musste. Gelegentliche Zweifel an der eigenen
Theorie teilten manche Zeitgenossen. C. Ch. Lichtenberg
höhnte über das vermeintliche „Geheimarchiv der Seele",
dessen wenige sichere Erkenntnisse in einem „Gebüsch von
Ausnahmen" verschwänden. *BMB*
LIT.: Goritschnig/Stephan 2001; Vincent/Lichtenberg 1941,
S. 312, S. 317.

**Luise Duttenhofer (1776–1829): Scherenschnitte**
Marbach, Deutsches Literaturarchiv Marbach
Kat. 329

Ein Künstlerleben inmitten schwäbischer Pfarrhäuser: Luise
Spittler wuchs darin auf, ihr späterer Mann, der Kupferste-
cher Traugott Duttenhofer, ebenso. Der Scherenschnitt hatte
im Bunde mit der Physiognomik breite Popularität erlangt,
er galt als häusliche Kunst, die man einer Pfarrerstochter
noch zubilligte. Ihre Meisterschaft fand höchstes Lob in der
guten Gesellschaft, welche sie neben vielen anderen Motiven
festhielt. *BMB*
LIT.: Pazaurek 1924.

# B. Militaer.

Franz Blanckmeister
(1858–1936): Album mit
Handschriften-Sammlung, 1873
Dresden, Landeskirchenarchiv
der Ev.-Luth. Landeskirche
Sachsens
Kat. 377

Im Rahmen ihrer genealogischen Passionen interessierten sich Pfarrer, die ja selbst oft Vielschreiber waren, auch für grafologische Zusammenhänge und sammelten Original-Autogramme ihrer Vorfahren oder „großer Männer der Geschichte". Im 19. Jahrhundert, als noch Orignalautografen von Luther, Melanchthon, Goethe oder Schiller zu kaufen waren, hielt man dies für den „edelsten Sport, den ein gebildeter Mensch treiben kann". Der Dresdner Pfarrer Franz Blanckmeister klebte seine Ausbeute nach Themengebieten geordnet in sein Album und versah sie mit biografischen Informationen. *SB* LIT.: Das Pfarrhaus 1896, S. 62f.

## VOGELHÄUSER

*„Nicht zu zählen waren die Erfindungen und Beschäftigungen, bei denen die rastlos thätige Phantasie des Pfarrers oft hohen Sinn in kindisches Spiel legte. Sein erstes und letztes Steckenpferd, dem er treu blieb bis zum Tode, waren die Vögel, die er bald frei im Zimmer, bald in einer eigens zum Vogelwald geschmückten Kammer hegte, bis er später viele schöne Stunden auf den Bau ihrer Paläste verwendete, die bald in gothischem, bald in byzantinischem, bald in maurischem (stets selbst erfundenem) Style aufgeführt wurden. Diese Vogelhäuser, die den Raum eines ganzen Fensters einnahmen und ins Freie gingen, waren wahre Vogelparadiese, mit grünen Bäumlein und lebendigen Springbrünnlein; er hegte darin wie gesagt nur vaterländische Vogelarten, die unsern Sommer und Winter im Freien ertragen können, und sie wiegten sich fröhlich auf den Stänglein ihres luftigen Palastes und schauten verwundert in die Spiegelgläser, die oben in der gewölbten Kuppel angebracht waren. Gewiß haben auch diese Vögelein ein mährchenhaftes Traumleben geführt und die goldene Freiheit nicht beklagt."*

Ottilie Wildermuth, Schwäbische Pfarrhäuser, Faksimiledruck, 3. Aufl., Tübingen 1976, S. 45.

## CATECHISMUS DES FELDBAUES

*„Frage.*
*Wie kan man also in seinen Feldarbeiten fehlen?*
*Antwort.*
*Auf dreyerley Weise: Wann man*
*1) nicht nach guten Regeln fleisig arbeitet und GOtt um seinen Seegen dazu nicht anrufet.*
*2) Wann man zwar fleisig arbeitet, aber nicht betet.*
*3) Wann man betet, aber nicht nach guten Regeln fleisig arbeitet."*

Johann Friedrich Mayer, Catechismus des Feldbaues, Frankfurt am Mayn 1770, S. 8f.

## ÜBERSETZUNG

*„Das erste Werk seiner reifern Jahre war eine metrische Uebersetzung Schillers, seines deutschen Lieb-lingsdichters, in's Lateinische. Die langen Nächte, die diese mühsame Arbeit verschlang, hat Niemand gezählt, als die treue Hausfrau, die es manchen Seufzer kostete, wenn sein Licht eben gar nicht erlöschen wollte."*

Ottilie Wildermuth, Schwäbische Pfarrhäuser, Faksimiledruck, 3. Aufl., Tübingen 1976. S. 46f.


## BILDUNGSERLEBNIS PFARRHAUS

*Die eigentliche Hohe Schule, die mir die Pforten der Wissenschaft aufgetan und ihr weites Reich – wenn auch nur von fern und verschleiert, und doch im glänzenden Lichte verlockender Reize zeigte, war neben des Vaters Studierstube seine Bibliothek. Hier, wo mich schon die Büchertitel und Namen der Einbän-de in eine unbe kannte Welt hoben, hab´ ich in stiller Einsamkeit meine seligsten Stunden verlebt. Vor allem war es die Große Augsburgische Kinderbibel, die mich mit ihren vielen ausführlichen Darstel-lungen aufs lebhafteste beschäftigte und mit dem Gesamtinhalt der Heiligen Schrift Alten und Neuen Testaments bekannt machte, nicht ohne hin und wieder auf seltsame Weise die Phantasie anzuregen, wie z.B., wenn sie Gott Vater als ein Strahlenrad mit der Inschrift יהוה gestaltet sich durch das Paradies in seine bunte Tierwelt auf Adam und Eva zurollen läßt. – Aus einem anderen Folianten, mit den Me-tamorphosen des Ovid, lernte ich die Götter- und Wundergeschichten der Griechen und Römer kennen, deren Bilder mit ihren gereimten Unterschriften sich leicht und fest dem Gedächtnis einprägten [...]. Von den Bücherschätzen fiel mir bald auch der Revolutions-Almanach in die Hände, und seine Abbil-dungen von Blutgerüsten und massenhaften Hinrichtungen gaben mir eine nur zu deutliche Gewißheit von der Gegenwart des unheilvollen Zeitalters."*

Ernst Förster, Aus der Jugendzeit [1887], in: Erlebnisse mit Büchern in deutschen Selbstzeugnis-sen, Bd. 1: Aus guter alter Zeit, Weimar 1937, S. 48f.

Gewebemusterbuch („Gemischte Gewebe 1848–1850") aus
der Mustersammlung der württembergischen Zentralstelle
für Handel und Gewerbe
Stuttgart, Landesmuseum Württemberg
Kat. 354

**Ferdinand (von) Steinbeis (1807–1893) inmitten seiner Mustersammlung, um 1870**
Stuttgart, Landesmedienzentrum Baden-Württemberg
Kat. 353

Steinbeis absolvierte eine Ausbildung in der Hüttenindustrie. 1848 trat er in die Zentralstelle für Handel und Gewerbe ein, welche die Modernisierung Württembergs vorantrieb. Er gründete gewerbliche Fortbildungsschulen, legte ein „Musterlager" von Maschinen und Industrieprodukten an und organisierte die Beteiligung seines Landes an den Weltausstellungen 1851 bis 1889. Aus dem schwäbischen Dorfpfarrerssohn wurde ein Weltmann – bekannt mit führenden Politikern Europas, eingeladen zur Suezkanal-Eröffnung 1869, geehrt mit Adelstitel und vielen Orden. *BMB*
LIT.: Müller/Piloty 1907.

**Adolf Senff (1785–1863): Selbst-
bildnis mit roter Toga,
Rom um 1816**
Halle, Stiftung Moritzburg
Halle (Saale), Kunstmuseum des
Landes Sachsen-Anhalt
Kat. 318

Die Mutter war stolz, der Vater
enttäuscht: Statt wie dieser
Pfarrer zu werden, wandte sich
Senff nach dem Theologiestudium der Malerei zu – als Hauslehrer bei Gerhard von Kügelgen
in Dresden. 1816 zog es ihn wie
viele deutsche Maler nach Rom.
Erst 1848 kehrte der Porträtist
und hochgeschätzte Maler von
Blumen- und Früchtestilleben
zurück, um fortan im Pfarrhaus
seines Bruders bei Halle zu
leben. *BMB*
LIT.: Adolf Senff 1985.

**Miniaturbildnis des kindlichen
Jacob Burckhardt
(1818–1897), um 1822/23**
Basel, Historisches Museum
Basel
Kat. 350

Der Sohn eines Pfarrers am Basler Münster studierte zunächst
Theologie, dann Geschichte in
Berlin. Entgegen der dortigen
von Hegel geprägten Tradition
sah er in der Geschichte weder
Sinn noch Ziel, sondern nur von
religiösen, politischen und kulturellen Ordnungen gebändigte
menschliche Triebe – Gedanken,
die er in großen kulturhistorischen Werken über „Die Zeit
Constantins des Großen" (1853)
oder die Renaissance in Italien
entwickelte. *BMB*
LIT.: Historikerlexikon 1991,
S. 42/43.

**Der Abgeordnete Friedrich Ludwig Jahn als Hampelmann, Karikatur aus der Zeit des Paulskirchen-Parlaments in Frankfurt a.M., 1848**
Berlin, Deutsches Historisches Museum
Kat. 349

Friedrich Ludwig Jahn (1778–1852), verkrachter Theologe, propagierte Leibesübungen im Kampf gegen die napoleonische Herrschaft, der u.a. durch ihn einen stark deutschtümeln-den, antiwestlichen Grundton erhielt. Repressalien nach dem „Wartburgfest" (nebst Bücher-verbrennung) zu Ehren Luthers und der Nation 1817 ließen den Mitinitiator als Freiheitshelden erscheinen. Als solcher tauchte er 1848/49 noch in den Reihen der ersten deutschen National-versammlung auf, wo nicht nur seine verwahrloste Erscheinung Anlass zu ironischer Darstellung gab. *BMB*

**Theodor Schüz (1830–1900): Am Konfirmationsmorgen (Skizze zum Gemälde), 1851**
Tübingen, Stadtmuseum Tübingen
Kat. 323

Pfarrerssöhne mit künstleri-schem Ehrgeiz stießen selten auf väterliches Verständnis – so auch Schüz, der erst mit einer psychischen Krise das Kunststudium erzwang. Gleich-wohl wurde er zum „Maler des schwäbischen Pietismus" und trennte sich von seinem Lehrer Piloty, der „einem echt evange-lischen Glauben" zu fern stehe. Den „Konfirmationsmorgen" kaufte die fromme Königin Olga von Württemberg an. *BMB*
LIT.: Theodor Schüz 2000.

# ZWEI REICHE

**Gotthardt Kuehl (1850–1915): Vor der Schicht (Bergmannskapelle im Erzgebirge),
2. Hälfte der 1890er Jahre**
München, Bayrische Staatsgemäldesammlungen, Neue Pinakothek
Kat. 398

Aufgewachsen als Sohn eines Lehrers (zugleich Küsters und Organisten seiner Kirchengemeinde)
in Lübeck, lebte Kuehl 1878 bis 1889 in Paris. Neben den Impressionisten beeinflusste ihn der Na-
turalismus Max Liebermanns in dessen Darstellungen arbeitender Menschen. Blicken die Bergleute
besonders andächtig – oder längst teilnahmslos? In einer Zeit rasanter Entkirchlichung mochten
die Betrachter beides gesehen haben. *BMB*
LIT.: Gerkens/Zimmermann 1993.

**Kellertür zum Luftschutzraum im Pfarrhaus der Matthäuskirche Stuttgart**
Stuttgart, Evangelische Kirchengemeinde Stuttgart-Heslach
Kat. 478

Ein Kalender der besonderen Art: Akribisch wie in einem Kirchenbuch oder einer Pfarrersagenda sind auf der Kellertür die Luftangriffe auf Stuttgart verzeichnet – bis zum 21.2.1944, als das Pfarrhaus der Gemeinde selbst zerstört wurde. *BMB*
LIT.: Kreuz und quer 2003.

Die Haltung der evangelischen Kirche zur staatlichen Obrigkeit bildete sich in der Zeit der Reformation eher in Form theologischer und kirchenpolitischer Improvisationen denn als systematisch-allgemeinverbindliche Lehre heraus. Richtungweisend wurden zwei Unterscheidungen Luthers: zum einen die der „zwei Reiche" in das Reich Gottes und das der Welt, zum anderen die der „zwei Regimente" in das geistliche, das mit Wortverkündigung und Sakramenten herrscht, und das weltlich-staatliche, das den Schutz der Gläubigen garantiert.

Da Reiche wie Regimente auf Gottes Schöpfung zurückgingen, war für die Beziehungen zwischen ihnen ein Spektrum an Interpretationsmöglichkeiten erlaubt. Menschliche Ordnungssysteme wie Staat und Gesellschaft als göttliche Setzungen selbst zu verstehen, blieb Theologen im 20. Jahrhundert vorbehalten. Der verallgemeinernde Befund einer blinden Obrigkeitshörigkeit der evangelischen Christen lässt sich nicht aufrechterhalten – zumindest nicht, sofern es um Glaubensfragen ging. Allerdings bildete sich im Laufe des 19. Jahrhunderts ein Verständnis der Kirche als „fester Burg" gegen den Zeitgeist heraus, der insbesondere im Luthertum als jede Spielart von Politik gedeutet wurde, die von unbedingter Loyalität gegenüber dem monarchischen Machtstaat abwich.

Die Ursachen dafür lagen zunächst in einer Erfolgsgeschichte. Die Siege in den Einigungskriegen von 1866 und 1871 gegen das Habsburgerreich und Frankreich wurden als Triumph über den Katholizismus empfunden. Die Hohenzollern erschienen als Vollstrecker all dessen, was 1517 mit dem „Thesenanschlag" Luthers begonnen hatte: Der Protestantismus entwickelte sich zur Nationalreligion der Deutschen, die preußische „Sendung" galt als gleichsam göttlicher Heilsplan. Und doch sah sich die Kirche einer schleichenden Unterhöhlung ihrer gesellschaftlichen Stellung ausgesetzt, die mit der Einführung der Zivilehe und der allmählichen Beendigung der geistlichen Schulaufsicht ihren Anfang nahm. Aus Bismarcks „Kulturkampf" ging der Katholizismus jedoch innerlich gefestigt hervor. Als größte Bedrohung allerdings nahm man die Folgen von Industrialisierung und Verstädterung wahr. Schon um 1850 klagten die Pfarrer über leere Kirchen in der Großstadt. Die Arbeitermassen des ausgehenden 19. Jahrhunderts erreichten sie immer weniger. Der politische Sozialismus gab sich antireligiös, sah in den Kirchen Säulen der herrschenden Klassen und brachte eine verwissenschaftlichte „Weltanschauung" gegen den „Aberglauben" in Stellung, etwa in Ernst Haeckels „Welträthsel" (1899) oder den Schriften von Karl Marx und August Bebel wider Bibel und Gesangbuch.

**Evangelische Pfarrer demonstrieren in Bonn gegen die Notstandsgesetze, 8. Mai 1968**
Berlin, Bundesregierung/Jens Grathmann
Kat. 508

Seit 1966 plante die Regierungskoalition Sondergesetze für den Fall von Krieg, Unruhen und Katastrophen – verbunden mit einer Einschränkung verfassungsmäßiger Rechte. Befürworter sahen darin eine Voraussetzung für die volle Souveränität der Bundesrepublik, Gegner beschworen das „Ermächtigungsgesetz" der NS-Diktatur – darunter 500 Pfarrer und kirchliche Mitarbeiter, die am Jahrestag des Kriegsendes in Bonn protestierten. *BMB*
LIT.: Greschat 2010.

Dass dem Zusammenhang von „socialer Frage" und Entkirchlichung nicht mehr allein mit Diakonie und Nächstenliebe beizukommen war, fiel – nicht überraschend – zuerst in Kreisen der Inneren Mission auf. Der politische Protestantismus betrat die Arena in Gestalt von Adolf Stoeckers Christlich-sozialer Arbeiterpartei (gegründet 1878), deren einziger Spuren hinterlassender Programmpunkt in einem rüden Antisemitismus bestand – und im traditionellen kirchlichen Antijudaismus auf fruchtbaren Boden fiel. Pastoren, die sich ernsthaft mit den Lebensverhältnissen der Arbeiter befassten, an der Sozialdemokratie gute Seiten entdeckten, ja sich ihr bis hin zum Beitritt annäherten wie Christoph Friedrich Blumhardt oder Paul Göhre saßen am Ende zwischen allen Stühlen.

Einer saß immer obenauf, weil er sich politisch nicht links, sondern in einer weniger kirchenfeindlichen Mitte verortete: der Liberale Friedrich Naumann. Als Parteigründer, Publizist und Parlamentarier focht der sächsische Pfarrer für eine demokratische und sozialbewusste Modernisierung des Kaiserreiches, bis hin zu Architektur, Städtebau und Kunstgewerbe, wofür er den Werkbund mitbegründete. Sein persönliches Charisma überdeckte die Untiefen seiner christlichen Sozialethik, die auf einer Versöhnung von Kapital und Arbeit im Geiste egalitärer Abendmahlsgemeinschaft basierte. „Man spürte weithin: da ist etwas ganz Starkes, Großes, Neues im Kommen. *Aber es kam nicht ...*", schrieb der Schweizer Theologe Karl Barth in seinem Nachruf 1919. Er meinte damit eine völlige Parallelisierung der „zwei Reiche", die sich nur noch in wechselseitigen Zitaten grüßten – wenn Naumann die Berliner Hochbahnbauten mit Salomons Sprüchen verglich oder Jesus zum Fürsprecher der deutschen Schlachtflotte ernannte.

Als 1918 „Luther verloren" hatte, wie es der damalige Papst Benedikt XV. ausdrückte, ging jeder evangelischen Landeskirche in Deutschland mit dem Sturz der Monarchie auch der landesherrliche Summus Episcopus verloren. Dass die protestantische Geistlichkeit dies als Befreiung von einem Geburtsfehler der Reformation mehrheitlich begrüßt hätte, ist nicht überliefert. Wie traumatisch der Verlust der gewohnten Ordnung wirkte, wie sehr sich „das Pfarrhaus" in nahezu geschlossen deutschnationalem Geist gegen die Republik stemmte, zeigte sich beispielsweise im Fall des Theologen Günther Dehn. Dieser hatte es in einem Vortrag 1928 gewagt, die Kriegerdenkmäler in Kirchen mit ihren Anspielungen auf den Opfertod Christi zu kritisieren – ein Sturm der Entrüstung war die Folge.

So war es nicht überraschend, dass die Pfarrhäuser der Machtübernahme des Nationalsozialismus 1933 ein hohes Maß an Zustimmung entgegenbrachten. Dessen kirchlichem Arm, den Deutschen Christen (DC), gelang es, mit staatlicher Hilfe die meisten Landeskirchen unter Kontrolle zu bringen und das Vorhaben einer NS-konformen „Reichskirche" durchzusetzen. Als innerkirchliche Opposition formierten sich Pfarrernotbund und Bekennende Kirche (BK) gegen

**Von Helmut Gollwitzer (1908–1993) gesammelte Buttons der Friedensbewegung, 1980er Jahre**
Berlin, Evangelisches Zentralarchiv
Kat. 511

Als Pfarrer amtierte Helmut Gollwitzer nur kurz und vertretungsweise für den 1937 verhafteten Martin Niemöller. Im November 1938 fand er auf der Kanzel mutige Worte zum Novemberpogrom gegen jüdische Einrichtungen. Seit 1951 Professor in Bonn, später in Berlin, gehörte er zu den wortmächtigen Stimmen gegen Kernwaffen, Vietnamkrieg und Ausbeutung der „Dritten Welt", die Studentenbewegung von 1968 verfolgte er mit Sympathie. *BMB*
LIT.: Helmut Gollwitzer 1998; Schöberle-Koenigs 1998.

die staatliche Einmischung in Kirchenfragen und gegen die Ausdehnung des rassenantisemitischen „Arierparagrafen" auf evangelische Geistliche wie Gemeindemitglieder mit jüdischer Herkunft.

Die Wahl des Bruderrates als provisorischem Leitungsgremium der BK im Oktober 1934 bedeutete den tiefsten organisatorischen Einschnitt in der Geschichte der evangelischen Kirche seit der Reformation. Dissonanzen zwischen Lutheranern, Unierten und Reformierten, zwischen den nicht von den DC kontrollierten „intakten" Landeskirchen und den weitaus kompromissloseren „Dahlemiten", dem Kreis um Martin Niemöller oder Dietrich Bonhoeffer, erschwerten allerdings das geschlossene Auftreten der BK im weiteren „Kirchenkampf" erheblich.

Dies zeigte sich, nachdem der Siegeszug der DC erlahmt war – auch auf Intervention des Staates hin, der sich dann seit 1935 umso repressiver mit Verboten und Verhaftungen gegen die BK wandte. Das Verhältnis zu den staatlich erzwungenen gemeinsamen Ausschüssen aus DC, BK und „Neutralen" spaltete die Opposition. Dass die „Reichskirche" Träger einer Irrlehre sei – darauf konnte sich die BK verständigen. Im „weltlichen Regiment" des NS-Regimes letztlich selbst einen gottlosen Unrechtsstaat zu sehen, blieb einer Minderheit vorbehalten. Als 1938 die Synagogen brannten, blieb die Bekennende Kirche als Ganze stumm.

Die im Stuttgarter Schuldbekenntnis von 1945 formulierte Einsicht, dass es trotz allem persönlichen Mut von Pfarrern und Pfarrfrauen zwischen 1933 und 1945 zu wenig Bekenntnis geschweige denn Handeln gegeben habe, bestimmte fortan das Verhältnis weiter Teile des deutschen Protestantismus zu Staat und Welt – in Ost und West. Auf den „Kirchenkampf" berief sich, wer gegen Westbindung der Bundesrepublik, Wiederbewaffnung, Antikommunismus, aber auch kirchenfeindliche Politik der SED, atomare Rüstung, die Notstandsgesetze von 1968 und vieles mehr protestierte.

Auf die Zwei-Reiche-Lehre bezog sich, wer in alledem keine Bekenntnisfrage zu sehen vermochte oder wie die Kirchenobrigkeit in der DDR zum Arrangement mit dem atheistischen Staat bereit war. Das Aufbegehren der ostdeutschen Pfarrerinnen und Pfarrer gegen das SED-Regime seit den 1970er Jahren schon als „Opposition" zu bezeichnen, kam vielen maßgeblichen Beteiligten weder damals noch im Nachhinein in den Sinn. Zunächst sammelte man sich unter dem Leitbegriff „Frieden". Dieser stand – anders als die Einforderung demokratischer Rechte – nicht in grundsätzlichem Widerspruch zur Staatsideologie, erlaubte aber, auf dem Umweg über Themen wie Wehrerziehung, Militarisierung der Gesellschaft oder Umweltverschmutzung schrittweise das Spektrum der Forderungen zu politisieren. Erst 1989 planten Pfarrer die erste neue Partei der DDR, nun aber, wie sich Markus Meckel als einer der Initiatoren erinnert, „bewusst nicht mehr als Pfarrer, sondern als Bürger". *BMB*

LIT.: Vom Bruch 2000; Gailus 2001, 2006; Großbölting 2013; Herms 2005; Naumann 1913; Wehler 1995, S. 1134.

Auf dem Standesamt

**Nach einem Gemälde von
Benjamin Vautier (1829–1898):
Auf dem Standesamt, 1877**
Privatbesitz
Kat. 395

Mit der reichsweiten Einführung
der obligatorischen Zivilehe und
des zivilen Personenstandswesens fiel 1876 endgültig das
jahrhundertealte kirchliche Monopol der Buchführung des Per-
sonenstandes – bis dahin eine
der wichtigen und einträglichen
Aufgaben des Pfarramtes – und
ging in die Zuständigkeit der
neu gegründeten Standesämter
über. Auch Ehen werden fortan
dort begründet statt vor dem
Altar. Geburt, Eheschließung
und Tod werden nun nicht mehr
in den Kirchenbüchern rechts-
gültig protokolliert, sondern
in den Zivilstandsregistern. Die
Kirchenbücher werden damit
zu reinen Kasualienregistern,
die nunmehr nur den religiösen
Passageritus (Taufe, Eheschließung und kirchliches Begräbnis)
verzeichnen und bezeugen.
Neben der Verstaatlichung
der Schulaufsicht ein weiterer
einschneidender Funktions-
und Einkommensverlust des
Pfarramtes. *SB*

Wohnstube
in
Langenberg.

25. November 1880

**Friedrich Naumann (1860–1919):**

**Wohnstube im Pfarrhaus Langenberg (Erzgebirge), im Sessel Pfarrfrau Magdalena Naumann, 1889.**
Kat. 410

**Ausflügler im Wald (Berlin-Schlachtensee), 1905.**
Kat. 408

**Aus einem Skizzenbuch: Fußball Chrystal Palace, 1912.**
Kat. 412

Gummersbach, Friedrich-Naumann-Stiftung für die Freiheit, Archiv des Liberalismus

Zu den Wortführern einer Demokratisierung des Kaiserreiches um 1900 zählte Friedrich Naumann, Pastor, Politiker, Publizist und Mittelpunkt eines gesellschaftlichen Netzwerkes. Seine Zeichnungen zeugen von der Vielfalt seiner Aktivitäten: In seiner ersten Pfarrei Reg. 314) studierte er Karl Marx und schrieb seinen „Arbeiter-Katechismus" (1889) als Programm christlicher Sozialpolitik. In seinen Rembrandt-Kopien spiegelte sich die Lektüre von Julius Langbehns völkischem Bestseller „Rembrandt als Erzieher" (1890), dessen Titel er in seiner Schrift „Jesus als Volksmann" (1894) variierte. Wie alle Modernisierer bewunderte er England (Kat. 412). Sein Interesse an moderner Kunst floss in eigene Landschaftsbilder ein (Kat. 408). *BMB*

q) Haben andere Körperschaften (kommunale Gemeinde) ein Miteigentum, Mitspracherecht in Friedhofsangelegenheiten?

r) Gibt es mehrere kircheneigene Friedhöfe? Wenn ja, Bestattung nach Wohnbezirken?

s) Ist neben dem kircheneigenen ein kommunaler Friedhof vorhanden? Wenn ja, wo wird überwiegend bestattet?

t) Ist ein besonderer Urnenkirch-(fried-)hof angelegt?

2. Wenn die Gemeinde keinen eigenen Friedhof besitzt:

a) Auf welchem (welchen) Friedhof (Friedhöfen) werden die Gemeindeglieder bestattet? Bezirkseinteilung?

b) Wer ist der Eigentümer?

c) Trennung nach Konfessionen bei den Grabfeldern vorhanden oder gewesen?

d) Miteigentum, Mitspracherecht der Kirchengemeinde?

e) Bestehen bei der Durchführung der evangelischen Begräbnisfeiern Beschränkungen irgendwelcher Art (außer Dauer der Gottesdienste oder bei Feiern in der Kapelle)? Inwiefern?

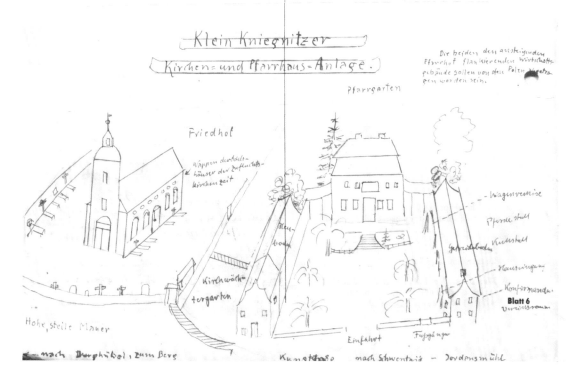

**Fragebogen der EKD zu den kirchlichen Verhältnissen in den ehemaligen Ostgebieten, hier Kleinkniegnitz/Schlesien, 1963**
Berlin, Evangelisches Zentralarchiv
Kat. 481

In den Jahren 1952/53 und 1963 versandte der Rat der EKD umfangreiche Fragebögen an ehemalige Gemeindepfarrer der früheren deutschen Ostgebiete. Gefragt wurde u.a. nach Liegenschaften, historischen Daten, Patronaten, liturgischen Besonderheiten, religiösen Sitten und Gebräuchen. Auf diese Weise hoffte man das Bild mittlerweile untergegangener protestantischer Regionalkulturen zu rekonstruieren. *BMB*

Manfred Gailus

# FATALE ENTGLEISUNGEN
## EVANGELISCHE PFARRER IN DER ZWISCHENKRIEGSZEIT

Die Erinnerungen eines Berliner Pfarrersohns an sein Elternhaus erlauben gute Einblicke in die Atmosphäre und das protestantische Lebensgefühl im großstädtischen Pfarrhaus um 1930. Die Theologie, so ist zu hören, habe im Elternhaus eigentlich keine besondere Rolle gespielt, auch wenn eine umfangreiche Bibliothek von 2500 Büchern vorhanden war. Theologische Schriften von Adolf Schlatter, Karl Heim, Friedrich Gogarten oder Reinhold Seeberg hätten zwar gewissen Stellenwert gehabt, aber wichtiger sei doch die praktische Pfarramtsliteratur zur Anleitung der Gemeindearbeit gewesen. Weltliche Literatur mit christlichen Bezügen habe eine größere Rolle gespielt, etwa Walter Flex' „Wanderer zwischen beiden Welten", die viel gelesene Weltkriegserzählung des jungen Schriftstellers und Kriegsgefallenen, ferner Franz Werfels Drama „Paulus unter den Juden" oder Stefan Zweigs „Sternstunden der Menschheit". Auch August Winnig, der sich vom sozialdemokratischen Gewerkschaftsmann zum christlich-völkischen Schriftsteller wandelte, sei verehrt worden. Reinhold Wulle, ein antisemitischer Journalist und Politiker aus der national-völkischen Bewegung, und der konservative Major a. D. und Schriftsteller Adolf Stein, populärer Feuilletonist der Hugenberg-Presse unter dem Pseudonym „Rumpelstilzchen", galten im Elternhaus als glaubwürdige Interpreten der aktuellen Politik. Bücher wie Paul Kellers „Ferien vom Ich" oder Heinrich Seidels „Leberecht Hühnchen" repräsentierten in etwa die richtige Lebenseinstellung. Werke von Gustav Freytag, Felix Dahn oder Waldemar Bonsels gehörten zu den meistgelesenen der häuslichen Bibliothek, später kamen Autoren wie Jochen Klepper, Werner Bergengruen und Reinhold Schneider hinzu. An Zeitungen gaben nationalkonservative Blätter wie *Der Tag*, der *Lokal-Anzeiger* und *Die Woche* im Pfarrhaus den Ton vor. Eher „allergisch" habe der Vater hingegen auf moderne Literatur reagiert, die er als „zersetzend" empfand. Thomas Manns „Buddenbrooks" stießen auf Ablehnung, ebenso die psychoanalytischen Schriften von Sigmund Freud. Kurt Tucholsky, Carl von Ossietzky oder Erich Kästner waren verpönt. Eine explizit antijüdische Einstellung sei bei seinem Vater zwar nicht vorhanden gewesen, aber bei einigen der genannten Autoren habe er „jüdische Wurzellosigkeit" gesehen. In „jüdischem Geist", wie er ihn auffasste, habe er eine moralische Gefahr erkannt.[1]

Eigentlich seien sie, so erinnert sich der Pfarrersohn, eine unpolitische Familie gewesen. „Die gesellschaftliche Ordnung war Gott-gegeben. Parlamentarismus – also die Abhängigkeit politischer Vorgänge vom Willen der Bürger – hielt mein Vater für Verrat an der Schöpfungsordnung." Die Abgrenzung zur politischen Linken und gegenüber modernen Intellektuellen sei scharf gewesen. Die Welt habe sich in engen, fest abgesteckten Räumen abgespielt. „Die Welt war klein. Feinde oben und unten, die zerstören wollten, wovon das Bürgertum lebte. Und Feinde neben der Kirche: Ultramontanisten (Katholiken, die Rom mehr gehorchen wollten als ihrem Deutschtum), Atheisten (Kommunisten, die gegen die Religion Sturm liefen), Juden (die ein anderes Wertsystem vertraten, sich teilweise auch als ‚Ausbeuter' wirtschaftlich betätigten)." Demokratie im modernen Sinn sei im Pfarrhaus unbekannt gewesen. Pluralismus und Toleranz hätten als „Verrat" gegolten. Der Horizont war eng gezogen: Reisen führten in den Harz oder das Riesengebirge, das Ausland lag jenseits der Wahrnehmung. Man dachte und fühlte im Pfarrhaus selbstverständlich national. Wichtig war der Innenraum der Familie. Sie war der eigentliche Ort der Erziehung und des Lernens. Bildung galt als ein zentraler Wert an sich, dazu gehörten auch Sitte, Anstand, Takt. „Der Einbruch ‚westlicher Sitten' während der zwanziger Jahre wirkte

Schild „Pfarrhaus" in deutscher, englischer und französischer Sprache, Südwestdeutschland, um 1945/46
Stuttgart, Landeskirchliches Archiv
Kat. 479

Auf den Schutz der Kirchen im besiegten Deutschland einigten sich die Alliierten schon 1944. Diese bildeten 1945 die einzigen halbwegs intakten Großorganisationen, die nicht als vom NS durchseucht galten. Kirchen spendeten Trost, Pfarrhäuser dienten als Notunterkünfte, Pfarrer als Vermittler zwischen Besatzungsmacht und Bevölkerung. Die Kehrseite: Eine Entnazifizierung fand – von wenigen Kirchenführern der DC abgesehen – kaum statt. *BMB* LIT.: Greschat 2010.

**Rudolf Schäfer (1878–1961):
Kreuzigung, 1924**
Gelsenkirchen, Evangelische
Apostel-Kirchengemeinde
Gelsenkirchen
Kat. 416

Das Gemälde ist Teil eines Passionszyklus in der Christuskirche
in Gelsenkirchen-Bismarck, der
zusammen mit 28 Namenstafeln den im Weltkrieg gefallenen Gemeindemitgliedern ein
Denkmal setzt. Den Soldatentod
mit dem Opfertod Christi zu
vergleichen war in dieser Zeit
üblich. Der reuige römische
Hauptmann trägt die Züge
des Reichsgründers Bismarck,
fratzenhaft fällt die Darstellung des bösen Schächers aus,
überdeutlich ist der Hinweis
auf die baldige Zerstörung
Jerusalems (im Hintergrund).
So entspricht das Gemälde
einer verbreiteten Gesinnung
im deutschen Protestantismus
dieser Zeit: nationalistisch mit
antisemitischer Tendenz. Der
Pfarrerssohn Schäfer stieg mit
Gesangbuch-Illustrationen und
Kirchenmalerei zeitweilig zum
bekanntesten protestantischen
Künstler auf. *BMB*

sowohl aufmunternd wie zerstörend: Bubikopf,
kurze Kleider, Lippenstift und Schminke, Frauenrecht und Charleston, Vamp und Diseuse – das
waren Erscheinungen, die mächtige Breschen
in feste Vorstellungen schlugen. [...] Dieser
‚Einbruch der Zügellosigkeit in die bürgerliche
Ordnung' wirkte schockierend. Meine Eltern
empörten sich darüber." Sein Vater, so konstatiert
der Autor ferner, hätte Gott niemals hinterfragen
können, das wäre ihm Gotteslästerung gewesen.
Sein Denken sei von festen überindividuellen
Größen wie Volk, Herrschaft, Familie und Beruf
(im Sinne von „Berufung") bestimmt worden.
Menschen seien ihm nicht zügellose Denkhelden,
sondern in Ordnungen eingebundene Platzhalter gewesen. Mit dialektischem Denken und den
freiheitlichen Theorien des Liberalismus wollte
er nichts zu tun haben. Eine Begründung politischer Macht von unten, vom Volk her, wäre ihm
als ein „Aufstand gegen Gott" erschienen.[2]

Die Weimarer Republik, die erste deutsche
Demokratie – sie wurde nicht geschätzt im evangelischen Pfarrhaus. Im religionsneutralen Staat
von Weimar, der sich in seiner Verfassung nicht
zum Christentum bekannte, meinten Pfarrer
und Kirchenvolk vielfach eine kirchenfeindliche
„Gottlosenrepublik" zu erkennen, die nicht nur
abzulehnen, sondern auch zu bekämpfen sei. Zu
den alljährlichen Feiern des Weimarer Verfassungstags (11. August) wurde am Pfarrhaus nicht
die schwarz-rot-goldene Fahne aufgezogen. Man
zählte sich selbstverständlich zur „nationalen
Opposition" gegen die Republik und lebte in der
Erwartung einer fundamentalen Zeitenkehre.
Die meisten Pfarrer begleiteten die nationale und
völkische Bewegung mit Sympathie, verbunden
mit dem missionarischen Anspruch, diese durch

Implementierung christlicher Werte religiös
zu vertiefen, moralisch zu bessern, sittlich zu
veredeln. Mit dem erdrutschartigen politischen
Wahlerfolg der Hitlerpartei bei den Reichstagswahlen im September 1930 avancierte die Frage:
„Wie stehen wir Evangelischen zur NSDAP?" zu
einem viel diskutierten Thema. Ein erheblicher
Teil der Sympathien, die zuvor der nationalkonservativen Bewegung entgegengebracht
worden waren, ging nun auf die NSDAP über.
Die historische Wahlforschung hat inzwischen
präzise belegen können, dass die NSDAP in rein
protestantischen Regionen zwischen 1930 und
1933 überproportional hohe Wahlerfolge erzielen
konnte. Exemplarischer Ausdruck dieser Umorientierungen war die Gründung der Christlich-deutschen Bewegung(1930), in der Pfarrer
und Universitätstheologen wie Emanuel Hirsch
und Paul Althaus tonangebend waren. In ihrer
Zeitschrift „Glaube und Volk" wurden christliche
Glaubensbestände und völkische Ideen gedanklich zusammengeführt: Deutsches Volkstum sei
Bestandteil der Schöpfungsordnung und verlange
zu seiner Bewahrung die Aufrichtung eines neuen autoritären Staates christlicher Prägung.[3]

Superintendent Richard Zimmermann, dessen
enge, nationalkonservative Pfarrhauswelt wir
eingangs kennenlernten, konnte im Jahr 1933
bereits als ein Theologe der älteren Generation
gelten. Er blieb während des erbitterten Kirchenstreits des „Dritten Reiches" ein ausgleichender,
vermittelnder Mann der kirchenpolitischen
Mitte. Viele jüngere Pfarrer indessen, besonders
solche aus der Generation der 1890 und später
Geborenen, deren Einsatz im Ersten Weltkrieg
zur prägenden Lebenserfahrung gehörte, zog es
mit Macht zur aggressiv angreifenden, dynami

schen Hitlerbewegung. In seinem politischen Glaubensbekenntnis von 1932 schilderte der aus einem pommerschen Pfarrhaus stammende jüngere Theologe Siegfried Nobiling seinen Weg zur NSDAP. Kurz nach Antritt seiner neuen Pfarrstelle in Berlin-Friedenau sei ihm im Januar 1929 Der Angriff, das von Joseph Goebbels geleitete NS-Kampfblatt, ins Pfarrhaus gekommen. „Ich abonnierte den ‚Angriff‘, kaufte mir die einschlägigen Bücher, insbesondere Hitlers Buch ‚Mein Kampf‘, ging in die Parteiversammlungen, las und hörte, hörte und las, bis ich Ende Mai 1929 nicht anders mehr konnte, als einzutreten. Eingeschrieben bin ich unter Nr. 145 128. Also: niedrige Hausnummer! Zusammenfassend kann ich nur aus ehrlichstem Herzen gestehen, dass der Nationalsozialismus für mich Schicksal und Erlebnis war. Rein stehe ich da vor meinem Gott, vor meiner Kirche und vor meinen Parteigenossen und kann nur sagen: Ich konnte nicht anders!" Wie zuvor das Christentum, so sei für ihn der Nationalsozialismus ein dreifaches „Wir-Erlebnis": Erfahrung einer neuen „Volksgemeinschaft", einer „Rassengemeinschaft" und einer „Schicksalsgemeinschaft".[4]

Die Fehlentwicklung der letzten Jahrhunderte bestehe darin, erklärte der junge Pfarrer, dass das Individuum von allen völkischen Bindungen befreit worden sei. Sowohl Christentum wie Nationalsozialismus hätten starken gemeinschaftsbildenden Charakter. Es bedürfe gegenwärtig durchaus der Kräfte des Christentums, um der „volksgemeinschaftlichen Erhebung der

deutschen Seele" zum Sieg zu verhelfen. Durch den Nationalsozialismus erlebe der „heldische Mensch" eine Wiedergeburt. Das tiefe Gemeinschaftserlebnis des Ersten Weltkrieges sei durch die folgenden 14 Jahre – der Pfarrer meint die Weimarer Republik – „niedergeknüppelt" worden und breche nun im Nationalsozialismus erneut elementar hervor. Nicht nur die Seele, auch der Leib sei eine Schöpfung Gottes, ein Heiligtum, das nicht ohne schweren Schaden verunreinigt werden dürfe. „Die Belange der Rasse gelten immer nur so weit, als sie dem Volksganzen nützlich sind. Wir glauben aber, hierbei nichts anderes zu tun, als den Spuren des Schöpfergottes zu folgen und seinem in die menschliche Natur schöpfungsmäßig hineingelegten Willen zu folgen. [...] Um es gleich praktisch zu sagen, – das Rassenerlebnis des Nationalsozialismus ist durchaus das Erlebnis der ‚andern‘ Rasse, die der eigenen als absolute Andersart gegenübersteht: des Judentums. Wir sehen im Judentum die geistleibliche Vergiftung unserer Rasse. Die Rassentheorie des Nationalsozialismus wird daher in erster Linie in der Abgrenzung gegen das Judentum und ihm verwandte Rassen bestehen, dann wird von selbst durch Pflege einer artgemäßen Kultur die Hochzüchtung der nordischen Rasse kommen. Eine so verstandene Rassenkultur steht nun und nimmermehr irgendeinem Belange des Christentums entgegen." Dem Schicksal des deutschen Volkes, verkündete der politische Theologe abschließend, lasse sich nur eine andere Wendung geben, wenn der „Fremdkörper des Judentums" aus dem deut-

**Pfarrer Martin Niemöller mit Konfirmanden in Berlin Dahlem, 1937**
Berlin, Evangelisches Zentralarchiv Kat. 467

Die Aufnahme entstand kurz vor der Verhaftung Martin Niemöllers (1892–1984) am 1. Juli 1937. Der Kirchenkampf war merklich abgeflaut, umso härter schlug das NS-Regime jetzt gegen konsequente Vertreter der BK wie die „Dahlemiten" zu. Niemöller wurde wegen Verstoßes gegen „Kanzelparagraf" und „Heimtückegesetz" zu sieben Monaten Haft verurteilt und von da an bis 1945 in den KZs Sachsenhausen und Dachau gefangen gehalten. *BMB*
LIT.: Karnick/Richter 1992.

**Siegfried Nobiling (rechts sitzend) mit anderen Mitgliedern der DC-Führungsriege, 1933**
Foto: ullstein bild – Süddeutsche Zeitung Photo/Scherl Kat. 451

schen Staatswesen ausgeschlossen werde. Ohne diese „einschneidende Operation" gebe es keine „Volksgesundung".[5]

Pfarrer Nobilings Bekenntnisse waren im Pfarr- und Gemeindehaus Zum Guten Hirten in Berlin-Friedenau während der krisenhaften Endjahre der Weimarer Republik gereift. So oder ähnlich dachten etliche junge Theologen aus der Kerntruppe der Glaubensbewegung Deutsche Christen (DC), die bereits im Juni 1932 mit ihrem Programm, den „Zehn Richtlinien", an die Öffentlichkeit trat. Darin bekannten sie sich zu einem „positiven Christentum" (eine kryptische Formulierung, die sich bereits im Parteipro-gramm der NSDAP von 1920 findet), forderten eine rassisch homogene „deutsche Volkskirche" mit Arierparagrafen, und natürlich wandten sie sich gegen Marxismus, Pazifismus, Inter-nationalismus, gegen Rassenvermischung und Judenmission. Wie zuvor der im evangelischen Diskurs inflationär gebrauchte und sakralisier-te Volksbegriff, so wurde nun von Angehörigen einer jungen, aktivistischen Theologengeneration der Begriff der „Rasse" zu einer übergeschichtli-chen Größe erhoben und damit Bestandteil einer geglaubten göttlichen Schöpfungsordnung. Auf diese Weise war eine Vereinbarkeit von her-kömmlich christlichen Glaubenspositionen und NS-Weltanschauung hergestellt. Die verschiede-nen religiösen Glaubenshaltungen des „Inders" oder „Chinesen", des „Negers", des „Semiten" oder des „nordischen Menschen" – verkündete Joachim Hossenfelder, Pfarrer an der Kreuzber-

ger Christuskirche und 1. Reichsleiter der DC, in einer Bekenntnisschrift von 1933 – seien in der Schöpfungsordnung so (und nicht anders) ge-wollt. Jeder Nivellierungsversuch verstoße daher gegen den Willen Gottes.[6]

Eine mächtige deutschchristliche Welle über-rollte im Laufe des Jahres 1933 die etablierte, konservative Kirche in Preußen und nahezu überall im Deutschen Reich. Den Anfang mach-ten Dankgottesdienste zur Feier der „nationalen Koalition" unter Hitlers Führung, gefolgt von kirchlichen „Führergeburtstagsfeiern" um den 20. April. Zum 2. Juli 1933 hatte der inzwischen von DC-Theologen und Nationalsozialisten beherrschte Evangelische Oberkirchenrat, die preußische Kirchenleitung, für sämtliche Kirchengemeinden festliche Dankgottesdienste zur Feier des „nationalen Aufbruchs" angeord-net. In der Mehrzahl aller Gemeinden dürften die Pfarrer an diesem Sonntag neben der alten Reichsflagge Schwarz-Weiß-Rot und der Kirchen-fahne auch die Hakenkreuzfahne an kirchlichen Gebäuden aufgezogen haben. Nur in wenigen Ausnahmefällen wie Berlin-Dahlem kamen oppositionelle Pfarrer mit ihrer Gemeinde zu einem „Buß- und Betgottesdienst" zusammen. Bei den kurzfristig neu angeordneten Kirchen-wahlen vom 23. Juli eroberten die DC in Berlin und in Preußen haushohe Mehrheiten zwischen 60 und 80 Prozent aller Sitze in den Vertretungs-organen. Die anschließende preußische Gene-ralsynode verabschiedete Anfang September mit komfortablen Zweidrittelmehrheiten radikale

Albert Weinsheimer (1868–1936):
Massentrauung der Deutschen
Christen in der Gnadenkirche
Berlin-Tempelhof, um 1933
Berlin, Stiftung Stadtmuseum
Berlin
Kat. 437

Die DC verstanden sich auch als
Missionsbewegung, die engagierte jüngere Pfarrer anzog. Ihre
Zeitgemäßheit unterstrichen sie
mit neuen liturgischen Formen:
Gottesdiensten im Haken-
kreuz-Schmuck, Massentrauungen
und –taufen, oft in kirchenfernen
Arbeiterbezirken. Diesen Charakter
einer eigenständigen religiös-po-
litischen „Bewegung" schränkte
schließlich das NS-Regime selbst
ein, da es diesbezüglich keine
Konkurrenz duldete. *BMB*

DC-Programmpunkte, darunter die Einführung
eines Arierparagrafen für den Kirchenbereich.
„Nichtarische" Geistliche und Kirchenbeamte, so
lautete der Beschluss, seien zu entlassen. In der
bis dahin eher vorsichtig und verhalten agie-
renden Kirchenopposition schrillten nun doch
die Alarmglocken. Eine Kerngruppe besorgter
Pfarrer, darunter der Spandauer Superintendent Martin Albertz, der junge Privatdozent der
Theologie Dietrich Bonhoeffer sowie die Pfarrer
Gerhard Jacobi von der Gedächtniskirche und
Martin Niemöller (Dahlem), gründete wenige
Tage später im Pfarr- und Gemeindehaus der
Kaiser-Wilhelm-Gedächtniskirche den Pfarrernotbund, eine Hilfsorganisation oppositioneller
Theologen. Sie waren fest entschlossen, sich der
weiteren völkischen Umgestaltung ihrer Kirche
entgegenzustellen. In ihrer Beitrittserklärung formulierten die Notbundpfarrer keine Absage an
die Judenpolitik des NS-Staates, sondern bekräf-
tigten die vorrangige theologische Geltung des
Taufsakraments gegenüber rassischen Kriterien
im Raum der Kirche. Am 27. September schließlich wurde der seit Jahren Hitler eng vertraute
Nazi-Pfarrer und Spitzenkandidat der DC Ludwig
Müller auf einer evangelischen Reichssynode in
Wittenberg durch Akklamation zum ersten deutschen Reichsbischof erhoben.[7]

Die Jahresbilanz eines gemäßigten DC-Theologen brachte zum Ausdruck, was vermutlich
so oder ähnlich in der Mehrzahl evangelischer
Pfarrhäuser gegen Jahresende gedacht wurde.
„Ein Jahr der Größe" – so hatte Pfarrer Bruno

Marquardt seine Silvestergedanken überschrie-
ben – gehe nun zu Ende. Es sei eben „diese Größe"
gewesen, die während der Nachkriegszeit im öffentlichen Leben und in der Politik, in Beruf und
Arbeit wie im privaten Leben gefehlt habe. Nach
außen sei Deutschland von einer Nation minde-
ren Rechts, einem schuldbeladenen Volk, wieder
zu einem ebenbürtigen Partner aufgestiegen.
Nach innen sei an die Stelle selbstmörderischen
Klassenkampftreibens das Wunder neu errunge-
ner Volkseinheit getreten. Das stille Heldentum
– „vom Führer bis zum letzten SA-Mann" – habe
doch endlich gesiegt im „Sieg des Glaubens". Und
was für ihn als Geistlichen das Wichtigste sei: all
jenes wunderbare Neue und Große, was sich im
vergangenen Jahr im „innersten Erleben", im
Religiösen, angekündigt habe. Ungeachtet aller
„Versklavung" und „Versumpfung" vor 1933 habe
der Aufbruch gezeigt, dass die Deutschen durch
alles Schwere seelisch nicht überwunden seien,
sondern nun hoffnungsvoll neuer Intensivierung
des Glaubens entgegengingen.[8]

Bekanntlich erfüllte sich diese im Jahr 1933
von vielen Pfarrern geteilte Erwartung nicht.
Die preußische Landeskirche und besonders
die Hauptstadtkirche gerieten in die schwerste
Existenzkrise ihres Bestehens und hatten unter
einem selbstzerstörerischen „Bruderkampf im
eigenen Haus" zu leiden. Deutsche Christen und
Bekennende Kirche (BK) stritten erbittert um
die Vorherrschaft. Jahrelang hatten dabei die
DC ein Übergewicht und erreichten eine in der
Rückschau erschreckend weit gehende Nazifi-

Pfarrer Karl Themel (1890–1973)
mit Hitler-Jungen vor seiner
Kirche, 1935
Berlin, ullstein bild
Kat. 447

Karl Themel, Pfarrer an der
Luisenstädtischen Gemeinde
zu Berlin und seit 1932 Mitglied
von SA und NSDAP, widmete sich
der Familienforschung unter
„rassehygienischen" Vorzeichen.
Seit 1935/36 ließ er, gefördert von
der Reichsstelle für Sippenforschung (RfS) und finanziert von der
Kirche, in seiner Kirchenbuchstelle
Alt-Berlin Eintragungen aus Kirchenbüchern in ein Karteisystem
überführen, das die RfS als Vorbild
übernahm. Ziel war vor allem,
die seit 1800 getauften Juden zu
erfassen, um ihre Nachkommen
den NS-Rassegesetzen zu unter-
werfen. Nach 1945 vorübergehend
aus dem Pfarramt entfernt, wurde
Themel auf eine Landpfarrstelle
abgeschoben – um von 1954 an,
nach seiner Pensionierung und
Rückkehr nach West-Berlin, aus-
gerechnet als Archivar der Berliner
Landeskirche weiterzuwirken! *BMB*
LIT.: Gailus 2008.

zierung der Hauptstadtkirche. Theologische wie
kirchenpolitische Protagonisten dieses Kirchenstreits waren die Pfarrer. In der Großregion Berlin
gehörten etwa 44 Prozent der Gemeindepfarrer
(zumindest vorübergehend) zum Lager der DC,
gut 36 Prozent schlossen sich als „Bekenner" der
Kirchenopposition an. Nicht alle der über 220
hauptstädtischen DC-Pfarrer waren radikale
Nationalsozialisten vom Schlage eines Nobiling
oder Hossenfelder. Aber leicht ließen sich ein bis
zwei Dutzend gleichrangige Fanatiker aufzählen,
die nun den Ton angaben. Gut ein Fünftel aller
Gemeindepfarrer schloss sich in Berlin – ähnlich
wie in anderen Regionen – der Hitlerpartei an.[9]

Die deutschchristlichen Pfarrer waren vergleichsweise jung, sie stammten häufiger als
ihre Kontrahenten von der BK aus nichtakade-
mischen, unterbürgerlichen Familien und sie
kamen, was Berlin betrifft, auffallend häufig aus
den östlichen preußischen Provinzen. Kennzeich-
nend für viele war ein unverarbeitetes, paradoxes
Weltkriegserlebnis: Subjektiv fühlten sie sich
als Kriegshelden und mochten sich nicht mit
der Rolle als objektive Kriegsverlierer abfinden.
Kernstück ihres neuen Kultes waren eher die
Massenrituale als die Predigt. Eine Art neue
Liturgie breitete sich aus. Überragenden Stellenwert beanspruchte der Fahnenkult in der Kirche:
feierlicher Einmarsch der Fahnen (NS-Fahnen,
SA-Standarten, DC-Fahnen mit Christenkreuz
und Hakenkreuz) in die Kirche, Fahnenaufstel-
lung um den Altar, hinzu kam die von Pfarrern
vollzogene Fahnenweihe am Altar, schließlich
feierlicher Fahnenausmarsch, bisweilen begleitet
vom Deutschen Gruß der stehenden Gemeinde.
Verbreitet war die Obsession einer Germanisie-
rung der traditionellen Liturgie durch Tilgung

hebräischer Worte und durch Einfügung von ver-
trautem Führer-und-Volk-Vokabular. Auch das
Gesangbuch wurde entsprechend „gesäubert": Es
sollten künftig kein „Zion" und kein „Halleluja"
oder „Hosianna" in einer deutschen Kirche zu
hören sein. Feierliche Orgelausklänge intonier-
ten nun auch das Deutschland- und das Horst-
Wessel-Lied. Der Stellenwert der Predigt sank
hingegen. Sie war im Kontext des neuen Kultes
weniger wichtig als farbenprächtige symbolische
Gruppeninszenierungen mit Fahnen, Parolen
und uniformierten Männern. Die engagierten
DC-Pfarrer bemühten sich jedoch, in zeitgemäß
angepasster Predigtweise ein „artgemäßes Christentum" zu verkünden. Für zeitgemäß hielten sie
eine kämpferische, eine „männliche" Predigt, in
der weniger von Sündhaftigkeit und Schuldbela-
denheit als vielmehr von einem „heldischen" Je-
susbild als Ansporn für den deutschen Menschen
der Gegenwart sowie von einem aktivistischen
„Christentum der Tat" die Rede war. Hitler und
seine Bewegung erschienen in der neuen Predigtweise als offenbarter göttlicher Wille zugunsten
der angeblich so schwer gestraften und gedemü-
tigten Nachkriegsdeutschen.[10]

Der eigentliche Ort deutschchristlicher Ver-
einskultur waren die Pfarr- und Gemeindehäuser. „Volksmissionarische Abende" und
DC-Gruppenversammlungen lehnten sich an das
Muster von NSDAP-Parteiversammlungen an, sie
wurden oft mit einem „dreifachen Sieg Heil" auf
Hitler und die anderen Heroen der Zeit beschlossen. Das Themenspektrum der fast durchweg von
Pfarrern gehaltenen Vorträge enthielt nahezu
alles, was zur angestrebten Synthese von Christentum und Nationalsozialismus tauglich schien:
„Luther und die Juden", „Die Deutschen Christen als Erben Luthers", „Kampf um die deutsche Volksseele", „Christentum und nordischer
Glaube", „Deutsche Art im deutschen geistlichen
Lied". Auch die einschlägigen weltlichen Ikonen
(Hitler-Porträts, manchmal auch solche von Hindenburg) und die Symbole des „Dritten Reiches"
kamen hier stärker als im Sakralraum der Kirche
zur Geltung.[11]

Zum deutschchristlichen Projekt einer rassisch
homogenen „deutschen Volkskirche" gehörte
die Exklusion alles Jüdischen und vermeintlich
Jüdischen. Pfarrer, die jüdische Vorfahren hatten,
„nichtarische" Kirchenmusiker und Pfarrge-
hilfinnen sowie andere kirchliche Mitarbeiter
mussten weichen. Juden sollten nun, vor allem
seit dem Sommer 1935, nicht mehr zur Taufe
angenommen werden. Solche Beschlüsse fassten
die von Pfarrern geleiteten Gemeindekirchenräte.
Auf das Alte Testament als „Judenbuch", so hieß

es, sei künftig zu verzichten. Bei Trauungen überreichten Pfarrer nun allein das Neue Testament, nicht selten ergänzt um Hitlers „Mein Kampf". Jüdische oder vermeintlich jüdische Symbole und Bildelemente an oder in den Kirchen wurden übermalt oder entfernt.[12] Außerdem waren sämtliche Kirchengemeinden und Pfarrer in die Umsetzung des rassenpolitischen Programms des NS-Staates involviert. Seit April 1933 stellten sie reichsweit Auszüge aus den Kirchenbüchern für den Ariernachweis bereit. Mehrere Landeskirchen unterhielten kircheneigene Sippenforschungsprojekte, um den rassenpolitischen Zielsetzungen des Regimes direkt zuzuarbeiten.[13]

Federführend auf diesem Gebiet war in Berlin Pfarrer Karl Themel von der Luisenstadtgemeinde. Im November 1934 bot er dem Sachverständigen für Rasseforschung beim Reichsministerium des Innern aus freien Stücken seine Mitarbeit an. Damit begann eine enge Kooperation zwischen Teilen der Hauptstadtkirche und dem NS-Staat. Der sippenforschende Pfarrer plante die „Verkartung" und rassenpolitische Auswertung der Personendaten aus den Kirchenbüchern (bis zum Jahr 1800 zurück) zu Zwecken nationalsozialistischer Bevölkerungspolitik. Nicht zuletzt mit dieser Zielsetzung begründete Themel die Kirchenbuchstelle Alt-Berlin. Im Februar 1936 liefen die Verkartungsarbeiten an; für sein Mitarbeiterteam, das zeitweilig bis zu fünfzig Personen umfasste, erarbeitete der Pfarrer ausgefeilte Richtlinien („Anweisung für Sonderfälle"). Demnach waren „Judentaufen" auf besonderen Karten zu erfassen, auch „Farbige", „Zigeuner" und „Türken" galten als „Fremdstämmige". Im Dezember 1936 lud der Berliner Stadtsynodalverband zur festlichen Eröffnung der Arbeitsstelle im Gemeindesaal der St. Georgen-Gemeinde (Berlin-Mitte). Zur Begrüßung sprach als Präses der Stadtsynode Superintendent Zimmermann, dessen eng gestrickte Pfarrhauswelt eingangs geschildert wurde. Der *Völkische Beobachter* berichtete tags darauf: In dieser kirchlichen Arbeitsstelle würden täglich drei bis vier Fälle einer „nichtarischen" Abstammung aufgedeckt. Themel ließ sie alle in einer „Judenkartei" registrieren und leitete seine Ergebnisse auch der Reichsstelle für Sippenforschung im Innenministerium und anderen Staats- und Parteistellen zu. Im Jahr 1941 bilanzierte er anlässlich des fünfjährigen Bestehens der Kirchenbuchstelle, dass insgesamt über 250 000 Urkunden für den Ariernachweis ausgestellt worden seien, in mehr als 2600 Fällen habe man eine jüdische Abstammung entdeckt. Über die „Arbeit an der sachlichen Feststellung

deutschen, artverwandten oder auch fremden Blutes" hinaus bescheinigte Themel der Kirchenbuchstelle im Dezember 1941 auch einen großen ideellen Dienst: Ihre Forschungen hätten dem Menschen der Gegenwart vermittelt, „dass er getragen wird von der Blutsgemeinschaft des Volkes und von seiner Sippe, und dass er nur ein Glied in der Kette von den Ahnen zu den Enkeln ist, deren bestes Erbgut er weiterzugeben hat zum Heil des ewigen Deutschland."[14]

Mit den Glaubensüberzeugungen der Deutschen Christen und verwandter Bewegungen, die ebenso religiös wie politisch geprägt waren, zog nationalsozialistische Weltanschauung in die Pfarrhäuser ein – gewiss nicht in alle, aber eben doch in sehr viele. Die Türen und Fenster des Pfarrhauses, auch der Gemeindehäuser und Kirchen waren weit geöffnet, um die völkischen „Ideen von 1933" einschließlich eines kräftigen Antisemitismus einströmen zu lassen, wie das Beispiel des aus einem pommerschen Pfarrhaus stammenden Theologen Nobiling gezeigt hat. Eine wichtige Voraussetzung für diese insgesamt hohe geistig-moralische Empfängnisbereitschaft war bereits durch die in den Pfarrhäusern weit verbreitete Geringschätzung der Weimarer Republik gegeben. Was die deutschen Protestanten betrifft, die zwei Drittel der Reichsbevölkerung ausmachten, so vermochte die mächtige Welle der DC-Massenbewegung als Teil des „nationalen Aufbruchs" von 1933 dem ereignisreichen Umbruchjahr ihren Stempel aufzudrücken. Einige Landeskirchen wie jene von Thüringen und Mecklenburg gerieten vollends unter DC-Herrschaft.[15] In anderen wie der sehr großen preußischen Landeskirche waren Entzweiung und Kirchenkampf die beherrschende Signatur.

Der sächsische Landesbischof Friedrich Coch (Mitte) tritt am 11. August 1933 aus dem Portal der Dresdner Frauenkirche, Abbildung aus: Heim und Welt, 10. Dezember 1933
Dortmund, Institut für Zeitungsforschung
Kat. 434

Die „braune Synode" – viele Teilnehmer erschienen in Parteiuniform – bestätigte den DC-Pfarrer Friedrich Coch (1887–1945) im Bischofsamt, das er sich ohne kirchliche Legitimierung angeeignet hatte. Er führte ein brachiales Kirchenregiment mit Disziplinarverfahren und Denunziation von Anhängern des Pfarrernotbundes, wurde aber seit 1935 durch eine starke innerkirchliche Opposition weitgehend isoliert. *BMB*
LIT.: Wilhelm 2004.

Gewiss, mit deutlicher zeitlicher Verzögerung bildete sich dann auch innerkirchliche Opposition gegen die völkische Selbstumwandlung der Kirche heraus, eine Opposition, die 1934 als Bekennende Kirche zusammenfand und die sich mit der Barmer Theologischen Erklärung vom Mai 1934 so etwas wie eine Magna Charta kirchlich-theologischen Widerspruchs gegen deutsch-christliche Häresien verlieh. Das war primär nicht Widerstand gegen das NS-Regime, sondern Opposition gegen die Vorherrschaft von deutsch-christlicher Theologie und politischer Ideologie in der Kirche. Man wird nach Lichtblicken in der über weite Strecken dem Regime angepassten und teilweise dezidiert braun gefärbten Kirche des „Dritten Reiches" fragen. Solche gab es durchaus, in etlichen Pfarrhäusern, in Gestalt oppositioneller Theologen und vieler Männer und Frauen aus dem Kirchenvolk, die dem mächtigen Sog hin zu den DC und zur NSDAP widerstanden. Protestantinnen und Protestanten wie der reformierte Schweizer Theologe Karl Barth oder Dietrich Bonhoeffer, wie die Berliner Lehrerinnen Elisabeth Abegg und Elisabeth Schmitz oder institutionalisierte Großgruppen wie der Pfarrernotbund, die oppositionellen Bekenntnisgemeinden und Bekenntnissynoden zeugen davon.

Lediglich ein eindrucksvolles Beispiel für entschiedenen Widerspruch aus dem Pfarrhaus, der dann auch folgerichtig in Widerstand gegen das Regime überging, kann hier abschließend erwähnt werden. Zur selben Zeit, als Pfarrer Themel seine rassistisch motivierten Sippenforschungen im Pfarr- und Gemeindehaus St. Georgen betrieb, um die lebensgefährlichen Informationen aus den Kirchenbüchern über entdeckte „nichtarische" Christen an Verfolgungsstellen in Staat und Partei weiterzumelden, engagierte sich im Pfarrhaus der Berliner Gethsemane-Gemeinde (Prenzlauer Berg) Agnes Wendland, die Ehefrau des Bekenntnispfarrers Walter Wendland, zusammen mit ihren Töchtern Ruth und Angelika im Rettungswiderstand zugunsten der Verfolgten. Mehrere Personen fanden zeitweilig Unterschlupf im Pfarrhaus, darunter die Geschwister Rita und Ralph Neumann, die während der Kriegszeit anderthalb Jahre unter falschem Namen und mit falscher Identität dort wohnten und die Zeit des „Dritten Reiches", wenn auch unter extremen Gefährdungen, überlebten.[16]

1   Nach Zimmermann 1983.
2   Ebd., Zitate S. 61f., S. 69, S. 89f.
3   Vgl. Klotz 1932; Falter 1991; Weiling 1998.
4   Vgl. Siegfried Nobiling, [Stellungnahme zum Nationalsozialismus], in: Klotz 1932, Bd. 2, S. 79-85, Zitat S. 79.
5   Ebd., Zitat S. 82f.
6   Vgl. Hossenfelder 1933, S. 8–19, hier S. 16ff.
7   Zum kirchlich turbulenten Umbruchjahr 1933 vgl. Scholder 1977; zur Großregion Berlin: Gailus 2001.
8   Bruno Marquardt, Ein Jahr der Größe. Silvestergedanken 1933, in: Evangelium im Dritten Reich, Nr. 53, 31.12.1933.
9   Vgl. Gailus 2001, S. 480-504.
10  Vgl. zur DC-Bewegung insgesamt: Bergen 1996.
11  Gailus 2001, bes. S. 139–196.
12  Vgl. Büttner/Greschat 1998; Gailus 2003.
13  Vgl. hierzu die Regionalstudien in: Gailus 2008. Einen besonders krassen Fall von Mittäterschaft stellt die kirchliche „Sippenkanzlei" in Schwerin dar: Johann Peter Wurm, „Vom ‚Rohstoff' Kirchenbücher zum ‚Veredelungsprodukt' deutschblütiger Volksaufbau". Pastor Edmund Albrecht und die Mecklenburgische Sippenkanzlei (1934–1945), in: ebd., S. 48-81.
14  Karl Themel, Fünf Jahre Kirchenbuchstelle Alt-Berlin, in: Familie, Sippe, Volk 8 (1942), S. 3-5; generell zu Themel vgl. Manfred Gailus, Vom evangelischen Sozialpfarrer zum nationalsozialistischen Sippenforscher. Die merkwürdigen Lebensläufe des Berliner Theologen Karl Themel (1890–1973), in: Zeitschrift für Geschichtswissenschaft 49 (2001), S. 796-826.
15  Für Thüringen jetzt: Arnhold 2010. Zu Mecklenburg fehlt noch immer eine entsprechende Regionalstudie.
16  Vgl. Schieb 2013.

WAS JHR GETAN HABT DEM
GERINGSTEN MEINER BRÜDER...

DAS NEUE TESTAMENT

DENEN ausgelegt, die sich nach der Erfüllung
SEINER VERHEISSUNG SEHNEN

VON

Emil Fuchs

1 9 3 4

ALS MANUSKRIPT GEDRUCKT
ALLE RECHTE VORBEHALTEN

**Hektografierte Urfassung
des Werkes von Emil Fuchs
(1874–1971): „Auslegung des
Neuen Testaments" (1933–1935)
mit einem Titelblatt von
Elisabeth Fuchs-Kittowski**
Berlin, Klaus Fuchs-Kittowski
Kat. 475

Das in Einzellieferungen
vervielfältigte Manuskript
interpretierte die Evangeli-
en im Sinne eines religiösen
Sozialismus, Pfarrämter in den
Industriestädten Rüsselsheim
und Eisenach hatten den Autor
in die Nähe der Arbeiterbewe-
gung geführt. 1933 vertrieb
ihn das NS-Regime von seinem
Kieler Lehrstuhl. Es folgten
Haft und Publikationsverbot.
Seine Tochter Elisabeth nahm
sich in verzweifelter Unge-
wissheit über das Schicksal
ihres emigrierten Mannes das
Leben. 1949 übernahm Fuchs
eine Professur in Leipzig. Bei
Walter Ulbricht erwirkte er
einen waffenlosen Ersatzdienst
im Rahmen der Wehrpflicht
und weitere Zugeständnisse an
die Kirchen – ermöglicht auch
durch Fuchs' bekennende Identifikation mit dem politischen
System der DDR. *BMB*
LIT.: Fuchs 1957 und 1959,
Bernet/Fuchs-Kittowski 2012.

**Herrnhuter Losungen mit hand-schriftlichen Eintragungen aus der Zeit des „Kirchenkampfes",
1934**
Dresden, Landeskirchenarchiv der Ev.-Luth. Landeskirche Sachsens
Kat. 473

Esther von Kirchbach (1894–1946), Schriftstellerin und Pfarrfrau in der Bekennenden Kirche, las wie so viele die täglichen Bibelverse des Herrnhuter Losungsbüchleins als erbaulichen Leitspruch für den Tag. Das weit über die Brüdergemeine hinaus verbreitete Kalendergebetbuch wurde dabei oftmals auch als Tagebuch benutzt, in dem die biblischen Sprüche für die eigenen Zeit- und Lebensumstände angeeignet und gedeutet wurden. Ihre Notizen verweisen auf die Audienz der Kirchenführung bei Hitler am 25. Januar 1934. Die BK hatte gehofft, dabei den Sturz des NS-Reichsbischofs Müller herbeiführen zu können. Aber ein Telefonabhörprotokoll mit despektierlichen Äußerungen Niemöllers über den Reichspräsidenten Hindenburg schwächte ihre Position – trotz des mutigen Auftretens von Niemöller. *SB*

20      Januar

Herr, mein Heil, in aller Angst / wend ich meine Glaubensblicke / zu dem Kreuze, da du hangst, daß ich mich an dir erquicke, wenn mich Schuld und Sünde drückt / und das Herz davor erschrickt. 488, 1

Ohne Blutvergießen geschieht keine Vergebung. Hebräer 9, 22

Und da, Jesu, lässest du / mich dein offnes Herz erblicken, neigst dein Haupt mir freundlich zu, sprichst: Komm her, laß dich erquicken! Deine Schuld, die dich erschreckt, ist durch meinen Tod bedeckt. 488, 2

**26 Freitag** Joh. 1, 29—39 Hiob 10

Ich sagte dir zu: Du wirst alsdann mich nennen „Lieber Vater!" und nicht von mir weichen. Jeremia 3, 19

Gib den Kindesgeist, der dich Vater heißt, daß mit kindlichem Vertrauen / ich dir in die Augen schauen, ja, mich freuen kann, siehest du mich an. 667, 8

Wenn ihr betet, so sprecht: Unser Vater im Himmel. Lukas 11, 2

Du heiliges Licht, edler Hort, laß uns leuchten des Lebens Wort / und lehr uns Gott recht erkennen, von Herzen Vater ihn nennen. 173, 2

**27 Sonnabend** Joh. 1, 40—51 Jerem. 9, 22. 23

Suchet den Herrn, alle ihr Elenden im Lande, die ihr seine Rechte haltet; suchet Gerechtigkeit, suchet Demut, auf daß ihr am Tage des Zorns des Herrn möget verborgen werden. Zephanja 2, 3

**Albert Weinsheimer (1868–1936): Fotoreportage „Das Kirchenbuch unter der Photolinse': Die Reichsstelle für Sippenforschung", 1936**
Berlin, Stiftung Stadtmuseum Berlin
Kat. 448b

Die Reichsstelle für Sippenforschung (seit 1940 „Reichssippenamt") zählte zu den Institutionen, mit denen der Nationalsozialismus die Bevölkerungsentwicklung im Sinne der Rassenideologie beeinflussen wollte. Die Kirchenbücher dienten als Quelle für Aussagen, wer zur deutschen „Volksgemeinschaft" gehöre und wer zu den „Fremdstämmigen". Mit den judenfeindlichen Gesetzen nach 1933 kam ein enormes Bedürfnis nach „Ariernachweisen" auf. Alte kirchliche Personenstandsregister, in denen auch die Konversion von Juden zum Christentum verzeichnet war, nutzten Antisemiten, um etwaige jüdische Vorfahren festzustellen. Leiter der Reichsstelle war ein pfälzischer Pfarrerssohn: der Historiker und SS-Angehörige Kurt Mayer (1903–1945). *BMB*
LIT.: Gailus 2008.

**Unbekannter Künstler:
Horst Wessel, 1936**
Berlin, Stiftung Stadtmuseum
Berlin
Kat. 459

Der Vater, Feldprediger im
Weltkrieg und Pfarrer an der St.
Nicolai-Kirche in Berlin, starb
bereits 1922. Seine Prägung
der Familie – „germanischer
Christusglauben", „Antibolsche-
wismus" und Antisemitismus –
aber wirkte fort: Horst Wessel
(1907–1930) trat als Student
1926 in SA und NSDAP ein und
machte sich als Propagandist
einen Namen, ehe er an den Folgen eines politisch motivierten
Gewaltangriffs von Kommunisten, die ihn in seiner Wohnung
überfielen, starb. Im „Dritten
Reich" wurde er Gegenstand eines Märtyrerkultes, ein von ihm
verfasster Liedtext avancierte
als „Horst-Wessel-Lied" zur
zweiten Nationalhymne. *BMB*
LIT.: Gailus/Siemens 2011.

# Junge Welt — Extrablatt

**ORGAN DES ZENTRALRATS DER FREIEN DEUTSCHEN JUGEND**

Sonderausgabe — April 1953 — Preis 10 Pf.

Aus dem ██████
Tatsachen über Jugendmißhandlungen in den Pfeifferschen Stiftungen — Seite 3
Ein Sturm des Protestes gegen das Treiben der „Jungen Gemeinde" — Seite 4

# „Junge Gemeinde"-Tarnorganisation für Kriegshetze, Sabotage und Spionage im USA-Auftrag

**Schändlicher Mißbrauch des christlichen Glaubens / „Junge Gemeinde" wird von den westdeutschen und amerikanischen Imperialisten dirigiert / Enthüllungen über die Verbindungsleute der „Jungen Gemeinde" im Westen / Ehemaliger Gestapo-Agent — als „Diakon" getarnter USA-Spion**

Die Korrespondenten der „Jungen Welt" aus allen Teilen der Deutschen Demokratischen Republik berichten über neue Tatsachen der feindlichen Umtriebe der illegalen „Jungen Gemeinde". Diese Tatsachen, die wir uns verpflichtet fühlen der Öffentlichkeit zu unterbreiten, runden das bisher durch zahlreiche Beiträge der „Jungen Welt" gezeichnete Bild dieser illegalen Organisation ab. Es erweist sich, daß die heuchlerisch mit christlichem Schein verbrämte „Junge Gemeinde" direkt durch die in Westdeutschland und vorwiegend in Westberlin stationierten amerikanischen Agenten- und Spionagezentralen angeleitet wird. Der christliche Glaube vieler junger Menschen wird durch eine geschickt aufgebaute religiöse Staffage mißbraucht, um sie unter Vorspiegelung angeblich kirchlicher Betätigung nicht nur gegen die Deutsche Demo-

kratische Republik aufzuhetzen, sondern auch zu feindlichen Handlungen, die schwere Strafen unterliegen, aufzuwiegeln. Somit ist die „Junge Gemeinde" nichts weiter als ein verlängerter Arm der Terrororganisation BDJ. Ihre Leiter sind die gleichen, die in Westdeutschland im Auftrage Adenauers und seiner amerikanischen Hintermänner eine Hetzjagd gegen die für Frieden und Einheit mutig kämpfende Jugend veranstalten und solche aufrechten jungen Patrioten wie Jupp Angenforth verhaften, verschleppen und mißhandeln. Die Hintermänner und Leiter der „Jungen Gemeinde" wollen — wie die Tatsachen beweisen — in unserer Republik ein gleiches System des Terrors aufrichten wie in Westdeutschland, sie besorgen die schmutzige Sache Adenauers, des Todfeindes der deutschen Jugend.

## Ein angeblicher Studentenpfarrer

Greifen wir zunächst etwas zurück. Denn nicht erst seit gestern und heute treibt die „Junge Gemeinde" ihr verräterisches Spiel. Besonders an den Universitäten und Oberschulen haben sich einige der Drahtzieher dieser religiös getarnten Organisation einzuschleichen verstanden, um einen Spalt in die studierende Jugend zu treiben.

Es war im Jahre 1951, Anfang Februar. An der Martin-Luther-Universität in Halle war der Studentenpfarrer Johannes Hamel tätig. Eine gewisse Zeit lang hat er das Gesicht des Biedermanns gezeigt, um Vertrauen zu erlangen, gebärdete er sich fortschrittlich. Doch mehr und mehr wurde deutlich, in wessen Diensten er stand.

Es war die Zeit der Wahlen zu den Studentenräten. Eine Anzahl Studenten, besonders von der theologischen Fakultät, versammelten sich bei Hamel. Er nahm in dieser Besprechung kein Blatt vor den Mund. „Wir von der evangelischen Studentengemeinde — rief er den Studenten zu — müssen versuchen, den Ausgang der bevorstehenden Studentenratswahlen in einem für uns günstigen Sinne zu beeinflussen. Ich schlage daher vor, die von den Studenten ausgesuchten Kandidaten aufzusuchen, sie entweder für uns zu gewinnen oder zum Rücktritt zu bewegen." Unbedingt müsse es zu einer starken Gruppenbildung an der Hallenser Universität kommen — das war Hamels Richtlinie.

Unsere Universitäten sind die Bildungsstätten der Söhne und Töchter der Werktätigen. Was wollte Hamel hier in für sich günstigem Sinne beeinflussen? Wozu peitschte er die Studenten auf? Handelt es sich hier um eine Frage der Religion oder des Glaubens, für die einzig und allein ein Pfarrer zuständig sein kann?

Weit gefehlt. Der angebliche Pfar-

rer Hamel würde über solche naiven Vermutungen im Innern selbst lächeln. Er ist einer von denen, die auf die Politik laut schimpfen, die aber — im schwarzen Talar getarnt — selbst Politikmachen.

„Sehen wir uns diesen „Pfarrer" einmal etwas genauer an. Zunächst: Was liest er, woher hat er seine Weisheiten? — Seine Nachrichtenquelle ist ein Institut, das sich „Evangelisches Hilfswerk" nennt und seinen Sitz in Westberlin hat. Die genaue Adresse: Teltower Damm 93—94. Mit den Hetzschriften, die er von dort erhält, spickt er seine Predigten auf der Kanzel und seine Reden in Versammlungen. Mehr noch: Er verbreitete dieses Gift unter jene Studenten, die ihm bereits ins Netz gegangen waren. In diesen Schmutzschriften sind auch verlogene Berichte von Hamel über unsere Republik zu finden, die er wohlweislich unter Pseudonym veröffentlichte.

Eine ganze Sammlung von Hetzschriften hat „Pfarrer" Hamel, wie eine Haussuchung ergab, in unsere Republik eingeschleust. Da sind Schmutzblätter aus Hamburg, Stuttgart, Köln, Hetzbücher aus Zürich und Westberlin. Mit ihrem Inhalt versuchte Hamel die Studenten aufzuhetzen. Greifen wir nur einige markante Stellen aus einigen der

Hetzschriften heraus. Da steht zum Beispiel, die ganze Entnazifizierung sei ein Unglück für Deutschland; da sind Beiträge, die das polnische Volk beleidigen und gegen die Oder-Neiße-Friedensgrenze hetzen, dem-gegenüber aber die knechtende „Marshallplanhilfe" der USA in den Himmel heben. Breiten Raum nehmen in der Bibliothek des Herrn Hamel die Hetzschriften gegen die Sowjetunion ein. Der verbrecherische Überfall Hitlerdeutschlands auf die Sowjetunion wird als „titanisches Ringen" bezeichnet. Die echte Freundschaft des deutschen Volkes zur Sowjetunion wird durch wahre Hetztiraden in den Schmutz getreten, die in solchen Sätzen gipfeln, wie: „Die Russen zerstören aus purer Freude am Untergang." Freche Lügen und Verleumdungen lassen sich in den Leib- und Magenhetzblättern dieses sogenannten „Pfarrers" in Hülle und Fülle finden. Nur noch ein Beispiel, das die Urheber und den Leser gleichermaßen charakterisiert. In einem aus der Schweiz in unsere Republik eingeschmuggelten Hetzbuch wird ein Greuelmärchen von einem lettischen Pfarrer erzählt, dem angeblich mit „einem glühenden Eisen ein Kreuz auf die Brust aufgebrannt und der der

(Fortsetzung auf Seite 2)

### Das sind die Hetztafeln der illegalen „Jungen Gemeinde"

Auf Anschlagbrettern und in Schaukästen hetzt die illegale „Junge Gemeinde" im Auftrage der amerikanischen Spionagezentralen in Westdeutschland und Westberlin gegen den Frieden und unsere Deutsche Demokratische Republik. Hier wird ein eigenartiger „Frieden" gepredigt — der Frieden mit den Feinden unseres Volkes, mit jenen, die einen neuen Krieg vom Zaune brechen beabsichtigen und im Interesse ihrer Profite Not und Elend heraufbeschwören wollen. Illegal ist die „Junge Gemeinde" — illegal sind ihre Anschlagbretter und Schaukästen.

---

## Jugendliche erklären:

# „Ich trete aus der „Jungen Gemeinde" aus"

### Die wahren Absichten der „Jungen Gemeinde" sind erkannt

In mehreren Artikeln hat die „Junge Welt" durch Tatsachen bewiesen, daß die sogenannte „Junge Gemeinde" unter dem Deckmantel der Religion gegen unsere Deutsche Demokratische Republik hetzt. In deutlicher Beweis dafür waren auch die Vorgänge in den Pfeifferschen Stiftungen in Magdeburg-Cracau, über die die „Junge Welt" in letzter Zeit ausführlich berichtete.

Inzwischen hat der Protest der Jugend gegen die kirchlich getarnten feindlichen Umtriebe von Tag zu Tag zugenommen. Aus allen Kreisen der Jugend erhalten wir Proteste gegen die unmenschliche Behandlung Jugendlicher in den Pfeifferschen Stiftungen. Die Jugendlichen fordern die strengste Bestrafung der Verantwortlichen. Protestiert haben aber nicht nur Mitglieder der Freien Deutschen Jugend, sondern

auch zahlreiche Jugendliche, die bisher Anhänger der „Jungen Gemeinde" waren. Ihren Protest brachten sie dadurch zum Ausdruck, daß sie ihren Austritt aus der „Jungen Gemeinde" erklärten.

Der Jugendliche Josef Klektau aus den Pfeifferschen Stiftungen in Magdeburg-Cracau zum Beispiel schreibt: „Auf Grund der Geschehnisse in den Pfeifferschen Stiftungen habe ich die wahren Absichten der „Jungen Gemeinde" erkannt und erkläre hiermit meinen Austritt aus dieser illegalen Organisation." Gleiche Erklärungen gaben die Jugendlichen Josef Sternberg, Hans-Dieter Jahn und Alfred Zieseler ab.

Der Jugendkorrespondent Eberhard Hellwig berichtet von einer Vollversammlung der FDJ-Schulgruppe der Oberschule Dömnitz:

Auch aus Dallgow erreichte uns der Brief von Christa Schäfer. Sie schreibt:

„Ich war bis Januar Mitglied der „Jungen Gemeinde", aber schon damals wurde ich schwankend. Ausschlaggebend für meinen Austritt war die wachsende Erkenntnis, daß wir in dieser Organisation für republikfeindliche Dinge mißbraucht werden sollen. Ich will mich aber nicht als Werkzeug für Adenauers volksfeindliche Interessen mißbrauchen lassen. Ich bin Mitglied der FDJ-Grundeinheit der Oberschule Falkensee und ich habe erkannt, daß es nur eine Jugendorganisation geben kann, die Freie Deutsche Jugend."

„Zu den Schülern sprach ein Vertreter der Bezirksleitung der FDJ. Zahlreiche Tatsachen überzeugten alle von dem verbrecherischen Ziel der „Jungen Gemeinde". Anschließend entstand eine lebhafte Diskussion, in deren Verlauf drei Mitglieder der „Jungen Gemeinde", Manfred Tunn, Bärbel Menzer und Dieter Wolff, ihren Austritt aus dieser Organisation erklärten. In Dömnitz war die feindliche Rolle der „Jungen Gemeinde" noch nicht allen klar geworden. Viele Mitglieder dieser Organisation wußten noch nicht, in welche schändliche Rolle sie verwickelt wurden. Am nächsten Tag erklärten weitere sieben Mitglieder der „Jungen Gemeinde" ihren Austritt aus dieser Organisation. Es sind dies Gisela Westphal, Erna Thieler, Marianne Lühr, Waltraudt Rudel, Irmgard Idcack, Helga Mutschmann und Ingelore Seefeldt.

Der Freund Alfred Zieseler aus Magdeburg hat mit seiner Austrittserklärung, die wir hier im Faksimile veröffentlichen, auch das Abzeichen der „Jungen Gemeinde" mitgeschickt

---

## Selbstauflösung der „Evangelischen Studentengemeinde" im Bereich der Landeskirche Thüringen

Jena (Eig. Ber.). Wie aus Kreisen der ehemaligen „Evangelischen Studentengemeinde" der Universität Jena bekannt wird, hat der Synodal-Ausschuß der Evangelischen Landeskirche Thüringen unter dem Vorsitz des Landesbischofs Mitzenheim in seiner Tagung am 2. April gegen eine Stimme beschlossen, die „Evangelische Studentengemeinde" aufzulösen und ihren gesamten bisherigen organisatorischen Apparat abzubauen.

Der Ausschuß verhängte gleichzeitig eine Einreisesperre für Mitarbeiter der Jugendkammer und des Pädagogischen Ausschusses der Evangelischen Kirchenleitung Deutschlands, die ihren Sitz in Westberlin haben, in den Bereich der Landeskirche Thüringen.

Günther Heydemann

# PFARRER, PFARRFAMILIEN UND PFARRHÄUSER IN DER SBZ/DDR

Es mag Zufall sein, dass zwei der drei höchsten Staatsämter in der Bundesrepublik von Ostdeutschen bekleidet werden – und beide lebensgeschichtlich eng mit dem evangelischen Pfarrhaus verbunden sind, Joachim Gauck als Pastor, Angela Merkel als Tochter eines solchen.[1] Nach fast einem Vierteljahrhundert Wiedervereinigung scheint dies kaum mehr der Rede wert. Gleichwohl haben beide eine spezifische Sozialisation erfahren, und dies in doppelter Hinsicht: als Einwohner der DDR sowie als Christen in einem dezidiert atheistischen Staat. Wer christlichen Glaubens war und der Kirche angehörte, sah sich bereits als Laie erheblichen persönlichen und beruflichen Nachteilen und Diffamierungen ausgesetzt. Noch mehr galt dies für die bei der Kirche Angestellten. Ein Pfarrer, der jahrzehntelang seinen Dienst im SED-Staat versehen hat, beschrieb diese besondere Situation im Rückblick einmal folgendermaßen: „Kirche im Sozialismus war nichts anderes als eine Standortbestimmung. Und das hieß, wir leben: um uns die Mauer, die Partei, der Zentralismus, die Schikane gegen Jugendarbeit der Kirche, die Verteufelung von Andersdenkenden, Kinderkrippe, feste Preise, Mangelwirtschaft, Willkür im Rechtswesen, S[ozial]V[ersicherungs]-Ausweis, Straßenbahn für 20 Pfennig, Verbot von Literatur, Zeitungen und Reisen – Lebensraum, damals ‚Sozialismus‘ genannt."[2]

Um wie viele Menschen geht es eigentlich, wenn wir von den Pfarrhäusern in der DDR reden? Die Zahlen stehen nicht genau fest, vermitteln aber eine ungefähre Größenordnung. Anfang der fünfziger Jahre gab es rund 5400 Pfarrer, fünf Jahre vor dem Ende des SED-Staates waren es noch knapp 4000.[3] Geht man von rund 5000 Pfarrern während der 40 Jahre DDR aus, verheiratet und mit durchschnittlich drei Kindern, handelt es sich um etwa 25 000 Menschen, die zu einer Pfarrfamilie in der DDR gehörten und ganz überwiegend auch in einem Pfarrhaus lebten. Die Pfarrer stammten mehrheitlich aus der Region, in der sie nach Abschluss ihrer Ausbildung auch ihren Dienst versahen. Zudem war der Selbstrekrutierungsgrad des Berufsstandes

relativ hoch: Anfang der fünfziger Jahre waren 25 Prozent aller Pfarrer selbst in einem Pfarrhaus aufgewachsen, 20 Prozent der Pfarrfrauen ebenfalls. Von der Altersstruktur her stellten die 55- bis 65-jährigen Pfarrer in diesem Zeitraum mit 40 Prozent die größte Gruppe, dicht gefolgt von den 40- bis 50-Jährigen.[4] Insgesamt handelte es sich somit, soziologisch gesehen, um eine im Verhältnis zur Gesamtbevölkerung in der DDR von rund 17 Millionen sehr kleine, aber weitgehend homogene bürgerliche Schicht.

In den unmittelbaren Nachkriegsjahren erlebten die Pfarrer mit ihren Familien eine gewisse Ruhe vor dem Sturm. Denn die sowjetische Besatzungsmacht schützte die Kirchen und brachte ihren Amtsträgern durchaus Respekt entgegen: zum einen, weil man glaubte, die Kirchen hätte sich dem Nationalsozialismus entgegengestellt (was allerdings nur partiell stimmte), zum anderen, weil sie in der „Zusammenbruchsgesellschaft" (Christoph Kleßmann) der Nachkriegszeit vielen Menschen religiösen und geistigen Halt boten und zudem in beträchtlichem Maße soziale Hilfe leisteten. Den Kirchen wurde daher sogar erlaubt, die Entnazifizierung ihrer Pfarrer und Angestellten selbst vorzunehmen.

Erste Konflikte mit der SED entzündeten sich an der traditionellen Wiederaufnahme kirchlicher Jugendarbeit nach 1945, die von Anfang an in einer gleichsam natürlichen Konkurrenz zur einheitlichen staatlichen Jugendorganisation Freie Deutsche Jugend (FDJ) stand. Gründe für die Rivalität gab es auf beiden Seiten. Nur wenige Jahre zuvor hatten die Kirchen in der NS-Diktatur erleben müssen, wie ihre Jugendorganisationen durch die Hitler-Jugend und den Bund Deutscher Mädel marginalisiert und ausgehebelt worden waren; Ähnliches sollte sich nicht wiederholen. Die am 7. März 1946 ins Leben gerufene FDJ – die sich keineswegs als, wie zu ihrer Gründung verlautbart, „überparteilich, einig und demokratisch" entpuppte –, sagte den kirchlichen Jugendverbänden jedoch bald den Kampf an. Denn im Zuge des zu diesem Zeitpunkt noch verdeckt betriebenen Aufbaus einer sozialistischen Diktatur kam aus Sicht der SED einer frühen

Sonderausgabe der FDJ-Zeitung „Junge Welt" zur Auseinandersetzung mit der Jungen Gemeinde in der DDR, 1953
Berlin, Deutsches Historisches Museum
Kat. 494

Die Junge Gemeinde erhielt in den ersten Jahren der DDR enormen Zulauf – auch von Mitgliedern der kommunistischen FDJ. Was sie abgesehen vom geistigen Freiraum attraktiv machte (eigene Jugendzeitschriften, Rüstzeitheime, Wanderungen, Laienspielgruppen u.a.), wurde von 1952 an verboten, die Junge Gemeinde als Agentur des Westens denunziert. Ihr völliges Verbot unterblieb auf Druck Moskaus. *BMB*
LIT.: Mau 2005; Kleßmann 1993.

ideologischen Indoktrination der Jugend eine Schlüsselrolle zu.

Die Auseinandersetzungen eskalierten, als SED und FDJ ihren jugendpolitischen Kurs 1952 massiv verschärften und die Auflösung der Jungen Gemeinde und der Evangelischen Studentengemeinden durchzusetzen suchten, indem sie deren Mitglieder offen kriminalisierten. Als „Tarnorganisationen westlicher Geheimdienste" wurden beiden kirchlichen Jugendorganisationen im Januar 1953 schließlich jegliche Aktivitäten untersagt.[5] Die weitere Mitgliedschaft führte zur Relegation von Oberschulen und Universitäten, teilweise sogar zur strafrechtlichen Verfolgung. Auch wenn der Aufstand vom 17. Juni 1953 die SED zeitweise zur Zügelung ihres aggressiven Vorgehens zwang, hielt sie an ihrer dezidiert antikirchlichen Verdrängungspolitik fest. Für den Aufbau einer sozialistischen Gesellschaft war die Entkirchlichung der Bevölkerung aus Sicht der Partei unvermeidlich. Um den kirchlichen Einfluss bei der breiten Mehrheit der Bevölkerung[6] sukzessive zurückzudrängen, setzte die SED der traditionellen Konfirmation (und Kommunion) ab 1954/55 die Jugendweihe entgegen – eine Strategie, die langfristig durchaus Erfolg haben sollte. Die Pfarrhäuser galten dagegen als ein „reaktionäres Bollwerk", das diesem Ziel nicht nur entgegen-, sondern auch widerstand. Und damit rückten die Pfarrer mit ihren Familien zunehmend in den Fokus der Staatsmacht und ihrer Organe.[7]

Der Konflikt ging indes über die Jugendarbeit weit hinaus. Dem Marxismus-Leninismus zufolge stellte sich die Geschichte der Menschheit als progressive Abfolge ökonomischer Gesellschaftsformationen dar, die gesetzmäßig einander ablösen und schließlich zur kommunistischen Gesellschaft führen. Da die SED in der DDR den Kapitalismus mit seinem geistigen und religiösen „bürgerlichen Überbau" bereits überwunden sah, verkörperten religiöse Überzeugungen und kirchliche Institutionen letztlich Überbleibsel einer vergangenen historischen Epoche. Ihre Weiterexistenz ertrug der Staat nur mühsam und in der festen Erwartung, dass die Kirchen mit ihren Gläubigen letztlich aussterben würden. Zudem schloss das marxistisch-leninistische Geschichtsbild jegliche andere politisch-historische Entwicklungsmöglichkeit aus. Für die konkrete seelsorgerliche Tätigkeit der Pfarrer in der DDR bedeutete dies: „Wir als Kirche mussten lernen, mit einem System und dessen Vertretern zu leben, die uns eigentlich abschaffen wollten. Der real existierende Sozialismus hatte dieses Ziel nie aufgegeben".[8] Dadurch wurden die

Kirchen zum ideologischen Konkurrenten; das galt für den Marxismus-Leninismus wie für den sozialistischen Staat DDR. Die entsprechende weltanschauliche Indoktrination setzte bereits in der Schule ein: „Kirche ist das Rudiment einer vergangenen Gesellschaftsordnung. Wir bauen eine Gesellschaft, in der Kirche nicht mehr erforderlich sein wird."[9]

Hinzu kam, dass die protestantischen Kirchen in der DDR noch immer den Evangelischen Kirchen in Deutschland (EKD) angehörten; dadurch verkörperten sie nach wie vor ein Stück deutscher Einheit. Die SED hingegen verfolgte seit den frühen fünfziger Jahren eine Abgrenzungspolitik gegenüber der Bundesrepublik, die in den siebziger Jahren sogar in dem Versuch kulminierte, in der DDR einen sozialistischen deutschen Nationalstaat zu errichten. Mit dem Mauerbau wurde die Mitarbeit der DDR-Landeskirchen in der EKD erheblich erschwert; die neue Verfassung der DDR von 1968 schränkte überdies die in der bisherigen Verfassung aus dem Jahre 1949 verankerten Rechte der Kirchen und Gläubigen weiter ein, lediglich Art. 39 sicherte noch das Recht auf religiöse Glaubensausübung zu. Doch das stand mehr auf dem Papier, als dass es tatsächlich beachtet und eingehalten wurde. So schien die ein Jahr später (10. Juni 1969) erfolgte Gründung eines eigenen Bundes der Evangelischen Kirchen in der DDR (BEK) – und damit die Abtrennung von der EKD – zunächst ein weiterer Erfolg der SED-Kirchenpolitik zu sein. Relativiert wurde er jedoch dadurch, dass sich die DDR-Landeskirchen im BEK zu einem einzigen Verband zusammenschlossen und auch weiterhin als „zu der besonderen Gemeinschaft der ganzen evangelischen Christen in Deutschland" (Art. 4.4. der Bundesordnung) gehörig bekannten.

Als gesellschaftliche Großorganisationen verkörperten die Kirchen zudem eigene, neben dem Staat existierende Institutionen – die einzigen, die im Zuge des sozialistischen Transformationsprozesses seit 1945/49 noch verblieben waren. Daran vermochte auch der organisatorisch-strukturelle und theologische Pluralismus, der unter den evangelischen Landeskirchen in der DDR vorherrschte, nichts zu ändern. Denn letztlich verfügten sie über eine vom Staat weitgehend unabhängige Organisationsstruktur mit jahrhundertealten historischen und traditionellen Wurzeln, über eine Hierarchie, kirchliches Eigenrecht und nicht zuletzt über eine noch immer nicht unbeträchtliche Mitgliedschaft. Auch wenn Letztere seit den späten fünfziger Jahren durch die antikirchliche Politik der Partei rapide abnahm und die Christen sich in der DDR seit der

Wende zu den siebziger Jahren in einer Minderheit befanden,[10] blieben die Kirchen gleichsam ein Staat im Staate. Sie entschieden eigenständig und unabhängig von der Partei und boten – auch Nichtgläubigen – einen Schutzraum. Zwar gelangen der SED und den Staatsorganen gelegentlich Einbrüche; doch insgesamt blieben die Kirchen trotz aller Zumutungen und Behinderungen autonome Institutionen, die darüber hinaus durch die EKD in beträchtlichem Maße finanziell und materiell unterstützt wurden und nach wie vor in enger theologischer und geistig-geistlicher Verbindung mit den westdeutschen Landeskirchen standen.[11]

Es ist dieser besondere politisch-ideologische, theologische und nicht zuletzt organisatorisch-strukturelle Kontext, den man im Auge haben muss, will man die ambivalente Situation evangelischer Pfarrer und ihrer Familien in der DDR erfassen. Mochten sich auch die politisch-ideologischen Konstellationen im Laufe der Zeit gelegentlich verändern, an den antithetischen Grundpositionen zwischen Partei und Staat auf der einen, den Kirchen, ihren Pfarrern und Gemeinden auf der anderen Seite änderte sich nichts. Ob auf der Ebene der kirchlichen Leitungen oder auf jener der Kirchengemeinden in Stadt und Land, immer wieder waren grundsätzliche Entscheidungen zu treffen, wie man mit der Partei und den von ihr kontrollierten staatlichen Organen umgehen sollte. Und das war keineswegs nur eine taktische Frage. Letztlich liefen die Optionen auf zwei Möglichkeiten hinaus. Die eine bestand darin, wie Christine Eichel konstatiert hat, „mit dem System zusammenzuarbeiten, die andere, Widerständigkeit im Verborgenen auszuleben, ohne dezidiert oppositionell zu sein".[12] Die Mehrheit der Pfarrer in der DDR verfolgte den zweiten Weg; das bedeutete zwar noch „keine Opposition, verhinderte aber Loyalität zum Staat".[13] Dass über die beiden Strategien in den einzelnen Landeskirchen und zwischen einzelnen Amtsträgern immer wieder Auseinandersetzungen und Konflikte aufflammten, kann kaum verwundern. Schon die individuelle berufliche Entscheidung, Pfarrer in der DDR zu werden, bedeutete zwangsläufig, einen unbequemen, oft frustrierenden und gelegentlich auch gefährlichen (Lebens-) Weg einzuschlagen. In einem so antichristlichen wie antikirchlichen Umfeld hatte man sich darüber hinaus mit zunehmend kirchenfremden Milieus auseinanderzusetzen und musste mit ansehen, wie die eigenen Gemeinden schrumpften. Um sich als Pfarrer im SED-Staat zu behaupten, bedurfte es eines starken eigenen Glaubens und einer gehörigen Portion Hoffnung und Zuver-

sicht auf die Wege des HERRN. Doch selbst wenn dies alles zutraf, hatte die persönliche Entscheidung für das Pfarramt nicht nur für den Amtsträger selbst, sondern unweigerlich auch für die Ehefrau und die Kinder Konsequenzen.

Da der SED-Staat über das Bildungsmonopol verfügte und zugleich die Erziehung der Jugend „im Geiste des Sozialismus" durchzusetzen suchte, eröffnete die Zulassung zu weiterführenden Schulen sowie zum Hochschulstudium dem Staat erhebliche Einflussmöglichkeiten. Davon ist auch durchweg Gebrauch gemacht worden, indem Pfarrerskindern, oftmals trotz bester Leistungen, der Besuch der Erweiterten Oberschule oder ein Studium verwehrt wurde. Dadurch gerieten Kinder und Jugendliche aus Pfarrfamilien in einen oft jahrelangen Konflikt, für den sie eigentlich nichts konnten, der sie jedoch dessen ungeachtet hohen Belastungen unterwarf. Ihre Stigmatisierung als rückständige oder fehlgeleitete Außenseiter begann bereits, wenn sie den Jungen Pionieren und der FDJ fernblieben, weder am Schießen im Sportunterricht noch an dem 1978 eingeführten Wehrkundeunterricht teilnahmen.

„Zwischen der Pfarrhaussozialisation und dem Fortkommenwollen im Leben in der Diktatur, zwischen Christenlehre und atheistischem Lehrplan bewegten sich Pfarrerskinder sehr unterschiedlich", heißt es in einer Studie zum Verhalten von Pfarrerskindern in der DDR.[14] Die Erlebnisse und Erfahrungen, die Kinder aus Pfarrfamilien (durch)machten, oszillieren zumeist zwischen zwei Polen. Manche von ihnen haben ihre von den Eltern zum Teil geforderte, auf jeden Fall aber geförderte und unterstützte Anti-Haltung gegenüber dem SED-Staat sowie die daraus resultierende Außenseiterrolle für ihre weitere persönliche Entwicklung als durchaus positiv wahrgenommen. So hat Christine

**Christian Stutterheim: Markus Meckel (4. v. l.) mit den Außenministern Frankreichs, der BRD, der USA, der UdSSR und Großbritanniens, Schloss Niederschönhausen, 22. Juni 1990**
Berlin, Bundesregierung/ Christian Stutterheim
Kat. 532

Als Pastor in Vipperow (Mecklenburg) organisierte Meckel seit 1982 „Friedenskreise" und „Mobile Friedensseminare". Auf solchen Foren entfalteten sich in der DDR schließlich Menschenrechtsdiskussion und Regimekritik. Noch vor der Wende beantragte Meckel mit Martin Gutzeit 1989 die erste Parteineugründung (SDP) in der DDR, deren letzter – demokratisch gewählter – Regierung er als Außenminister angehörte.
*BMB*
LIT.: Meckel/Gutzeit 1994.

Harald Hauswald: „Blues-
Messe" in der Samariterkirche,
Berlin-Friedrichshain, mit Pfarrer
Rainer Eppelmann (rechts), 1985
Berlin, Deutsches Historisches
Museum
Kat. 520

Die seit 1979 veranstalteten
Andachten vereinten Predigt,
Blues-Musik und Performances,
in denen es auch um Politik und
Menschenrechte ging. Sie zogen
zunehmend ein an sich kirchen-
fernes jugendliches Publikum an
– argwöhnisch beobachtet vom
Ministerium für Staatssicherheit
und einer Kirchenobrigkeit, die den
brüchigen Burgfrieden zwischen
Staat und Kirche in der DDR bedroht sah. *BMB*

Lieberknecht, die gegenwärtige Ministerpräsi-
dentin Thüringens, die selbst Pastorin wurde,
festgestellt: „Für mich haben die Vorteile eindeutig überwogen: frei denken, frei reden, viel
Besuch zu Hause, beeindruckende Menschen
erleben, viel ‚West-Literatur', in späteren
Schuljahren sah ich die Konfrontation mit der
Schulleitung ohnehin eher ‚sportlich'. Vorteile?
[…] durch die bildungsbürgerliche Herkunft, die
mir immer wieder Wissensvorteile verschaffte,
bis hin zur aktiven Teilnahme an der Olym-
piadebewegung – Mathematik, Russisch."[15] Es
gibt aber auch nicht wenige Gegenbeispiele von
Pfarrerskindern, die ihr Leben bereits frühzeitig
erlitten wie die Kunsthistorikerin Cornelia B.:
„Mein Vater hat in seiner Schulzeit nie etwas
verweigert, dann an der Uni studiert, seinen
Traumberuf ergriffen und in einer DDR-Nische
gelebt. Ich konnte nicht wählen, ich bin als Pfarrerstochter geboren worden und musste hinaus
in die DDR-Gesellschaft und die Prügel für den
Beruf meines Vaters beziehen und mit meinen
zerstörten beruflichen Perspektiven für seinen
Beruf bezahlen."[16]

Dass der Ausschluss von weiterführenden
Schulen und vom Hochschulstudium für die betroffenen Kinder und Jugendlichen eine schwere
Enttäuschung und essenzielle Verhinderung von
Lebenschancen bedeutete, ist leicht nachvoll-
ziehbar; sie traf die traditionell bildungsorien-
tiert ausgerichteten Pfarrfamilien bis ins Mark.
Vehemente Auseinandersetzungen mit Partei
und Behörden schlossen sich in der Regel an. Die
Gesellschaft, welche die Pfarrfamilien aufmerk-
sam, aber schweigend beobachtete, maß ihnen ob

dieses Selbstbehauptungskampfes hohe Glaub-
würdigkeit zu.[17] Da hier frei diskutiert wurde
und das Politische stets Thema war, verkörperten
Pfarrhäuser gleichsam permanente Schulen der
Demokratie. Einige Pfarrer haben diese Erfahrung ganz bewusst in das Gemeindeleben trans-
feriert. Hilfreich war dabei, dass Kirchen ihre gottesdienstlichen Veranstaltungen nicht anmelden
mussten. Im Schutzraum vieler Kirchen ließen
sich daher unter diesem Deckmantel Lesungen,
Liederabende und Diskussionen durchführen,
die sonst nicht erlaubt waren. Außerdem durften
Kirchengemeinden eine begrenzte Anzahl von
Kopien herstellen, was ihnen eine breiter als üblich gestreute Kommunikation ermöglichte. Dass
solche Vorgehensweisen beargwöhnt und nicht
selten von der Staatssicherheit bespitzelt wurden,
versteht sich von selbst. Letztlich erwies sich hier
erneut „die Halböffentlichkeit des Pfarrhauses,
die untrennbare Verschmelzung von Beruflichem
und Privatem".[18]

Die Beziehungen zwischen Staat und Kirchen
in der DDR blieben prekär. Daran änderte auch
der umfassende Meinungsaustausch zwischen
Erich Honecker und dem Vorstand des Kir-
chenbundes unter Bischof Albrecht Schön-
herr nichts, der am 6. März 1978 stattfand. Das
Staat-Kirche-Gespräch kam für viele Pfarrer
überraschend; die Erleichterungen, die sich
die Kirchenleitung davon versprochen haben
mag, beschränkten sich jedoch auf praktische
Belange (wie kirchliche Bauvorhaben, Sende-
zeit in Rundfunk und Fernsehen, Gottesdienste
und Seelsorge im Strafvollzug). Letztlich war
der SED-Staat vor allem an den Einsparungen

interessiert, die ihm die vielen sozialen und karitativen Einrichtungen der Kirchen erlaubten. Weitergehende Zugeständnisse waren nicht zu erwarten, wie sich nur ein halbes Jahr später mit der Einführung der „sozialistischen Wehrerziehung" als obligatorisches Unterrichtsfach zeigte. „Frieden" wurde nun vor dem Hintergrund des sowjetischen Einmarsches in Afghanistan im Dezember 1979 und der sich anschließenden Aufstellung nuklearer Mittelstreckenraketen in Ost- und Westeuropa zum überragenden Thema. Es entstanden Gruppen, die sich darüber hinaus Menschen- und Bürgerrechten sowie Umweltproblemen widmeten. Sie suchten überwiegend den Schutzraum der Kirchen auf, obwohl sie mehrheitlich selbst nicht mehr christlich waren oder der Kirche angehörten. Von den Kirchenleitungen und der Mehrheit der Gemeinden oft mit Skepsis und Ablehnung beäugt, entwickelten sich manche Kirchen „zum Austragungsfeld der gesellschaftlich nicht zugelassenen Widersprüche".[19] Die keineswegs freiwillig übernommene Rolle, den Menschen eine gesamtgesellschaftliche Plattform für die immer drängender werdenden Probleme der DDR zu bieten, machte die Kirchen zu einem unverzichtbaren Faktor auf dem Weg zur Friedlichen Revolution von 1989/90.

Was in diesem annus mirabilis, der erfolgreichsten Revolution der deutschen Geschichte, geschah, haben manche mit der griffigen Formel von der „protestantischen Revolution" zu erfassen versucht. Diese These ist letztlich nicht haltbar. Gleichwohl standen Pfarrer häufig im Zentrum des Geschehens und verhandelten mit der Partei und den Staatsorganen, die

Kirchen waren überfüllt, Pfarrhäuser wurden für Menschen in Not zur ersten Anlaufstation. Unverkennbar ist auch, dass „das Pfarrhaus der DDR zur Politikerschmiede wurde".[20] Das gilt keineswegs nur für Joachim Gauck und Angela Merkel. Im ersten gesamtdeutschen Bundestag waren allein acht ostdeutsche Pfarrer vertreten: Konrad Elmer-Herzig, Rainer Eppelmann, Christel Hanewinckel, Markus Meckel, Edelbert Richter, Richard Schröder, Michael Stübgen sowie Wolfgang Ullmann.[21] Später gelangten weitere Pfarrer und Pfarrerskinder aus Ostdeutschland in hohe politische Ämter: So die bereits erwähnte Christine Lieberknecht, Reinhard Höppner (1994 bis 2002 Ministerpräsident von Sachsen-Anhalt), Steffen Reiche (zweifacher Minister in Brandenburg, MdB von 2005 bis 2009), Katrin Göring-Eckardt (Vizepräsidentin des Bundestages und Parteivorsitzende von Bündnis 90/Die Grünen) sowie Stephan Dorgerloh als Kultusminister von Sachsen-Anhalt.

Offensichtlich erfuhr das ostdeutsche Pfarrhaus in dieser Hinsicht nicht nur eine neue Blüte, sondern setzte auch eine jahrhundertealte Tradition der Elitenbildung in Deutschland fort – unfreiwillig gefördert von einem Staat, der den Pfarrern und ihren Familien eine Befähigung zum Politischen und eine Einübung diplomatischer Fähigkeiten abverlangte,[22] die sich in einem harmonischeren Verhältnis zwischen beiden Institutionen nicht notwendigerweise ausgebildet hätten. Es bleibt indes abzuwarten, welche Rolle Pfarrhäuser zukünftig in einer säkularisierten Freizeit-, Konsum- und Mediengesellschaft spielen werden.

1   Joachim Gauck, Winter im Sommer – Frühling im Herbst. Erinnerungen, in Zusammenarbeit mit Helga Hirsch, Berlin 2009; Norbert Robers, Joachim Gauck. Die Biografie einer Institution, Berlin 2000; Gerd Langguth, Angela Merkel, 2. Aufl., München 2005, sowie die Interviews mit Günter Gaus in: ders., Neue Porträts in Frage und Antwort, Berlin 1992, S. 167–190 (Merkel), S. 191–214 (Gauck).
2   Braune 2009, S. 217.
3   Vgl. Kleßmann 1993, S. 31. Die Zahlenangaben beruhen auf einer undatierten Zusammenstellung des Statistischen Zentralamtes.
4   Vgl. ebd., S. 32.
5   Vgl. Freya Klier, Matthias Domaschk und der Jenaer Widerstand, Berlin 2007, S. 24.

6   Zum Zeitpunkt der Staatsgründung bekannten sich 92 Prozent der DDR-Bevölkerung zum Christentum, mehrheitlich zum Protestantismus. Vgl. Eichel 2012, S. 271.
7   Die jahrzehntelangen Auseinandersetzungen haben sich in der kirchlichen Erinnerungsliteratur niedergeschlagen; vgl. Braune 2009, S. 104 f.; Linke 1988, S. 49–51, S. 79–81, S. 148 f.; Hertrampf 1995; Krusche 2002; Schlemmer 2009, S. 41–45.
8   Braune 2009, S. 27.
9   Linke 1988, S. 9.
10  Vgl. Pollack 1994, S. 382.
11  Zwischen 1957 und 1989 erhielten die Kirchen in der DDR insgesamt 7,45 Milliarden DM (West) von den westdeutschen Landeskirchen und dem Bund; vgl. Friedrich Wilhelm Graf, Die

evangelischen Kirchen als kritische Institution und Brücke zwischen Ost und West, in: Kleßmann u. a. 1999, S. 224.
12  Eichel 2012, S. 274.
13  Ebd., S. 275.
14  Ernst-Bertram/Planer-Friedrich 2008, S. 5. Für die Studie wurden in den Jahren 2005 bis 2007 rund 1000 Pfarrerskinder aus der DDR befragt.
15  Ebd., S. 9.
16  Ebd.
17  Vgl. Eichel 2012, S. 283, S. 294.
18  Ebd., S. 292.
19  Pollack 1993, S. 253.
20  Eichel 2012, S. 297.
21  Vgl. ebd.
22  Vgl. ebd., S. 277, S. 280.

## CHRISTUS IN DER ZELLE

Wolfgang Staemmler (1889–1970), von 1934 bis 1941 Pfarrer in Großkugel, nahm u.a. als Mitglied im Bruderrat Leitungsfunktionen in der Bekennenden Kirche wahr. Bis 1945 wurde er mehrfach inhaftiert. Am 15. Dezember 1940 schrieb er aus der Gefängniszelle in Weimar an seinen Amtsbruder Günther Zahn:

*„Heute Vormittag habe ich viel in der Bibel gelesen, die letzten Kapitel aus Jesaia: Siehe ich breite aus den Frieden wie einen Strom (K. 66 V. 12) Daran habe ich mich besonders gefreut. Denn Frieden heisst ja nicht nur das Gegenteil von Krieg so wie wir das Wort gebrauchen, sondern Frieden ist Heil, Rettung, Gottesnähe. [...] Es geht mir hier in der Zelle ganz eigenartig: Sie ist eigentlich für zwei Leute bestimmt und deshalb sind auch zwei Schemel da. Und nun kommt es mir immer so vor, als ob der Herr Christus auf dem anderen Schemel sitzt. Sieh mal, das ist garnicht[s] Phantastisches oder Überschwengliches. Er hat doch gesagt, dass er uns nicht allein lassen will. Nun hält er sein Versprechen. Und wenn ich mir das so ein bisschen realistisch und drastisch vorstelle, wird er wohl nichts dagegen haben. Heute hatte ich mit ihm ein langes Gespräch über den Anfang der Sonntagsepistel: Dafür halte uns jedermann für Christi Diener und Haushalter über Gottes Geheimnisse. Und nun ging es darum, was für ein Dienst denn dieses Haushalten ist. Es war eine sehr ernste und sehr frohe Stunde. Und nachher habe ich tüchtig gesungen, nicht laut aber doch so von Herzen.“*

Landeskirchliches Archiv Eisenach, NL Günther Zahn, Sign. 31-029 Nr. 40

## BEERDIGUNG, GEISTLICH, WELTLICH, POLITISCH

Am 11. Mai 1976 erging an den Pfarrer und ehemaligen Regierenden Bürgermeister Heinrich Albertz (1915–1993) die Bitte, die Beerdigung für die RAF-Terroristin Ulrike Meinhof zu halten, die sich in der Haft das Leben genommen hatte.

*„Auf meine präzise Frage, ob eine kirchliche Beerdigung für Frau Meinhof gewünscht wurde, erhielt ich die präzise Antwort: Nein. Es sei vorgesehen, daß mindestens zwei Redner am Grabe sprechen sollten: ein Ausländer und ein Deutscher. [...] Ich antwortete darauf, daß dann ja [...] die Lage eine völlig andere sei, und es sich lediglich noch um den Wunsch handeln könnte, eine nichtkirchliche Beerdigung auf einem kirchlichen Friedhof in Kreuzberg halten zu können. [...] Nachdem dies besprochen war, sagte Frau W., sie habe noch ein Problem. Es bestände doch der Wunsch, ob nicht auch ein Vertreter der Kirche am Grabe sprechen könne. Ich antwortete darauf, dass dies eine völlig andere Frage sei, als die bisher mir übermittelte. Es handle sich dann nicht um die Bitte an einen Pfarrer, als Pfarrer eine kirchliche Beerdigung zu halten, sondern in einer Reihe von politischen Rednern aufzutreten. Dies sei für mich unmöglich und vermutlich auch für andere, die gefragt würden.“*

Bonn, Archiv der sozialen Demokratie der Friedrich-Ebert-Stiftung, NL Heinrich Albertz (1/HAAA000057)

## FREIHEIT EINES CHRISTENMENSCHEN

Die „Blues-Messen" in der Berliner Samariter-Kirche wurden von Spitzeln des Ministeriums für Staatssicherheit verfolgt. So auch am 25. April 1980:

*„Um der Blues-Messe einen religiösen Rahmen zu geben, waren Kerzen aufgestellt und wiederum eine Eröffnungs- und Abschlußpredigt gehalten worden. [...] Die Blues-Musik bildete den Rahmen für Sketschspiele, die im wesentlichen durch den Jugendpfarrer Eppelmann und zwei weitere noch unbekannte jüngere männliche Personen dargeboten wurden. Die Ausführungen des Jugendpfarrers Eppelmann wie auch die Sketsche hatten die menschliche Freiheit zum Grundthema. Jugendpfarrer Eppelmann und seine Mitwirkenden versuchten in ihren Darbietungen herauszuarbeiten, in welchem Maße die menschliche Freiheit in unserer Republik rechtlich verankert und real verwirklich wird. [...] Unter starkem Beifall der Anwesenden hob er sinngemäß hervor, daß Freiheit bei uns das Machbare bzw. das bei uns Erlaubte ist. Er äußerte sinngemäß, daß wirkliche Freiheit derzeit bei uns nur in der Kirche wirke. [...] An den Gebeten und kirchlichen Gesang beteiligten sich die Anwesenden nicht."*

Berlin, BStU/Kopie Bundesstiftung zur Aufarbeitung der SED-Diktatur

**Mitgliedsausweis der Evangelischen Bekenntnisgemeinde St. Katherinen in Magdeburg.**
Berlin, Deutsches Historisches Museum
Kat. 461

Der rote Mitgliedsausweis der BK wurde sprichwörtlich, als Dietrich Bonhoeffer (1906–1945) unter dem Eindruck zunehmender staatlicher Repression und Verunsicherung auch in den Reihen der BK 1936 schrieb: „Wer sich wissentlich von der Bekennenden Kirche trennt, trennt sich vom Heil." Gekränkte Pastoren münzten das bis in die Nachkriegszeit um in: „Wer keine rote Karte hat, kommt nicht in den Himmel." *BMB*
LIT.: Schlingensiepen 2006, S. 207

# SEITENBLICK

**Caspar Benedikt Beckenkamp (1747–1828): Pfarrer Joseph Gregor Lang, 1784**
Koblenz, Mittelrhein-Museum
Kat. 370

Der vielseitig gelehrte Geistliche war keineswegs eine protestantische
Spezialität, auch wenn die Pfarrhaus-Literatur zeitweilig diesen Anschein
erweckte. Das Bild zeigt den katholischen Pfarrer Lang (1755–1834) mit
Attributen von Kunst (wohl eigene Scherenschnitte) und Naturwissenschaft
(Elektrisiermaschine). Der Pädagoge, Bücher- und Kunstsammler stand in den
Diensten des Kurfürsten und Erzbischofs von Trier. *BMB*

Etienne François

# DAS ANDERE PFARRHAUS: DAS KATHOLISCHE PFARRHAUS

Die kulturelle und symbolische Bedeutung des evangelischen Pfarrhauses hat sich in der deutschen Tradition und Öffentlichkeit so fest etabliert, dass sie ihm bis heute gleichsam eine Monopolstellung verleiht. Als der französische Germanist Robert Minder 1960 seinen klassisch gewordenen Essay über „Das Bild des Pfarrhauses in der deutschen Literatur" veröffentlichte, ging er so selbstverständlich davon aus, dass es sich dabei nur um das evangelische Pfarrhaus handelte, dass er auf das Adjektiv „evangelisch" verzichtete.[1] Und so verfuhr auch in unserer Zeit die Journalistin und Schriftstellerin Christine Eichel, als sie 2012 ihr Buch „Das deutsche Pfarrhaus. Hort des Geistes und der Macht" auf den Markt brachte.[2]

Ist aber die Reduzierung des Pfarrhauses auf das evangelische Pfarrhaus so evident, wie es im deutschsprachigen Raum der Fall zu sein scheint? Ein Blick zurück in die Geschichte eröffnet eine andere Perspektive und stellt die angeblich einzigartige Position des evangelischen Pfarrhauses mehr als in Frage.

Ein erster zu konstatierender Befund ist die einfache Tatsache, dass das Pfarrhaus, weit entfernt davon, als Gebäude und mehr noch als Institution eine deutsch-protestantische Erfindung zu sein, auf die Etablierung des Pfarrnetzes in der lateinischen Christenheit im Hochmittelalter zurückgeht – was unter anderem zur Folge hatte, dass die ersten evangelischen Pfarrhäuser alle ehemalige katholische Pfarrhäuser waren, in der gleichen Art und Weise im Übrigen, wie sich das evangelische Pfarrnetz in den meisten Fällen in der Kontinuität des ehemaligen katholischen Pfarrnetzes etablierte. Darüber hinaus erklärt sie sich vor allem dadurch, dass es in Europa und außerhalb neben den zu Recht zu einem originalen Kennzeichen der protestantischen Christenheit gewordenen evangelischen Pfarrhäusern eine Mehrheit von anderen, nämlich katholischen, Pfarrhäusern gab und gibt, deren kulturelle, religiöse und symbolische Bedeutung der der evangelischen Pfarrhäuser in nichts nachstand und -steht.

Die erste Welle der Erbauung von Pfarrhäusern geht auf die Zeit der gregorianischen Reform zurück, das heißt auf das 11. und 12. Jahrhundert. Die Initiative dazu wurde von den Institutionen ergriffen, die das Patronatsrecht besaßen (Abteien, Stifte, Grundherren), meistens unter Beteiligung der Pfarrgemeinden. Heute sind allerdings nur noch wenige Pfarrhäuser mittelalterlichen Ursprungs erhalten. In Deutschland ringen drei Gemeinden um den Besitz des „ältesten Pfarrhauses": die Gemeinde Markt Heroldsberg (Franken), Stapelmoor in Ostfriesland und die Gemeinde Rod an der Weil (Hochtaunus), die Pfarrhäuser aus dem 13. Jahrhundert bzw. der Zeit um 1500 besitzen.[3] Die Verhältnisse in den anderen Ländern sind nicht anders. In den protestantisch gewordenen Territorien liegt die Erklärung auf der Hand: Die alten Pfarrhäuser waren zu klein, um eine ganze Familie zu beherbergen. Doch auch in den katholisch gebliebenen beziehungsweise für den Katholizismus zurückgewonnenen Teilen Europas gibt es kaum mehr Pfarrhäuser aus dem Mittelalter. Was ist für diese erste Ähnlichkeit zwischen katholischen und evangelischen Pfarrhäusern verantwortlich?

Die Antwort auf diese Frage hängt indirekt mit der protestantischen Herausforderung zusammen, das heißt mit der durch die Beschlüsse des Konzils von Trient (1545–1563) in Gang gesetzten katholischen Reformation. Diese sah nämlich eine tiefgreifende Reform der Seelsorge in den Pfarreien vor (Residenzpflicht des Pfarrers, regelmäßige Ausübung des sakramentalen Lebens, Katechismus und Lehre), verbunden mit einer besseren Ausbildung der Priester, einer Aufwertung ihrer Rolle als *pastor animarum* und Haupt der Pfarrgemeinde sowie einer klareren Abgrenzung (auch im hierarchischen Sinne) zwischen Laien und Klerikern. Dies wird am deutlichsten in den Synodalbeschlüssen und Statuten, die seit dem 17. Jahrhundert in allen Diözesen erlassen wurden, um die Beschlüsse des Tridentinums zu implementieren. Sie tun das in Worten, die sich unmittelbar auf das Konzil beziehen, wobei sich die den Pfarrern gewidmeten Seiten immer am Anfang dieser Dokumente befinden und von Jahrhundert zu Jahrhundert präziser werden. In den Beschlüssen

der Diözese Troyes von 1652 steht ganz einfach, dass der Pfarrklerus „den edelsten und wichtigsten Teil der Kirche darstellt und dass das christliche Volk seine Erziehung und sein Verhalten vom Mund und vom Verhalten seiner Pfarrer erhält".[4] Zwei Jahrhunderte später beginnen die zwischen 1851 und 1853 erarbeiteten Synodalbeschlüsse der Erzdiözese Sens mit einem Kapitel über „die dem Priester notwendige Heiligkeit": „Die Priester sollen mit all ihren Kräften und ununterbrochen daran arbeiten, heilig zu werden. [...] Weil sie den Platz von Jesus-Christus unter den Menschen einnehmen, weil sie seine Stellvertreter und die Inhaber seiner Autorität sind. Weil sie wichtige Funktionen zu erfüllen haben, weil sie die heilige Messe zelebrieren, weil sie jeden Tag die heilige Kommunion empfangen, weil sie

den Gebeten der Gemeinde vorstehen, weil sie den Weg zum Himmel durch ihre Lehre zeigen und die ihnen anvertrauten Seelen durch die heiligen Sakramente heiligen; weil sie schließlich über entschieden mehr Mittel der Heiligwerdung verfügen als die anderen Menschen."[5]

Schon aus diesem Grund sollte der Pfarrer (der wie im evangelischen Europa in der überwiegenden Mehrheit der Fälle ein Dorf- beziehungsweise Landpfarrer war) in einem Haus leben, das der Wichtigkeit seines Amtes, der Würde seiner Funktion und seiner hervorgehobenen Stellung entsprach. Die Bischöfe, die Inhaber des Patronatsrechts sowie die weltlichen Behörden setzten sich daher dafür ein, dass allen Pfarrern ein entsprechendes Haus zur Verfügung gestellt wurde. So befahl die französische Monar-

Unbekannter Künstler: Porträts
von Johannes Kok und seiner
Haushälterin Fräulein Mathot,
um 1810
Utrecht, Museum
Catharijneconvent
Kat. 6, Kat. 7

Die Porträts von Johannes Kok
(1760–1822), der von 1798 bis
1814 als katholischer Pastor
in Gouda wirkte, und seiner
Haushälterin Fräulein Mathot
erinnern an den Typus des Ehe-
bildnisses. Auf Augenhöhe und
einander zugewandt, blicken
die Figuren auf den imaginären
Betrachter. Die Bibel in Koks
Händen gibt Aufschluss über
seine Stellung als Pastor und
unterstreicht den Eindruck
der Gelehrtheit. Mathots
Haube weist auf ihren Status
als Haushälterin hin. Als Symbol
ihrer Treue und Freundschaft
hält sie ein Hündchen auf dem
Schoß. Für die Organisation des
Pfarrhaushalts nahmen sich
katholische Geistliche häufig
Haushälterinnen, die überdies
für die ökonomische Verwaltung der Pfarrei verantwortlich
waren. Aufgrund des Zölibats
lebten Pfarrer und Haushälterin
nicht selten in Konkubinatsver-
hältnissen. *KA*
Lit.: Kootte/Schriemer 2012,
S. 57; Labouvie 2000.

chie in einem Erlass von 1695 allen Gemeinden des Königreiches, ihre Pfarrer in einem „bequemen und passenden" Pfarrhaus unterzubringen oder ihnen eine gewisse Summe Geld zukommen zu lassen, damit sie ein ihnen würdiges Haus mieten konnten.[6] Um diesen neuen Ansprüchen und Bedürfnissen zu genügen, wurden im 17. und 18. Jahrhundert viele ältere Pfarrhäuser im katholischen Europa entweder vergrößert und modernisiert oder sogar neu erbaut, wie man es noch heute in vielen Dörfern sehen kann.

Diese Modernisierung war im Übrigen umso wesentlicher, als die neuen Pfarrhäuser den passenden Rahmen für das als Vorbild für alle verstandene Leben der tridentinischen Pfarrer darstellen sollten. „Das Haus des Seelenhirten", so die vorhin zitierten Beschlüsse für die Erzdiözese Sens, „besteht aus dem Pfarrer selber wie auch aus den Personen, die bei ihm wohnen beziehungsweise die ihm dienen. Als guter Hirt seiner Schäfchen muss er auch deren Vorbild sein, wie der Apostel Petrus schreibt (1. Petr. 3). Alles in seinem Lebenswandel, in seinen Worten und in seinem Tun verkündet den Anderen, was sie werden sollen. Das Pfarrhaus soll zu einer zweiten Schule werden, in welcher die Gläubigen lernen, wie sie sich zu verhalten haben. Der Pfarrer wird daher dafür Sorge tragen, dass alles in seinem Pfarrhaus gut geordnet sei und der erforderlichen Anständigkeit entspreche. Er wird in seinem Haus nur solche Personen empfangen, die den Bestimmungen des kanonischen Rechts entsprechen, solche Personen, die durch ihr regelmäßiges und christliches Verhalten wohl bekannt sind [...]. Er soll die ihm anvertrauten Gläubigen als seine Kinder betrachten und sie wie ein Vater behandeln."[7]

Damit es nicht bei Allgemeinheiten und Absichtserklärungen blieb, regelten diese Beschlüsse in aller Ausführlichkeit die Aspekte, die die Andersartigkeit wie auch die übergeordnete Stellung des Pfarrers im Vergleich zu seinen Pfarrkindern markieren sollten. Dabei ging es nicht nur um seine Kleidung - die Soutane - und seine Frisur, sondern vor allem um sein Benehmen und seinen Lebenswandel. So sollte er ein „tadelloses Leben" führen und insbesondere keine Frauen im Pfarrhaus wohnen lassen – es sei denn, es handelte sich um seine Mutter, eine Tante, eine Schwester, eine Schwägerin oder eine Nichte. Wenn er eine Dienstmagd hatte, so sollte diese das „kanonische Alter" (von mindestens 40 Jahren) erreicht haben, um jede Möglichkeit eines Skandals oder auch nur des leisesten Verdachts auszuschließen. Der Besuch von Gasthäusern und Kneipen war ihm strikt verboten wie auch die Teilnahme an Bällen, Tänzen, Theatervorführungen, Glücks- und Kartenspielen. Es war ihm gleichfalls untersagt, auf die Jagd zu gehen und Waffen zu tragen. Er sollte sich von jeder weltlichen Aktivität fernhalten, essen und trinken mit Mäßigkeit und Einladungen nur in Ausnahmefällen annehmen. Sein Verhalten gegenüber den anderen Personen, die im Pfarrhaus wohnten, sollte durch „Wohlwollen ohne Vertrautheit" gekennzeichnet sein. Schließlich war er gehalten, die Autoritätspersonen zu respektieren, insbesondere die örtlichen, und ihnen bei ihrer Amtsausübung behilflich sein, ohne jedoch aus den Augen zu verlieren, dass die Gottes- und Kirchengebote über den weltlichen Gesetzen stehen.

Das Aussehen wie auch die Inneneinrichtung des Pfarrhauses sind die unmittelbare Konsequenz dieser Bestimmungen, wie man es aus den vielen Plänen der damals erbauten Pfarrhäuser entnehmen kann.[8] Als Haupt einer „Familie" (im lateinischen Sinne der *familia*), die sich in der Regel nicht nur aus ihm, sondern auch oft aus einem Kaplan, einer Haushälterin und einem Knecht oder einer Magd zusammensetzte, brauchte er ein stattliches Haus mit mehreren Wohnräumen. Für sich selber benötigte er mindestens drei Räume: ein Schlafzimmer, einen repräsentativen Wohnraum, in welchem er seine Gäste (den Bischof anlässlich der regelmäßig stattfindenden Kirchenvisitationen, seine Mitbrüder vom Dekanat, mit denen er sich einmal im Monat traf, den Bürgermeister und die anderen Honoratioren) empfangen konnte, und ein

Arbeitszimmer mit Bibliothek, das dem „Studierzimmer" der evangelischen Pfarrhäuser durchaus ähnlich war. Er brauchte auch ein Gästezimmer, nicht zuletzt für die Verwandten, die ihn besuchten oder bei ihm wohnten, eine Küche, eine Schlafecke für die Magd, einen Keller und einen Speicher. Da er auf dem Land lebte und einen Teil seiner Vergütung in Naturalien erhielt, waren darüber hinaus Ställe (für sein Pferd, aber auch für die Kühe, Schweine oder Schafe), eine Scheune und ein Speicher vonnöten, so dass in vielen Fällen der Wirtschaftsteil des Pfarrhauses genauso groß war wie die eigentliche Behausung. Jedes Pfarrhaus verfügte schließlich über einen Garten. Dieser musste durch eine Mauer geschützt werden, um die Intimität und Abgeschiedenheit des Pfarrers zu gewährleisten. Dorthin zog er sich für seine Erholung zurück, um sein Brevier zu lesen und vor einem Kreuz oder einer Statue zu beten;[9] dort auch ließ er den Buchsbaum wachsen, den er für die Osterzeit brauchte, und vor allem die vielen prächtigen Blumen, darunter speziell die Lilien, die er für die Ausschmückung der Altäre wie auch für die Prozessionen benötigte. Nicht zuletzt deswegen ist der katholische Pfarrer als Gärtner zu einem beliebten Topos der Literatur und der Genremalerei geworden.[10]

Da die katholischen Pfarrer – auch in diesem Fall den evangelischen nicht unähnlich - von einem besonders anspruchsvollen Amtsverständnis geleitet waren und unter einer ständigen und vielfältigen Kontrolle lebten (seitens der mit ihnen lebenden Personen sowie vonseiten der Pfarrkinder, der Mitbrüder, der Honoratioren und der kirchlichen Hierarchie), gaben sie sich in der Regel Mühe, sich diesem hohen Ideal so stark als möglich anzunähern. Davon legen nicht nur die ausführlichen Berichte der regelmäßig von den Bischöfen beziehungsweise Weihbischöfen durchgeführten Kirchenvisitationen Zeugnis ab,[11] sondern auch die totale Zurückdrängung des im Spätmittelalter und noch zu Beginn der Frühen Neuzeit weit verbreiteten Konkubinats sowie die immer umfangreichere Ausstattung ihrer Bibliotheken.[12] Die eminente Rolle des (Dorf-)Pfarrers als frommer, tugendhafter und hilfsbereiter Priester, der für den Empfang und die Einhaltung der Sakramente durch alle sorgt, als Prediger und Religionslehrer, als Gründer von Bruderschaften und frommen Vereinen, als Vorkämpfer der sittlichen Verbesserung seiner Pfarrkinder, als Verbreiter der Alphabetisierung und der Schule, als Förderer von begabten und armen Kinder seiner Pfarrei, denen er die Rudimente des Lateins beibrachte und den Weg zu einer weiterführenden Schule ermöglichte, als Ratgeber und Schlichter, oft auch als Helfer der wirtschaftlichen Modernisierung et cetera ist hinlänglich bekannt.[13] Das bekannteste Beispiel dafür ist Jean-Marie-Baptiste Vianney (1786–1859), der Pfarrer des kleinen und armen Dorfes Ars in der Nähe von Lyon, der 1925 heiliggesprochen wurde und vier Jahre später zum Schutzpatron der Pfarrer erhoben wurde.[14]

Es ist daher kein Wunder, dass die Gestalt des frommen und liebevollen Pfarrers einen weit verbreiteten Topos der Literatur und der Kunst vom späten 17. Jahrhundert bis hin zur ersten Hälfte des 20. Jahrhunderts darstellt. Beispiele in dieser Hinsicht sind das Bild des andächtigen und naturverbunden Kaplans aus Savoyen, das Jean-Jacques Rousseau im vierten Teil seines Buches „Emile oder über die Erziehung" (1762) zeichnete, die idealisierte Schilderung des Landpfarrers, die François-René de Chateaubriand in seinem 1802 veröffentlichten Buch „Le génie du christianisme" („Der Geist des Christentums") entwarf, oder die Gestalt des Abbé Bonnet, den Honoré de Balzac in seinem 1841 erschienen Roman „Le curé de village" („Der Dorfpfarrer") als einen Pfarrer schildert, der sich für die Verbesserung der Landwirtschaft in einem Dorf des Limousin einsetzt und gleichzeitig einer „Sünderin" hilft, ein neues, sinnerfülltes und mildtätiges Leben zu führen. In den bildenden Künsten sei insbesondere auf die Gemälde von Jules-Alexis Muenier über den Katechismusunterricht im Pfarrhausgarten (1890) und von Ludwig Knaus über den Besuch beim Dorfpfarrer (1905) hingewiesen, die beide ein fast idyllisches Bild des Pfarrhauses und des Dorfpfarrers vermitteln. Die Liste ließe sich fortsetzen.

Neben diesen positiven Darstellungen fehlt es allerdings nicht an Werken, die im Geist der antiklerikalen Tradition, der Aufklärung und später des Liberalismus beziehungsweise des säkularisierten Fortschrittsglaubens das Pfarrhaus als Hort von dunklen Mächten und obskuren Machenschaften denunzieren – ob es sich um sexuelle Perversionen, um heimliche Liebschaften oder um politische Reaktion handelt. Zeugnis davon legen zum Beispiel viele Artikel der Gartenlaube oder der 1875 von Emile Zola veröffentlichte Roman „La faute de l'abbé Mouret" („Die Sünde des Abbé Mouret") ab, der die tragische Geschichte eines jungen Priesters erzählt, der, gespalten zwischen seiner geistlichen Berufung und seiner Liebe für eine junge Frau, die ihn aus der Depression gerettet hatte, diese am Ende auf Druck seiner Oberen verlässt, was sie in die Verzweiflung und den Selbstmord treibt.[15]

Die politische Rolle des katholischen Pfarrhauses ist in der Tat nicht zu unterschätzen. Sie tritt zuerst am Vorabend und zu Beginn der Französischen Revolution in Erscheinung: Zahlreiche „Beschwerdehefte", die im Hinblick auf die von König Ludwig XVI. einberufene Versammlung der Generalstände im Frühjahr 1789 verfasst wurden, stammen aus der Feder von politisierten, sehr gebildeten und oft jansenistisch geprägten Pfarrern, die entweder als Mitglieder ihres Standes oder als Schriftführer ihrer Gemeinde auftraten. Unter den gewählten Abgeordneten des geistlichen Standes zu den Generalständen waren die Vertreter des Pfarrklerus in der Mehrheit; 149 der 291 Mitglieder des Klerus beschlossen am 17. Juni 1789, gemeinsame Sache mit den Abgeordneten des Dritten Standes zu machen, was zur Umwandlung der Generalstände in die National- und verfassunggebende Versammlung führte und den eigentlichen Beginn der politischen Revolution einleitete.[16] Die beeindruckendste Gestalt unter diesen „revolutionären" Geistlichen war der Abbé Grégoire (1750–1831), der zu Beginn der Französischen Revolution Pfarrer des kleinen Dorfes Emberménil in der Nähe der Stadt Lunéville (Lothringen) war und kurz vorher eine Schrift zugunsten der Emanzipation der Juden veröffentlicht hatte. Während der Revolution setzte er sich für einen radikalen Kurs ein (als Abgeordneter des Konvents sprach er sich für die Hinrichtung des Königs aus); er unterstützte insbesondere die Reformierung der Kirche mithilfe der Zivilverfassung (daher wurde er danach zum konstitutionellen Bischof von Blois gewählt) und trat entschieden für die Abschaffung der Sklaverei ein.[17] Die politische und soziale Rolle der katholischen Pfarrhäuser war in Deutschland genauso entscheidend: Das konnte man ein halbes Jahrhundert später bei der Gründung des Zentrums und des Volksvereins für das katholische Deutschland sehen, aber auch in den dunklen Jahren der Diktatur und des Krieges bis hin zur Nachkriegszeit: In Deutschland wie in Frankreich waren die katholischen Pfarrhäuser – im Unterschied zu zahlreichen protestantischen Pfarrhäusern in Deutschland – wichtige Orte der Resistenz und des Widerstandes gegen den Nationalsozialismus wie auch der Rettung von vielen Verfolgten, insbesondere von verfolgten Juden (die Tatsache, dass während des Zweiten Weltkriegs nur ein Viertel der in Frankreich lebenden Juden deportiert wurde, ist zu einem erheblichen Teil ihrem Schutz durch den katholischen Klerus wie auch durch viele reformierte Pfarrer zu verdanken). Welche entscheidende Rolle der katholische Klerus und die katholischen Pfarrhäu-

ser bei der Konstituierung und Durchsetzung der christlich-demokratischen Bewegung spielte, die einen friedlichen Neubeginn Europas nach dem Zweiten Weltkrieg ermöglichte, kann schließlich nicht hoch genug hervorgehoben werden.[18]

Das Modell des katholischen Pfarrhauses, das sich nach dem Tridentinum durchsetzte, wurde von den Umwälzungen der sogenannten Sattelzeit nicht wesentlich beeinträchtigt; es überstand den durch das Zeitalter der Französischen Revolution verursachten Strukturwandel (Durchsetzung der Religionsfreiheit, Neudefinition der Beziehungen zwischen Staat und Kirche, Kritik und Bekämpfung seitens antiklerikaler und antireligiöser Bewegungen) und bewies in den meisten europäischen Ländern bis zur Mitte des 20. Jahrhunderts eine erstaunliche Langlebigkeit. Im literarischen Bereich fand dieses Modell seinen Höhepunkt wie auch seinen Schwanengesang in den Romanen „Sous le soleil de Satan" (1926) und „Journal d'un curé de campagne" (1936) von Georges Bernanos.[19] In beiden Romanen wird das

Pfarrhaus als Ort des Widerspruchs geschildert: zwischen dem Leben in Askese und Armut und dem Status eines Honoratioren; zwischen dem Streben nach der Heiligkeit des jungen Pfarrers und der Trägheit der dörflichen Alltäglichkeit; zwischen der Macht des Teufels und der göttlichen Gnade; ein endzeitlicher Kampf, der auf besonders ergreifende Weise dargestellt wird. Nicht zufällig lauten die letzten Worte des „Tagebuchs eines Landpfarrers", das sich sehr stark an dem Leben des Pfarrers von Ars orientiert: „Alles ist Gnade."[20]

Die sich nach dem Zeiten Weltkrieg beschleunigende Urbanisierung hat zusammen mit der Säkularisierung, dem dramatischen Rückgang der Priesterzahlen und dem Eintritt in eine postchristliche Gesellschaft diesem Modell den Todesstoß versetzt. Die meisten Pfarrhäuser befinden sich heute in den Städten, meist integriert in Pfarrzentren, und haben mit den ehemaligen Dorfpfarrhäusern nicht viel zu tun. Auf dem Lande, ob in Deutschland, Frankreich oder anderswo in Europa, gibt es nur noch eine Minderheit von Pfarrhäusern, die tatsächlich von Pfarrern bewohnt und benutzt werden; die meisten finden mittlerweile Verwendung als Kulturzentrum, Restaurant, Hotel oder vor allem als Zweitwohnung auf dem Land (*résidence secondaire*). Das alte katholische Dorfpfarrhaus, das über Jahrhundert

hinweg das Leben und die Kultur von breiten Teilen Europas prägte, ist heutzutage kaum mehr Realität. Gleichwohl ist es längst nicht gestorben: Im Gedächtnis lebt es weiter und ist dadurch im buchstäblichen Sinne des Wortes zu einem Erinnerungsort geworden.[21]

1 Minder 1959.
2 Eichel 2012.
3 Google-Suche am 4. Juli 2013, Stichwort „Das älteste Pfarrhaus Deutschlands".
4 Statuts synodaux, ordonnances et règlements pour le diocèse de Troyes ..., Troyes 1729, S. 1.
5 Recueil des statuts ordonnances et Règlements synodaux de l'archidiocèses de Sens, précédé d'une notice abrégée sur les archévêques de Sens et sur les évêques d'Auxerre, et d'un résumé statistique sur ces deux anciens diocèse, Sens 1854, S. 73-93.
6 Gastaldi 1995, S. 31.
7 Recueil des statuts, S. 74.
8 Spohn 2000.
9 In Folge der vielen Marienerscheinungen des 19. Jahrhunderts wurden sehr oft an der Gartenmauer oder in einer Ecke des Gartens Abbildungen der Grotte von Lourdes mit einem Marienbild in ihrer Mitte erbaut.
10 In Frankreich verwendet man den Ausdruck „jardin de curé" (Pfarrersgarten) nicht nur, um einen schönen Pfarrhausgarten zu bezeichnen, sondern auch für Gärten, die durch eine Mauer geschützt sind und sich durch die Vielfalt ihrer Pflanzen und Blumen wie auch durch die sorgfältige und gut überlegte Anordnung der Beete und Farben auszeichnen.
11 Lang 1997; ders. 2005.
12 Während die Synodalbeschlüsse des 17. und 18. Jahrhunderts nur wenige Bücher als unerlässlich für jeden Pfarrer erwähnen, weisen die Synodalbeschlüsse um die Mitte des 19. Jahrhunderts auf die Notwendigkeit für jeden Pfarrer hin, „Wissenschaft und Frömmigkeit zu verbinden" und daher nicht nur die Heilige Schrift und die Schriften der Kirchenväter zu besitzen, sondern auch viele Kommentare sowie gute und aktuelle theologische, kirchenrechtliche und kirchengeschichtliche Bücher. Bei der Erwerbung von profanen Büchern wird dagegen höchste Sorgfalt empfohlen.
13 Bernard Plongeron : La vie quotidienne du clergé français au XVIIIe siècle, Paris 1974; Pierre Pierrard : La vie quotidienne du prêtre français au XIXe siècle, 1801–1905, Paris 1986; Nicole Lemaître (Hg.): Histoire des curés, Paris 2002. Zu Deutschland vgl. für das 18. Jahrhundert Christophe Duhamelle: La frontière au village. Une identité catholique allemande au temps des Lumières, Paris 2010, speziell Kap. 5, S. 97–144; für das 19. Jahrhundert vgl. Götz von Olenhusen 1994.
14 Philippe Boutry: Un sanctuaire et son saint au XIXe siècle. Jean-Marie-Baptiste Vianney, curé d'Ars, in: Annales E.S.C. 35 (1980), S. 353-379.
15 Borutta 2011.
16 Am 25. Juni folgten 47 der 270 Abgeordneten des Adelsstandes ihrem Beispiel.
17 Rita Hermon-Belot: L'abbé Grégoire. La politique et la vérité, Paris 2000. Auch während der antireligiösen Phase der Revolution und bis zu seinem Tod blieb Grégoire seinem Priesteramt treu. Seine sterblichen Überreste wurden am 12. Dezember 1989 in den Panthéon überführt.
18 Müller 2013.
19 „Le journal d'un curé de campagne" wurde 1951 von Robert Bresson verfilmt, „Sous le soleil de Satan" 1987 von Maurice Pialat.
20 Dieser Satz ist den Schriften der Mystikerin Thérèse de Lisieux (1873–1897) entnommen, die im gleichen Jahr wie der Pfarrer von Ars heiliggesprochen wurde.
21 Dies erklärt nicht zuletzt die Beliebtheit bis in unsere Tage hinein des Topos des katholischen Landpfarrers in zahlreichen Fernsehproduktionen.

# BRENNT NOCH LICHT IM PFARRHAUS?

**Pfarrerin Birgit Jung in der St. Jacobikirche,
Berlin Kreuzberg, Foto: Fabian Tegeler**

Das Pfarrhaus war und ist immer auch ein Spiegel seiner Zeit. So kann man das Pfarrhaus – jenseits einer rein historisch-antiquarischen Geschichtsbetrachtung im Sinne des Pfarrerssohns Friedrich Nietzsche – auch als Beitrag zur Analyse unserer Gegenwart lesen: Die Umbrüche, die die heutige Gesellschaft prägen, bündeln sich auch im Pfarrhaus. In einer Zeit veränderten Stellenwerts von Religion und Konfession suchen viele Menschen andere Orte des Beistands, der inneren Einkehr auf. Ein neues Verhältnis zwischen Mann und Frau in unserer Gesellschaft hat seit langem auch das 'Modell Pfarrhaus' ebenso betroffen wie die Wandlungen in den Beziehungen zwischen Eltern und Kindern. Die Öffnung der Lebensformen macht auch vor dem Pfarrhaus nicht halt: wie und in welche Richtung verändert es sich unter den Bedingungen einer bunter, individueller und auch älter werdenden Gesellschaft?

Dass das evangelische Pfarrhaus vom Aussterben bedroht sei, diesen Warnruf erhob der Politikwissenschaftler und Kulturforscher Martin Greiffenhagen schon vor mittlerweile fast drei Jahrzehnten. Ist es also an der Zeit, – wie der Journalist Michael Hollenbach 2009 im Deutschlandradio – den Abgesang auf das evangelische Pfarrhaus anzustimmen? Landeskirchen müssten sich, so Hollenbach, „aus Kostengründen von Pfarrhäusern trennen, die überflüssig werden,

weil Gemeinden zusammengelegt werden; die alten Pfarrhäuser, einst für große Familien gebaut, sind für die Kleinfamilie oder Single-Pastor überdimensioniert; und immer weniger Pfarrer wollen Tag und Nacht im Dienst des Herrn stehen; sie wohnen lieber etwas privater – nicht direkt neben dem Gotteshaus. Und dennoch wird das klassische Pfarrhaus vermisst – als Seele der Gemeinde, als Nukleus der Kerngemeinde."

Auf all diese Fragen kann und will die Ausstellung „Leben nach Luther. Zur Kulturgeschichte des evangelischen Pfarrhauses" keine festen Antworten geben – wie es generell nicht die Aufgabe eines Museums sein kann, vorgefertigte Antworten bereit zu halten. Vielmehr geht es darum, mit einer Ausstellung einen Ort zu schaffen, an dem Fragen und Reflexion möglich sind. Nicht nur mit der Ausstellung allein, sondern mit einem dichten Begleitprogramm will das Deutsche Historische Museum in Zusammenarbeit mit seinen Kooperationspartnern EKD und Internationale Martin Luther Stiftung zur Begegnung, zur Diskussion, zum Streitgespräch einladen: Führungen, Workshops, Stadterkundungen, Vorträge und zwei große Podiumsdiskussionen umrahmen und vertiefen die Ausstellung – auf dass die Besucher, um ein vielzitiertes Diktum Walter Benjamins aufzugreifen, das Museum nicht gelehrter, wohl aber ‚gewitzter' verlassen mögen.

Pfarrerin Cordula Machoni beim Segnen in der St. Marienkir-
che am Alexanderplatz, Berlin Stadtmitte,
Foto: Dora Strebel

Pfarrerin Cordula Machoni in der Parochialkirche,
Berlin Stadtmitte,
Foto: Dora Strebel

Pfarrerin Lioba Diez während des Abendmahles in der
Pfingstkirche, Berlin Friedrichshain,
Foto: Alexander Janetzko

Pfarrer Lothar Wittkopf vor dem Portal der St. Laurentius
Kirche, Rheinsberg,
Foto: Jendrik Bradaczek

Pfarrer Lothar Wittkopf im Gespräch,
Foto: Jendrik Bradaczek

Pfarrerin Dr. Christina-Maria Bammel während einer Sitzung
mit Ehrenamtlichen des Fördervereins der Sophienkirche,
Berlin Stadtmitte,
Foto: Alexande

Pfarrerin Dr. Christina-Maria Bammel während eines Trauge-
sprächs im Pfarrhaus,
Foto: Alexander Blumhoff

Pfarrerin Birgit Jung während der Osternacht in der
St. Jacobikirche, Berlin Kreuzberg,
Foto: Fabian Tegeler

Pfarrerin Birgit Jung beim Taufsegen während der
Osternacht in der St. Jacobikirche, Berlin Kreuzberg,
Foto: Fabian Tegeler

Pfarrerin Birgit Jung während der Osternacht vor der
St. Jacobikirche, Berlin Kreuzberg,
Foto: Fabian Tegeler

Die Fotografien entstanden im Rahmen eines
Fotoreportageprojektes von Schülerinnen und
Schülern der BEST-Sabel Berufsfachschule
für Design in Berlin. Diese getroffene Auswahl
zeigt Berliner Pfarrerinnen und Pfarrer bei
Amtshandlungen oder anderen Tätigkeiten
ihres Berufsalltags. Weitere Fotografien in der
Ausstellung beleuchten darüber hinaus das
private Umfeld der Porträtierten und nehmen
auf veränderte Familien- und Gemeinde-
strukturen Bezug. Damit gewähren sie Einblick
in die Aufgaben und Herausforderungen von
Pfarrerinnen und Pfarrern heute.

# ANHANG

**Justus Gerhard Linnemann (1736–1791): Doppelpastoren-
porträt Bernhard Günther Block und Justus Christian Block,
1784**
Badbergen, Ev.-luth. Kirchengemeinde Badbergen
Kat. 26

Ein bemerkenswertes Doppelporträt kommt aus der Kirche
St. Georg in Badbergen: Es zeigt die Pastorensöhne und
Brüder Bernhard Günther Block (1727–1786) und Justus
Christian Block (1729–1814), die über 25 Jahre zusammen
den Pfarrdienst in Badbergen versahen. Der Quakenbrücker
Porträtmaler Linnemann hielt das Brüderpaar im Talar und
mit Perücke fest; einander zugewandt, schauen beide den
Betrachter an. Zentrales Moment sind die rechten Hände
der beiden, die sich freundschaftlich berühren – eine Geste
großer Nähe und Vertrautheit, die in aller Regel den Ehepaar-
bildnissen vorbehalten war. Das Porträt wurde im Todesjahr
des älteren Bruders gestiftet und in der Sakristei der Kirche
neben den Amtsvorgängern aufgehängt. *SB*
Lit.: Baur-Callwey, 2007; Borchers 1950, S. 16; Sterberegister
Quakenbrück 1791; Meyer 1941–1953, Bd. 1, S. 45, S. 118.

# GESAMTOBJEKTVERZEICHNIS MIT BILDNACHWEIS

## DER GEISTLICHE STAND IM PROTESTANTISMUS

**Kat. 1**
**Pastor Otto Clemens van Bijleveld als Hirte**
*Clemens Bijleveld als evangelische herder*
Jan Duif (1617–1649)
1646; Öl/Lw.; 233,5 x 181,5 cm
Gouda, Evangelisch-Lutherse Gemeente
© Gouda, Evangelische-Lutherse
Gemeente; Foto: Ruben de Heer

**Kat. 2**
**Augustana-Bild, Stifterbild des Schumachers Vlerich Feßlen**
Unbekannter Künstler
1711; Öl/Lw.; 77,5 x 80 cm
Ulm-Jungingen, Ev. Kirchengemeinde
Jungingen
© Ev. Kirchengemeinde Jungingen;
Foto: Karin Botzenhardt, Ulm

**Kat. 3**
**Porträt des Subrektors Jacob Kockert mit seinem vierjährigen Sohn Johann**
Michael Conrad Hirt (1613–1671)
1644; Öl/Lw.; 113 x 98,5 cm
Lübeck, Gesellschaft zur Beförderung
gemeinnütziger Tätigkeit

**Kat. 4**
**Doppelporträt der Pfarrfrau Sibylle Elisabeth Calvör, geb. Twebom (1621–1686) und des Pastors Joachim Calvör (1616–1693)**
Unbekannter Künstler
1667; Öl/Lw.; 79 x 93 cm und 93 x 80 cm
Clausthal-Zellerfeld, Ev.-luth. St.-Salva-
toris-Kirchengemeinde Zellerfeld (2523)
© Ev.-luth. St.-Salvatoris-Kirchengemein-
de Clausthal-Zellerfeld

**Kat. 5**
**Riffelbild: Pastor Petrus Pauli und seine Frau Maria**
Unbekannter Künstler
Um 1650; Öl/Holz; 132 x 91 cm
Breklum, Evangelisch Lutherische
Kirchengemeinde Breklum
© Evangelisch Lutherische Kirchenge-
meinde Breklum; Foto: Rüdiger Mikosch,
Breklum

**Kat. 6**
**Porträt des Johannes Kok (1760–1822)**
*Portret van Joannes Kok (1760–1822)*
Unbekannter Künstler
Um 1810; Öl/Lw.; 57 x 49,5 cm
Utrecht, Museum Catharijneconvent (BMH
s02008a)
© Museum Catharijneconvent, Utrecht

**Kat. 7**
**Porträt der Haushälterin von Johannes Kok**
*Portret van mej. Mathot, huishoudster van Joannes Kok (1760–1822)*
Unbekannter Künstler
Um 1810; Öl/ Lw.; 57,5 x 49,5 cm
Utrecht, Museum Catharijneconvent (BMH
S2008b)
©Museum Catharijneconvent, Utrecht

**Kat. 8**
**Satire auf den Zölibat**
*Satire op het celibaat*
Unbekannter Künstler
1. Hälfte 17. Jh.; Öl/Holz; 29,7 x 41,5 cm
Utrecht, Museum Catharijneconvent
(RMCC s00041)

**Kat. 9**
**Bildnis des Erdmann Neumeister (1671–1756)**
Nicolaus Georg Geve (1712–1789)
1757; Öl/Lw.; 57,7 x 37,6 cm
Hamburg, Hamburger Kunsthalle
(HK-3091)
© Hamburger Kunsthalle/bpk,
Foto: Elke Walford

**Kat. 10**
**Pfarrertafel**
1766; Öl/Holz; 120 x 60 cm
Ulm-Jungingen, Ev. Kirchengemeinde
Jungingen

**Kat. 11**
**Pastorentafel Kosel**
Unbekannter Künstler
1683; Öl/Holz; 82 x 124 cm
Kosel, Ev.-Luth. Kirchengemeinde Kosel
© Ev.-Luth. Kirchengemeinde Kosel;
Foto: Bernd Jacobsen

**Kat. 12**
**Familienbild des ersten von Luther berufenen Pfarrers von Döbeln, Valentin Braun (1498–1598)**
Matthias Krodel (vor 1550–1618) zuge-
schrieben
16. Jh.; Öl/Lw.; 74 x 155 cm
Döbeln, Ev.-Luth. Kirchengemeinde
Döbeln
© Döbeln, Ev.-Luth. Kirchengemeinde
Döbeln

**Kat. 13**
**Geneaologia Breithauptiana**
Johann Paul Wilhelm Breithaupt
(1733–1804)
10. September 1784 (Stammbaum), um
1813 (Nachträge); Handschrift, Aquarell;
51,5 x 41,3 cm
Berlin, Deutsches Historisches Museum
(Gr 2013/23)
© Deutsches Historisches Museum, Berlin

**Kat. 14**
**Heiratsantrag des Diakons Johann David Piel an die verwitwete Baronesse von Endt, mit Randkommentar**
Johann David Piel (1743–1775)
27. August 1770; Handschrift;
20,5 x 18,1 cm
Berlin, Deutsches Historisches Museum
(Do 65/1491)

**Kat. 15**
**Wie gar gfarlich sey. So Ain Priester kain Eeweyb hat.**
Johan Eberlin von Günzburg
(um 1470–1533)
Augsburg 1522
Eisenach, Stiftung Lutherhaus Eisenach,
Evangelisches Pfarrhausarchiv (8901)

**Kat. 16**
**Sogenannter „Bengel-Stuhl" aus dem Besitz von Johann Albrecht Bengel (1687–1752)**
18. Jh.; Eiche; 87,5 x 46 x 44 cm
Stuttgart, Landeskirchliches Archiv
(07.888)

**Kat. 17**
**Modell Kanzelaltar mit Orgel, Dreifaltigkeitskirche in Berlin**
Horst Dühring (1930–2006)
1997; Holz, Metall, Papier, Pappe;
92,5 x 60 x 54 cm
Berlin, Evangelische Kirchengemeinde
in der Friedrichstadt
© Evangelische Kirchengemeinde in
der Friedrichstadt; Foto: Deutsches
Historisches Museum, Berlin

Kat. 18
**Porträt des Johannes Bugenhagen (1485–1558)**
Lucas Cranach d. J. (1515–1586)
1579; Öl/Lw. (R)
Leipzig, Stadtgeschichtliches Museum Leipzig (Kirchliche Kunst Nr. 24)
© Stadtgeschichtliches Museum Leipzig; Foto: Ursula Gerstenberger

Kat. 19
**Porträt der Walpurga Bugenhagen (1500–1569)**
Lucas Cranach d. J. (Werkstatt) (1515–1586)
Um 1580; Öl/Lw. (R)
Leipzig, Stadtgeschichtliches Museum Leipzig (Kirchliche Kunst Nr. 22)
© Stadtgeschichtliches Museum Leipzig; Foto: Ursula Gerstenberger

Kat. 20
**Martin Luther im Kreise von Reformatoren**
Unbekannter Künstler
2. Viertel 17. Jh.; Öl/Holz; 67,5 x 90 cm
Berlin, Deutsches Historisches Museum (Gm 97/24)

Kat. 21
**„Katharina von Bora findet ihren drei Tage vermißten Gatten, Luther, in tiefem Nachdenken am Studiertische"**
Johann David Schubert (1776–1822)
Um 1800; Kupferstich, Radierung; 21,3 x 13,3 cm
Berlin, Deutsches Historisches Museum (Gr 90/213)
© Deutsches Historisches Museum, Berlin

Kat. 22
**„Dr. Martin Luther im Kreise seiner Familie zu Wittenberg am Christabend 1536"**
Carl August Schwerdgeburth (1785–1878)
1843; Stahlstich; 30,6 x 35,3 cm
Berlin, Deutsches Historisches Museum (Gr 60/519)
© Deutsches Historisches Museum, Berlin

Kat. 23
**Luthers Vermählung am 13. Juni 1525 zu Wittenberg**
Carl August Schwerdgeburth (1785–1878)
1849; Stahlstich; 30 x 35 cm
Berlin, Deutsches Historisches Museum (Gr 60/518)
© Deutsches Historisches Museum, Berlin

Kat. 24
**Luther in Jena**
Carl August Schwerdgeburth (1785–1878)
1851; Stahlstich; 29,8 x 34,9 cm
Berlin, Deutsches Historisches Museum (Gr 60/516.1)

Kat. 25
**Martin Luther und seine Familie**
Christian Rietschel (1908–1997)
Aquarell; 48,2 x 35,6 cm
Eisenach, Stiftung Lutherhaus Eisenach, Evangelisches Pfarrhausarchiv

Kat. 26
**Doppelpastorenbild von Bernhard Günther Block (1727–1786) und Justus Christian Block (1729–1814)**
Justus Gerhard Linnemann (1736–1791)
1784; Öl/Lw.; 95,2 x 119,8 cm
Badbergen, Ev. Kirchengemeinde Badbergen (2156)
© Ev.-luth. Kirchengemeinde St. Georg Badbergen; Foto: Deutsches Historisches Museum, Berlin

## AMT UND HABITUS

Kat. 27
**Amtskleidung aus dem Nachlass des Merseburger Pfarrers Kurt Berckenhagen (1891 – 1980)**
a) Beffchen (uniert)
b) Barett eines Pfarrers – Altpreußische Form oder Preußenbarett
c) Talar eines lutherischen Geistlichen
d) Taschentuch
e) Lutherrock
f) Hose
g) Hutschachtel
1932/1939, Barett: 1921/1924; Wolle, Baumwolle, Seide, Halbseide; L 142 cm (Talar), L 98,5 (Lutherrock), Pappe, Papier, Textilfaser; H 12, Dm 26,7 cm (Hutschachtel)
Berlin, Deutsches Historisches Museum (1991/2482-2485)

Kat. 28
**Beffchen (lutherisch)**
Leinen, Hohlsaum; B 10, L 17 cm
Berlin, Deutsches Historisches Museum (KT 2013/226)

Kat. 29
**Beffchen (reformiert)**
Leinen, Hohlsaum; B 10, L 17 cm
Berlin, Deutsches Historisches Museum (KT 2013/227)

Kat. 30
**Chorhemd**
Um 1796; handgewebtes Leinen; L 100 cm
Stuttgart, Landeskirchliches Archiv (08.033-01)

Kat. 31
**Amtstracht des Konsistorialpräsidenten Albrecht Schmidt (1829–1911)**
Um 1890; Wolle, Seide, appliziert, bestickt
Berlin, Evangelisches Landeskirchliches Archiv in Berlin (ELAB)

Kat. 32
**Orangeroter Talar des damaligen Vikars Friedrich Gehring für die Predigt zum 2. Dienstexamen in Stuttgart**
1971; Textil; L 140 cm
Backnang, Pfarrer i. R. Friedrich Gehring
© Backnang, Pfarrer i. R. Friedrich Gehring; Foto: Deutsches Historisches Museum, Berlin

Kat. 33
**Schirmmütze, Hut und Überrock für Feldgeistliche evangelischer Konfession M 1915, getragen von Franz Bonsack (1877–1950)**
1915; 1913/1918; 1913/1918; Leder, Wolle, 12 x 25 x 25,5 cm; Wolle, 15 x 24 x 32 cm; Wolle, B 60 cm, L 90 cm
Berlin, Deutsches Historisches Museum (U 53/790, U 56/4, U 56/2 )

Kat. 34
**Jacke, Fest-Mütze, Couleur-Bänder der Tübinger Verbindung „Nicaria", mit Hutschachtel der Firma Ad. Knecht, Tübingen**
Textil; L 70 cm; Karton; H 11, Dm 25,5 cm
Stuttgart, Landeskirchliches Archiv (07.866-02, -03, -04, -10)

Kat. 35
**Katholisches Messgewand, bestickt mit dem Motiv „Lamm Gottes", und Untergewand**
Textil; L 140 cm
Berlin, Katholische Kirchengemeinde Heilig Geist

Kat. 36
**Damentalar und Barett der Pfarrerin Cäcilie Karg (geb. 1925)**
Textil; L 122 cm, Dm 24 cm
Berlin, Deutsches Historisches Museum (KT 2013/225; KT 2013/224)

Kat. 37
**Stoffproben für Talare aus dem Haus Eggert**
Papier, Textil; 15 x 22 x 0,5 cm
Düsseldorf, Archiv der Evangelischen Kirche im Rheinland (7 NL 084, Blatt 34/2)

Kat. 38
**Zwei Entwürfe für Talare (mit und ohne „Cape")**
1946; Zeichnungen, aquarelliert; je 27,4 x 20,8 cm
Düsseldorf, Archiv der Evangelischen Kirche im Rheinland (7 NL 084, Blatt 11, Blatt 10)
© Archiv der Evangelischen Kirche im Rheinland; Foto: Deutsches Historisches Museum, Berlin

Kat. 39
**Drei Entwürfe für eine Amtstracht der Vikarinnen**
1950er Jahre; Zeichnungen; 19,5 x 21 cm, 18,5 x 11,5 cm, 25,5 x 21 cm
Düsseldorf, Archiv der Evangelischen Kirche im Rheinland (7 NL 084, Blatt 7, Blatt 16, Blatt 8)
© Archiv der Evangelischen Kirche im Rheinland; Foto: Deutsches Historisches Museum, Berlin

Kat. 40
**„Beschlußantrag: Amtstracht der Vikarinnen"**
1950; Maschinenschrift; 29,7 x 21 cm
Düsseldorf, Archiv der Evangelischen Kirche im Rheinland (7 NL 084, Blatt 3)

Kat. 41
**Entwürfe für eine Amtstracht**
Georg Frieß (gest. 1854), Theatermaler
Zehn Aquarelle; je 36,2 x 22,1 cm
Nürnberg, Landeskirchliches Archiv der Evangelisch-Lutherischen Kirche in Bayern (LAELKB, OKM 2314)
© Landeskirchliches Archiv der Evangelisch-Lutherischen Kirche in Bayern

Kat. 42
**Pfarrer im Amtsrock**
Ludwig Zeiß (gest. 1866)
Zwei Aquarelle; je 30,1 x 24,7 cm
Nürnberg, Landeskirchliches Archiv der Evangelisch-Lutherischen Kirche in Bayern (LAELKB, OKM 2314)
© Landeskirchliches Archiv der Evangelisch-Lutherischen Kirche in Bayern

Kat. 43
**Kostüm der Geistlichkeit der vier Konfessionen**
Christian Gottfried Heinrich Geißler (1770–1844)
1810; Radierung, koloriert; 22,5 x 17,3 cm
Leipzig, Stadtgeschichtliches Museum Leipzig (Gei I/44 a)
© Stadtgeschichtliches Museum Leipzig; Foto: Ursula Gerstenberger

Kat. 44
**„Ein Evangelischer Prediger in seiner Kirchenamtsverrichtung"**
Aquarell (R)
© Sibiu, Brukenthal National Museum Sibiu, Rumänien

Kat. 45
**Entwürfe zur Luther-Statue für das Denkmal in Worms**
Ernst Rietschel (1804–1861)
a) Luther im Mönchsgewand
b) Luther im Gelehrtentalar
1858; Gips, getönt; je 54,5 x 24 x 20 cm
Dresden, Staatliche Kunstsammlungen, Skulpturensammlung (ZV 3956b, ASN 86 und ZV 3956c, ASN 247)
© Staatliche Kunstsammlungen Dresden; Aufnahme: Hans-Peter Klut/Elke Estel

Kat. 46
**Taufvisite im evangelischen Pfarrhaus**
Johann-Baptist Pflug (1785–1866)
1828; Öl/Blech; 23 x 30 cm
Stuttgart, Staatsgalerie Stuttgart (GVL 10)
© Staatsgalerie Stuttgart

Kat. 47
**Letzte Tröstung**
Carl Ludwig Jessen (1833–1917)
1880; Öl/Lw.; 70 x 110 cm
Flensburg, Museumsberg Flensburg (9868)
© Museumsberg Flensburg

Kat. 48
**Anmeldung zur Konfirmation**
*Anmeldelse til konfirmasjon*
Adolph Tidemand (1814–1876)
1846; Öl/Lw.; 21 x 36 cm
Oslo, The National Museum of Art, Architecture and Design – The National Gallery (NMK.2008/0708)
© The National Museum of Art, Architecture and Design; Foto: Øyvind Andersen

Kat. 49
**Studie zu dem Gemälde „Einführung eines jungen Pfarrers"**
Ferdinand Brütt (1849–1936)
Um 1904; Öl/Lw.; 70 x 88 cm
Frankfurt a. M., Sammlung GIERSCH
© Sammlung GIERSCH

Kat. 50
**Empfang eines neuen Pfarrers durch seine Gemeinde im Schwarzwald**
Wilhelm Emil Robert Heck (1831–1889)
1866; Öl/Lw.; 119 x 169 cm
Stuttgart, Landesmuseum Württemberg (VK 2008/39)
© Foto: P. Frankenstein, H. Zwietasch; Landesmuseum Württemberg, Stuttgart

Kat. 51
**Gottesdienst in Uusimaa (Finnland)**
*Service divin au bord de la mer*
Albert Edelfelt (1854–1905)
1881; Öl/Lw.; 122 x 180 cm
Paris, Musée d'Orsay (RF 331)
© bpk/RMN–Grand Palais/Stéphane Maréchalle

Kat. 52
**Gottesdienst in einer norwegischen Landkirche**
*Gudstjeneste i en norsk landskirke*
Adolph Tidemand (1814–1876)
1845; Öl/Lw.; 91 x 103 cm
Oslo, The National Museum of Art, Architecture and Design - The National Gallery (NG.M.00364)
©The National Museum of Art, Architecture and Design; Foto: Jacques Lathion

Kat. 53
**Gotteskinder**
*Harboøre. Guds børn*
Niels Bjerre (1864–1942)
1897; Öl/Lw.; 82,6 x 107,1 cm
Aarhus, ARoS Aarhus Kunstmuseum (396)

Kat. 54
**Mittagsmahl nach der Bischofsvisitation**
*Middag efter bispevisitatsen*
Carl Thomsen (1847–1912)
1888; Öl/Lw.; 70 x 102,5 cm
Kopenhagen, Statens Museum for Kunst (KMS1311)

Kat. 55
**Das Hausverhör**
*Husförhör*
Knut Ander (1873–1908)
Um 1904; Öl/Lw.; 51,5 x 76,7 cm
Stockholm, Privatsammlung
© Henry Avar

Kat. 56
**Prüfung in der Dorfkirche**
*Katekisasjon*
Adolph Tidemand (1814–1876)
1845; Aquarell, Gouache; 27,1 x 33 cm
Oslo, The National Museum of Art, Architecture and Design Oslo – The National Gallery (NG.K&H.B.04381)

Kat. 57
**Die Katechismusstunde**
*La leçon de catéchisme*
Jules-Alexis Muenier (1863–1942)
1890; Öl/Lw. (nur im Katalog)
Besançon, Musée des beaux-arts et d'archéologie (Dépôt du Musée du Louvre)
© Besançon, Musée des beaux-arts et d'archéologie – Cliché Charles CHOFFET

Kat. 58
**Die Taufe**
Otto Wagenfeldt (1610–1671)
Um 1650; Öl/Lw.; 76,6 x 47,8 cm
Hamburg, Ev.-luth. Hauptkirche St. Jacobi (261)
© bpk, Hamburger Kunsthalle, Hanne Moschkowitz

Kat. 59
**Das Abendmahl**
Otto Wagenfeldt (1610–1671)
Um 1650; Öl/Lw.; 77 x 49 cm
Hamburg, Ev.-luth. Hauptkirche St. Jacobi (262)
© bpk, Hamburger Kunsthalle, Hanne Moschkowitz

Kat. 60
**Die Kollekte des Kirchenaufsehers**
*Kyrkstötens Kollekt*
Anders Gustaf Koskull (1831–1904)
1866; Öl/Lw. (R)
Stockholm, Nationalmuseum (NM 2747)
© Nationalmuseum Stockholm; Foto: Erik Cornelius

**Kat. 61**
**Zwei Kniebänke mit Darstellungen von Martin Luther und Jan Hus**
Unbekannter Künstler
Wohl 1715; Eichenholz; 97,5 x 89 cm
Wiesens, St.-Johannes-der-Täufer-Kirche,
Ev.-Luth. Johannes-Kirchengemeinde
Wiesens und Brockzetel (67)

**Kat. 62**
**Zwei Kommunikanten-Tafeln mit Eintragungen für die Jahre 1575–1675 und 1899–1973**
Öl /Holz; je 212 x 34,5 cm
Mölln, Ev.-Luth. Kirchengemeinde Mölln

**Kat. 63**
**Konfitentenlade**
Um 1736; Holz, Metall; 12 x 41 x 13 cm
Wyk auf Föhr, Ev.-luth. Kirchengemeinde
St. Nicolai
© Ev.-luth. Kirchengemeinde, Wyk auf
Föhr, St. Nicolai Kirche; Foto: Deutsches
Historisches Museum, Berlin

**Kat. 64**
**Libellus Absolutorius**
Titelkupfer (R) aus: Nicolaus Rosthius
(1568–1611), Libellus Absolutorius, Das ist:
Einfältiger und nothwendiger Bericht/wie
man zu jeder Zeit/und auff mancherley
schwere Fälle im Beichtstul sich verhalten
könne: Allen angehenden Predigern zu
sonderbahren Nutz zusammen getragen,
Leipzig 1684
Gotha, Universitäts- und Forschungsbibliothek Erfurt/Gotha, Forschungsbibliothek Gotha (Theol. 8° 00718g/03(01))
© Universitäts- und Forschungsbibliothek Erfurt/Gotha-Forschungsbibliothek
Gotha

**Kat. 65**
**Handagende eines evangelischen Pfarrers**
18. Jh.; Handschrift, Leder, gebunden;
19,9 x 34,3 cm (aufgeschlagen)
Berlin, Deutsches Historisches Museum
(Do 65/1444)
© Deutsches Historisches Museum,
Berlin

**Kat. 66**
**Sieblöffel**
Wohl 17. Jh.; Metall, versilbert; L 12,5 cm
Berlin, Evangelisches Zentralarchiv Berlin
(EZA 503/49)

**Kat. 67**
**Taufschüssel**
Atelier Paul Gerhard Heinersdorff, Berlin
1890; Weißmetall, oberseitig vergoldet;
H 5, Dm 37,2 cm
Berlin, Evangelisches Zentralarchiv Berlin
(EZA 503/1)

**Kat. 68**
**Patene**
Meister N in Firma R. Bitterlich, Berlin
Um 1890; Silber, oberseitig vergoldet;
Dm 17 cm
Berlin, Evangelisches Zentralarchiv Berlin
(EZA 503/80)

**Kat. 69**
**Abendmahlskanne**
Carl Albert Friedrich, Stettin
1847; Weißmetall; H 29,7 cm
Berlin, Evangelisches Zentralarchiv Berlin
(EZA 503/48)

**Kat. 70**
**Oblatendose**
Meister E G M, Gnadenberg
1821; Silber; H 3,8 cm, Dm 10 cm

Berlin, Evangelisches Zentralarchiv Berlin
(EZA 503/70c)

**Kat. 71**
**Krankenbesteck in Koffer der Firma Dr. C. Ernst**
Enthält: Kelch, Patene, Oblatendose,
Leuchter, Kruzifix
Ende 19. Jh.; Holz, Leder, Messing,
Eisenblech, versilbert; 11 x 29,5 x 24 cm
Berlin, Evangelisches Zentralarchiv Berlin
(EZA 503/84-89)

**Kat. 72**
**Inneres der St. Matthäus-Kirche in Berlin**
Magnus von Schack
1851; Lithografie; 57,5 x 41 cm
Berlin, Stiftung Stadtmuseum Berlin
(Inv.Nr. XI 24996)

**Kat. 73**
**Kaufschein über den zweiten Sitz in dem 38. Frauenstuhl der Kirche St. Gotthardt in Brandenburg an der Havel für Marie Louise Scharenbergen**
Unterzeichner: Schmidt (Superintendent),
Lange (Vorsteher)
2. Januar 1795; Druck mit handschriftlichen Einträgen; 18,2 x 20,8 cm
Berlin, Deutsches Historisches Museum
(Do 52/876)

**Kat. 74**
**Kirchstuhlschild, zweiseitig bemalt**
1628; Eisenblech; 8,4 x 10,4 cm
Nürnberg, Germanisches Nationalmuseum (KG 1000)

**Kat. 75**
**Kirchstuhlschild der Anna Hammer**
1609; Eisenblech, bemalt;
7,4 x 10,1 cm
Nürnberg, Germanisches Nationalmuseum (KG 1004)

**Kat. 76**
**Kirchstuhlschild des Jacob Lotter und seiner Gemahlin Anna Maria**
1610; Eisenblech, bemalt;
8,6 x 11,5 cm
Nürnberg, Germanisches
Nationalmuseum (KG 1006)

**Kat. 77**
**Kirchstuhlschild**
1658; Eisenblech, bemalt;
8,6 x 11,5 cm
Nürnberg, Germanisches
Nationalmuseum (KG 1028)

**Kat. 78**
**Kirchstuhlschild**
1600; Eisenblech, bemalt;
7,2 x 12 cm
Nürnberg, Germanisches
Nationalmuseum (KG 1027)

**Kat. 79**
**Kirchstuhlschild der Anna Lucia von Woelckern**
1787; Eisenblech, bemalt;
9,2 x 12,9 cm
Nürnberg, Germanisches Nationalmuseum, Leihgabe der Frh. V. Loeffelholz'schen
Familienstiftung (KG 1357)

**Kat. 80**
**Uferpredigt des Pastors Ludwig Gotthard Kosegarten bei Vitt**
Theodor Schwarz (1777–1850)
1. Hälfte 19. Jh.; Federzeichnung,
aquarelliert; 11,9 x 19,8 cm
Stralsund, Kulturhistorisches Museum
der Hansestadt Stralsund (1956:28)
© Kulturhistorisches Museum der Hansestadt Stralsund; Foto: Jutta Grudziecki

**Kat. 81**
**Innenansicht des Basler Münsters mit Blick gegen den Chor**
Johann Sixt Ringle (verm. 1576–um 1653)
1650; Öl/Lw.; 110 x 87 cm
Basel, Historisches Museum Basel
(1906.3238)
© Historisches Museum Basel

**Kat. 82**
**Blick in das Innere der Kieler St. Nikolai-Kirche**
Theodor Rebenitz (1791–1861)
Um 1845; Bleistiftzeichnung, grau laviert;
43,5 x 49 cm
Schleswig, Stiftung Schleswig-Holsteinische Landesmuseen, Schloss Gottdorf
(1904/9)
© Stiftung Schleswig-Holsteinische
Landesmuseen, Schloss Gottdorf
Schleswig

Kat. 83
**Innenansicht der reformierten Kirche in Koog aan de Zaan während eines Gottesdienstes**
*Interieur van de Nederlandse Hervormde kerk te Koog aan de Zaan tijdens de eredienst*
Unbekannter Künstler
Um 1830; Öl/Lw.; 67 x 81,5 cm
Utrecht, Museum Catharijneconvent (RMCC s00114)
© Museum Catharijneconvent, Utrecht

Kat. 84
**Prediger auf der Kanzel**
Unbekannter Künstler
1670/1680; Federzeichnung, braun laviert, Goldfarbe; 60 x 27,9 cm
Hamburg, Hamburger Kunsthalle, Kupferstichkabinett (49038)
© Hamburger Kunsthalle/bpk, Foto: Christoph Irrgang

Kat. 85
**Gustav Friedrich Dinter (1760–1831)**
1837; Lithografie (R)
Berlin, Staatsbibliothek zu Berlin – Preußischer Kulturbesitz, Kartenabteilung (4" Sq 8678 a)
©bpk/Staatsbibliothek zu Berlin, Preußischer Kulturbesitz, Kartenabteilung

Kat. 86
**Wirkungen der Religion–Tafel XLVIII aus Basedow's Elementarwerk**
Daniel Nikolaus Chodowiecki (1726–1801)
1774; Radierung (R)
Berlin, Deutsches Historisches Museum (Gr 57/495)

Kat. 87
**Perspektivische Ansicht des Pfarrhauses Hordorf**
Unbekannter Künstler
Um 1913; Tuschezeichnung, koloriert; 23,8 x 32,1 cm
Wolfenbüttel, Ev.-luth. Landeskirche in Braunschweig, Landeskirchliches Archiv Wolfenbüttel (LAW, BPLS 826)

Kat. 88
**Die Studierstube von Heinrich Leonhard Heubner (1780–1853) in der Superintendentur (Bugenhagenhaus) in Wittenberg**
Albrecht Heubner (1908–1944) nach einer Zeichnung von H. Donath
1935; Aquarell; 21,2 x 36,8 cm
Eisenach, Stiftung Lutherhaus Eisenach, Evangelisches Pfarrhausarchiv (22/13.1.6)
© Eisenach, Stiftung Lutherhaus Eisenach, Evangelisches Pfarrhausarchiv; Foto: Nestler, Eisenach

Kat. 89
**Reinhards Studierstube**
Georg Friedrich Kersting (1785–1847)
Um 1811; Öl/Lw.; 47 x 37 cm
Berlin, Staatliche Museen zu Berlin, Nationalgalerie (NG 27/63)
© bpk/Nationalgalerie SMB/Jörg P. Anders

Kat. 90
**Ansicht von Thumlingen bei Freudenstadt mit Kirche und Pfarrhaus**
Carl Wilhelm Gottlieb Koestlin (1785–1854)
1825; Federzeichnung, aquarelliert; 11,8 x 19,5 cm
Stuttgart, Landeskirchliches Archiv (13.005)

Kat. 91
**Pfarrhaus Oberboihingen**
Fotografie (nur im Katalog)
© Foto: Horst Rudel, Stuttgart

Kat. 92
**Dekanat Blaufelden**
Carl Wilhelm Gottlieb Koestlin (1785–1854)
1832; Federzeichnung, aquarelliert; 19 x 24 cm
Stuttgart, Landeskirchliches Archiv (13.004)

Kat. 93
**Gedicht zum Andenken an das Pfarrhaus in Benningen mit einer Ansicht des Pfarrhauses**
23. März 1852; Zeichnung, Handschrift; 8,5 x 15,7 cm
Stuttgart, Landeskirchliches Archiv (11.003)

Kat. 94
**Religiöser Wandschmuck und ein Kruzifix**
4 Drucke, gerahmt; Holz; 31,5 x 13,5 cm; 30 x 17,5 x 6 cm (Kruzifix)
Berlin, Deutsches Historisches Museum (AK 2013/521)

Kat. 95
**Vier Ansichten der Studierstube im Pfarrhaus Zoppoten (Schleiz)**
Fotografien (R)
Eisenach, Landeskirchenarchiv Eisenach (Fotosammlung Nr. 563/1, Nr. 563/2, Nr. 563/3, Nr. 563/4)
© Landeskirchenarchiv Eisenach

Kat. 96
**Pfarrhaus der Neuen Kirche (Deutscher Dom) in der Kronenstraße 70, Berlin**
a) Außenansicht
b) Innenansicht, ehemalige Wohnung von Pfarrer Emil Gustav Lisco und Marie Lisco, 1899
c) Innenansicht, Arbeitszimmer von Prediger Theodor Hossbach, nach 1881
Fotografien (R)
Berlin, Evangelisches Zentralarchiv Berlin (EZA 500/2987, 500/2985, 500/896)

Kat. 97
**Pastor Bernhard Ferdinand Ewerbeck mit seiner Frau Lina, geb. Schaaf, und den Kindern im Garten des Pfarrhauses in Bösingfeld**
Um 1895; Fotografie (R)
Lemgo/Brake, Familie Ewerbeck

Kat. 98
**Besuch bei Familie Ewerbeck in der „guten Stube" im Pfarrhaus in Bösingfeld**
1893; Fotografie (R)
Lemgo/Brake, Familie Ewerbeck

Kat. 99
**Hauseingangsschild**
Um 1910; Eisenblech, emailliert, bombiert, schabloniert; 30 x 80 cm
Stuttgart, Landesmuseum Württemberg (VK 1998/286)

Kat. 100
**Profil-Silhouette von Johann Friedrich Flattich (1713–1797) mit Ansicht seines Pfarrhauses in Münchingen**
Scherenschnitt, Druck; 17,5 x 11,5 cm
Stuttgart, Landeskirchliches Archiv (11.047)

Kat. 101
**Christus und das Brautpaar (Aktstudie zur Hochzeit zu Kanaa, Loccum)**
Eduard von Gebhardt (1838–1925)
1886/1892; Öl/Holz (R)
Kranenburg, Museum Katharinenhof (WV B141)
© Museum Katharinenhof; Foto: NicRayPhotography

Kat. 102
**Christus und das Brautpaar (Studie zur Hochzeit zu Kanaa, Loccum)**
Eduard von Gebhardt (1838–1925)
1884/1891; Öl/Lw. (R)
Goch, Museum Goch (WV B142)
© Museum Goch

Kat. 103
**Aufklappbares Kästchen mit Kirchenansichten – sogenanntes „Nebekästchen"**
Geschenk der Westfälischen Provinzialsynode an den Generalsuperintendenten D. Gustav Nebe (1835–1919)
1905; Holz (Kasten), Fotografien, Drucke, Zeichnungen; 56 x 55 x 23 cm (geschlossen)
Bielefeld, Landeskirchliches Archiv der Evangelischen Kirche von Westfalen

Kat. 104
**Modell der Dreifaltigkeitskirche in Berlin**
Baumeister Titus de Favre (Ende 17. Jh.–1745)
Modellbauer Horst Dühring (1930–2006)
1998; Holz, farbig gefasst; 47 x 37,5 x 42 cm
Berlin, Evangelische Kirchengemeinde in der Friedrichstadt

**Kat. 105**
**Cramersches Gesangbuch**
Allgemeines Gesangbuch auf Königlichen
Allergnädigsten Befehl zum öffentlichen
und häuslichen Gebrauch, in den Gemein-
den des Herzogthums Schleswig, des Her-
zogthums Hollstein, der Herrschaft Pinne-
berg, der Stadt Altona, und der Grafschaft
Ranzau gewidmet und mit Königlichen
Allerhöchsten Privilegio herausgegeben
Johann Andreas Cramer (1723–1788)
Altona 1781
Berlin, Deutsches Historisches Museum
(R 13/1174)

**Kat. 106**
**Praxis Pietatis Melica [...]. Editio XLV.**
Johann Crueger (1598–1662)
Berlin: Johann Friderich Lorentz 1737
Berlin, Deutsches Historisches Museum
(R 79/1502.1<45>)

**Kat. 107**
**Lesepult**
Um 1700; Holz, farbig gefasst; H 148 cm
Weene, Ev.-luth. Kirchengemeinde Weene

**Kat. 108**
**Sammlung von Postkarten mit religiösen
Sprüchen**
20. Jh.; Karton, bedruckt; je 10,5 x 14,8 cm
Berlin, Deutsches Historisches Museum

**Kat. 109**
**Fünf Pirol-Ordner mit Predigten der
Pfarrerin Cäcilie Karg (geb. 1925)**
Maschinenschrift, Papier, Metall;
je 23 x 8 x 23 cm
Berlin, Deutsches Historisches Museum

**Kat. 110**
**Kruzifix**
Metall; 38,5 x 14 x 8,5 cm
Berlin, Deutsches Historisches Museum

**Kat. 111**
**Agende für die Evangelische Kirche der
Union, Bd. 2: Die kirchlichen Handlungen,
von Pfarrerin Cäcilie Karg**
Berlin: Evangelische Haupt-Bibelgesell-
schaft 1964; Druck mit handschriftlichen
Einträgen; 26,5 x 38 cm (aufgeschlagen)
Privatbesitz

**Kat. 112**
**Brotteller**
Holz; Dm 28,5 cm
Berlin, Deutsches Historisches Museum

**Kat. 113**
**Notizbuch mit Unterrichtseinheiten der
Pfarrerin Cäcilie Karg**
Papier; 31 x 21 cm
Berlin, Deutsches Historisches Museum
(ZD026811)

**Kat. 114**
**Album mit Familienfotos der Pfarrerin
Cäcilie Karg**
Fotografien, Kunststoff; 17 x 25 x 2 cm
Berlin, Deutsches Historisches Museum
(ZD026812)

**Kat. 115**
**Ordination von Pfarrerin Cäcilie Karg
in Dannigkow**
1965; Fotografie (R) (nur im Katalog)
Berlin, Deutsches Historisches Museum
(ZD026812)
© Deutsches Historisches Museum, Berlin

**Kat. 116**
**Die Frau auf der Kanzel?**
Eva Hoffmann-Aleith (1910–2002)
Berlin: Evangelische Verlagsanstalt 1953
Halle, Privatsammlung

**Kat. 117**
**Modell eines Kanzelaltars**
Unbekannter Künstler
Mitte 18. Jh.; Holz, Metall, farbig gefasst;
38,5 x 31,5 x 16,5 cm
Dresden, Museum für Sächsische Volks-
kunst, Staatliche Kunstsammlungen
Dresden (A 200)

**Kat. 118**
**Verordnung „Welcher gestalt in allen ihrer
Churfuerstlichen G. Landen / vnd dersel-
ben Kirchen / die Leute vnd Vnderthanen
/ durch die Lehrer des Worts zu recht-
schaffener rewe / busse vnd besserung
des sündtlichen lebens vomanet [...]
werden. [Predigtordnung]**
August I., Kurfürst von Sachsen
(1526–1586)
Dresden: Matthes Stöckel, d.Ä./Gimelis
Bergen 1577
Berlin, Deutsches Historisches Museum
(R 10/1895)

**Kat. 119**
**Hauskalender eines Pfarrers mit Eintra-
gungen seiner Predigtthemen und -daten**
Druck, Handschrift; 36 x 21 cm
Stuttgart, Landesmuseum Württemberg
(VK 2010/570-1)

**Kat. 120**
**Kanzel-Sanduhr**
1. Viertel 17. Jh.; Nußbaum, Messing, Glas;
28 x 22 x 10,5 cm
Berlin, Deutsches Historisches Museum
(KG 2007/5)
© Deutsches Historisches Museum, Berlin

**Kat. 121**
**Altarpult**
1724; Holz, farbig gefasst; 44 x 56 x 33 cm
Breinum, Ev.-luth. Trinitatis-Kirchengemeinde in Sehlem (2756)

**Kat. 122**
**Schreibgarnitur in gotisierendem Stil**
Holz; 16 x 13,5 x 21,5 cm
Stuttgart, Landeskirchliches Archiv
(07.777)

**Kat. 123**
**Lutherstatuette mit Spieluhr**
Um 1900; Zinkguss, versilbert;
14 x 14 x 40 cm
Speyer, Zentralarchiv der Ev. Kirche der
Pfalz (173/0114)
© Zentralarchiv der Ev. Kirche der Pfalz;
Foto: Fotografie Pohsegger

**Kat. 124**
**Kleinskulptur „Lasset die Kindlein
zu mir kommen"**
Unbekannter Künstler
Bronze; 25 x 24 x 17 cm
Stuttgart, Landeskirchliches Archiv
(07.879)

**Kat. 125**
**Christus-Figur als Tisch- oder
Zimmerschmuck**
Verkleinerte Replik nach Bertel
Thorvaldsen (1770–1844)
Metall; 43 x 18 x 22 cm
Stuttgart, Landeskirchliches Archiv
(96.100-24)

**Kat. 126**
**Das eyn Christliche versamlung odder
gemeyne recht vnd macht habe: alle lere
zu vrteylen: vnd lerer zu beruffen [...]**
Martin Luther (1483–1546)
Wittenberg: Melchior Lotter 1523
Berlin, Deutsches Historisches Museum
(R 57/8148)

**Kat. 127**
**Eine Predigt [...] das man kinder zur
Schulen halten solle.**
Martin Luther (1483–1546); Lucas Cranach
(1472–1553) Titelholzschnitt
Wittenberg: Nickel Schirlentz 1530
Berlin, Deutsches Historisches Museum
(R 94/529)

**Kat. 128**
**Fleißkärtchen mit Psalm 40,18**
2. Hälfte 19. Jh.; Druck/Gelatine; 5,5 x 7 cm
Berlin, Deutsches Historisches Museum
(1989/1607.24)

**Kat. 129**
**Katechetische Kärtchen**
1900–1920; je 4 x 6,5 cm
Speyer, Zentralarchiv der Ev. Kirche der
Pfalz (173/1682)

Kat. 152
**Tagebuch des Pfarrers Robert Riem**
Robert Riem (1839–1924)
Juli 1902–1903; Handschrift; 23 x 34 cm
(aufgeschlagen)
Eisenach, Stiftung Lutherhaus
Eisenach, Evangelisches Pfarrhausarchiv
(499s/12,2,4)

Kat. 153
**Tagebuch des Pfarrers Robert Riem**
Robert Riem (1839–1924)
August 1906–1907; Handschrift;
21 x 33 cm (aufgeschlagen)
Eisenach, Stiftung Lutherhaus
Eisenach, Evangelisches Pfarrhausarchiv
(449u/12.2.4)
© Stiftung Lutherhaus Eisenach,
Evangelisches Pfarrhausarchiv;
Foto: Nestler, Eisenach

Kat. 154
**Bilder und Dokumente zu Ausbildung
und Amtstätigkeit des Pfarrers Kurt
Herbert Lipp (1886–1969)**
1907–1917; Fotografien, Handschriften
Berlin, Deutsches Historisches Museum
(Do 2009/640-643, Do 2009/176, Do
2009/178, Do 2009/182, Do 2009/185-187)

Kat. 155
**Prüfungssaal des königlichen
Konsistoriums**
1893/1994; Fotografie (R)
Speyer, Zentralarchiv der Ev. Kirche
der Pfalz (Abt. 154 Nr. 8126)
© Speyer, Zentralarchiv der Ev. Kirche
der Pfalz

Kat. 156
**Zwei Fotoalben des Pfarrers Günther
Zahn (1906–1999)**
1928–1930, 1931–1934; Fotografien/
Karton, gebunden
Eisenach, Landeskirchenarchiv Eisenach
(NL Günther Zahn 31-004, Nr. 1; 31-004,
Nr. 2)

Kat. 157
**Der Hauslehrer**
Benjamin Vautier (d. Ä.) (1829–1898)
1865; Öl/Lw., auf Sperrholz aufgezogen;
72,5 x 92,5
Nürnberg, Germanisches National-
museum (Gm 1669)
© Germanisches Nationalmuseum,
Nürnberg; Foto: Monika Runge

Kat. 158
**Patronatsstuhl**
Um 1700; Holz, Samt; 130 x 55 x 55 cm
Saxdorf, Privatsammlung Bethke/Pfarrer
i. R. Zahn

Kat. 159
**Das Pfarrhaus in Gurukhpore**
The Parsonage Gurukhpore
Hezekiah Clark (1792–1868)
1823; Aquarell (R)
London, The British Library
© The British Library Board, WD 4479

Kat. 160
**Evangelische Pfarrhäuser und Pfarrfami-
lien in der Diaspora: Grootfontein (heute
Namibia) 1913–1919; Athen 1923–1932;
Caracas (Venezuela) 1889–1898; Brasilien
1917**
Fotografien (R)
Berlin, Evangelisches Zentralarchiv Berlin
(EZA 500/12106, 12108, 12111, 12115, 12117,
28261, 28262, 32664, 28399)

Kat. 161
**Kalligraphie zur Ernennung eines
Superintendenten der evangelischen
Gemeinde in der Provinz Kanton**
1920er Jahre; Handschrift; B 40, L 205 cm
Berlin, Archiv des Berliner Missionswerkes
(Karton 068)

Kat. 162
**Aufnahmen aus der Neuendettelsauer
Mission in Neuguinea**
1901–1933; Fotografien (R), Neuendettelsau, Archiv Mission EineWelt
© Archiv Mission EineWelt, Neuendettelsau

Kat. 163
**Aufnahmen von Aufführungen des
„Papua-Spiels" der Neuendettelsauer
Mission**
1930er Jahre; Fotografien (R)
Neuendettelsau, Archiv Mission EineWelt
(Akten des Missions- und Diasporasemi-
nars 2.68, 2.69)

© Archiv Mission EineWelt, Neuendettelsau

Kat. 164
**Sechs Fleißkärtchen aus der Mission
mit Bibelsprüchen**
Farbdrucke; je 6,5 x 11 cm
Berlin, Archiv des Berliner Missionswerkes
(Karton 051)

Kat. 165
**„Die Zehner wirbeln durch die Welt" –
Aufsteller zur Werbung für Spenden für
das Missionswerk der Evangelisch-Luthe-
rischen Kirche in Bayern, Neuendettelsau**
Plastik; 22,5 x 13 x 6 cm
Stuttgart, Landeskirchliches Archiv
(07.854)

Kat. 166
**Spendenkasten „Verborgene
Missionsopfer"**
Holz; 60 x 48,7 x 3,2 cm
Berlin, Berliner Missionswerk der
Ev. Kirche Berlin-Brandenburg-
schlesische Oberlausitz

Kat. 167
**Spendenbüchse „Nickchinesin"**
20. Jh.; Holz, farbig gefasst;
20 x 10 x 14 cm
Norderney, Ev.-luth. Kirchengemeinde
in Norderney (2321)

Kat. 168
**Schild mit Beschreibung der rituellen
Bedeutung eines ethnologischen
Gegenstandes**
Maschinenschrift; 10 x 21 cm
Berlin, Evangelisches Landeskirchliches
Archiv in Berlin (ELAB) (Ethnologica,
Schachtel 1_5)

Kat. 169
**Ethnologische Objekte aus Afrika
in den Sammlungen der Berliner
Missionsgesellschaft**
darunter: Kopfstütze, männliche Figur,
Pfeil, Zauberwürfel, Modell eines Pfluges,
Naturalien
Berlin, Archiv des Berliner Missionswerkes
(Ethnologica, Schachtel rot 28 (Nr. 39, Nr.
24), Schachtel rot 10_4, Schachtel rot 1_5)

Kat. 170
**Kindermissionsschriften**
a) „Ko's Rache"
b) „Warum Ivik keine Angst hatte"
c) „Mampuru"
d) „Mantseke hat's begriffen"
Alice Bühring (1893–1966)
Berlin: Evangelische Verlagsanstalt 1953;
Druckschriften; je 16,5 x 12 cm
Berlin, Berliner Missionswerk der Ev.
Kirche Berlin-Brandenburg-schlesische
Oberlausitz

Kat. 171
**Missionsbilder mit Versen für Kinder**
a) 3: Ostafrika
b) 5: Grönland
c) 6: Kamerun
d) 7: Westindien
e) 9: Battas
Berlin: Berliner Missionsgesellschaft
1899–1904; 5 Druckschriften;
je 12,3 x 8,8 cm
Berlin, Berliner Missionswerk der
Ev. Kirche Berlin-Brandenburg-
schlesische Oberlausitz

**Kat. 172**
**Kindermissionsschriften, Neue Folge**
a) Dschong tai. Die Geschichte eines
chinesischen Mädchens
b) Kann man Chinesenkinder liebhaben?
c) Du sollst nicht andere Götter haben
neben mir! Eine Geschichte aus China.
Marie Scholz (1876–1941)
Berlin: Berliner Missionsgesellschaft
1926–1935; Druckschriften;
je 18,8 x 12,6 cm
Berlin, Berliner Missionswerk der
Ev. Kirche Berlin-Brandenburg-
schlesische Oberlausitz (Mc 3317)

**Kat. 173**
**„Das Missionshaus im Jubiläumsjahr 1945"**
1949; Fotoalbum; 29,5 x 24,5 cm
Berlin, Archiv des Berliner Missionswerkes
(057/2)

**Kat. 174**
**Album Mission: Südafrika, Mashonaland /
Missionar Wedepohl**
Um 1900; Fotoalbum; 24 x 33 x 4,5 cm
Berlin, Archiv des Berliner Missionswerkes
(028/Album XV)

**Kat. 175**
**Laterna Magica mit zwei Glasdias
aus der Bildserie „Heiliges Land"**
Um 1900; Metall, Holz, Glas, Glasplatten;
41,5 x 32 x 38,5 cm (Laterne);
je 9 x 9 x 0,2 cm (Glasplatten)
Halle, Stadtmuseum Halle/Saale (CJ
99/294/GS 20; CJ zu 99/294/GS 20 Nr. 17,
Nr. 8)
© Stadtmuseum Halle; Foto: Th. Ziegler

**Kat. 176**
**Bildserie „Heiliges Land" für Laterna
Magica**
6 Glasplatten (R)
a) Petra, Khazne al-Firaun
b) Jerusalem, Grabeskirche
c) Jerusalem, Blick vom Tempelberg
d) Jerusalem, Grabmal des Absalom
e) Bethlehem, Geburtskirche
f) Sinai, Katharinenkloster
Halle, Stadtmuseum Halle/Saale (CJ
zu 99/294/GS 20 Nr. 17, Nr. 8, Nr. 2, Nr. 12,
Nr. 13, Nr. 14)
© Stadtmuseum Halle; Foto: Th. Ziegler

**Kat. 177**
**Die Andacht der Haugianer**
*Haugianerne*
Adolph Tidemand (1814–1876)
1848; Öl/Lw.; 148 x 183 cm
Düsseldorf, Stiftung Museum Kunstpalast
Düsseldorf (M 4056)
© Stiftung Museum Kunstpalast Düssel-
dorf; Foto: Horst Kolberg/ARTOTHEK

**Kat. 178**
**Der Reverend W. Parker als Teilnehmer
einer Parforcejagd**
*The Reverend W. Parker on a Bay Hunter
with Hounds*
Richard Dodd Widdas (1826–1885)
1834; Öl/Holz; 41,4 x 48,6 cm
Manchester, University of Manchester
(The Tabley House Collection) (203.1a)
© Tabley House Collection, University
of Manchester, UK / The Bridgeman Art
Library

**Kat. 179**
**Der Pastor von Silverton liest der Familie
von Sir Thomas Acland am Kamin vor**
*The Pastor's Fireside: The family of Sir
Thomas Acland, 10th Bt being read to by
the Vicar of Silverton*
Henry Singleton (1766–1839)
Um 1810; Öl/Lw.; 62 x 75 cm
Killerton, Killerton House,  Devon. Acland
Family Collection (The National Trust)
(922322)
© National Trust Images

**Kat. 180**
**Der Dorfpfarrer besucht den jungen
Patron**
*The Vicar of the Parish visits the Infant
Squire*
Gawen Hamilton (1697–1737) zugeschrie-
ben
Um 1730; Öl/Lw.; 74,9 x 94,6 cm
Glasgow, Glasgow Museums (3029)
© CSG CIC Glasgow Museums Collection

**Kat. 181**
**Puppenhaus nach dem Pfarrhaus in
Hampton Lucy**
*Doll's house*
Mr. Wimbush
1950; Holz, Papier, Textil;
94 x 101,5 x 54 cm
Charlecote Park, The Fairfax-Lucy
Collection (The National Trust) ( 533046)

**Kat. 182**
**Britische Karikatur auf einen genuss-
süchtigen Geistlichen – „Oh Lord oh Lord
which way Shall I turn me."**
Karikatur nach Richard Newton
(1777–1798)
Um 1830; Federlithografie (R)
© Berlin, bpk Bildagentur für Kunst,
Kultur und Geschichte (00014499)

**Kat. 183**
**Reverend Robert Walker (1755–1808)
beim Schlittschuhlaufen**
*Reverend Robert Walker (1755–1808)
Skating on Duddingston Loch*
Sir Henry Raeburn (1756–1823)
1784; Öl/Lw. (R)
Edinburgh, Scottish National Gallery
(Acc. No. NG 2112)
© Scottish National Gallery

**Kat. 184**
**Jugendbildnis der Johanna Charlotta
von Keller, geb. Langenhahn**
Johann Jakob Ihle (1702–1774)
1747; Öl/Lw.; 92,5 x 79 cm
Stuttgart, Landeskirchliches Archiv
(08.026)
© Landeskirchliches Archiv Stuttgart

**Kat. 185**
**Bildnis des Ernst Urban von Keller
(1730–1812), Prälat und Abt in Herrenalb**
Unbekannter Künstler
1810; Öl/Lw.; 78,5 x 71 cm
Stuttgart, Landeskirchliches Archiv
(08.025)

## (SEELEN-) HAUSHALT

**Kat. 186**
**Hausorgel aus Württemberg**
Johannes Knöpffel
1763; Holz, farbig gefasst, Metall;
180 x 120 x 43 cm
Stuttgart, Landesmuseum Württemberg
(8,593)

**Kat. 187**
**Liedertafel**
18. Jh.; Holz, farbig gefasst;
115 x 69,5 x 10 cm
Dunum, Ev.-luth. Kirchengemeinde in
Dunum (2772)

**Kat. 188**
**Laute**
Um 1950; Holz, Elfenbein, Messing,
Perlmutt, Textil; 32 x 14 x 90 cm
Berlin, Deutsches Historisches Museum
(MK 90/2038)

**Kat. 189**
**Blockflöte mit Tasche**
Holz, gebohrt, gedrechselt; L 59 cm,
Dm 3,2 cm
Erfurt, Privatsammlung Nickel

**Kat. 190**
**Nachbau der Schäfferschen
Waschmaschine**
1988; Holz
Gütersloh, Miele-Museum
© Miele-Museum Gütersloh

**Kat. 191**
**Wäschekästchen aus dem Besitz
einer schwäbischen Pfarrer- und
Beamtenfamilie**
Holz, beklebt, Textilien; 15 x 35 x 17 cm
Stuttgart, Landesmuseum Württemberg
(VK 1996/0227-01 a-e, 0227-1a-j,
0227-2a-n)

**Kat. 192**
**Geldkästchen für „Brauchgeld" mit Erklärungsschreiben der Clara Kapff**
1800 (Kästchen), nach 1900 (Zettel);
Pappmaché; 9 x 9 x15 cm
Stuttgart, Landesmuseum Württemberg
(VK 1996/210 a+b)

**Kat. 193**
**Marie Schmalenbach (1835–1924), Pfarr-frau im ostwestfälischen Menninghüffen, mit ihrer ältesten Tochter Magdalene**
Fotografie (R)
Bielefeld, Landeskirchliches Archiv der Evangelischen Kirche von Westfalen
(LkAEKvW 25F 1453-1)

**Kat. 194**
**Drei Tagebücher der Marie Schmalenbach**
Marie Schmalenbach (1835–1924)
1845–1867, 1864–1875, August/September 1868; Handschrift, gebunden;
je 20 x 12 cm
Löhne, Archiv der Ev.-luth. Kirchenge-meinde Mennighüffen (Inv.-Nr. 107, 108, 109)

**Kat. 195**
**Wachsbildnis der Wibrandis Rosenblatt (1504–1564)**
Unbekannter Wachsbossierer
2. Hälfte 16. Jh.; Wachs, eingefärbt, modelliert; Holz, gedrechselt;  Dm 16 cm
Basel, Historisches Museum Basel (1915.47)
© Historisches Museum Basel

**Kat. 196**
**Das Pastorat in Hjarup**
*Hjarup Præstegård*
Carl Thomsen (1847–1912)
1889; Zeichnung
Kopenhagen, Statens Museum for Kunst

**Kat. 197**
**Visite bei der Frau Pfarrerin**
Unbekannter Künstler
1850; Holzstich (R)
© Berlin, bpk Bildagentur für Kunst, Kultur und Geschichte (20031489)

**Kat. 198**
**Mutter der „Heidi"-Autorin Meta Heus-ser-Schweizer (1797–1876) mit Töchtern**
Um 1852; Fotografie (R)
©Zürich, Schweizerisches Institut für Kinder- und Jugendmedien SIKJM
(SPYRI-F-00266)

**Kat. 199**
**„Priesterlicher Wittiben und Waisen-Fiscus in der Obern Graffschafft Schwartzburg Rudolstädter Linie"**
1669–1802; Druck mit Unterschriften, gebunden
Eisenach, Landeskirchenarchiv Eisenach (Pfarrwitwenkasse Schwarzburg-Rudol-stadt 16-014, Nr. 3)

**Kat. 200**
**Das neue große Kochbuch**
Roland Gööck (1923–1991)
Gütersloh: Bertelsmann Lesering 1968
Berlin, Deutsches Historisches Museum (13/1081)

**Kat. 201**
**„Recepte zu Speisen und Backwerk"**
darin: „Citronen-Torte" und „Beschmirde Kloeße"
Erdmuthe Nietzsche (1778–1856)
1802; Handschrift (R)
Weimar, Klassik Stiftung Weimar, Goethe- und Schiller-Archiv  (GSA 100/216)
© Foto: Klassik Stiftung Weimar

**Kat. 202**
**Rezept für Ingwer-Bier**
Erdmuthe Nietzsche (1778–1856)
Handschrift (R)
Weimar, Klassik Stiftung Weimar, Goethe- und Schiller-Archiv  (GSA 100/216)
© Foto: Klassik Stiftung Weimar

**Kat. 203**
**Hausmittel „Zahnschmerzen für immer zu heben."**
Erdmuthe Nietzsche (1778–1856)
Handschrift; 17 x 10,5
Weimar, Klassik Stiftung Weimar, Goethe- und Schiller-Archiv  (GSA 100/216)

**Kat. 204**
**Das deutsche ABC-Buch. Eine Anleitung zum Schreiben und Lesenlernen**
Stuttgart: Verlag Julius Hoffmann,
2. Hälfte 19. Jh.
Stuttgart, Landesmuseum Württemberg (VK 2010/49)

**Kat. 205**
**Konfirmationssträußchen für zwei männ-liche Mitglieder der Pfarrfamilie Kapff**
19. Jh.; 9,5 x 9,8 x 3,4 cm
Stuttgart, Landesmuseum Württemberg (VK 1996/203 a+b)

**Kat. 206**
**Stammbuch des Johannes III von Speyr-Bernoulli**
Johannes III von Speyr-Bernoulli (1784–1816)
1799–1816; Leder, Goldprägung, Karton, Feder, Sepiamalerei; 12 x 20,5 x 2,4 cm
Basel, Historisches Museum Basel (2001.419)
© Historisches Museum Basel

**Kat. 207**
**Genealogische Kartei aus dem Nachlass des Pfarrers Gerd Alpermann (1905–2001)**
Karton, Karteikarten, beschriftet;
11 x 26,5 x 35,8 cm
Brandenburg, Domstiftsarchiv Brandenburg (NL 43 (1))

**Kat. 208**
**Stammtafel „Luther–Cranach–Goethe–Schede"**
Kurt Schede (1870–1952)
Um 1930; Handschrift, farbig koloriert
Speyer, Zentralarchiv der Ev. Kirche der Pfalz (150.022, Nr. 2)
© Speyer, Zentralarchiv der Ev. Kirche der Pfalz; Foto: Fotografie Pohsegger

**Kat. 209**
**Miniaturbildnis des Friedrich Ludwig Yelin (1763–1810), Pfarrer in Fürfeld**
Unbekannter Künstler
Um 1800; Gouache; 10,5 x 9,2 cm
(mit Rahmen)
Tübingen, Reinhard Faul
© Tübingen, Reinhard Faul

**Kat. 210**
**Schnupftabakdose mit Bildmotiv: Christus auf einem Esel, der Papst auf einem prächtigen Ross**
Um 1800; Pappmaché; H 2,3 cm,
Dm 9,2 cm
Stuttgart, Landesmuseum Württemberg (VK 1991/045 a+b)
© Foto: P. Frankenstein, H. Zwietasch; Landesmuseum Württemberg, Stuttgart

**Kat. 211**
**Gepresste und aufgenähte Blätter von der Lutherbuche bei Steinbach**
1856; Handschrift mit Blättern;
28,5 x 46 cm
Dresden, Landeskirchenarchiv der Ev. – Luth. Landeskirche Sachsens (LKA DD 135/15)

**Kat. 212**
**Fremdenbuch für das christliche Haus, Gästebuch des Pfarrhauses Kastellaun mit handschriftlichen Eintragungen**
Karl A. Gutmann (geb. 1830)
Friedrich Wanderer (Zeichnungen)
Nürnberg: Heerdegen–Barbeck 1889
Berlin, Deutsches Historisches Museum (ZD026011)

**Kat. 213**
**Lichtschirm mit Lithophanie, Porträt des Theologen Friedrich Schleiermacher (1768–1834)**
Unbekannter Künstler
1850/1859; Lithofanie, Eisenkunstguß;  H 45 cm
Basel, Historisches Museum Basel (2003.105)
© Historisches Museum Basel

**Kat. 214**
**Album mit japanischen Visitenkarten Liemar Hennig (1909–1954)**
Karton, Papier, bedruckt
Hannover, Landeskirchliches Archiv (NL Liemar Hennig N 34, Nr. 5)

**Kat. 215**
**Spruchkärtchen in Stramintasche am blauen Seidenband**
1900/1910; Stramin, Papier
Speyer, Zentralarchiv der Ev. Kirche
der Pfalz (173/0345)
© Speyer, Zentralarchiv der Ev. Kirche
der Pfalz; Foto: Fotografie Pohsegger

**Kat. 216**
**Schafsgesichtsmaske vom Krippenspiel**
Textil; 30 x 20 x 35 cm
Stuttgart, Landeskirchliches Archiv
(08.200-8)

**Kat. 217**
**„Das sinnreiche chinesische Puzzle-Spiel"**
Futteral und 31 Blatt Legetafeln;
14 x 10 cm (Futteral), je 13,8 x 17,5
(Legetafel)
Weimar, Klassik Stiftung Weimar,
Goethe- und Schiller-Archiv (GSA 100/218)

**Kat. 218**
**„Warum ist kindliche Liebe eine so heilige Pflicht? Deutsche Abhandlung zum 11ten December 1831, seiner theuren, würdigen Mutter gewidmet, von Ihrem dankbaren Sohn, Ludwig Nietzsche"**
Carl Ludwig Nietzsche (1813–1849)
1831; Handschrift; 20,8 x 17,3 cm
Weimar, Klassik Stiftung Weimar, Goethe-
und Schiller-Archiv (GSA 100/210)

**Kat. 219**
**Faltbrief mit Kinderzeichnungen von Carl Ludwig Nietzsche**
Carl Ludwig Nietzsche (1813–1849)
Bleistiftzeichnung (R)
Weimar, Klassik Stiftung Weimar,
Goethe- und Schiller-Archiv (GSA 100/422)
© Foto: Klassik Stiftung Weimar

**Kat. 220**
**„Vogelbeerdigung"**
Carl Ludwig Nietzsche (1813–1849)
Zeichnung, aquarelliert; 17 x 20,4 cm
Weimar, Klassik Stiftung Weimar,
Goethe- und Schiller-Archiv (GSA 100/422)
© Foto: Klassik Stiftung Weimar

**Kat. 221**
**„Die Kirche mit dem Pfarrhause"**
Carl Ludwig Nietzsche (1813–1849)
1826; Bleistiftzeichnung; 20,5 x 25 cm
Klassik Stiftung Weimar, Goethe- und
Schiller-Archiv (GSA 100/422)

**Kat. 222**
**„Arche Noah" als Kinderspielzeug**
Um 1900; Holz, bemalt; 15 x 10 x 35 cm
(Arche)
Nürnberg, Spielzeugmuseum Nürnberg
(1993.620)
© Spielzeugmuseum Nürnberg;
Foto: Christiane Richter

**Kat. 223**
**Würfelspiel „Die Reise ins Himmelreich"**
Um 1910; Farbdruck/Karton, Zinn,
gegossen, bemalt; 4 x 27,4 x 37 cm
Berlin, Deutsches Historisches Museum
(AK 2012/632)
© Deutsches Historisches Museum, Berlin

**Kat. 224**
**Brautzug mit mit Brautpaar, Pfarrer, Schulkindern und weiteren Personen**
Louis Heinrich Hiemann
Um 1910; elf Holzfiguren, bemalt;
je H 3,3 cm
Nürnberg, Spielzeugmuseum Nürnberg
(2001/13)

**Kat. 225**
**Bildpostkartensammlung der Pfarrerstöchter Thea und Käthe Schneider**
Um 1900; Karton, bedruckt; je 13,7 x 8,9 cm
Wolfenbüttel, Ev.-luth. Landeskirche in
Braunschweig, Landeskirchliches Archiv
Wolfenbüttel (LAW: NL 363)

**Kat. 226**
**Luther-Quartett-Spiel**
Verlag von Ernst Kaufmann, Lahr in Baden
Um 1920; Karton, bedruckt;
12,8 x 8,5 x 2,2 cm
Nürnberg, Spielzeugmuseum Nürnberg
(1996.272)

**Kat. 227**
**Schreibers volks- und heimatkundlicher Aufstellbogen: Dorf aus der Mark Brandenburg mit Bauernhaus, Kirche, Windmühle, Zaun, Baum und Busch**
Um 1931; Papier, bedruckt/Sperrholz,
gesägt, genagelt, geklebt, bemalt;
9,5 x 12,5 x 4 cm (Kirche)
Nürnberg, Spielzeugmuseum Nürnberg
(1987/552)

**Kat. 228**
**Postkarte mit Spruch „Als er sein Weib und's Kind ..."**
Rudolf Schäfer (1878–1961)
Um 1922; Lithografie/Karton; 9,2 x 14 cm
Berlin, Deutsches Historisches Museum
(PK 97/41.88)

**Kat. 229**
**Postkarten mit Bibelillustrationen**
Rudolf Schäfer (1878–1961)
Um 1980 (Nachdruck); Farboffset;
je 14,7 x 10,5 cm
a) Die Heilung des Blindgeborenen
b) Die Salbung Jesu in Bethanien
c) Der Zöllner Zachäus
d) Einzug in Jerusalem
Berlin, Deutsches Historisches Museum
(PK 2008/118, PK 2008/119, PK 2008/120,
PK 2008/121)

**Kat. 230**
**Der Pfarrer und sein Söhnchen aus der Folge „Beschauliches und Erbauliches"**
zu Eduard Mörikes „Der alte Turmhahn"
Adrian Ludwig Richter (1803–1884)
1855; Holzschnitt (R)
Dresden, Staatliche Kunstsammlungen,
Kupferstichkabinett (1884-38)
© Kupferstich-Kabinett, Staatliche
Kunstsammlungen Dresden, Foto: Herbert
Boswank

**Kat. 231**
**Pfarrfrauen-Spiegel**
Karl Wilhelm Dietrich Vorwerk (1870–1942)
Um 1920; Druck; 57 x 27 cm
Stuttgart, Landeskirchliches Archiv
(07.262)
© Landeskirchliches Archiv Stuttgart

**Kat. 232**
**„Des Pfarrers Predigt an sich selbst"**
Karl Wilhelm Dietrich Vorwerk (1870–1942)
Druck; 57 x 27,7 cm
Stuttgart, Landeskirchliches Archiv
(07.263)

**Kat. 233**
**Die Abgabe des Zehnten in Schonen**
*Tiondemöte i Skåne*
Bengt Nordenberg (1822–1903)
1865; Öl/Lw. (R)
Stockholm, Nationalmuseum (NM 999)
© Erik Cornelius, Nationalmuseum,
Stockholm

**Kat. 234**
**Übersicht der Einkünfte der Herren Prediger und Schullehrer der Diözese Belzig**
1806; Handschrift; 35 x 56 cm (aufgeschlagen)
Brandenburg, Domstiftsarchiv Brandenburg (Bel-E 982/1366)

**Kat. 235**
**Haushaltsbuch von Pfarrer Georg Friedrich Blaul**
Georg Friedrich Blaul (1809–1863)
1850–1857; Handschrift; 27,8 x 43 cm
(aufgeschlagen)
Speyer, Zentralarchiv der Ev. Kirche
der Pfalz (150.066 NL Blaul Nr. 25)
© Speyer, Zentralarchiv der Ev. Kirche
der Pfalz; Foto: Fotografie Pohsegger

**Kat. 236**
**Der Land-Pfarrer, nach seinen verschiedenen Verhältnissen, Vorrechten oder Immunitäten und Pflichten […]**
Johann Georg Krünitz (1728–1796)
Berlin 1794
Eisenach, Stiftung Lutherhaus Eisenach,
Evangelisches Pfarrhausarchiv (Sign. 6911)

Kat. 237

**Das Pfarrhaus in Torvastad, Gemeinde Karmøy, Provinz Rogaland**
*Torvastad prestegård, Karmøy, Rogaland*
Johan Friedrich Leonhard Dreier (1775–1833)
1816; Aquarell; 23,7 x 32,5 cm
Oslo, The Norwegian Museum of Cultural History, Norsk Folkemuseum (NF.00613)

Kat. 238

**Plan für einen „Gras- und Obstgarten der Pfarrei Beuren, Parzelle 219."**
Ernst Dinkelacker (1873–1946), Pfarrer in Beuren
Juni 1916; Zeichnung, Handschrift; 32,6 x 41 cm
Stuttgart, Landeskirchliches Archiv (Akten Evangangelisches Pfarramt Beuren, 148)

Kat. 239

**Prediger-Brandversicherungsverein Hannover: Inventaraufstellung für Pfarrfrau Hedwig Hagemann**
1886; Druck mit handschriftlichen Eintragungen (R)
Hannover, Landeskirchliches Archiv (E 7, Nr. 26)

Kat. 240

**Kirchenbuch Hohenferchesar mit Plänen des Dorfes und des Pfarrhauses sowie Auflistung der Einkünfte**
Illustrierte Handschrift (R) aus: Kirchenbuch Hohenferchesar (Tauf-, Trau- und Sterberegister) 1768–1893
Brandenburg, Domstiftsarchiv Brandenburg (H 34)
© Domstiftsarchiv Brandenburg

Kat. 241

**Porträt der Familie des Pfarrers Johan Christian Tandberg (1786–1860)**
*Portrett av familie, sokneprest Johan Christian Tandberg (1786–1860)*
1850; Fotografie (R)
© Oslo, The Norwegian Museum of Cultural History, Norsk Folkemuseum (NF.02313-001)

Kat. 242

**Im Pfarrgarten Saxdorf**
1970er Jahre; 2 Fotografien (R)
© Privatsammlung Bethke/Pfarrer i. R. Zahn, Saxdorf

Kat. 243

**Pfarrgarten in Saxdorf mit Kirche und Pfarrhaus**
Paul Böckelmann (geb. 1952)
2012; 3 Fotografien (R)
© Paul Böckelmann, Altenau

Kat. 244

**Sechs Pflanzenschilder aus dem Pfarrgarten Saxdorf**
Heidi Mantey
2012; Porzellan; je Dm 7,5 cm
Saxdorf, Privatsammlung Bethke/Pfarrer i. R. Zahn

Kat. 245

**Vorsfelde, Primariat-Haus, Bau-acta**
1716–1806; 37 x 49,6 cm
Wolfenbüttel, Ev.-luth. Landeskirche in Braunschweig, Landeskirchliches Archiv Wolfenbüttel (LAW, Ortsakte Vorsfelde 116)

Kat. 246

**Pastor Johann Heinrich Friedrich Schönfeld bei der Erfüllung einer Amtspflicht**
Emil Zeiß (1833–1910)
1854; Tuschezeichnung; 18,2 x 12,3 cm
Detmold, Lippisches Landesmuseum (LLM 312/97)

Kat. 247

**Dienstbuch über die geleisteten Spanndienste**
1783; Handschrift; 17 x 11 cm
Wolfenbüttel, Ev.-luth. Landeskirche in Braunschweig, Landeskirchliches Archiv Wolfenbüttel (LAW, Pa Querum 82 (acc 31/72, 82))

Kat. 248

**Dienstbuch über die geleisteten Spanndienste**
Handschrift; 17,5 x 11 x 0,5 cm
Wolfenbüttel, Ev.-luth. Landeskirche in Braunschweig, Landeskirchliches Archiv Wolfenbüttel (LAW, Pa Querum 83 (acc 31/72, 83))

Kat. 249

**Pastor Bartels mit Familie und Rad vor dem Pfarrhaus in Leiferde**
1890; Fotografie (R)
Leiferde, Ev.-Luth. Kirchengemeinde

Kat. 250

**Herrendreirad mit Karbidlampe**
Um 1905; H 110, B 80, L 180 cm
Pirna, Frank Papperitz

Kat. 251

**Paßfoto des Karl-August Fritsch (1889–1962)**
Fotografien (R)
Eisenach, Landeskirchenarchiv Eisenach (Akten des Landeskirchenrats, Personalakte Fritsch)
© Landeskirchenarchiv Eisenach

Kat. 252

**Ausgabe der Zeitschrift „Harma Pyros", 3 (1928), Nr. 3/4**
1928; Druck; 23,5 x 15,5 cm
Eisenach, Landeskirchenarchiv Eisenach (JAU/123-01)

Kat. 253a

**„Der Wagen mit dem offenen Himmel"**
1931; Druck (R)
Eisenach, Landeskirchenarchiv Eisenach (JAU/123-01)
© Landeskirchenarchiv Eisenach

Kat. 253b

**Dreiradwagen Goliath**
Aus: Harma Pyros, Mitteilungen der Pfarrer-Kraftfahrer-Vereinigung März/April 1931; Druck (R)
Eisenach, Landeskirchenarchiv Eisenach (JAU/123-01)
© Landeskirchenarchiv Eisenach

Kat. 254

**„Unsere Kaskoschäden 1932"**
Aus: Harma Pyros, Mitteilungen der Pfarrer-Kraftfahrer-Vereinigung Jan./Feb. 1933; Druck (R)
Eisenach, Landeskirchenarchiv Eisenach (JAU/123-01)
© Landeskirchenarchiv Eisenach

Kat. 255

**Beitritts-Erklärung zur Haftpflicht-Unterstützungskasse kraftfahrender Beamter Deutschlands e.V.**
1934; Druck, Maschinenschrift (R)
Coburg, HUK-Coburg
© HUK-Coburg

Kat. 256

**Ausgabe der Zeitschrift „Harma Pyros", 14 (1939), Nr. 1**
1939; Druck; 23,5 x 15,5 cm
Eisenach, Landeskirchenarchiv Eisenach (JAU/46-10)

Kat. 257

**Marie Rehsener am Fenster ihres Hauses in Gossensaß (Tirol)**
Johanna Rehsener (1842–1924)
Öl/Lw.; 33,2 x 24,5 cm
Eisenach, Stiftung Lutherhaus Eisenach, Evangelisches Pfarrhausarchiv (Sondermappe Johanna und Marie Rehsener)
© Stiftung Lutherhaus Eisenach, Evangelisches Pfarrhausarchiv; Foto: Nestler, Eisenach

Kat. 258

**Pfarrhaus Collmen**
Lithografie (R) aus: Sachsens Kirchen-Galerie, Abt. 11: Die Inspectionen: Penig, Rochlitz, Colditz und Waldheim
Dresden: Schmidt 1843
Dresden, Sächsische Landesbibliothek – Staats- und Universitätsbibliothek Dresden (SLUB)
© SLUB Dresden/Deutsche Fotothek

Kat. 259

**Lisbeth Müller-Heintze (1866–1940) mit ihrem Mann Pfarrer Müller auf der Veranda im Pfarrhaus Collmen**
Fotografie, gerahmt; 35 x 41 cm
Weimar, Dr. Gabriele Plaul

**Kat. 260**
**Scherenschnitte zu „Geh aus mein Herz und suche Freud" (Strophen 1, 4, 8)**
Lisbeth Müller-Heintze (1866–1940)
Scherenschnitte, aufgeklebt, beschriftet, gerahmt; 42 x 35 cm, 35 x 42 cm
Weimar, Dr. Gabriele Plaul und Prof. Ulrike Rynkowski-Neuhof
© Dr. Gabriele Plaul und Prof. Ulrike

Rynkowski-Neuhof; Foto: Deutsches Historisches Museum, Berlin

**Kat. 261**
**Zwei Silhouettenscheren aus dem Besitz von Lisbeth Müller-Heintze**
Metall; Öl 9,5 und 6 cm
Weimar, Prof. Ulrike Rynkowski-Neuhof

**Kat. 262**
**Familienbildnis des Pastors Martin Hafermann (1833–1899) zu Leer**
Fotografie; 31 x 34,5 cm
Eisenach, Stiftung Lutherhaus Eisenach, Evangelisches Pfarrhausarchiv (15/13.9.3)
© Stiftung Lutherhaus Eisenach, Evangelisches Pfarrhausarchiv; Foto: Nestler, Eisenach

**Kat. 263**
**Die Pfarrerskinder**
Johann Peter Hasenclever (1810–1853)
Um 1847; Öl/Lw. auf Holzfaserplatte aufgezogen; 25 x 21,5 cm
Wuppertal, Stiftung Sammlung Volmer (SV)
© Stiftung Sammlung Volmer, Wuppertal

**Kat. 264**
**Pastor Johann Wilhelm Rautenberg und Familie**
Carl Julius Milde (1803–1875)
1833; Aquarell; 44,7 x 45,1 cm
Hamburg, Hamburger Kunsthalle (HK-1175)
© Hamburger Kunsthalle/bpk
Foto: Christoph Irrgang

**Kat. 265**
**Vier Illustrationen zu „Luise. Ein Laendliches Gedicht in Drei Idyllen" von Johann Heinrich Voß**
Daniel Nikolaus Chodowiecki (1726–1801)
Um 1795; vier Kupferstiche; 11,5 x 7,2 cm, 21,3 x 14,3 cm, 11,4 x 7,6 cm, 7,3 x 6,8 cm
Berlin, Deutsches Historisches Museum (Gr 57/1092, 1093, 1081, 1097)
© Deutsches Historisches Museum, Berlin

**Kat. 266**
**Zwei Illustrationen zum Gedichtband von Friedrich Wilhelm August Schmidt in der Ausgabe von 1797**
Daniel Nikolaus Chodowiecki (1726–1801)
Um 1797; Radierung, Kupferstich; 15,7 x 10,5 cm, 15,6 x 10,6 cm
Berlin, Deutsches Historisches Museum (Gr 57/1084; 1085)
© Deutsches Historisches Museum, Berlin

**Kat. 267**
**Titelkupfer zu „Henrich Stillings Jünglings=Jahre. Eine wahrhafte Geschichte"**
Daniel Nikolaus Chodowiecki (1726–1801)
1778; Radierung; 14,3 x 8,3 cm
Berlin, Deutsches Historisches Museum (Gr 57/581)
© Deutsches Historisches Museum, Berlin

**Kat. 268**
**Zwölf Illustrationen zu „The Vicar of Wakefield" von Oliver Goldsmith**
Daniel Nikolaus Chodowiecki (1726–1801)
1776; 12 Radierungen, montiert auf einen Karton; 29,5 x 21,5 cm
Berlin, Deutsches Historisches Museum (Gr 57/552)

**Kat. 269**
**Zwölf Illustrationen zu den Fabeln von Christian Fürchtegott Gellert**
Daniel Nikolaus Chodowiecki (1726–1801)
1776; 12 Radierungen auf einem Bogen; 23,5 x 42,5 cm
Berlin, Deutsches Historisches Museum (Gr 57/1142)

**Kat. 270**
**Sechs Illustrationen zu Christian Gotthilf Salzmanns „Moralisches Elementarbuch"**
Daniel Nikolaus Chodowiecki (1726–1801)
1783/1788; sechs Kupferstiche; 21 x 13,4 cm, 21,6 x 14 cm, 21,7 x 13,5 cm, 21,4 x 13,7 cm, 20,3 x 10,7 cm, 20,3 x 10,7 cm
Berlin, Deutsches Historisches Museum (Gr 57/1055-1056 und 1112-1115)

**Kat. 271**
**Illustrationen zur Geschichte des Predigers Gros (1738–1821) aus dem Briefroman „Sophiens Reise von Memel nach Sachsen" von Johann Timotheus Hermes**
Daniel Nikolaus Chodowiecki (1726–1801)
1776; Radierungen; 12 Blatt; je 10 x 5,6 cm
Berlin, Deutsches Historisches Museum (Gr 89/6-17)

**Kat. 272**
**Friedrich Nietzsche auf der Veranda des elterlichen Hauses in Naumburg sitzend**
Curt Stoeving (1863–1939)
1894; Öl/Lw.; 180 x 242 cm
Berlin, Staatliche Museen zu Berlin, Nationalgalerie (A II 898)
© bpk/Nationalgalerie SMB/Klaus Göken

**Kat. 273**
**Thesaurus Picturarum**
Marcus zum Lamm (1544–1606)
1606; daraus vier Aquarelle (R):
a) Das Einbrechen der wilden (lutherischen) Tiere in den Weinberg des Herrn
b) Abbildung zur Bekräftigung der Polemik gegen die lutherische Ubiquitätenlehre: schwangere Frau, die die lutherische Lüge zur Welt bringt
c) Abbildung zur Bekräftigung der Polemik gegen die lutherische Ubiquitätenlehre: „Pandora ubiquistica"

d) Frau, das (lutherische) Monstrum an ihrer Brust nährend
© Darmstadt, Universitäts- und Landesbibliothek Darmstadt (HS 1971 Bd. 28, fol. 132r, fol. 89r, fol. 88r, fol. 90r)

**Kat. 274**
**Rahmen mit auswechselbaren biblischen Sprüchen**
Spätes 19. Jh.; 28 x 25 x 4,3 cm
Stuttgart, Landesmuseum Württemberg (VK 2007/116)

**Kat. 275**
**„Lasset die Kindlein zu mir kommen" (Matth. 19,14)**
Nach Adolf Emil Hering (1863–1932)
Farbdruck; 59,5 x 95 cm
Stuttgart, Landesmuseum Württemberg (VK 2013/068)
© Foto: P. Frankenstein, H. Zwietsch; Landesmuseum Württemberg, Stuttgart

**Kat. 276**
**„Sinnbild des natürlichen Menschen / Sinnbild des Christen"**
Unbekannter Künstler
Lithografie; 41,5 x 53,5 cm (Rahmen)
Stuttgart, Landesmuseum Württemberg (VK 1977/062 a+b)

**Kat. 277**
**„Schmertzlicher Irrthum des Ippigen Lebens jetztiger Welt Menschen"**
Unbekannter Künstler
Mitte 19. Jh.; Lithografie; 52,5 x 43 cm (Rahmen)
Stuttgart, Landesmuseum Württemberg (VK 1973/4)

**Kat. 278**
**„Und sie folgten ihm nach"**
Johann Raphael Wehle (1848–1936)
Farbdruck; 63 x 86 cm
Speyer, Zentralarchiv der Ev. Kirche der Pfalz (173/0252)
© Zentralarchiv der Ev. Kirche der Pfalz; Foto: Fotografie Pohsegger

**Kat. 279**
**Die Gefangennahme des Pfarrers Christoph Guntermann und des Kanzlers Paulus Crell**
Unbekannter Künstler
Nach 1591; Kupferstich; 21,1 x 31 cm
Leipzig, Stadtgeschichtliches Museum Leipzig (Mü.XVIII/22)

**Kat. 280**
**Das Zeitalter der Reformation (nach einem Wandgemälde im Neuen Museum Berlin)**
Gustav Eilers (1834–1911) nach Wilhelm von Kaulbach (1805–1874)
1868; Kupferstich, Radierung; 28,3 x 36 cm
Berlin, Deutsches Historisches Museum (Gr S 57/12700)

Kat. 281
Bilderbogen „Das ungerechte Gericht"
(Christus vor dem Hohen Rat)
Verlag Fr. Wentzel
Um 1878; Lithografie, koloriert; 33 x 44 cm
Speyer, Zentralarchiv der Ev. Kirche der
Pfalz (173/0211)

Kat. 282
Johannes Hus im Gefängnis auf der Burg
Gottlieben am Rhein von März bis Juli
1415
Moritz Berendt (1805–1882)
1853/1855; Öl/Lw.; 89 x 104 cm
Berlin, Deutsches Historisches Museum
(Kg 61/15)

Kat. 283
Reiterattacke preußischer Roter Husaren
gegen österreichische Dragoner in der
Schlacht bei Königgrätz am 3. Juli 1866
Wilhelm Alexander Meyerheim (1815–1882)
1866; Öl/Lw.; 70 x 100 cm
Berlin, Deutsches Historisches Museum
(1988/1096)

Kat. 284
„Der Exemplarische Priester"
Titelkupfer (R) aus: Johann Samuel Adam
(1638–1713), Der Exemplarische Priester,
Oder ein klarer Spiegel , Darinnen gezeiget
wird […], Leipzig 1691
Gotha, Universitäts- und Forschungsbib-
liothek Erfurt/Gotha, Forschungsbiblio-
thek Gotha (Theol 8° 00718f/03)
© Universitäts- und Forschungsbiblio-
thek Erfurt/Gotha–Forschungsbibliothek
Gotha

Kat. 285
„Die Exemplarische und GOTT=wohlgefäl-
lige Priester=Frau …"
Frankfurt und Leipzig 1702
Eisenach, Stiftung Lutherhaus Eisenach,
Evangelisches Pfarrhausarchiv (3471)
© Stiftung Lutherhaus Eisenach, Evan-
gelisches Pfarrhausarchiv; Foto: Nestler,
Eisenach

Kat. 286
„Das Exemplarische und GOTT wohlgefällige Priester=Kind"
Titelkupfer (R) aus: Johann Samuel Adam
(1638–1713), Das Exemplarische und GOTT
wohlgefällige Priester=Kind, Oder ein
Klarer Spiegel [ ], Leipzig 1701
Gotha, Universitäts- und Forschungsbibliothek Erfurt/Gotha, Forschungsbibliothek Gotha (Th 8° 00664/10 (05))
© Universitäts- und Forschungsbibliothek Erfurt/Gotha–Forschungsbibliothek
Gotha

Kat. 287
Wohl=informirter Redner, worinnen die
oratorische Kunst=Griffe vom kleinsten
bis zum größten, durch kurtze Fragen
und ausführliche Antwort vorgetragen
werden.
Erdmann Uhse (1677–1730)
1712; Titelkupfer (R)
Gotha, Universitäts- und Forschungsbibliothek Erfurt/Gotha, Forschungsbibliothek Gotha (Phil 8° 01369/09)
© Universitäts- und Forschungsbibliothek Erfurt/Gotha–Forschungsbibliothek
Gotha

Kat. 288
Abschieds= Erweckungs= und Trosts=Re-
de An Die vertriebenen lieben Saltzburger,
Welche [ ] Nach Königsbrück in Oberlau-
ßitz gekommen [ ] Vor solcher ihrer Abrei-
se In der Stadt=Kirchen [ ] gehalten […]
Gottlieb Unger (gest. 1759)
Berlin: Johann Andreas Rüdiger 1732
Berlin, Deutsches Historisches Museum
(R 52/1800.9)

Reg Kat. 289
Erklärte Offenbarung Johannis
Titelkupfer (R) aus: Johann Albrecht
Bengel (1687–1752), Erklärte Offenba-
rung Johannis und vielmehr Jesu Christi,
Stuttgart 1740
Gotha, Universitäts- und Forschungsbib-
liothek Erfurt/Gotha, Forschungsbiblio-
thek Gotha (Th 8° 01418)
© Universitäts- und Forschungsbiblio-
thek Erfurt/Gotha–Forschungsbibliothek
Gotha

Kat. 290
Dreyfache Sitten-Lehre
Friedrich Christoph Oetinger (1702–1782)
Heilbronn 1753; darin der Kupferstich „Die
Wahrheit des SENSVS COMMVNIS […]"
Stuttgart, Württembergische Landesbib-
liothek (Theol.oct. 13155)

Kat. 291
Offentliches Denckmahl Der Lehr-Tafel
einer weyl. Würtembergischen Princeßin
Antonia […]
Friedrich Christoph Oetinger (1702–1782)
Tübingen 1763
Stuttgart, Württembergische Landes-
bibliothek (HBF 9753)

Kat. 292
D. Arndts Paradies-Gärtlein: Welches
voller christlichen Tugend-Gebete,
und mit schönen Kupfern gezieret
Johann Arndt (1555–1621)
Berlin 1713
Berlin, Evangelische Kirchengemeinde
St. Petri -St. Marien (A 44)

Kat. 293
M. Terrentii Varronis opera omnia
quae extant
Marcus Terentius Varro (v116–v27)
Amsterdam 1623
Berlin, Evangelische Kirchengemeinde
St. Petri -St. Marien (T 23)

Kat. 294
Jacobi Golii Lexicon Arabico-Latinum:
contextum ex probatioribus orientis
Lexicographics
Jakob Golius (1596–1667)
Leiden 1653
Berlin, Evangelische Kirchengemeinde
St. Petri -St. Marien (IX 12)

Kat. 295
Cosmographey: oder beschreibung Aller
Länder
Sebastian Münster (1488–1552)
Basel 1529
Berlin, Evangelische Kirchengemeinde
St. Petri -St. Marien (VII 12)

Kat. 296
Die alten jüdischen Heiligthümer,
Gottesdienste und Gewohnheiten
Johannes Lundius (1638–1686)
Hamburg 1704
Berlin, Evangelische Kirchengemeinde
St. Petri -St. Marien (V 28)

Kat. 297
Die Gebräuche und Ceremonien der
Griechischen Kirche in Rußland: oder
Beschreibung ihrer Lehre, Gottesdienste
und Kirchendisciplin.
John Glen King (1732–1787)
Riga 1773
Berlin, Evangelische Kirchengemeinde
St. Petri -St. Marien (K 11)

Kat. 298
Gottlieb Wilhelm Rabeners Satiren
Gottlieb Wilhelm Rabener (1714–1771)
Leipzig: Johann Gottfried Dycks 1757
Berlin, Deutsches Historisches Museum
(R 11/1063-1/2<3>)

Kat. 299
Historische Beschreibung der Chur und
Mark Brandenburg, 1. Theil
Johann Christoph Bekmann (1641–1717)
Berlin 1751
Berlin, Evangelische Kirchengemeinde
St. Petri -St. Marien (VIII 31)

Kat. 300
Ern. Sal. Cypriani Hilaria Evangelica
Ernst Salomon Cyprian (1673–1745)
Gotha 1719
Berlin, Evangelische Kirchengemeinde
St. Petri-St. Marien
(VII 16)

Kat. 301

**Kupfer-Bibel/ In welcher die Physica Sacra, oder geheiligte Natur-Wissenschafft [...]**
Johann Jakob Scheuchzer (1672–1733)
Augsburg, Ulm 1731–1735
Berlin, Evangelische Kirchengemeinde
St. Petri -St. Marien (IV 38)

Kat. 302

**Biblia (dt.) Die Heilige Schrift Alten und Neuen Testaments verdeutscht von Dr. Martin Luther. Mit zweihundert und dreissig Bildern von Gustav Doré**
Hamburg 1870
Berlin, Evangelische Kirchengemeinde
St. Petri -St. Marien (VI 31)

Kat. 303

**Uebersetzung der Algemeinen Welthistorie [ ] , Theil 4. Genau durchgesehen und mit häufigen Anmerkungen vermeret von Siegmund Jacob Baumgarten (1706–1757)**
Halle 1746–1795
Berlin, Evangelische Kirchengemeinde
St. Petri -St. Marien (W 1)

Kat. 304

**Eine newe Reyßbeschreibung auß Teutschland Nach Constantinopel und Jerusalem**
Salomon Schweigger (1551–1622)
Nürnberg 1619
Berlin, Evangelische Kirchengemeinde
St. Petri -St. Marien (S 41)

Kat. 305

**Les oeuvres de M. Ambroise Paré, Conseiller et Premier Chirugien du Roy**
Ambroise Paré (um 1510–1590)
Paris 1575
Berlin, Evangelische Kirchengemeinde
St. Petri -St. Marien (IX 22)

Kat. 306

**Bibliotheca sive Theatrum concionum e celebrioribus tam antiquis novisque authoribus et postillatoribus**
Georg Barthold Pontan (1550–1616)
Köln 1624
Berlin, Evangelische Kirchengemeinde
St. Petri -St. Marien (IV 40)

Kat. 307

**Postilla: Das ist Christliche Erklärung und Auslegung der Sontäglichen und vornemsten Fest-Evangelien über das gantze Jahr**
Georg Weinrich (1554–1617)
Leipzig 1620–1621
Berlin, Evangelische Kirchengemeinde
St. Petri -St. Marien (VIII 10)

„GELAHRTHEIT"

Kat. 308

**Normal-Apfelbaum des Pfarrers Ludwig Friedrich August Agricola (1769–1828) zu Göllnitz**
Kupferstich (R) aus: Allgemeines Teutsches Garten-Magazin, N.S. Bd. 3, 2. Stück, Tafel 9
1818; (R)
Jena, Thüringische Universitäts- und Landesbibliothek Jena (4 Cam.V,22)
© Thüringische Universitäts- und Landesbibliothek (ThULB), Jena

Kat. 309

**Der Teutsche Obstgärtner: oder gemeinnütziges Magazin des Obstbaues in Teutschlands sämmtlichen Kreisen. Bd. 16**
Johann Volkmar Sickler (1742–1820)
Weimar: Industrie-Comptoir 1801
Berlin, Staatsbibliothek zu Berlin–Preußischer Kulturbesitz, Abteilung Historische Drucke (Ow 33160<b>, Bd. 16)
© Berlin, bpk/Staatsbibliothek zu Berlin–Preußischer Kulturbesitz

Kat. 310

**Handbuch über die Obstbaumzucht und Obstlehre**
Johann Ludwig Christ (1739–1813)
Frankfurt am Main 1794
Berlin, Staatsbibliothek zu Berlin–Preußischer Kulturbesitz, Benutzungsabteilung (Ow 35286 <a>)

Kat. 311

**Apfel- und Birnenmodelle**
a) Gravensteiner
b) Goldparmäne
c) Weißer Winterkalvill
d) Baumanns Renettte
e) Steinpepping
f) Gellerts Butterbirne
2013; Somso Plast, koloriert
Privatbesitz

Kat. 312

**Pfarrer Sickler (1742–1820) als Prediger**
Wohl Johann Christoph Reinhardt (1761–1847)
Vor 1789; Federzeichnung, laviert; 38,8 x 24,5 cm
Gotha, Stiftung Schloss Friedenstein Gotha – Aus den Sammlungen der Herzog Sachsen-Coburg und Gotha'schen Stiftung für Kunst und Wissenschaft (G-69.531)
© Stiftung Schloss Friedenstein Gotha

Kat. 313

**Pfarrer Sickler (1742–1820) von seinen Gläubigern bedrängt**
Johann Christoph Reinhardt (1761–1847)
Vor 1789; Federzeichnung; 36,8 x 46,1 cm
Gotha, Stiftung Schloss Friedenstein Gotha – Aus den Sammlungen der Herzog Sachsen-Coburg und Gotha'schen Stiftung für Kunst und Wissenschaft (G-69.55.)
© Stiftung Schloss Friedenstein Gotha

Kat. 314

**Unsere Bienen: ein ausführliches Handbuch über alles, was ein Imker heute wissen muß**
August Ludwig (1867–1951)
Berlin 1906
Berlin, Staatsbibliothek zu Berlin–Preußischer Kulturbesitz, Benutzungsabteilung (Lt 4660<a>)

Kat. 315

**Entwurf eines Jauchewagens**
Um 1780; Tuschezeichnung, aquarelliert (R)
Neuenstein, Hohenlohe-Zentralarchiv Neuenstein (HZAN GA 115 VII 20)
© Hohenlohe-Zentralarchiv Neuenstein

Kat. 316

**Barockes Welttheater. Ein Buch von Menschen, Tieren, Blumen, Gewächsen und allerlei Einfällen begonnen im Jahre 1716**
Daniel Pfisterer (1651–1728)
Nach 1716; illustrierte Handschrift, daraus sechs Blatt; je 19,2 x 16,5 cm
a) „Ich gleiche einer Nuß die drej Religiones; ..."
b) „Instrumenta tenet pictoribus at ..."
c) „Spielen ist die Zeit versplittern, ..."
d) „Es ist kein Gotteshauß so leer ..."
e) „Wie die Son(n) und Regen thun in dem Feld das allermeiste, ..."
f) „Die Orgel zu Köngen."
Stuttgart, Landesmuseum Württemberg (VK 1979/31)
© Foto: P. Frankenstein, H. Zwietasch; Landesmuseum Württemberg, Stuttgart

Kat. 317

**Karikaturen zum Wirken des Pfarrers Eduard Süskind (1807–1874)**
Unbekannter Künstler
Um 1850; Bleistift, Tusche; 19,2 x 16,5 cm, 16,4 x 18,7 cm, 16,1 x 19,5 cm, 16,2 x 19,2 cm, 16 x 19,5 cm
a) „Süskind in Extase: Famosissime! Find ich da die Originalakten vom Prozeß der Ehebrecherin im Evangelium!..."
b) Der Dekan rügt einen Vertretungspfarrer, weil der in der Schule nichts von Blitzableiter und Feuerordnung erzählt hat – obwohl alles im „Volkskalender" steht
c) Ein Vikar lernt mithilfe des „Volkskalenders" Kirchengeschichte für das Examen – und offenbar nur unwichtige Dinge

d) „Prälat von Gächingen: He etwas hat
er doch vergessen, Herr Kalendermacher.
Meine Frau hat er nicht hineingesetzt..."
e) „Nun Sternengucker von Darmsheim,
hast den Stern Jakobs entdeckt, daß du
so guckst...."
Stuttgart, Landeskirchliches Archiv
(11.002-01 – 05)
© Landeskirchliches Archiv Stuttgart

Kat. 318
**Selbstbildnis mit roter Toga**
Carl Adolf Senff (1785–1863)
Um 1816; Öl/Lw.; 47 x 37 cm
Halle, Stiftung Moritzburg Halle (Saale),
Kunstmuseum des Landes Sachsen-Anhalt
(MOI00182)

Kat. 319
**Anemonen**
Carl Adolf Senff (1785–1863)
1825; Öl/Papier;  39 x 28 cm
Halle, Stiftung Moritzburg Halle (Saale),
Kunstmuseum des Landes Sachsen-An-
halts (MOIOO186)

Kat. 320
**Christus und das Kanaäische Weib**
Carl Adolf Senff (1785–1863)
Um 1820; Öl/Papier; 46 x 35 cm
Halle, Stiftung Moritzburg Halle (Saale),
Kunstmuseum des Landes Sachsen-Anhalt
(MOI00137)

Kat. 321
**Gustav Schwab (1792–1850)**
Carl Leybold (1786–1844)
1825; Öl/Lw.; 65,7 x 56 cm
Marbach, Deutsche Schillergesellschaft,
Deutsches Literaturarchiv Marbach
(B 2006.0116)

Kat. 322
**Zwei Zeichnungen und zwei Scheren-
schnitte von Eduard Mörike (ohne Titel)**
Eduard Mörike (1804–1875)
Aquarell, Bleistiftzeichnung, Scheren-
schnitt; je 33 x 24 x 3 cm
Marbach, Deutsche Schillergesellschaft,
Deutsches Literaturarchiv Marbach (1741,
2882, 2887, B 1991.K 0027)
© Deutsches Literaturarchiv Marbach

Kat. 323
**Am Konfirmationsmorgen**
Theodor Christoph Schüz (1830–1900)
1851; Öl/Pappe; 30,7 x 25 cm
Tübingen, Stadtmuseum Tübingen (422)
© Stadtmuseum Tübingen, Foto: Peter
Neumann

Kat. 324
**Jugendselbstbildnis**
Theodor Schüz (1830–1900)
Öl/Lw./Karton; 13,4 x 10,5 cm
Tübingen, Stadtmuseum Tübingen (808)

Kat. 325
**Stehender Knabe betend**
Theodor Schüz (1830–1900)
1861; Öl/Lw./Pappe; 43,8 x 21,3 cm
Tübingen, Stadtmuseum Tübingen (401)

Kat. 326
**Die gottesdienstlichen Alterthümer der
Obotriten aus dem Tempel zu Rhetra, am
Tollenzer=See [....].**
Andreas Gottlieb Masch (1724–1807)
Berlin 1771
Berlin, Staatsbibliothek zu Berlin–Preußi-
scher Kulturbesitz, Abteilung Historische
Drucke  (Sa 744-2 R)

Kat. 327
**Drei „Prillwitzer Idole"**
Löwe „Zernebocg" mit Runen, Tempelgott
Radegast, Mann mit Menschenkopf in der
Hand
Um 1768/1770; Bronzekohleguß, silberfar-
benes Metall, kupferhaltige Legierung;
13 x 4,8 x 6,2 cm, H 21,3 cm, H 19 cm
Schwerin, Freilichtmuseum Schwe-
rin-Mueß (21071 VK, 20929 VK, 20935 VK)

Kat. 328
**Seeigel und andere Fossilien des Schwä-
bischen Juras aus der Sammlung des
Pfarrers Theodor Engel**
Theodor Engel (1842–1933)
Um 1910; Holz, Karton, Seeigel-Kalk, teils
aufgeklebt, beschriftet;  5 x 47,5 x 46,5 cm
Göppingen, Städtisches Naturkundliches
Museum
© Städtisches Naturkundliches Museum
Göppingen; Foto: Dieter Dehnert

Kat. 329
**Fünf Blatt mit Scherenschnitten der
Pfarrerstochter Luise Duttenhofer
(ohne Titel)**
Luise Duttenhofer (1776–1829)
Scherenschnitte/Papier; je 46 x 56 x 2 cm
Marbach, Deutsche Schillergesellschaft,
Deutsches Literaturarchiv Marbach (5516,
4687, 5702, 5742, 5754)
© Deutsches Literaturarchiv Marbach

Kat. 330
**Eule**
Otto Kleinschmidt (1870–1954)
Aquarell; 76 x 51,5 cm
Halle, Leopoldina Archiv

Kat. 331
**Von Otto Kleinschmidt angelegte
Sammlung seiner Predigten**
Otto Kleinschmidt (1870–1954)
1905–1946; Handschriften im Karton;
18 x 63 x 51 cm
Halle, Leopoldina Archiv

Kat. 332
**Schädel eines Wildpferdes (Equus ferus),
ausgegraben an der Schussenquelle 1866**
Knochen; 15 x 21 cm, L 53 cm
Stuttgart, Staatliches Museum für
Naturkunde Stuttgart (4816.1)

Kat. 333
**Horn vom Geweih eines Rentiers (Rangifer
tarandus), ausgegraben an der Schussen-
quelle 1866**
Geweihstange: Schaft-Mittelstück mit
zwei Rillen, eingeritzt zur Vorbereitung
einer Spanentnahme; Horn; 5 x 15 cm,
L 58 cm
Stuttgart, Staatliches Museum für
Naturkunde Stuttgart (32830.56)

Kat. 334
**Oscar Fraas (1824–1897) im Kreise seiner
Mitarbeiter (ganz rechts sein Sohn und
Nachfolger im Amt, Eberhard Fraas)**
1894; Fotografie (R)
Stuttgart, Staatliches Museum für Natur-
kunde Stuttgart (AF 0003, AF 0004)
© Staatliches Museum für Naturkunde
Stuttgart

Kat. 335
**Oscar Fraas' Grabungsstelle an der
Schussenquelle**
Ferdinand Schlotterbeck
1866; Zeichnung, koloriert; 14,3 x 23,7 cm
Stuttgart, Staatliches Museum für Natur-
kunde Stuttgart (57)
© Staatliches Museum für Naturkunde
Stuttgart

Kat. 336
**Adlerkopfechse (Aetosaurus ferratus)**
Oscar Fraas (1824–1897)
Um 1877; Zeichnung, koloriert; 38 x 29 cm
Stuttgart, Staatliches Museum für Natur-
kunde Stuttgart (AF 0001)

Kat. 337
**Grabungsskizze Schussenquelle: Rentier-
geweih mit Rinne eines ausgeschnittenen
Spans**
Oscar Fraas (1824–1897)
1866; Zeichnung; 21 x 13,5 cm
Stuttgart, Staatliches Museum für
Naturkunde Stuttgart (32/ XII)

Kat. 338
**Carl von Linde (1842–1934) als junger
Professor**
Um 1870; Fotografie (R)
Pullach, Linde AG

Kat. 339
**Kollegheft des jungen Carl (von) Linde
mit Aufzeichnungen für seine Lehrtätig-
keit**
Carl von Linde (1842–1934)
Um 1868; Handschrift ; 29 x 42,5 cm
(aufgeschlagen)
Pullach, Linde AG

Kat. 340
**Modell der ersten Kühltechnik-Anlage**
Carl von Linde (1842–1934)
1874; Metall
Pullach, Linde AG

Kat. 341
**Widmungsgabe für Carl von Linde zum 90. Geburtstag**
11. Juni 1932; Holz; 45,5 x 62,5 cm
Pullach, Linde AG

Kat. 342
**Ehrengabe mit Fotografie des Geburtshauses von Carl von Linde in Berndorf und der Gedenktafel**
1929; Fotografie, Medaille, in Leder gebunden; 30 x 49,5 cm (aufgeschlagen)
Pullach, Linde AG

Kat. 343
**Klappsessel aus dem Nachlass von Alfred Wegener**
Holz, Textil; 49 x 50 x 70 cm
Bremerhaven, Alfred-Wegener-Institut, Helmholtz-Zentrum für Polar- und Meeresforschung

Kat. 344
**Schneemesser aus dem Nachlass von Alfred Wegener**
Metall; L 38, B 9, T 5 cm
Bremerhaven, Alfred-Wegener-Institut, Helmholtz-Zentrum für Polar- und Meeresforschung

Kat. 345
**Windsack zur Bestimmung der Windrichtung aus dem Nachlass von Alfred Wegener**
Leinen, Metall; 23 x 33 x 28 cm
Bremerhaven, Alfred-Wegener-Institut, Helmholtz-Zentrum für Polar- und Meeresforschung

Kat. 346
**Tau-Waage aus dem Nachlass von Alfred Wegener**
Leinen, Metall; 31 x 31 x 1 cm
Bremerhaven, Alfred-Wegener-Institut, Helmholtz-Zentrum für Polar- und Meeresforschung

Kat. 347
**Alfred Wegener (1880–1930) und sein Inuit-Begleiter Rasmus Willumsen während der Deutschen Grönland-Expedition**
1. November 1930; Fotografie (R)
Bremerhaven, Alfred-Wegener-Institut, Helmholtz-Zentrum für Polar- und Meeresforschung
© Alfred-Wegener-Institut, Helmholtz-Zentrum für Polar- und Meeresforschung, Archiv für deutsche Polarforschung, Bremerhaven (NL 3 F 19)

Kat. 348
**Familienbuch der Familie Wegener mit Bildern von Vorfahren und ihren Wirkungsstätten**
Fotografien (R)
Bremerhaven, Alfred-Wegener-Institut, Helmholtz-Zentrum für Polar- und Meeresforschung
© Alfred-Wegener-Institut, Helmholtz-Zentrum für Polar- und Meeresforschung, Archiv für deutsche Polarforschung, Bremerhaven (NL 2 M Nr. 1)

Kat. 349
**Der Abgeordnete Friedrich Ludwig Jahn als Hampelmann, Karikatur der Zeit des Paulskirchen-Parlaments in Frankfurt a.M.**
Gustav Eduard May (1818–1907)
1848; Lithografie, koloriert, ausgeschnitten, geheftet; 47,1 x 31,2 cm
Berlin, Deutsches Historisches Museum (Gr 96/92)
© Deutsches Historisches Museum, Berlin

Kat. 350
**Miniaturporträt des kindlichen Jacob Burckhardt (1818–1879)**
Unbekannter Künstler
Um 1822/1823; Gouache/Pergament; Dm 11,7 cm
Basel, Historisches Museum Basel (1965.65)
© Historisches Museum Basel

Kat. 351
**Der Historiker Johann Gustav Droysen (1808–1884)**
Reproduktion eines Gemäldes von Eduard Bendemann
Um 1900; Offset; 35,8 x 26,7 cm
Berlin, Deutsches Historisches Museum (Kd 63/1635)

Kat. 352
**Pfarrerstochter und Pfarrersfrau Emilie Kempin-Spyri (1853–1901)**
Fotografie (R)
Zürich, Universitätsarchiv
© Zürich, Universitätsarchiv

Kat. 353
**Ferdinand von Steinbeis inmitten seiner Mustersammlung**
Friedrich Brandseph (1826–1915)
Um 1870; Fotografie (R)
Stuttgart, Landesmedienzentrum Baden-Württemberg (LMZ098960)
© Landesmedienzentrum Baden-Württemberg, Stuttgart

Kat. 354
**Gewebemusterbuch („Gemischte Gewebe 1848–1850") aus der Mustersammlung der württembergischen Zentralstelle für Handel und Gewerbe**
60 x 50 x 6 cm
Stuttgart, Landesmuseum Württemberg (E 3908)
© Foto: P. Frankenstein, H. Zwietasch; Landesmuseum Württemberg, Stuttgart

Kat. 355
**Auszug aus dem Taufregister der Gemeinde Oelbrunn zur geplanten Heirat von Ferdinand Steinbeis**
14. Januar 1837; 33,5 x 21 cm
Brannenburg, Hans Steinbeis

Kat. 356
**Schwedischer Nordsternorden**
1867; Metall, emailliert
Brannenburg, Hans Steinbeis

Kat. 357
**Belgischer Leopold-Orden**
1855; Metall, emailliert; Dm 4,5 cm
Brannenburg, Hans Steinbeis

Kat. 358
**Württembergischer Friedrichsorden**
Wohl 1862 oder 1867; Metall, emailliert; Dm 7,8 cm
Brannenburg, Hans Steinbeis

Kat. 359
**Bestickte Pantoffeln – Ankauf von der Weltausstellung in London 1851 für die Mustersammlung der württembergischen Zentralstelle für Handel und Gewerbe**
Um 1850, osmanisch; Goldstickerei auf weißem Leder; B 8,5 cm, L 25 cm
Stuttgart, Landesmuseum Württemberg (GT 494 c,d)

Kat. 360
**Porträt des Ferdinand von Steinbeis (1807–1893)**
August Künicke (1807–1893)
Um 1880; Öl/Lw.; 112 x 87 cm
Brannenburg, Hans Steinbeis

Kat. 361
**Atlas Augusteus Saxonicus – Titelblatt**
Adam Friedrich Zürner (1679–1742)
Um 1730/40; Kupferstich, koloriert; 53 x 64 cm
Dresden, Sächsisches Staatsarchiv – Hauptstaatsarchiv Dresden (12884 Karten und Risse, Schr. 1, F. 13, Nr. 10 B, Titelblatt)
© Sächsisches Staatsarchiv – Hauptstaatsarchiv Dresden

**Kat. 362**

NEUE CHURSAECHSISCHE POST CHARTE [ ] mit unterschiedenen, unten im Clave explicirten anmerckungen der Diöcesen Aembter Postwege [ ]
Adam Friedrich Zürner (1679–1742)
1753; Kupferstich, koloriert; 90 x 120 cm
Berlin, Deutsches Historisches Museum (1987/283)

**Kat. 363**

Die göttliche Ordnung in den Veränderungen des menschlichen Geschlechts aus der Geburt, dem Tode und der Fortpflanzung desselben erwiesen
Johann Peter Süssmilch (1707–1767)
Berlin 1761 (R)
Gotha, Universitäts- und Forschungsbibliothek Erfurt/Gotha, Forschungsbibliothek Gotha (Math 8° 01046/02(01))
© Forschungsbibliothek Gotha

**Kat. 364**

Helm für die Kavallerie
Nach einem Entwurf von Karl Friedrich Schinkel (1781–1841)
Um 1820; Leder, Eisenblech, Silberblech; 48 x 33 cm
Berlin, Deutsches Historisches Museum (U 743)

**Kat. 365**

Schreibkugel
Scrivekugle
Rasmus Malling-Hansen (1835–1890)
Um 1882; Messing; 26 x 24 x 21 cm
Weimar, Klassik Stiftung Weimar, Direktion Museen (Kkg/00329)
© Klassik Stiftung Weimar

**Kat. 366**

Globusuhr
Philipp Matthäus Hahn (1739–1790);
Philipp Gottfried Schaudt (1739–1809)
1769; Holz, Email, Messing, Eisen/Stahl; 67 x 30 x 30 cm
Stuttgart, Landesmuseum Württemberg (2002/156)
© Foto: P. Frankenstein, H. Zwietasch; Landesmuseum Württemberg, Stuttgart

**Kat. 367**

Große astronomische Uhr („Nürnberger Weltmaschine") von Philip Matthäus Hahn
Erhard Friedrich Schoenhardt
1770/1779; Zeichnung, aquarelliert; 28 x 25,5 cm
Stuttgart, Württembergische Landesbibliothek (Cod. math. qt 48,1)
© Württembergische Landesbibliothek, Stuttgart

**Kat. 368**

Theoria Motuum planetarum et cometarum
Leonhard Euler (1707–1783)
Berlin: Ambrosius Haude 1744
Berlin, Deutsches Historisches Museum (RA 00/160)

**Kat. 369**

Versuche und Muster ohne alle Lumpen oder doch mit einem geringen Zusatze derselben Papier zu machen, Zweyter Band
Jacob Christian Schäffer (1718–1790)
Regensburg 1765
Gotha, Universitäts- und Forschungsbibliothek Erfurt/Gotha, Forschungsbibliothek Gotha (Buch 8° 00138/05 (02))

**Kat. 370**

Pastor Joseph Gregor Lang (1755– 1834)
Caspar Benedikt Beckenkamp (1747–1828)
1784; Öl/Lw.; 39,5 x 33,8 cm
Koblenz, Mittelrhein-Museum (MRM M 11)
© Koblenz, Mittelrhein-Museum

**Kat. 371**

Porträt von Johann Elias Silberschlag (1721–1791)
Christian Friedrich Reinhold Liszewski (1725–1794)
1776; Öl/Lw.; 43,5 x 34,5 cm
Berlin, Evangelische Kirchengemeinde in der Friedrichstadt
© Evangelische Kirchengemeinde in der Friedrichstadt; Foto: Deutsches Historisches Museum, Berlin

**Kat. 372**

Porträt des Pastors Gustaf Fredrik Hjortberg mit Familie
*Hjortbergstavlan – Porträtt av kyrkoherde Gustaf Fredrik Hjortberg med familj*
Jonas Dürchs (um 1730–1785)
Um 1770; Öl/Lw.; 160 x 320 cm
Vallda, Swedish Church in Vallda o Släp (Sacer Swedish Church no 33)
© Vallda och släps kyrkliga samfällighet; Foto: Boel Ferm

**Kat. 373**

Pfarrer Samuel David Roller (1779–1850)
Gerhard von Kügelgen (1772–1820)
1817; Öl/Lw.; 75 x 62 cm
Dresden, Ev.-Luth. Kirchgemeinde Weixdorf
© Joachim Brückner

**Kat. 374**

Mörser aus dem Besitz von Samuel David Roller
18./19. Jh.; Guss; H 25 cm, Dm 14 cm
Dresden, Ev.-Luth. Kirchgemeinde Weixdorf

**Kat. 375**

Album mit physiognomischen Studien für das Werk von Johann Caspar Lavater, 1796–1800, gebunden 1824 in St. Petersburg, Bd.1
1799; Aquarell- und Gouachezeichnungen; 48 x 120 cm (aufgeschlagen)
Berlin, Privatsammlung
© Privatsammlung; Foto: Deutsches Historisches Museum, Berlin

**Kat. 376**

Profilbildnis des Johann Kaspar Lavater (1741–1801)
Johann Elias Haid (1739–1809) nach G. F. Schmoll
1774; Schabkunst; 27 x 18,7 cm
Berlin, Deutsches Historisches Museum (Gr 2007/23)

**Kat. 377**

Album mit Handschriften-Sammlung von Franz Blanckmeister
Franz Blanckmeister (1858–1936)
1873; Handschrift; 33 x 44 cm (aufgeschlagen)
Dresden, Landeskirchenarchiv der Ev. – Luth. Landeskirche Sachsens (LKA DD 12/397)
© Landeskirchenarchiv der Ev. – Luth. Landeskirche Sachsens, Dresden

**Kat. 378**

Heft mit abgepausten Unterschriften berühmter Zeitgenossen
Franz Blanckmeister (1858–1936)
1872; Handschrift; 20,5 x 33,5 cm (aufgeschlagen)
Dresden, Landeskirchenarchiv der Ev. – Luth. Landeskirche Sachsens (LKA DD 12/394)

**Kat. 379**

Neüeste Reise durch Teütschland, Böhmen, Ungarn, die Schweiz, Italien und Lothringen
Johann Georg Keyßler (1693–1743)
Hannover: Verlag Nicolai Försters und Sohns Erben 1740/1741
Berlin, Deutsches Historisches Museum (R 01/434-1-2)

**Kat. 380**

Sitten, Gebräuche, Trachten, Mundart, häusliche und landwirtschaftliche Einrichtungen der Altenburgischen Bauern
Carl Friedrich Hempel (1784–1830)
Altenburg: Schnuphase 1839[3]
Gotha, Universitäts- und Forschungsbibliothek Erfurt/Gotha, Forschungsbibliothek Gotha (Geogr 8° 02497/04)

**Kat. 381**

Ansicht der Stadt Eisenach
Kupferstich in: Christian Juncker (1668–1714) (Hg.), Staat Des Hoch-Fürstlichen Sächsischen Hauses Eisenach und darzu gehöriger Lande, Eisenach und Leipzig 1710
Berlin, Deutsches Historisches Museum (R 53/1157.1)

**Kat. 382**

Politische Discurs, von den eigentlichen Ursachen dess Auff- und Abnehmens der Städt, Länder und Republicken […]
Johann Joachim Becher (1635–1682)
Frankfurt 1673
Berlin, Deutsches Historisches Museum (R 00/1183<2>)

**Kat. 383**
**Notizbuch London, Paris 1876, mit Eintragungen zu einem Gemälde von Diego Velázquez da Silva in der Sammlung des Earl of Dudley**
Carl Justi (1832–1912)
1876; Handschrift
Bonn, Universitäts- und Landesbibliothek
(Hss.-Abt., NL Justi, S 1899, 2)

**Kat. 384**
**Das Bildnis einer Dame aus der Sammlung des Earl of Dudley**
In: Carl Justi (1832–1912), Diego Velázquez und sein Jahrhundert, Bonn 1933, nach der zweiten Auflage von 1903
Berlin, Privatsammlung

**Kat. 385**
**Zehn Bildvorlagen für das Werk „Geniale Menschen" von Ernst Kretschmer (1888–1964)**
**Gottfried August Bürger, Christian Dietrich Grabbe, Franz Grillparzer, Friedrich Hebbel, Heinrich v. Kleist, Maximilian Klinger, Theodor Körner, Otto Ludwig, Friedrich Schiller, Zacharias Werner**
je 21 x 16 cm
Tübingen, Universitätsarchiv
(Nachlass Ernst Kretschmer 749/ V3)

**Kat. 386**
**Drei Karten mit Strichlisten für eine Statistik der Körpertypen und seelischen Störungen bei Schriftstellern und Gelehrten**
Handschriftliche Notizen; je 9,3 x 12,5 cm
Tübingen, Universitätsarchiv (Nachlass Ernst Kretschmer 749/ V3)

**Kat. 387**
**25 Kleinbild-Dias mit Ansichten von Händen für einen Vortrag von Ernst Kretschmer**
Tübingen, Universitätsarchiv
(Nachlass Ernst Kretschmer 749 A 9)

**Kat. 388**
**Skizzenbuch, darin aufgeschlagen: „Konkurs" (Lernen fürs „Landexamen")**
Ernst Kretschmer (1888–1964)
Um 1906; Bleistiftzeichnung; 14,5 x 45 cm (aufgeschlagen)
Tübingen, Universitätsarchiv (749/E 26 Zeichnungen Ernst Kretschmer)

**Kat. 389**
**Schreiben von Ernst Kretschmer an den Pfarrer Rentschler in Möglingen**
Ernst Kretschmer (1888–1964)
1940; Maschinenschrift; 29,7 x 21 cm
Tübingen, Universitätsarchiv
(Nachlass Ernst Kretschmer 749/Q 8)

**Kat. 390**
**„Ahnennachweis" von Ernst Kretschmer**
Um 1940; Maschinenschrift; 29,5 x 21 cm
Tübingen, Universitätsarchiv (Nachlass Ernst Kretschmer, 749/ Q 9)

**Kat. 391**
**Pfarrer Kretschmer (1888–1964) mit seiner Frau und den Kindern Lydia, Ernst und Martin**
Fotografie (R), 15,6 x 10,7 cm
Tübingen, Universitätsarchiv
(NL Ernst Kretschmer 749/Q 6)
© Tübingen, Universitätsarchiv

**Kat. 392**
**Bildnisse von Vorfahren des Ernst Kretschmer, gesammelt um 1941 für eigene Familienforschung**
Jacob Andreae (um 1522/23–1590), Kanzler der Universität Tübingen ; Karl Friedrich Hartmann (1743–1815); Professor an der Akademie auf dem Solitude; die Großeltern Bengel; Johann Konrad Gmelin (1707–1759), Apotheker und Naturforscher; Marie Veronika Gmelin (1713–1797)
Um 1941; Fotografien; 15,5 x 12,3 cm ; 18,2 x 15 cm; 23 x 19 cm; 16 x 12,1 cm; 16 x 12,1 cm
Tübingen, Universitätsarchiv (Nachlass Ernst Kretschmer *749/A1)

**Kat. 393**
**Koran aus der Bibliothek von Abraham Hinckelmann**
Illuminierte Handschrift; 22,5 x 12 cm
Hamburg, Staats- und Universitätsbibliothek Hamburg (MS arab. Orient. 36 = Cod. in scrin. 45a)
© Staats- und Universitätsbibliothek Hamburg

**Kat. 394**
**Bildnis des Abrahamus Hinckelmannus (1652–1695)**
Johann Friedlein
Um 1790; Kupferstich (R)
Berlin, Staatsbibliothek zu Berlin „Preußischer Kulturbesitz, Handschriftenabteilung (Portr. Slg/Slg Hansen/Nachtrag Bd.7/Nr. 29)
© bpk/Staatsbibliothek zu Berlin/Christine Kösser

## ZWEI REICHE

**Kat. 395**
**Auf dem Standesamt**
Benjamin Vautier (1829–1898)
Nachdruck; 38 x 52 cm
Privatbesitz
© Foto: Deutsches Historisches Museum, Berlin

**Kat. 396**
**Porträt von Adolf Stoecker (1835–1909) mit Autograf**
Nach 1892; Fotografie, Handschrift, gerahmt; 15 x 10,5 cm
Berlin, Deutsches Historisches Museum (Do 2011/284)

**Kat. 397**
**Wahlplakat der SPD für die württembergische Landtagswahl 1900**
1900; Offset (R)
© Göppingen, Stadtarchiv Göppingen

**Kat. 398**
**Vor der Schicht (Bergmannskapelle im Erzgebirge)**
Gotthardt Kuehl (1850–1915)
Um 1895/99; Öl/Lw.; 128,8 x 101,5 cm
München, Bayerische Staatsgemäldesammlungen–Neue Pinaktohek (8684)
©bpk/Bayerische Staatsgemäldesammlungen

**Kat. 399**
**Ölskizze zum Abendmahl**
Fritz von Uhde (1848–1911)
Um 1886; Öl/Lw.; 49 x 61 cm
München, Bayerische Staatsgemäldesammlungen–Neue Pinakothek (9764)
© Bayerische Staatsgemäldesammlungen–Neue Pinakothek München

**Kat. 400**
**Rauhes Haus: Friedrich Naumann als Oberhelfer**
1883/1885; Fotografie (R)
Gummersbach, Friedrich-Naumann-Stiftung für die Freiheit, Archiv des Liberalismus (FN3-7)
© Archiv des Liberalismus

**Kat. 401**
**Porträt Friedrich Naumann (1860–1919)**
Fotografie (R)
Gummersbach, Friedrich-Naumann-Stiftung für die Freiheit, Archiv des Liberalismus (FN3-16)
© Archiv des Liberalismus

**Kat. 402**
**Friedrich Naumann im Talar**
Fotografie (R)
Gummersbach, Friedrich-Naumann-Stiftung für die Freiheit, Archiv des Liberalismus (FN1-7)
© Archiv des Liberalismus

**Kat. 403**
**Mitglieder des Nationalsozialen Vereins**
1896; Fotografie (R)
Gummersbach, Friedrich-Naumann-Stiftung für die Freiheit, Archiv des Liberalismus (FN3-2)
© Archiv des Liberalismus

Kat. 404
**Friedrich Naumann auf einem Kamel reitend vor den Pyramiden von Gizeh**
1898; Fotografie (R)
Gummersbach, Friedrich-Naumann-Stiftung für die Freiheit, Archiv des Liberalismus (FN3-22)
© Archiv des Liberalismus

Kat. 405
**Parlamentarierreise nach Bulgarien**
Juni 1916; Fotografie (R)
Gummersbach, Friedrich-Naumann-Stiftung für die Freiheit, Archiv des Liberalismus (FN4-7)
© Archiv des Liberalismus

Kat. 406
**Friedrich Naumann und Begleiter vor dem Großen Hauptquartier in Spa**
5./10. November 1918; Fotografie (R)
Gummersbach, Friedrich-Naumann-Stiftung für die Freiheit, Archiv des Liberalismus (FN1-2)
© Archiv des Liberalismus

Kat. 407
**Porträts aus dem Fotoalbum „Friedrich Naumann zum 25. März 1910 in Freundschaft und Verehrung"**
Neun Fotografien (R)
Gummersbach, Friedrich-Naumann-Stiftung für die Freiheit, Archiv des Liberalismus (FN 10-01)
© Archiv des Liberalismus

Kat. 408
**Zwölf Landschafts- und Porträtzeichnungen**
Friedrich Naumann (1860–1919)
Bleistift-, Feder-, und Kohlezeichnungen, teils koloriert; max. 35,2 x 26,9 cm bzw. 25 x 35,5 cm
Gummersbach, Friedrich-Naumann-Stiftung für die Freiheit, Archiv des Liberalismus (N 46-5 (2); N46-14 (3, 7, 18, 20, 26, 41, 50, 54); N46-15 (8, 18, 34))
© Archiv des Liberalismus

Kat. 409
**„Pfarrhaus Wiesenthal" aus dem Skizzenbuch von Friedrich Naumann**
Friedrich Naumann (1860–1919)
28. Juli 1901; Federzeichnung; 14 x 45 cm
Gummersbach, Friedrich-Naumann-Stiftung für die Freiheit, Archiv des Liberalismus (N46-8 (1))

Kat. 410
**Wohnstube im Pfarrhaus Langenberg, im Sessel vermutlich Pfarrfrau Magdalena Naumann**
Friedrich Naumann (1860–1919)
25. November 1889; Bleistiftzeichnung; 16,5 x 22,9
Gummersbach, Friedrich-Naumann-Stiftung für die Freiheit, Archiv des Liberalismus (N46-5 (10))
© Archiv des Liberalismus

Kat. 411
**Entwurf zu einem Werbeplakat (?) für die Zeitschrift „Die Hilfe"**
Friedrich Naumann (1860–1919)
Um 1914; Aquarell; 26,3 x 25,2 cm
Gummersbach, Friedrich-Naumann-Stiftung für die Freiheit, Archiv des Liberalismus (N46-15 (51))

Kat. 412
**Fußballspiel vor dem Chrystal Palace aus dem Skizzenbuch von Friedrich Naumann**
Friedrich Naumann (1860–1919)
8. April 1912; Federzeichnung; 13,9 x 36,4 cm
Gummersbach, Friedrich-Naumann-Stiftung für die Freiheit, Archiv des Liberalismus (N46-7 (4))
© Archiv des Liberalismus

Kat. 413
**„Meiner lieben Lene am 25. Juni 1902" aus dem Skizzenbuch von Friedrich Naumann**
Friedrich Naumann (1860–1919)
25. Juni 1902; Federzeichnung; 11,7 x 39,2 cm
Gummersbach, Friedrich-Naumann-Stiftung für die Freiheit, Archiv des Liberalismus (N46-7 (3))

Kat. 414
**Zeichnung auf einem Briefbogen der Verfassunggebenden Deutschen Nationalversammlung**
Friedrich Naumann (1860–1919)
11. April 1919; Federzeichnung; 25,5, x 20,8 cm
Gummersbach, Friedrich-Naumann-Stiftung für die Freiheit, Archiv des Liberalismus (N46-20 (14))

Kat. 415
**Altardecke, bestickt mit dem Eisernen Kreuz und der Aufschrift „Vorwärts mit Gott, der mit uns sein wird, wie er mit den Vätern war!"**
Friedrich Wilhelm Julius Assmann, Hoflieferant
1914; Seide, Baumwolle, mit Metall bestickt; 175 x 135 cm
Berlin, Deutsches Historisches Museum (KT 2003/136)

Kat. 416
**Kreuzigung**
Rudolf Schäfer (1878–1961)
1924; Öl/Lw.; 161 x 360 cm
Gelsenkirchen, Evangelische Apostel-Kirchengemeinde
© Holtappels/LWL – Industriemuseum

Kat. 417
**Ansichten von einem Ausstellungsraum des Pfarrhausarchivs in Wittenberg**
Fotografie (R)
Eisenach, Stiftung Lutherhaus Eisenach, Evangelisches Pfarrhausarchiv
© Eisenach, Stiftung Lutherhaus Eisenach, Evangelisches Pfarrhausarchiv

Kat. 418
**„Die Kinderzahl der Pfarrehen 1934"**
Nach 1934; Fotografie (R) von einer Glaslichtbildreihe
Eisenach, Stiftung Lutherhaus Eisenach, Evangelisches Pfarrhausarchiv (Lichtbildreihe 51, Nr. 78)
© Eisenach, Stiftung Lutherhaus Eisenach, Evangelisches Pfarrhausarchiv

Kat. 419
**Statistik zur „Berufswahl der Pfarrerskinder"**
Um 1934; Fotografie (R) von einer Glaslichtbildreihe
Eisenach, Stiftung Lutherhaus Eisenach, Evangelisches Pfarrhausarchiv (Lichtbildreihe 51, Nr. 76)
© Eisenach, Stiftung Lutherhaus Eisenach, Evangelisches Pfarrhausarchiv

Kat. 420
**„Aus kinderreichen Pfarrhäusern stammen […]"**
Fotografie (R) von einer Glaslichtbildreihe
Eisenach, Stiftung Lutherhaus Eisenach, Evangelisches Pfarrhausarchiv (Lichtbildreihe Nr. 51, 75)
© Eisenach, Stiftung Lutherhaus Eisenach, Evangelisches Pfarrhausarchiv

Kat. 421
**Deutsche Pastoren der ehemaligen Provinz Posen in polnischer Internierung**
Frühjahr 1919; Fotografie (R)
Eisenach, Stiftung Lutherhaus Eisenach, Evangelisches Pfarrhausarchiv
© Eisenach, Stiftung Lutherhaus Eisenach, Evangelisches Pfarrhausarchiv

Kat. 422
**General Johannes Blaskowitz (1883–1948)**
Dezember 1939; Fotografie (R)
Koblenz, Bundesarchiv (Bild 146-2004-004-05)
© Bundesarchiv

Kat. 423
**Hermann Ehrhardt (links) während des Kapp-Putsches**
März 1920; Fotografie (R)
Koblenz, Bundesarchiv (Bild 146-1971-037-42)
© Bundesarchiv

Kat. 424
**General Johannes Blaskowitz (1883–1948): Selbstauskunft für das Pfarrhausarchiv**
28. September 1938; Handschrift
Eisenach, Stiftung Lutherhaus Eisenach, Evangelisches Pfarhausarchiv (Ordner H II/1)

**Kat. 425**
Korvettenkapitän und Freikorps-
Führer Hermann Ehrhardt (1881–1971):
Selbstauskunft das für Pfarrhausarchiv
Undatiert (1930er Jahre); Handschrift
Eisenach, Stiftung Lutherhaus Eisenach,
Evangelisches Pfarhausarchiv
(Ordner H II/1)

**Kat. 426**
„Das deutsche evangelische Pfarrhaus
im Weltkriege"
1930er Jahre; Filmbandstreifen (R)
Eisenach, Stiftung Lutherhaus Eisenach,
Evangelisches Pfarrhausarchiv
© Eisenach, Stiftung Lutherhaus Eisenach,
Evangelisches Pfarrhausarchiv

**Kat. 427**
„Wahrt Luthers Erbe! Schützt die
deutsche Schule vor Klerikalismus,
vor dem Bolschewismus!"
Aufruf der Deutschen Volkspartei zur
Reichstagswahl 1928
Martin Bäcker GmbH (Entwurf und Druck)
1928; Druck; 48 x 33,2 cm
Berlin, Deutsches Historisches Museum
(P 55/739)

**Kat. 428**
Plakat „Martin Niemöller – Vom U-Boot
zur Kanzel"
Evangelischen Kirche in Hessen und
Nassau
Um 1934; Offset; 59,7 x 42,2 cm
Berlin, Deutsches Historisches Museum
(P 90/12812)

**Kat. 429**
„Wir halten fest am Wort Gottes!" –
Wahlaufruf der Deutschnationalen
Volkspartei
Unter Verwendung eines Bildmotivs von
Hans Thoma (1839–1924)
1924/1930; Offset; 69,9 x 93,6 cm
Berlin, Deutsches Historisches Museum
(P 55/730.1)

**Kat. 430**
Antisemitisches und antiklerikales Plakat,
vermutlich des „Tannenbergbundes"
Aufruf Erich Ludendorffs zum Wahlboy-
kott
Lina Richter (Entwurf); Münchner Buchge-
werbehaus M. Müller und Sohn (Druck)
1929/1933; Druck; 74,4 x 100,4 cm
Berlin, Deutsches Historisches Museum
(P 73/1041)

**Kat. 431**
Einführung des Reichsbischofs Friedrich
von Bodelschwingh Pfingsten 1933
1933; Fotografie (R)
Berlin, Evangelisches Zentralarchiv  Berlin
(EZA 500/2)

**Kat. 432**
Gespräche bei August Jäger, dem Staats-
kommissar für die evangelischen Kirchen
in Preußen
26. Juni 1933; Fotografie (R)
Bonn, Archiv der sozialen Demokratie der
Friedrich-Ebert-Stiftung (6/FOTA065555)

**Kat. 433**
Reichstagung der „Deutschen Christen"
vom 21. bis 23. September 1934 in Berlin
1934; Fotografie (R)
Berlin, Evangelisches Zentralarchiv Berlin
(EZA 500/84)

**Kat. 434**
Der sächsische Landesbischof Friedrich
Coch (3.v.l.) tritt aus dem Portal der
Dresdner Frauenkirche
11. August 1933, Fotografie (R) aus:
Heim und Welt. Wochenbildbeilage des
Dresdner Anzeigers, 10. Jahrgang, Nr. 50,
10.12.1933
Dortmund, Institut für Zeitungsforschung

**Kat. 435**
Reichstagung der „Deutschen Christen"
vom 21. bis 23.9.1934 in Berlin: Pfarrer
Joachim Hossenfelder (links) und
Spreewälderinnen beim Hitlergruß.
21. September 1934; Fotografie (R)
Berlin, Evangelisches Zentralarchiv Berlin
(EZA 500/101)

**Kat. 436**
Amtseinführung des Reichsbischofs
Ludwig Müller
23. September 1934; zwei Fotografien (R)
Berlin, Evangelisches Zentralarchiv Berlin
(EZA 500/17, EZA 500/86)

**Kat. 437**
Massentrauung der Deutschen Christen
in der Gnadenkirche Berlin-Tempelhof
Albert Weinsheimer (1868–1936)
Fotografie (R)
Berlin, Stiftung Stadtmuseum Berlin
(Bestand Weinsheimer, Mappe 1.1.
Nr. 31.339.33)
© Foto: Oliver Ziebe, Berlin

**Kat. 438**
Pastor Franz Tügel (1888–1946) auf
der Synode, die ihn zum Bischof der
Evangelischen Kirche im Hamburger
Staate wählt
1934; Fotografie (R)
Kiel, Landeskirchliches Archiv Kiel
(Fotosammlung, Bild Nr. 9026)

**Kat. 439**
Nationalsynode in Wittenberg 1933
A. Zscherpel
27. September 1933; Fotografie (R)
Berlin, Evangelisches Zentralarchiv Berlin
(EZA 500/127)

**Kat. 440**
Sportpalastkundgebung der Berliner
„Deutschen Christen"
13. November 1933; Fotografie (R)
Berlin, Evangelisches Zentralarchiv Berlin
(EZA 500/55)

**Kat. 441**
Die Feier des „Luthertages" im Lustgarten
in Berlin
19. November 1933; Fotografie (R)
Koblenz, Bundesarchiv (Bild 102-15235)
© Bundesarchiv

**Kat. 442**
SA vor dem Berliner Lutherdenkmal zum
450. Geburtstag des Reformators
November 1933; Druck
Berlin, Evangelisches Zentralarchiv Berlin
(EZA 500/201)

**Kat. 443**
Propagandaflugblatt der Deutschen
Glaubensbewegung zur Rolle des
Christentums im Nationalsozialismus
Deutsche Glaubensbewegung
1936; Druckschrift; 27,8 x 15,8 cm
Berlin, Deutsches Historisches Museum
(Do 56/1584.19)

**Kat. 444**
„Was wollen wir deutschen Christen?"–
Propagandaflugblatt mit dem Bekenntnis
zum Nationalsozialismus
Buchdruckerei Wilhelm Raabe, Deutsche
Christen
Um 1938; Druck; 29,6 x 20,8 cm
Berlin, Deutsches Historisches Museum
(DG 90/3369)

**Kat. 445**
Skulptur „Der Auferstehende" des Bild-
hauers Günther Martin vor der Kirche
St. Marien/Strasburg
Fotografie (R)
Berlin, Aktives Museum e. V.
© Mechthild Wilhelmi

**Kat. 446**
Vier Karteikästen aus der „Fremdstäm-
migen Kartei" der „Kirchenbuchstelle
Alt-Berlin"
1936–1945; Karton, beklebt, beschriftet;
je 10 x 5 x 24 cm
Berlin, Evangelisches Landeskirchliches
Archiv in Berlin (ELAB)

**Kat. 447**
Karl Themel (1890–1973), evangelischer
Sozialpfarrer und NS-Sippenforscher, bei
der Einsegnung von „Hitler-Jungen" in
seiner Gemeinde Luisenstädtische  Kirche
1935; Fotografie (R)
ullstein bild – Süddeutsche Zeitung Photo
© ullstein bild – Süddeutsche Zeitung
Photo

Kat. 448a
**Der Leiter der „Reichsstelle für Sippenforschung" Kurt Mayer mit seinem Stellvertreter Wasmannsdorff**
November 1935; Fotografie (R)
Koblenz, Bundesarchiv (Bild 183-2006-1009-501)
© Bundesarchiv

Kat. 448b
**Fotoreportage „Das Kirchenbuch unter der Photolinse: Die Reichsstelle für Sippenforschung"**
Albert Weinsheimer (1868–1936)
1936; Fotografien (R)
Berlin, Stiftung Stadtmuseum Berlin
© Oliver Ziebe, Berlin

Kat. 449
**Bilder und Dokumente zum Fall des Pfarrers Walter Hoff (1890–1977)**
Akten „Disziplinarverfahren gegen Pfarrer Dr. Walter Hoff" , Fotografien
Berlin, Evangelisches Landeskirchliches Archiv in Berlin (ELAB)
Berlin, Deutsches Historisches Museum (RZB 973-15,185,1932, S. 3)
Hamburg, Kirchenkreisarchiv Hamburg-West / Südholstein

Kat. 450
**Bilder und Dokumente zu dem Berliner Pfarrer und Superintendenten Johannes Schleuning**
a) Mit seiner Familie vor dem Pfarrhaus, nach 1933
b) Titelseite der Zeitschrift „Deutsches Leben in Russland", Januar 1930
c) Zeitungsbericht von einer Versammlung der „Deutschen Christen" in Berlin-Kaulsdorf, „Kaulsdorfer Anzeiger" 9. 12. 1933
d) Drittes Bundestreffen der Russlanddeutschen in Frankfurt/Main, 29. Mai 1955
Berlin, Evangelische Kirchengemeinden Alt-Lichtenberg und Am Fennpfuhl (a-c)
Berlin, ullstein bild (00215952) (d)
© ullstein bild – dpa

Kat. 451
**Pfarrer Siegfried Nobiling mit anderen Mitgliedern der Führungsriege „Deutsche Christen"**
1933, Fotografie (R)
Berlin, ullstein bild – Süddeutsche Zeitung (6901503168)
© ullstein bild–Süddeutsche Zeitung Photo/Scherl

Kat. 452
**Gegenwartsfragen in der neutestamentlichen Wissenschaft**
Johannes Leipoldt (1880–1965)
Leipzig: A. Deichert 1935
Eisenach, Stiftung Lutherhaus Eisenach, Evangelisches Pfarrhausarchiv (6012)

Kat. 453
**Das religiöse Gesicht des Judentums. Entstehung und Art.**
Karl Friedrich Euler (1909–1986) und Walter Grundmann (1906–1976)
Leipzig: G. Wigand 1942
Eisenach, Stiftung Lutherhaus Eisenach, Evangelisches Pfarrhausarchiv (10490)

Kat. 454
**Luther und die Juden (=Deutschlands führende Männer und das Judentum Band IV).**
Alfred Falb (1889–wohl 1920er Jahre)
München: Deutscher Volksverlag 1921
Eisenach, Stiftung Lutherhaus Eisenach, Evangelisches Pfarrhausarchiv (10453)

Kat. 455
**Verrat an Luther**
Wolf Meyer-Erlach (1891–1982)
Weimar: Verlag Deutsche Christen 1936
Eisenach, Stiftung Lutherhaus Eisenach, Evangelisches Pfarrhausarchiv (6015)

Kat. 456
**Der Fremdkörper im Christentum**
Ernst Ludwig Schellenberg (1883–1964)
Weimar: Fritz Fink Verlag 1936
Eisenach, Stiftung Lutherhaus Eisenach, Evangelisches Pfarrhausarchiv (6009)

Kat. 457
**Deutsches Volkstum und evangelischer Glaube**
Emanuel Hirsch (1888–1972)
Hamburg: Hanseatische Verlagsanstalt 1934
Eisenach, Stiftung Lutherhaus Eisenach, Evangelisches Pfarrhausarchiv (6014)

Kat. 458
**Das Volkstestament der Deutschen. Ein Geleitwort zu der vom „Institut zur Erforschung des jüdischen Einflusses auf das deutsche kirchliche Leben" herausgegebenen Botschaft Gottes**
Erich Fromm (1892–1944)
Weimar: Verlag Deutsche Christen 1940
Berlin, Deutsches Historisches Museum (G 1229)

Kat. 459
**Horst Wessel (1907–1930)**
Unbekannter Künstler
Wohl 1936; Bronze; 42 x 22 x 24 cm
Berlin, Stiftung Stadtmuseum Berlin (VII 96/36 y)
© Foto: Michael Setzpfandt, Berlin

Kat. 460
**Mitgliedsausweis der „Deutsche Christen"**
4. Dezember 1933; Druck, Handschrift, gestempelt; 10,4 x 13 cm
Berlin, Deutsches Historisches Museum (Do 80/88II)

Kat. 461
**Mitgliedsausweis der Evangelischen Bekenntnisgemeinde St. Katherinen-Magdeburg**
Evangelische Bekenntnisgemeinde, Der Bruderrat
14. November 1934; Druck, Handschrift, gestempelt; 15,4 x 10,8 cm
Berlin, Deutsches Historisches Museum (Do2 2004/960)
© Deutsches Historisches Museum, Berlin

Kat. 462
**Erste Bekenntnissynode der Evangelischen Kirche zu Barmen**
Mai 1934; Fotografie (R)
Berlin, Evangelisches Zentralarchiv Berlin (EZA 500/4108)

Kat. 463
**Flugblatt der „Bekennenden Kirche" gegen die Kirchenpolitik der Nationalsozialisten**
Landesbruderrat der Bekennenden Kirche Sachsens/Dresdner Akzidenz-Druckerei
Um 1934; Druck; 29,6 x 20,8 cm
Berlin, Deutsches Historisches Museum (Do 56/1579.3)

Kat. 464
**Innerbehördliches Schreiben der Gestapo Aachen mit der Anweisung zur Verhinderung der Aufführung eines kirchlichen Chorstückes**
Geheime Staatspolizei
15. September 1937; Maschinenschrift, hektografiert, gestempelt; 29,5 x 21 cm
Berlin, Deutsches Historisches Museum (Do2 94/2197)

Kat. 465
**Rundschreiben des Superintendenten Thom mit scharfer Polemik gegen die „Bekenntniskirche"**
1937; Druck; 21 x 15,4 cm
Berlin, Deutsches Historisches Museum (Do 56/1584.37)

Kat. 466
**Schild „PRAY FOR PASTOR NIEMOLLER" in London**
W. Whiffin
Um 1938/39; Fotografie (R)
Berlin, Evangelisches Zentralarchiv Berlin (EZA 500/19842)

Kat. 467
**Pfarrer Martin Niemöller mit Konfirmanden in Berlin-Dahlem**
Werner Sonnenburg
21. März 1937; Fotografie (R)
Berlin, Evangelisches Zentralarchiv Berlin (EZA 500/229)

**Kat. 468**
Mitglieder des Posaunenchores Leipzig-Wahren vor dem Pfarrhaus zur Sachsenburg nach dem Posaunenblasen vor dem dortigen Konzentrationslager am 1. Osterfeiertag
21. April 1935; Fotografie (R)
Dresden, Landeskirchenarchiv der
Ev.– Luth. Landeskirche Sachsens
(LKA DD 20/776)
© Landeskirchenarchiv der Ev. – Luth.
Landeskirche Sachsens

**Kat. 469**
Fünfte Bekenntnissynode der Evangelischen Kirche der Altpreußischen Union in Lippstadt, 23. bis 27. August 1937
August 1937; Fotografie (R)
Berlin, Evangelisches Zentralarchiv Berlin
(EZA 500/38)

**Kat. 470**
Namensliste der Bekennenden Kirche
Bruderrat der Bekennenden Kirche von
Berlin
6. August 1937; Maschinenschrift;
29,4 x 20,8 cm
Berlin, Deutsches Historisches Museum
(Do 55/891)

**Kat. 471**
Bilder und Dokumente zum „Fall" des Professors Günther Dehn (1882–1970)
Fotografien und Textdokumente
Düsseldorf, Archiv der Evangelischen Kirche im Rheinland (7NL005, Günther Dehn)
© Archiv der Evangelischen Kirche im Rheinland; Foto: Michael Hofferberth

**Kat. 472**
Bilder und Dokumente zu Agnes Wendland (1891–1946)
Fotografien und Textdokumente
Berlin, Gedenkstätte Deutscher
Widerstand/Manfred Gailus

**Kat. 473**
Herrnhuter Losungen mit handschriftlichen Eintragungen aus der Zeit des „Kirchenkampfes"
Esther von Kirchbach (1894–1946)
1934; Druck- und Handschrift; 14,1 x 20 cm
Dresden, Landeskirchenarchiv der Ev.–
Luth. Landeskirche Sachsens (LKA DD
123/29)
© Landeskirchenarchiv der Ev.–Luth.
Landeskirche Sachsens, Dresden

**Kat. 474**
Esther und Arndt von Kirchbach
1939–1943; Fotografie (R)
Göppingen, Dr. Eckart von Kirchbach
© Dr. Eckart von Kirchbach

**Kat. 475**
Urfassung des Werkes „Auslegung des Neuen Testaments" (1933–1935) mit einem Titelblatt von Elisabeth Fuchs-Kittowski
Emil Fuchs (1874–1971)
Ab 1934; Maschinenschrift, hektografiert;
30 x 21 cm
Berlin, Klaus Fuchs-Kittowski
© Klaus Fuchs-Kittowski; Foto: Deutsches Historisches Museum, Berlin

**Kat. 476**
Emil Fuchs (1874–1971)
Wohl 1950er Jahre; Fotografie (R)
Berlin; Privatbesitz Bernet
© Quäkerarchiv Claus Bernet, Berlin

**Kat. 477**
Brief des Pfarrers Wolfgang Staemmler an Pfarrer Günther Zahn
15. Dezember 1940; Maschinenschrift;
29,7 x 21 cm
Eisenach, Landeskirchenarchiv Eisenach
(NL Günther Zahn 31-004, Nr. 40)

**Kat. 478**
Kellertür zum Luftschutzraum im Pfarrhaus der Matthäuskirche in Stuttgart
Holz, H 200 cm, B 100 cm
Stuttgart, Evangelische Kirchengemeinde
Stuttgart-Heslach
© Evangelische Kirchengemeinde
Stuttgart-Heslach

**Kat. 479**
Schild „Pfarrhaus" in deutscher, englischer und französischer Sprache
Um 1945–1948; Schichtholz; 26,5 x 39 cm
Stuttgart, Landeskirchliches Archiv
(07.697)
© Landeskirchliches Archiv Stuttgart

**Kat. 480**
Plakat „Der Protestantismus in Ost=Mitteleuropa vor 1935/nach 1955"
Hrsg. vom Bund der Vertriebenen
Georg Wild, Anna-Maria Wild, C. von
Witzleben-Wurmb
Um 1960; Offset; 99,7 x 139,8 cm
Berlin, Deutsches Historisches Museum
(P 2004/218)

**Kat. 481**
Fragebogen der EKD zu den kirchlichen Verhältnissen in den ehemaligen Ostgebieten  ausgefüllt vom ehem. Gemeindepfarrer von Kleinkniegnitz/Schlesien, mit einer Skizze der gemeindeeigenen Liegenschaften
1963; Druck, Zeichnung, Handschrift
Berlin, Evangelisches Zentralarchiv Berlin
(EZA 506/886)
© Evangelisches Zentralarchiv Berlin

**Kat. 482**
Pfarrer besucht evangelische Vertriebene in den katholischen Dörfern am Niederrhein bei Wesel
Hans Lachmann (1920–2006)
1956; Fotografie (R)
Koblenz, Bundesarchiv (Bild 194-1368-24)
© Bundesarchiv

**Kat. 483**
Pfarrer, Pfarrhäuser, Kirchen und Gemeinden in den ehemaligen deutschen Ostgebieten
a) Pfarrer Gotthold Lutschewitz,
Groß-Dübsow (Pommern)
b) Pfarrhaus in Nelep, Kirchenkreis
Schivelbein (Pommern)
c) Evangelische Kirche in Groß-Rakitt,
Kirchenkreis Stolp-Altstadt, Kirchenprovinz Pommern
d) Pfarrhaus in Groß-Rakitt, Kirchenkreis
Stolp-Altstadt, Kirchenprovinz Pommern
e) Pfarrer Georg Rößler mit Konfirmanden,
Nelep, Kirchenkreis Schivelbein (Pommern)
f) Innenansicht der evangelischen Kirche
in Groß-Dübsow, Kirchenkreis Stolp-Altstadt, Kirchenprovinz Pommern
g) Besuch Paul von Hindenburgs in Löwenhagen (Ostpreußen), 14. September 1924
Fotografien (R)
Berlin , Evangelisches Zentralarchiv Berlin
(EZA 500/34145, 34143, 34139, 34140,
34142, 34144, 33509)

**Kat. 484**
„Das evangelische Hilfswerk hat die Lagerkinder in vier Wochen fein herausgefüttert. Freizeit im Gemeindehaus Urdenbach"
Juli 1950; Fotografie (R)
Koblenz, Bundesarchiv (Bild 194-0147-27)
© Bundesarchiv

**Kat. 485**
Tauf- und Traubuch des Königisberger Domes
Königsberg 1579–1611
Berlin, Evangelisches Zentralarchiv Berlin
(EZA 503/122)

**Kat. 486**
Abendmahlskelch und Patene aus dem Gefangenenlager 287 in Walk/Estland
1944/1948; Holz; H 13 cm, Dm 10,7 cm
Eisenach, Stiftung Lutherhaus Eisenach,
Evangelisches Pfarrhausarchiv (8397)

**Kat. 487**
Krankenkelch
Johann Friedrich Beyer
1744; Silber; H 13,8 cm
Berlin, Evangelisches Zentralarchiv Berlin
(EZA 503/32)

Kat. 488
**Rucksack**
Vor 1945; Leinen, Leder, Hanf, Metall,
Aluminium; 46 x 48 x 12 cm
Berlin, Deutsches Historisches Museum
(KT DHM/2)

Kat. 489
**„Junker-Land in Bauernhand" – Propa-
gandaschrift der KPD zur Bodenreform**
Kurt Birnbaum
Dresden 1945
Berlin, Deutsches Historisches Museum
(DG 71/163)

Kat. 490
**Propagandaschrift „Der Dollarimperialis-
mus. Der Todfeind des deutschen Vokes"**
Sekretariat der Deutschen Volkskongreß-
bewegung
Um 1949; Druck; 20 x 14,5 cm
Berlin, Deutsches Historisches Museum
(DG90/7106)

Kat. 491
**Plakat „15. Mai 1949. Wähle Frieden
statt Krieg!"**
1949; Offset; 42,5 x 29,5 cm
Berlin, Deutsches Historisches Museum
(P 94/87)

Kat. 492
**Aufruf „Die katholische Kirche ruft die
Gläubigen zum Ja am 15. Mai"**
Mai 1949; Druck; 30,4 x 21,4 cm
Berlin, Deutsches Historisches Museum
(DG 56/2294.1)

Kat. 493
**Aufruf „Die evangelische Kirche ruft die
Gläubigen zum Ja am 15. Mai"**
Mai 1949; Druck; 31,5 x 23,1 cm
Berlin, Deutsches Historisches Museum
(DG 56/2295.1)

Kat. 494
**Sonderausgabe der FDJ-Zeitung „Junge
Welt" zur Auseinandersetzung mit der
„Jungen Gemeinde" in der DDR**
Zentralrat der Freien Deutschen Jugend
(FDJ)
April 1953; Druck; 47 x 31,4 cm
Berlin, Deutsches Historisches Museum
(DG 63/459)
© Deutsches Historisches Museum, Berlin

Kat. 495
**Plakat zur „Jugendweihe"**
Greif Graphischer Großbetrieb
1956; Offset; 84 x 39 cm
Berlin, Deutsches Historisches Museum
(P 94/2365)

Kat. 496
**Jugendweihe im Kulturpalast des VEB
Elektrochemisches Kombinat Bitterfeld**
1958; Fotografie; 12,9 x 17,6 cm
Berlin, Deutsches Historisches Museum
(F 61/720)

Kat. 497
**Friedrich Wilhelm Krummacher (Mitte)
beim Empfang zu seiner Einführung als
Bischof in Greifswald**
Krueger
15. April 1955; Fotografie (R)
Koblenz, Bundesarchiv (Bild 183-29929-
0005)
© Bundesarchiv

Kat. 498
**Walter Ulbricht im Gespräch mit dem
Thüringer Landesbischof Moritz Mitzen-
heim**
Erwin Schneider
18. August 1964; Fotografie; 18,1 x 23,9 cm
Berlin, Deutsches Historisches Museum
(F 66/1129)

Kat. 499
**Kader-Buch aus dem Nachlass von Moritz
Mitzenheim (1891–1977)**
1963; Maschinenschrift; 31,3 x 15 cm
Eisenach, Landeskirchenarchiv Eisenach
(NL Moritz Mützenheim 31–001, W.11.13)

Kat. 500
**Kreuz im Kästchen zur Erinnerung an die
„Barmer Gedenkfeier" 1984**
Holz, Metall, gegossen; 14 x 13,3 x 19 cm
Eisenach, Landeskirchenarchiv Eisenach
(NL Hermann Sparsbrod Nr. 13)

Kat. 501
**„Fürbitte der Synode für die Verhafteten."**
Synode der evangelischen Kirche der
Union
9. Februar 1959; Maschinenschrift (R)
Bonn, Archiv der sozialen Demokratie der
Friedrich-Ebert-Stiftung (NL Hartmut
Bunke/Sammlung Stefan Appelius Bd. 1)

Kat. 502
**Propagandaflugblatt der „Nationalen
Front" in der DDR mit dem Text eines
Briefes von Martin Niemöller an Adenauer
gegen die Remilitarisierung in der
Bundesrepublik**
1950; Druck; 31,8 x 22,6 cm
Berlin, Deutsches Historisches Museum
(DG 56/2509.3)

Kat. 503
**„Der Christ Niemöller"**
Synode der Evangelischen Kirche der
Union, Pressestelle Präses Scharf
9. Februar 1959; Maschinenschrift (R)
Bonn, Archiv der sozialen Demokratie der
Friedrich-Ebert-Stiftung (NL Hartmut
Bunke/Sammlung Stefan Appelius, Bd.1)

Kat. 504
**Studentenpfarrer Herbert Mochalski aus
Darmstadt auf der Wahlversammlung der
Gesamtdeutschen Volkspartei (GVP) in
Frankfurt a. M.**
5. September 1953; Fotografie (R)
Bonn, Archiv der sozialen Demokratie der
Friedrich-Ebert-Stiftung (6/FOTA089335
Fpa)

Kat. 505
**Herbert Mochalski, Studentenpfarrer in
Darmstadt**
15. November 1960; Fotografie (R)
Bonn, Archiv der sozialen Demokratie der
Friedrich-Ebert-Stiftung (6/FOTA 089330
CDFA038)

Kat. 506
**Martin Niemöller in Berlin**
1952; Fotografie (R)
Frankfurt a. M., epd-bild (247441)
© epd-bild

Kat. 507
**„Kampf dem Atommord": Mahnwache vor
der britischen Raketenbasis in Dort-
mund-Brackel, Pfarrer Martin Niemöller,
Oberkirchenrat Heinz Kloppenburg**
1959; Fotografie (R)
Bonn, Archiv der sozialen Demokratie der
Friedrich-Ebert-Stiftung (6/FOTA133471
CDFA061)

Kat. 508
**Evangelische Pfarrer demonstrieren in
Bonn gegen die Notstandsgesetze**
Jens Gathmann
8. Mai 1968; Fotografie (R)
Berlin, Presse- und Informationsamt der
Bundesregierung (B 145 Bild-00005251)
© Presse- und Informationsamt der
Bundesregierung, Jens Gathmann

Kat. 509
**Fahndungsplakat des Bundeskriminalam-
tes nach Mitgliedern der „Baader/Mein-
hof-Bande"**
Um 1972; Offset; 42,1 x 29,7 cm
Berlin, Deutsches Historisches Museum
(P 90/12573)

Kat. 510
**Konfirmation in Berlin-Dahlem mit
Pfarrer Helmut Gollwitzer**
Werner Sonnenburg
1939; Fotografie (R)
Berlin, Evangelisches Zentralarchiv Berlin
(EZA 500/400)

Kat. 511
**Gesammelte Buttons der Friedensbewe-
gung von Helmut Gollwitzer**
1980–1991; Weißblech, farbig gestaltet
Berlin, Evangelisches Zentralarchiv Berlin
(EZA 686/7786, EZA 686/7787)

**Kat. 512**
**Brief von Helmut Gollwitzer an den Schriftsteller Joachim Günther**
Helmut Gollwitzer (1908–1993)
8. Mai 1972; Maschinenschrift; 29,7 x 21 cm
Berlin, Evangelisches Zentralarchiv Berlin
(EZA 686/842)

**Kat. 513**
**„Ansprache bei der Vietnam-Demonstration in Westberlin am 22. 4.1972"**
Helmut Gollwitzer (1908–1993)
1972; Maschinenschrift, hektografiert;
29,7 x 21 cm
Berlin, Evangelisches Zentralarchiv Berlin
(EZA 686/842)

**Kat. 514**
**Fotoalbum „Symphathisantenreport" für Helmut Gollwitzer**
Fotografien/Karton, beklebt
Berlin, Evangelisches Zentralarchiv Berlin
(EZA 686 (NL Helmut Gollwitzer) /8084)

**Kat. 515**
**Friedensdemonstration in Bonn**
10. Oktober 1981; Fotografie (R)
Bonn, Archiv der sozialen Demokratie der
Friedrich-Ebert-Stiftung (6/FOTA062372,
CDFA025)
© J. H. Darchinger/Friedrich-Ebert-
Stiftung

**Kat. 516**
**Bilder und Dokumente zu dem Pfarrer und Politiker Heinrich Albertz**
Fotografien und Textdokumente
Bonn, Archiv der sozialen Demokra-
tie der Friedrich-Ebert-Stiftung (6/
FOTA0962271 CDFA041; 1/HAAA000026;
6/FOTA014511, CDFA006; 1/HAAA000057;
1/HAAA000202; 1/HAAA000026)
Berlin, ullstein bild (00090218, 00228065)
Berlin, Deutsches Historisches Museum
(1990/3070.35)

**Kat. 517**
**Oskar Brüsewitz (1929–1976)**
Fotografie (R)
München, SZ Photo (Bild-ID: 212365)
© SZ Photo

**Kat. 518**
**Empfang der evangelischen Kirchen-leitung bei Erich Honecker**
Peter Koard
6. März 1978; Fotografie (R)
Koblenz, Bundesarchiv (Bild 183-T0306-
025)
© Bundesarchiv

**Kat. 519**
**Plakat zur Friedensdekade der evangelischen Kirche in der DDR**
Jürgen Pieplow (geb. 1935)
1988; Offset; 41 x 29,1 cm
Berlin, Deutsches Historisches Museum
(P 2005/978)

**Kat. 520**
**„Blues-Messe" in der Berliner Samariter-kirche mit Pfarrer Rainer Eppelmann**
Harald Hauswald (geb. 1954)
1985; Fotografie; 16 x 23,4 cm
Berlin, Deutsches Historisches Museum
(Ph 98/20)

**Kat. 521**
**Ostermorgen**
Christian Rietschel (1908–1997)
Linoldruck; 50 x 40 cm
Eisenach, Stiftung Lutherhaus Eisenach,
Evangelisches Pfarrhausarchiv (761/13.2.8)

**Kat. 522**
**Demonstration von Mitgliedern der DDR-Friedensbewegung vor der ame-rikanischen Botschaft in Ost-Berlin mit Rainer Eppelmann**
1. September 1983; Fotografie (R)
Bonn, Archiv der sozialen Demokratie der
Friedrich-Ebert-Stiftung (6/FOTA047371
CDFA019)

**Kat. 523**
**Konzertsession mit André Greiner-Pol in der Zionskirche**
Harald Hauswald (geb. 1954)
17. Oktober 1987; Fotografie;
15,8 x 23,3 cm
Berlin, Deutsches Historisches Museum
(Ph 98/18)

**Kat. 524**
**„Nachrichten über Luther-Bäume. Pflanzt Bäume"**
1980er Jahre; Druck (R)
Berlin, Bundesstiftung zur Aufarbeitung
der SED-Diktatur

**Kat. 525**
**„Waldsterben im Erzgebirge"**
1983; Druck (R)
Berlin, Bundesstiftung zur Aufarbeitung
der SED-Diktatur

**Kat. 526**
**Aufkleber aus der Bürgerbewegung der DDR „Schwerter zu Pflugscharen"**
Um 1982; Druck; Dm 11 cm
Berlin, Deutsches Historisches Museum
(Do2 97/995)

**Kat. 527**
**Entwurf eines Fragebogens zu den Ausreisegründen von DDR-Bürgern**
Arbeitsgruppe „Staatsbürgerschaftsrecht
der DDR"
1989; Maschinenschrift
Berlin, Deutsches Historisches Museum
(Do2 2000/178)

**Kat. 528**
**„UmweltBlaetter" der Umweltbibliothek**
Friedens- und Umweltkreis Zionskirch-
gemeinde
April 1989; Druck, Maschinenschrift,
hektografiert; 29,7 x 21 cm
Berlin, Deutsches Historisches Museum
(Do2 2000/221)

**Kat. 529**
**Informationsblatt über die „Möglichkei-ten alternativer Energieerzeugung"**
Umweltbibliothek, Friedens- und
Umweltkreis Zionskirchgemeinde
Um 1988; Handschrift, Maschinenschrift,
hektografiert; 29,7 x 21 cm
Berlin, Deutsches Historisches Museum
(Do2 2000/222)

**Kat. 530**
**Pastor mit Konfirmandinnen**
Stefan Moses (geb. 1928)
1990/1991; Fotografie; 59,8 x 50,3 cm
Berlin, Deutsches Historisches Museum
(1991/217.25)

**Kat. 531**
**Pastor der Rostocker St. Johannis-Kirche mit Täufling und Eltern**
Stefan Moses (geb. 1928)
5. Juni 1990; Fotografie; 60 x 50,2 cm
Berlin, Deutsches Historisches Museum
(1991/217.224)

**Kat. 532**
**Treffen der Außenminister im Schloss Niederschönhausen: François Cann, Hans-Dietrich Genscher, James A. Baker, Markus Meckel, Eduard Schewardnadse und Douglas Hurd**
Christian Stutterheim
22. Juni 1990; Fotografie (R)
Berlin, Presse- und Informationsamt der
Bundesregierung (B 145 Bild-00109260)
© Presse- und Informationsamt der Bun-
desregierung, Christian Stutterheim

**Kat. 533**
**Familienporträt der Familie S.**
Christian Borchert (1942–2000)
a) Familie S., Biologin/Hausfrau und Pfar-
rer, im Wohnzimmer, 24. September 1983
b) Familie S., kirchliche Angestellte und
Pfarrer, mit Hund im Wohnzimmer,
12. September 1993
Zwei Fotografien (R)
Dresden, Deutsche Fotothek (df_bo-
pos-07_0000116, df_bo-pos-07_0000114)
© SLUB Dresden, Deutsche Fotothek,
Christian Borchert

Kat. 534
**Familienporträt der Familie K.**
Christian Borchert (1942–2000)
a) Familie K., Pfarrer und Lehrerin, im Wohnzimmer, 3. Oktober 1983
b) Familie K., Regierungsangestellter und Lehrerin, im Wohnzimmer, 13. November 1993
Zwei Fotografien (R)
Dresden, Deutsche Fotothek
(df_bo-pos-07_0000245, df_bo-pos-07_0000244)
© SLUB Dresden, Deutsche Fotothek, Christian Borchert

## FILM- UND TONDOKUMENTE (AUSSCHNITTE) IN DER AUSSTELLUNG

**Professor Emil Fuchs spricht anlässlich des ersten Jahrestages der Aussprache von Theologen mit Walter Ulbricht, 1962**
Stiftung Deutsches Rundfunkarchiv

**Reihe „Tag für Tag" (Sendedatum 28.2.2012): Streit um gleichgeschlechtliche Paare im Pfarrhaus, 2012**
Deutschlandfunk, Autor: Wolfgang Nagel

**Prozess gegen den Oberpfarrer Edgar Mitzenheim und andere im Zusammenhang mit den Ereignissen vom 17. Juni, 1953**
Stiftung Deutsches Rundfunkarchiv

**Der Choral von Leuthen, Regie: Carl Froelich, 1933**
BETA Film München

**Das weiße Band, Regie: Michael Haneke, 2009**
Mit freundlicher Genehmigung des Regisseurs

**Es war ein Mensch, Anfang 1950er Jahre**
Matthiasfilm / Bundesarchiv–Filmarchiv

**Welt im Film: Pastor Niemöller spricht in Hamburg, 1946**
Deutsche Wochenschau Filmarchiv Hamburg

**DER AUGENZEUGE 40 /1951: Krieg oder Frieden? Der Kirchenpräsident von Hessen Niemöller gab dem Augenzeugen eine Erklärung ab, 1951**
Progress Film-Verleih GmbH

**DER AUGENZEUGE 31/1961: Der hessische Kirchenpräsident Niemöller reiste durch die DDR, Interview in Halbe, 1961**
Progress Film-Verleih GmbH

**DER AUGENZEUGE 26/1965: Anschlag gegen Frieden und Sicherheit. Westdeutschlands Gesellschaft protestiert gegen die Notstandsgesetze, 1965**
Progress Film-Verleih GmbH

**Korrespondentenbericht aus Bonn: Auftaktveranstaltung in der Aula des Bonner Beethoven-Gymnasiums zur Bonner Friedenswoche, 1977 (ungesendet)**
Stiftung Deutsches Rundfunkarchiv

**Aktuelle Kamera: Martin Niemöller zu seinen Eindrücken auf einer Reise durch die DDR, 1961**
Stiftung Deutsches Rundfunkarchiv

**„Monitor" (Sendedatum 28.4.1981): Über die kirchliche Friedensbewegung, 1981**
WDR

**Der Streit um den Frieden–Überlegungen vor dem 19. Evangelischen Kirchentag in Hamburg, 1981**
NDR

**„Kennzeichen D" (Sendedatum 25.6. 1981): Über den 19. Evangelischen Kirchentag in Hamburg, 1981**
ZDF

**„Report" (Sendedatum 8.9.1981): Über Helmut Gollwitzer und seine Unterstützung der Aktion „Waffen für El Salvador", 1981**
SWR

**„Mitten in der Öffentlichkeit" mit Aktion „Schwerter zu Pflugscharen" beim Kirchentag in Wittenberg 1983, Interview mit Friedrich Schorlemmer, 1983, Baustelle des Gemeindezentrums in Gotha**
Film von Peter Wensierski und Hartmut Jahn

**Die fromme Rebellin. Dorothee Sölle: Eine radikale Querdenkerin, 1994**
WDR / Film von Carolin Hengholt

**Reihe „Gott und die Welt" (Sendedatum 19.4.1985): Die frommen Streithähne. Politische Pastoren im Norden Deutschlands, 1985**
WDR / Film von Uwe Michelsen

**Pfarrer Oberhof über seine Opposition gegen die Wiederbewaffnung Deutschlands in den 1950er Jahren, 1977**
Film von Christoph Boekel

**Zeitzeugenprojekt des Pommerschen Landesmuseums: Pfarrer Friedrich Bartels, nach 1990**
Pommersches Landesmuseum

**Reihe „Horizonte" (Sendedatum 13.11.1987): Hammer, Kreuz und Sichel. Kirche und Staat in der DDR – Der schwere Weg zur Partnerschaft, 1987**
HR / Film von Wolf Lindner

**Pastor Pilgrim, 1981**
Film von Günther Geissler

**Der Störenfried. Ermittlungen zu Oskar Brüsewitz, 1992**
Film von Thomas Frickel

**Keine Startbahn West. Trilogie eines Widerstands, 1980**
Film von Thomas Frickel, Gunter Oehme, Wolfgang Schneider

**Niemandem Untertan (über Heinrich Albertz), 1989**
WDR / Film von Irmela Hannover und Jochen Dietrich

**Michel aus Lönneberga muss mehr Männchen machen, Regie: Olle Hellborn, 1972**
nach einem Buch von Astrid Lindgren
Studio 100 Media GmbH

## MEDIENINSTALLATION

**Zur Gegenwart des evangelischen Pfarrhauses. Einblicke und Fragen**
Ostkreuzschule für Fotografie und Gestaltung, Berlin: Robert Funke, Jakob Ganslmeier, Aras Gökten, Fabian Klusmeyer, Katarzyna Mazur, Yana Wernicke

BEST-Sabel-Bildungszentrum GmbH, Berlin: Alexander Blumhoff, Alexander Janetzko, Christian Kopp, Dora Strebel Fabian Tegeler, Jendrik Bradaczek, Sabrina Schürings
Das Projekt wurde initiert von Jens Koch in Zusammenarbeit mit dem Evangelischen Kirchenkreis Berlin Stadtmitte namentlich Kirchenkreis Christine Bertelsmann.

Wir danken den Fotografinnen und Fotografen, allen Projektteilnehmern sowie den Privatpersonen, die uns ihre Fotos zu Verfügung gestellt haben.

# LITERATUR

Adolf Senff. Malerei und Zeichnungen, Halle 1985

Aland, Kurt: Die Privatbeichte im Luthertum von ihren Anfängen bis zu ihrer Auflösung, in: ders., Kirchengeschichtliche Entwürfe, Gütersloh 1960, S. 452-519

Alber, Erasmus: Wider die verkehrte Lehre der Carlstader, und alle fürnemste Häupter der Sacramentirer: Rottengeister, Widerteuffer, Sacramentlesterer, Eheschender, Musica Verächter, Bildestürmer, und Verwüster aller guten Ordnung, Neubrandenburg (1556)

Albrecht-Birkner, Veronika: Pfarrerbuch der Kirchenprovinz Sachsen, 10 Bde., Leipzig 2003-2009

Ammermann, Monika: Gelehrten-Briefe des 17. und frühen 18. Jahrhunderts, in: Bernhard Fabian/Paul Raabe (Hg.), Gelehrte Bücher vom Humanismus bis zur Gegenwart, Wiesbaden 1983, S. 81-96

Angerer, Birgit u.a. (Hg.): Pracht, Prunk, Protz. Luxus auf dem Land, Finsterau 2009

Angermann, August: Was für Männer gab das evangelische Pfarrhaus dem deutschen Volke? Essen 1939

Angermann, August: Deutsche Pfarrerstöchter, in: Neubearbeitung herausgegeben von Willy Quandt, Essen o.J. (1955)

Appold, Kenneth G.: Frauen im frühneuzeitlichen Luthertum. Kirchliche Ämter und die Frage der Ordination, in: Zeitschrift für Theologie und Kirche 2 (2006), S. 253-279

Arnhold, Oliver: „Entjudung" – Kirche im Abgrund. Die Thüringer Kirchenbewegung Deutsche Christen 1928–1939 und das „Institut zur Erforschung und Beseitigung des jüdischen Einflusses auf das deutsche kirchliche Leben" 1939-1945, 2 Bde., Berlin 2010

Baden-Württembergisches Pfarrerbuch, Bd. 1 Kraichgau-Odenwald Teil 2, Karlsruhe 1988

Bahrdt, Carl Friedrich: Ueber das theologische Studium auf Universitäten, Berlin 1785

Bauer, Karl: Adolf Hausrath. Leben und Zeit, Bd. 1 1837–1867, Heidelberg 1933

Baur, Wilhelm: Das deutsche evangelische Pfarrhaus. Seine Gründung, seine Entfaltung, sein Bestand, Bremen ²1878

Baur, Wilhelm Das deutsche Pfarrhaus. Seine Gründung, seine Entfaltung und sein Bestand, Bremen³ 1884

Baur-Callwey, Marcella: Die Differenzierung des Gemeinsamen. Männliche Doppelportraits in England von Hans Holbein d. J. bis Joshua Reynolds, München 2007

Behlau, Catrin: Günstig versichern. 75 Jahre HUK Coburg, Köln 2008

Benz, Lina: Eduard Süskind 1807–1874. Pfarrer, Volksmann, Visionär, Frankfurt a. M. u.a. 1995

Bergen, Doris L.: Twisted Cross. The German Christian Movement in the Third Reich, Chapel Hill/London 1996

Bernet, Claus / Fuchs-Kittowski, Klaus (Hg.): Emil Fuchs: Das Evangelium des Matthäus. Eine Auslegung des Evangeliums im Kontext von Verfolgung und Widerstand (1933-35), Hamburg 2012

Bischoff-Luithlen, Angelika: Bräuche, Lebensformen und Rechtsverordnungen in Alt-Württemberg, in: Forschungen und Berichte zur Volkskunde in Baden-Württemberg 1, 1973, S. 97–103

Bobzin, Hartmut: Geschichte der arabischen Philologie in Europa bis zum Ausgang des achtzehnten Jahrhunderts, in: Fischer (Hg.), Grundriß der Arabischen Philologie, Bd. III, Wiesbaden 1992, S. 155–187

Borchers, Walter: Osnabrücker Bildhauer und Maler des 18. und 19. Jahrhunderts, Osnabrück 1950

Bormann-Heischkeil, Sigrid: Die soziale Herkunft der Pfarrer und ihrer Ehefrauen, in: Martin Greiffenhagen (Hg.), Das evangelische Pfarrhaus. Eine Kultur- und Sozialgeschichte, Stuttgart 1984, S. 149–174

Borutta, Manuel: Antikatholizismus. Deutschland und Italien im Zeitalter der europäischen Kulturkämpfe, Göttingen² 2011

Braun, Hellmut, Der Hamburger Koran von 1694, in: Libris et Litteris, Festschrift für Hermann Tiemann, Hamburg 1959, S. 149–166.

Braun, Reinhold: 400 Jahre evangelisches deutsches Pfarrhaus. Eine Abendfeier, Dresden 1925

Braune, Werner: Abseits der Protokollstrecke. Erinnerungen eines Pfarrers an die DDR, Berlin 2009

Braungart, Wolfgang: Eduard Mörike und sein Hund. In: Martin Huber/Gerhard Lauer (Hg.), Nach der Sozialgeschichte. Konzepte für eine Literaturwissenschaft zwischen Historischer Anthropologie, Kulturgeschichte und Medientheorie, Tübingen 2000, S. 221-232

Bräuer, Albert Peter: Scherenschnitte aus dem Pfarrhaus Collmen: das fast vergessene Leben und Schaffen der sächsischen Pfarrfrau Lisbeth Müller-Heintze (1866–1940), Leipzig 2008

Bretschneider, Paul: Der Pfarrer als Pfleger der wissenschaftlichen und künstlerischen Werte seines Amtsbereichs, Breslau 1918

Bringemeier, Martha: Priester- und Gelehrtenkleidung. Ein Beitrag zur geistesgeschichtlichen Kostümforschung, Münster 1974

Bruch, Rüdiger vom (Hg.): Friedrich Naumann in seiner Zeit, Berlin u.a. 2000

Bruyn, Günter de (Hg): Einfalt und Natur. Gedichte von Friedrich Wilhelm August Schmidt von Werneuchen, Berlin 1981

Brückner, Shirley: Die Providenz im Zettelkasten. Divinatorische Lospraktiken in der pietistischen Frömmigkeit, in: Wolfgang Breul/Jan Carsten Schnurr (Hg.), Geschichtsbewußtsein und Zukunftserwartung in Pietismus und Erweckungsbewegung, Göttingen 2013, S. 351-366

Brückner, Wolfgang: Elfenreigen, Hochzeitstraum. Die Öldruckfabrikation 1880–1940, Köln 1974

Brückner, Wolfgang: Lutherische Bekenntnisgemälde des 16. bis 18. Jahrhunderts. Die illustrierte Confessio Augustana, Regensburg 2007

Buchberger, Michael (Hg): Kirchliches Handlexikon. Ein Nachschlagebuch über das Gesamtgebiet der Theologie und ihrer Hilfswissenschaften, Freiburg i. B. 1907, Bd. 1

Buckwalter, Stephen E.: Die Priesterehe in Flugschriften der frühen Reformation, Gütersloh 1998

Büttner, Ursula/Greschat, Martin: Die verlassenen Kinder der Kirche. Der Umgang mit Christen jüdischer Herkunft im „Dritten Reich", Göttingen 1998

Chalmel, Loïc: Oberlin. Ein Pfarrer der Aufklärung, Potsdam 2012

Currie, Robert u. a.: Churches and Churchgoers. Patterns of Church Growth in the British Isles since 1700, Oxford 1977

Das Pfarrhaus. Zeitschrift für die christliche Familie, Leipzig u.a. 1.1885-38.1922

Der Protestantismus der neueren Zeit in Wort und Bild. Unter Mitwirkung von Generalsuperintendent Professor D. Dr. Martin Schian, Wiesbaden 1929

Dijkstra, Jeltje/Dirkse, Paul/Smits, Anneloes E. A. M.: De schilderijen van Museum Catharijneconvent, Utrecht/Zwolle 2002

Dinter's Leben, von ihm selbst beschrieben, ein Lesebuch für Aeltern und Erzieher, für Pfarrer, Schul=Inspektoren und Schullehrer. Neustadt an der Orla (Johann Karl Gottfried Wagner), 1829

Dornheim, Stefan: Amtsjubiläum und Familiennachfolge im lutherischen Pfarrhaus der Frühen Neuzeit, in: Hartwin Brandt/Katrin Köhler/Ulrike Siewert (Hg.), Genealogisches Bewusstsein als Legitimation. Inter- und intragenerationelle Auseinandersetzungen sowie die Bedeutung von Verwandtschaft bei Amtswechseln, Bamberg 2009. S. 307-327

Drews, Paul: Der evangelische Geistliche in der deutschen Vergangenheit, Jena 1905

Eichel, Christine: Das deutsche Pfarrhaus. Hort des Geistes und der Macht, Köln 2012

Enke, Roland/Probst, Bettina (Hg.): via regia. 800 Jahre Bewegung und Begegnung. Katalog zur 3. Sächsischen Landesausstellung, Dresden 2011

Ernst-Bertram, Bettina/Planer-Friedrich, Jens: Pfarrerskinder in der DDR. Außenseiter zwischen Benachteiligung und Privilegierung, Berlin 2008

Falter, Jürgen W.: Hitlers Wähler, München 1991

Fend, Helmut: Geschichte des Bildungswesens. Der Sonderweg im europäischen Kulturraum, Wiesbaden 2006

Fertig, Ludwig: Die Hofmeister. Ein Beitrag zur Geschichte des Lehrerstandes und der bürgerlichen Intelligenz, Stuttgart 1979

Fischer, Hans: Der Missionar, in: ders., Randfiguren der Ethnologie, Berlin 2003

Fischer Otto (Hg.): Evangelisches Pfarrerbuch für die Mark Brandenburg seit der Reformation, 2 Bde., Berlin 1941

Franz, Günther: Pfarrer als Wissenschaftler, in: Martin Greiffenhagen (Hg.), Das evangelische Pfarrhaus. Eine Kultur- und Sozialgeschichte, Stuttgart 1984. S. 277-294

Frenckel, Johann Gottlob: Diptycha Ositiensia. Oder Historie deren Herren Superintendenten und Diaconen zu Oschatz in Meißen […], Dresden 1722

Fuchs, Emil: Mein Leben. Erster Teil, Leipzig 1957

Fuchs, Emil: Mein Leben. Zweiter Teil. Ein Christ im Kampfe gegen den Faschismus, für Frieden und Sozialismus, Leipzig 1959

Fück, Johann: Die arabischen Studien in Europa bis in den Anfang des 20. Jahrhunderts, Leipzig 1955

Gailus, Manfred: Protestantismus und Nationalsozialismus: Studien zur nationalsozialistischen Durchdringung des protestantischen Sozialmilieus in Berlin, Köln u.a. 2001

Gailus, Manfred: Die vergessenen Brüder und Schwestern. Zum Umgang mit Christen jüdischer Herkunft im Raum der evangelischen Kirche Berlin-Brandenburgs, in: Zeitschrift für Geschichtswissenschaft 51 (2003), S. 973-995

Gailus, Manfred: „Hier werden täglich drei, vier Fälle einer nichtarischen Abstammung aufgedeckt". Pfarrer Karl Themel und die Kirchenbuchstelle Alt-Berlin, in: ders. (Hg.), Kirchliche Amtshilfe. Die Kirche und die Judenverfolgung im „Dritten Reich", Göttingen 2008a, S. 83–100

Gailus, Manfred (Hg.): Kirchliche Amtshilfe. Die Kirche und die Judenverfolgung im „Dritten Reich", Göttingen 2008b

Gailus, Manfred: „Sippen-Mayer". Eine biographische Skizze über den Historiker und Leiter der Reichsstelle für Sippenforschung Dr. Kurt Mayer (1903–1945), in: ders. (Hg.), Kirchliche Amtshilfe. Die Kirche und die Judenverfolgung im „Dritten Reich", Göttingen 2008c, S. 83–100

Gailus, Manfred/Krogel, Wolfgang (Hg.): Von der babylonischen Gefangenschaft der Kirche im Nationalen. Regionalstudien zu Protestantismus, Nationalsozialismus und Nachkriegsgeschichte 1930 bis 2000, 2006

Gailus, Manfred/Siemens, Daniel: „Hass und Begeisterung bilden Spalier". Die politische Autobiografie von Horst Wessel, Berlin-Brandenburg 2011

Gastaldi, Nadine: Petite histoire des jardins de curé, in: Michel Tournier/Georges Herscher (Hg.), Jardins de curé, Arles 1995, S. 29-46

Geppert, Stefan (Hg.): Johann Peter Hasenclever (1810–1853). Ein Malerleben zwischen Biedermeier und Revolution. Ausstellung im Bergischen Museum Schloß Burg Solingen, Mainz 2003

Gerkens, Gerhard/Zimmermann, Horst: Gotthardt Kuehl 1850–1915, Leipzig 1993

Gestrich, Andreas: Erziehung im Pfarrhaus. Die sozialgeschichtlichen Grundlagen, in: Martin Greiffenhagen (Hg.), Das evangelische Pfarrhaus. Eine Kultur- und Sozialgeschichte, Stuttgart 1984, S. 63-82

Gilbert, Alan D.: Religion and Society in Industrial England. Church, Chapel and Social Change 1740–1914, London 1976

Goch, Klaus: Nietzsches Vater oer die Katastrophe des deutschen Protestantismus, Berlin 2000

Goes, André van der (Hg.): Tulpomanie. Die Tulpe in der Kunst des 16. und 17. Jahrhunderts. Katalog zur Ausstellung des Kunstgewerbemuseums Dresden, Zwolle 2004

Goffman, Erving: Wir spielen alle Theater. Die Selbstdarstellung im Alltag, München [7]2009

Gollwitzer, Helmut: Skizzen eines Lebens. Aus verstreuten Selbstzeugnissen gefunden und verbunden von Friedrich-Wilhelm Marquardt, Wolfgang Brinkel und Manfred Weber, Gütersloh 1998

Goritschnig, Ingrid/Stephan, Erik: Johann Caspar Lavater. Die Signatur der Seele. Physiognomische Studienblätter aus der Österreichischen Nationalbibliothek Wien, Gera 2001

Gottesdienst-Institut der Evangelisch-Lutherischen Kirche in Bayern (Hg.): Evangelisch betucht. Katalog zur Ausstellung mit Gottesdienstgewändern und Amtstracht, Nürnberg 2007

Götz von Olenhusen, Irmtraud: Klerus und abweichendes Verhalten. Zur Sozialgeschichte katholischer Priester im 19. Jahrhundert. Die Erzdiözese Freiburg, Göttingen 1994

Greiffenhagen, Martin (Hg.): Das evangelische Pfarrhaus, Stuttgart 1984

Greschat, Martin: Der Protestantismus in der Bundesrepublik Deutschland (1945-2005), Leipzig 2010

Griesinger, Carl Theodor: Schwäbische Arche Noah. Eine heitere Charakterkunde, hg. von Martin Blümcke, Stuttgart[2] 1979 (ursprünglich: Carl Theodor Griesinger, Silhouetten aus Schwaben, Heilbronn 1838)

Großbölting, Thomas: Der verlorene Himmel. Glaube in Deutschland seit 1945, Göttingen 2013

Gugerli, David: Zwischen Pfrund und Predigt. Die protestantische Pfarrfamilie auf der Zürcher Landschaft im ausgehenden 18. Jahrhundert, Zürich 1988

Guhrauer, G. E.: Leben und Verdienste Caspar Neumanns. Nebst seinem ungedruckten Briefwechsel mit Leibniz, in: Schlesische Provinzialblätter N.F. 2 (1863), S. 7–17, S. 141–151, S. 202-210, S. 263-272

Gutekunst, Eberhard (Hg.): Herd und Himmel. Frauen im evangelischen Württemberg. Katalog zu Ausstellung im Landeskirchlichen Museum Ludwigsburg, Ludwigsburg 1997

Haig, Alan: The Victorian Clergy, London 1984

Hamburger, Joseph (Hg.): Münzen- und Medaillen-Sammlung des Herrn Dr. Antoine-Feill, Hamburg, Bd. 2. Frankfurt a. M. 1908

Hansen, Dorothee (Hg.): Fritz von Uhde: Vom Realismus zum Impressionismus, Ostfildern 1998

Harma Pyros. Mitteilungen der Pfarrer-Kraftfahrer-Vereinigung, Greiz/Allstedt 1 (1926)-16 (1941)

Härter, Ilse: „Zuerst kamen die Brüder…!", in: Karl-Adolf Bauer (Hg.), Predigtamt ohne Pfarramt? Die „Illegalen" im Kirchenkampf, Neukirchen-Vluyn 1993

Hasselhorn, Martin: Der altwürttembergische Pfarrstand im 18. Jahrhundert, Stuttgart 1958

Heck, Kilian/Jahn, Bernhard: Genealogie in Mittelalter und Früher Neuzeit. Leistungen und Aporien einer Denkform, in: dies.(Hg.), Genealogie als Denkform in Mittelalter und Früher Neuzeit, Tübingen 2000, S. 1–9

Heeney, Brian: A Different Kind of Gentleman. Parish Clergy as Professional Men in Early and Mid-Victorian England, Hamden, Conn. 1976

Heller, Paul: Thüringer Pfarrerbuch, Bd. 4: Die reußischen Herrschaften, hg. von der Gesellschaft für Thüringische Kirchengeschichte, Leipzig 2004

Hennings, Verena: Leben im Pfarrhaus. Eine sozialwissenschaftliche Untersuchung aus der Oldenburgischen Kirche, Oldenburg 2011

Herbrecht, Dagmar: Der „weibliche Talar" – Stationen auf dem langen Weg vom „Amt eigener Art" zur vollen Gleichberechtigung von Frauen und Männern im pfarramtlichen Dienst, in: MEKR 55 (2006), S. 159–178

Herms, Eilert: Zwei-Reiche-Lehre, in: RGG4 Bd. 8, Tübingen 2005, 1936–1941

Hertrampf, Hans-Dieter: Dreißig Jahre Pfarrer in der DDR. Eine DDR-Geschichte, Schkeuditz 1995

Hirzel, Stephan: Verwandelte Nachfolge, in: Siegbert Stehmann (Hg.), Der Pfarrerspiegel, Berlin 1940, S. 47-62

Historikerlexikon. Von der Antike bis zum 20. Jahrhundert, hg. v. Rüdiger vom Bruch u. Rainer A. Müller, München 1991

Historisches Museum Basel. Führer durch die Sammlungen, London 1994

Historisches Museum Basel (Hg.): Jahresbericht 2003. Basel 2003

Historisches Museum Basel (Hg.): Jahresbericht 2011, Basel 2011

Hoffmann, Albert: Lebenserinnerungen eines Rheinischen Missionars, Bd. 1: Auf dem Missionsfeld in Neu-Guinea, Wuppertal-Barmen 1948

Hofmann, Karl Gottlieb (Hg.): Pantheon der Deutschen, 1. Theil, Chemnitz 1794

Hossenfelder, Joachim: Unser Kampf, Berlin 1933

Hyltze, Anna: Hjortbergstavlan. Kring ett familjeporträtt i Släps kyrka. Examensarbeit, Institut für Kunstgeschichte, Universität Göteborg 1995

Janz, Oliver: Von der Pfründe zum Pfarrgehalt. Zur Entwicklung der Pfarrerbesoldung im späten 19. und frühen 20. Jahrhundert, in: Wolfgang Lienemann (Hg.), Die Finanzen der Kirche. Studien zu Struktur, Geschichte und Legitimation kirchlicher Ökonomie, München 1989, S. 682-711

Janz, Oliver: Bürger besonderer Art. Evangelische Pfarrer in Preußen 1850–1914, Berlin 1994

Janz, Oliver: Protestantische Pfarrer vom 18. bis zum frühen 20. Jahrhundert. Deutschland und England im Vergleich, in: Comparativ 8 (1998), S. 83–111

Karnick, Hannes/Richter, Wolfgang (Hg.) im Auftrag der evangelischen Kirche in Hessen und Nassau: Protestant: das Jahrhundert des Pastors Martin Niemöller, Frankfurt a. M. 1992

Kaufmann, Thomas: Pfarrfrau und Publizistin – Das reformatorische „Amt" der Katharina Zell, in: Zeitschrift für historische Forschung 23 (1996), S. 169–218

Kleßmann, Christoph: Zur Sozialgeschichte des protestantischen Milieus in der DDR, in: Geschichte und Gesellschaft 19 (1993), S. 29–53

Kleßmann, Christoph: Evangelische Pfarrer im Sozialismus – soziale Stellung und politische Bedeutung in der DDR, in: Luise Schorn-Schütte / Walter Sparn (Hg.), Evangelische Pfarrer. Zur sozialen und politischen Rolle einer bürgerlichen Gruppe in der deutschen Gesellschaft des 18. bis 20. Jahrhunderts, Stuttgart u. a. 1997, S. 185–198

Kleßmann, Christoph u. a. (Hg.): Deutsche Vergangenheiten – eine gemeinsame Herausforderung. Der schwierige Umgang mit der doppelten Nachkriegsgeschichte, Berlin 1999

Klepper, Jochen: Das evangelische Pfarrhaus und die deutsche Nation, in: Siegbert Stehmann (Hg.), Der Pfarrerspiegel, Berlin-Steglitz 1940, S. 163–195

Klotz, Leopold (Hg.): Die Kirche und das dritte Reich. Fragen und Forderungen deutscher Theologen, 2 Bde., Gotha 1932

Koenen, Gerd: Vesper, Ensslin, Baader. Urszenen des deutschen Terrorismus, Frankfurt a. M. ⁴2011

Koepplin, Dieter/Falk, Tilman: Lukas Cranach. Gemälde, Zeichnungen, Druckgraphik, Bd. 2, Basel und Stuttgart 1976

Köhle-Hezinger, Christel: Abendmahl als Gesetz. Beiträge aus der Volkskunde, in: Manfred Josuttis/Gerhard M. Martin, Das heilige Essen. Kulturwissenschaftliche Beiträge zum Verständnis des Abendmahls, Stuttgart/Berlin 1980, S. 69–81

Köhle-Hezinger, Christel: Pfarrvolk und Pfarrersleut, in: Martin Greiffenhagen (Hg.), Das evangelische Pfarrhaus. Eine Kultur- und Sozialgeschichte, Stuttgart 1984, S. 247–276

Köhle-Hezinger, Christel/Michel, Stefan (Hg.): Vom Glauben der Leute. Hermann Gebhardt, ein Thüringer Dorfpfarrer im 19. Jahrhundert, Weimar 2004

Kootte, Tanja/Schriemer, Inge: Vrouwen voor het voetlicht. Zusters, martelaressen, poetsengelen & dominees, Zwolle/Utrecht 2012

Koschorke, Albrecht: Die Heilige Familie und ihre Folgen, Frankfurt a. M.² 2000

Kratzenstein, Wilhelm: Eduard Kratzenstein. Ein Lebensbild für seine Freunde. Als Manuskript gedruckt, Burg b. M., o. J. (1897)

Kreuz und quer. 100 Dinge aus dem kirchlichen Leben der letzten 100 Jahre (Ausstellung im Landeskirchlichen Museum Ludwigsburg), 2003

Krusche, Hans-Martin: Pfarrer in der DDR. Gespräche über Kirche und Politik, Berlin 2002

Krünitz, Johann Georg: Der Land-Pfarrer. Nach seinen verschiedenen Verhältnissen, Vorrechten oder Immunitäten und Pflichten, als Gelehrter, Seelsorger, Glied des allgemeinen Statskörpers, Landwirth und Hausvater, Berlin 1794

Kuhn, Thomas K.: Praktische Religion. Der vernünftige Dorfpfarrer als Volksaufklärer, in: Holger Böning/Hanno Schmitt/Reinhart Siegert (Hg.), Volksaufklärung. Eine praktische Reformbewegung des 18. und 19. Jahrhunderts, Bremen 2007, S. 89–108

Kulturstiftung Dessau Wörlitz/Staatliches Museum Schwerin (Hg.): Christoph Friedrich Reinhold Lisiewsky (1725–1794). Katalog zur Ausstellung, Berlin u.a. 2010

Kunstmuseum Düsseldorf/Galerie Paffrath Düsseldorf (Hg.): Lexikon der Düsseldorfer Malerschule 1819–1918. 3 Bde., München 1997–1998

Kurkiala-Rolfs, Elisabeth: Das Reich der Hundert. Bilder aus einem finnischen Dorf, Leipzig 1943

Labouvie, Eva: Geistliche Konkubinate auf dem Land. Zum Wandel von Ökonomie, Spiritualität und religiöser Vermittlung, in: Geschichte und Gesellschaft 26 (2000), S. 105–127

Landesmuseum Württemberg (Hg.): Legendäre Meisterwerke. Kulturgeschichte(n) aus Württemberg, Stuttgart 2012

Lang, Peter Thaddäus: Die Erforschung der frühneuzeitlichen Kirchenvisitation. Neuere Veröffentlichungen in Deutschland, in: Rottenburger Jahrbuch für Kirchengeschichte 1997, S. 185–194

Laube, Stefan: Konfessionelle Brüche in der nationalen Heldengalerie – Protestantische, katholische und jüdische Erinnerungsgemeinschaften im deutschen Kaiserreich (1871–1918), in: Heinz-Gerhard Haupt/Dieter Langewiesche (Hg.), Nation und Religion in der deutschen Geschichte, Frankfurt a. M. 2001, S. 293-332

Legner, Anton: Der Gute Hirte, Düsseldorf 1959

Lexikon für kirchliches Kunstgut, Regensburg 2012

Linde, Carl: Aus meinem Leben und von meiner Arbeit. Aufzeichnungen für meine Kinder und meine Mitarbeiter, München o.J. (1916)

Linke, Dietmar: Niemand kann zwei Herren dienen. Als Pfarrer in der DDR, Hamburg 1988

LKA Stuttgart, Christian Sigel: Das Evangelische Württemberg, Hauptteil 2 Generalmagisterbuch, S. 166

Löhe, Wilhelm: Der evangelische Geistliche, dem nun folgenden Geschlechte evangelischer Geistlichen dargebracht, Bd. 1, Stuttgart 1852

Löwe, Friedrich Anton: Denkwürdigkeiten aus dem Leben und Wirken des Johann Wilhelm Rautenberg, Hamburg 1866

Luther, Martin: An den christlichen Adel deutscher Nation, hg. v. Ernst Kähler, Stuttgart 1996

Mai, Hartmut: Der evangelische Kanzelaltar. Geschichte und Bedeutung, Halle 1969

Martini, Fritz: Pfarrer und Pfarrhaus. Eine nicht nur literarische Reihe und Geschichte, in: Martin Greiffenhagen (Hg.), Das evangelische Pfarrhaus. Eine Kultur- und Sozialgeschichte, Stuttgart 1984, S. 128–148

Mau, Rudolf: Der Protestantismus im Osten Deutschlands (1945–1990), Leipzig 2005

McClatchey, Diana: Oxfordshire Clergy, 1777–1869. A Study of the Established Church and of the Role of its Clergy in Local Society, Oxford 1960

Meckel, Markus/Gutzeit, Martin: Opposition in der DDR. Zehn Jahre Friedensarbeit – kommentierte Quellentexte, Köln 1994

Meyer, Philipp (Hg.): Die Pastoren der Landeskirchen Hannovers und Schaumburg-Lippes seit der Reformation, 3 Bde,. Göttingen 1941–1953

Minder, Robert: Das Bild des Pfarrhauses in der deutschen Literatur von Jean Paul bis Gottfried Benn, Mainz 1959

Mittler, Elmar: Johann Heinrich Voss 1751–1826: Idylle, Polemik und Wohllaut, Göttingen 2001

Moeller, Bernd: Der Pfarrer als Bürger, Göttingen 1972

Mörike, Eduard: Werke und Briefe. Historisch-kritische Gesamtausgabe, Bd. 10: Briefe 1811–1828, hg. v. Bernhard Zeller u. Anneliese Hofmann, Stuttgart 1982

Museum für Sepulkralkultur/Arbeitsgemeinschaft Friedhof und Denkmal e.V. Kassel (Hg.): Game-over. Spiele, Tod und Jenseits. Katalog zur Ausstellung, Kassel 2002

Museum Giersch (Hg.): Ferdinand Brütt 1849–1936. Erzählung und Impression, Frankfurt a. M. 2007

Mückler, Hermann: Mission in Ozeanien, Wien 2010

Müller, Friedrich/Piloty, Robert: Ferdinand von Steinbeis. Sein Leben und Wirken 1807–1893. Eine Gedenkschrift, Tübingen 1907

Müller, Jan-Werner: Das demokratische Zeitalter. Eine politische Ideengeschichte Europas im 20. Jahrhundert, Berlin 2013

Nagy, Sigrid: Es wuchs ein Baum im Paradies. Wie Luther im 19. Jahrhundert zum Weihnachtsbaum kam, Weimar 2003

Naumann Friedrich: Das Blaue Buch von Vaterland und Freiheit. Auszüge aus seinen Werken, Königstein i. T. und Leipzig 1913

Nekes, Werner/Dewitz, Bodo von: Ich sehe was, was du nicht siehst! Sehmaschinen und Bilderwelten, Göttingen 2002

Nieden, Marcel: Die Erfindung des Theologen. Wittenberger Anweisungen zum Theologiestudium im Zeitalter von Reformation und Konfessionalisierung, Tübingen 2006

Nordberg, A.: De gamla husförhören och deras betydelse [Die alten Hausverhöre und ihre Bedeutung], in: Från bygd och vildmark 25 (1938), S. 74-94

Nowak, Kurt: Politische Pastoren. Der evangelische Geistliche als Sonderfall des Staatsbürgers (1862–1932), in: Luise Schorn-Schütte/Walter Sparn (Hg.), Evangelische Pfarrer. Zur sozialen und politischen Rolle einer bürgerlichen Gruppe in der deutschen Gesellschaft des 18. bis 20. Jahrhunderts, Stuttgart u. a. 1997, S. 148–168

Oelke, Harry: Die Konfessionsbildung des 16. Jahrhunderts im Spiegel illustrierter Flugblätter, Berlin u.a. 1992

Parzich, Gesine: Georg Friedrich Blaul, ein Pfarrer und Poet der Pfalz. Sein Nachlaß im Zentralarchiv der Evangelischen Kirche der Pfalz, in: Blätter für pfälzische Kirchengeschichte 65 (1998), S. 169–176

Pazaurek, Gustav E.: Die Scherenkünstlerin Luise Duttenhofer (1776–1829), Stuttgart 1924

Pfisterer, M. Daniel: Barockes Welttheater. Geschrieben und gemalt von Daniel Pfisterer, Pfarrer zu Köngen, begonnen im Jahre 1716, hg. v. Württembergischen Landesmuseum Stuttgart und dem Geschichts- und Kulturverein Köngen e.V., 2 Bde., Stuttgart 1996

Pflug, Johann Baptist: Aus der Räuber- und Franzosenzeit Schwabens. Die Erinnerungen des schwäbischen Malers aus den Jahren 1780–1840, hg. v. Max Zengerle, Weissenhorn ³1975

Philipp Matthäus Hahn 1739–1790, Bd. 1 und 2 (Katalog und Essayband zur Ausstellung in Stuttgart, Ostfildern, Albstadt, Kornwestheim, Leinfelden-Echterdingen), Stuttgart 1989

Philippovich, Eugen von: Kuriositäten, Antiquitäten, Braunschweig 1966

Pieske, Christa: Das ABC des Luxuspapiers. Herstellung, Verarbeitung und Gebrauch 1860–1930, Berlin 1984

Plessner, Helmuth: Die verspätete Nation. Über die politische Verführbarkeit bürgerlichen Geistes, Stuttgart 1959

Pollack, Detlef: Religion und gesellschaftlicher Wandel. Zur Rolle der evangelischen Kirche im Prozess des gesellschaftlichen Umbruchs in der DDR, in: Hans Joas / Michael Kohli (Hg.): Der Zusammenbruch der DDR. Soziologische Analysen, Frankfurt a. M. 1993, S. 246-266

Pollack, Detlef: Kirche in der Organisationsgesellschaft. Zum Wandel der gesellschaftlichen Lage der evangelischen Kirchen in der DDR, Stuttgart u. a. 1994

Priwitzer, Martin: Ernst Kretschmer und das Wahnproblem, Stuttgart 2007

Ramming, Jochen: Die uniformierte Gesellschaft. Zur Rolle vereinheitlichender Bekleidungsweisen am Beginn des 19. Jahrhunderts, Würzburg 2009

Rendtorff, Trutz: Demokratieunfähigkeit des Protestantismus? Über die Renaissance eines alten Problems, in: Zeitschrift für evangelische Ethik 27 (1983), H. 3, S. 253-256

Ribbert, Margret (Hg.): In der Fremde. Mobilität und Migration seit der Frühen Neuzeit. Ausstellung im Historischen Museum Basel, Basel 2010

Roloff, Eckart: Göttliche Geistesblitze. Pfarrer und Priester als Erfinder und Entdecker, Weinheim 2010

Roper, Lyndal: Das fromme Haus. Frauen und Moral der Reformation, Frankfurt a. M./New York 1999

Rosenau, Hilde: So baut Hamburg Pfarrhäuser, in: Die Pfarrfrau. Vierteljahreshefte 7 (1966)

Rössler, Johannes: Das Notizbuch als Werkzeug des Kunsthistorikers. Schrift und Zeichnung in den Forschungen von Wilhelm Bode und Carl Justi, in: Hoffmann, Christoph (Hg.), Daten sichern. Schreiben und Zeichnen als Verfahren der Aufzeichnung, Zürich/Berlin 2008, S. 73-102

Rühle, A.H.: David Samuel Roller: Lebensbild eines sächsischen Pfarrers aus der ersten Hälfte dieses Jahrhunderts, Leipzig 1878

Russell, Anthony J.: The Clerical Profession, London 1980

Sachse, Hannelore: Esther von Kirchbach (1894–1946), „Mutter einer ganzen Landeskirche". Eine sächsische Pfarrfrau in der ersten Hälfte des 20. Jahrhunderts, Diss. Oldenburg 2009

Sartorius, Otto: Martin Luthers Blut in den Nachkommen des Pastors Moritz Schede (1804–1886), in: Familiengeschichtliche Blätter. Monatsschrift für die gesamte deutsche Genealogie 23 (1925), 4. Sp. 103–108

Sartorius, Otto: Die Nachkommenschaft D. Martin Luthers in vier Jahrhunderten, [o.O.] 1926

Sauer, Paul: Affalterbach 972–1972. Weg und Schicksal einer Gemeinde in tausend Jahren, Affalterbach 1972

Schlyter, Herman: Kyrkstöten, en funktionär i kyrkotuktens tjänst, in: Rig. kulturhistorisk tidskrift 69 (1986) 2, S. 33-47

Scharffenorth, Gerta: „Im Geiste Freunde werden". Mann und Frau im Glauben Martin Luthers, in: Heide Wunder und Christina Vanja (Hg.), Wandel der Geschlechterbeziehungen zu Beginn der Neuzeit, Frankfurt a. M. 1991, S. 97–108

Schatz-Hurschmann, Renate: Kleider machen Pfarrerinnen. Die Talarfrage als kirchenhistorisches Lehrstück über Geschlecht und Macht, in: Querdenken. Beiträge zur feministisch-befreiungstheologischen Diskussion, hg. v. Frauenforschungsprojekt zur Geschichte der Theologinnen Göttingen, Pfaffenweiler 1992, S. 290-309

Schäffer, Jacob Christian: Die bequeme und der Wirthschaft in allen Rücksichten höchstvortheilhafte Waschmaschine [...], Regensburg 1766

Schieb, Barbara: Drei mutige Frauen aus dem Pfarrhaus: Agnes Wendland mit ihren Töchtern Ruth und Angelika, in: Manfred Gailus/Clemens Vollnhals (Hg.), Mit Herz und Verstand. Protestantische Frauen im Widerstand gegen die NS-Rassenpolitik, Göttingen 2013

Schiller, Gertrud: Ikonographie der christlichen Kunst, Bd. 1, Gütersloh2 1969

Schilling Johannes (Hg.): Glauben. Nordelbiens Schätze 800-2000. Katalog zur Ausstellung im Rantzanbau des Kieler Schlosses, Neumünster 2000

Schlemmer, Wilhelm: Lebensraum zwischen Barrikaden. Alltagsszenen aus einem Pfarrhaus in der DDR, Berlin² 2009

Schlingensiepen, Ferdinand: Dietrich Bonhoeffer 1906–1945. Eine Biographie, München ³2006.

Schmidt, Sebastian: Glaube – Herrschaft – Disziplin. Konfessionalisierung und Alltagskultur in Ämtern Siegen und Dillenberg (1538–1683), Paderborn 2005

Scholder, Klaus: Die Kirchen und das Dritte Reich, Bd. 1: Vorgeschichte und Zeit der Illusionen 1918–1934, Frankfurt a. M. u.a. 1977

Schorn-Schütte, Luise: Die Geistlichen vor der Revolution. Zur Sozialgeschichte der evangelischen Pfarrer und des katholischen Klerus am Ende des Alten Reiches, in: Helmut Berding u. a. (Hg.), Deutschland und Frankreich im Zeitalter der Französischen Revolution, Frankfurt a. M. 1989, S. 216-244

Schorn-Schütte, Luise: „Gefährtin" und „Mitregentin". Zur Sozialgeschichte der evangelischen Pfarrfrau in der Frühen Neuzeit, in: Heide Wunder/Christina Vanja (Hg.), Wandel der Geschlechterbeziehungen zu Beginn der Neuzeit, Frankfurt a. M. 1991, S. 109–154

Schorn-Schütte, Luise: Evangelische Geistlichkeit in der Frühneuzeit. Deren Anteil an der Entfaltung frühmoderner Staatlichkeit und Gesellschaft. Dargestellt am Beispiel des Fürstentums Braunschweig-Wolfenbüttel, der Landgrafschaft Hessen-Kassel und der Stadt Braunschweig, Gütersloh 1996

Schorn-Schütte, Luise (Hg.): Gelehrte Geistlichkeit – geistliche Gelehrte. Beiträge zur Geschichte des Bürgertums in der Frühneuzeit, Berlin 2012

Schöberle-Koenigs, Gerhard: Und sie waren täglich einmütig beieinander. Der Weg der Bekennenden Gemeinde Berlin/Dahlem 1937–1943 mit Helmut Gollwitzer, Gütersloh 1998

Schroeder-Lembke, Gertrud: Protestantische Pastoren als Landwirtschaftsreformer, in: Zeitschrift für Agrargeschichte und Agrarsoziologie 27 (1979), S. 94–104

Schuler, Alfred: Die Schussenquelle. Eine Freilandstation des Magdalénien in Oberschwaben, Stuttgart 1994

Schwab, Gustav: Die schönsten Sagen des klassischen Altertums, Bd. 2, Leipzig 1965 (mit Nachwort von Manfred Lemmer)

Seebaß, Georg/Freist, Friedrich-Wilhelm (Hg.): Die Pastoren der Braunschweigischen evangelisch-Lutherischen Landeskirche seit Einführung der Reformation, 3 Bde., Wolfenbüttel 1969–1980

Seidensticker, Tilman: Arabische Manuskriptkultur, in: Jörg B. Quenzer (Hg.), Manuskriptkulturen, Hamburg 2011, S. 78-92

Simon, Matthias: Vom Priesterrock zum Talar und Amtsrock in Bayern, in: Zeitschrift für Bayerische Kirchengeschichte 34 (1965), S. 19-61

Sitt, Martina: Die deutschen, englischen, französischen, italienischen und spanischen Gemälde 1350–1800. Hamburg 2007 (= Die Sammlungen der Hamburger Kunsthalle, 1)

Slenczka, Ruth: Predigerbild und Herrschaftsanspruch. Städtische Konfessionskultur im calvinistischen Emden, in: Irene Dingel (Hg.), Calvin und Calvinismus. Europäische Perspektiven, Göttingen 2011, S. 463-505

Soiné, Knut: Johann Peter Hasenclever. Ein Maler im Vormärz, Neustadt/Aisch 1990

Solstrand, Väinö: Finlands Svenska Folkdiktning, Vol. III: Ordstäv, Helsingfors 1923.

Spener, Philipp Jacob: Theologische Bedenken/ Und andere Briffliche Antworten auff geistliche/ sonderlich zur erbauung gerichtete materien [...]. Theil 1-5. Halle 1700–1711

Spohn, Thomas (Hg.): Pfarrhäuser in Nordwestdeutschland, Münster u. a. 2000

Steck, Wolfgang: Im Glashaus. Die Pfarrfamilie als Sinnbild christlichen und bürgerlichen Lebens, in: Greiffenhagen (Hg.), Das evangelische Pfarrhaus, Stuttgart 1984, S. 109–124

Stephan, Bärbel (Hg.): Ernst Rietschel (1804–1861). Zum 200. Geburtstag des Bildhauers. Ausstellung in der Skulpturensammlung der Staatlichen Kunstsammlungen Dresden, München 2004

Stiftung Weimarer Klassik (Hg.): Werkzeuge des Pegasus. Historische Schreibzeuge im Goethe-Nationalmuseum. Katalog zur Ausstellung. der Stiftung Weimarer Klassik, Weimar 2002

Stork, Hans-Walter: Die orientalischen Handschriften der Staats- und Universitätsbibliothek Hamburg, in: Jörg B. Quenzer (Hg.), Manuskriptkulturen, Hamburg 2011, S. 8–15

Stumpf, Johann Georg: Grundsätze der deutschen Landwirthschaft für Prediger und Schullehrer auf dem Lande, Jena 1790

Stüber, Gabriele / Kuhn, Andreas: Lutherbilder in fünf Jahrhunderten, in: Blätter für pfälzische Kirchengeschichte 69 (2002), S. 293-304

Themel, Karl: Grundlagen der Presbyterologie [mit Bibliographie der Pfarrerbücher], in: Herold-Jahrbuch 3 (1974), S. 74–119

Theodor Schüz 1830–1900 (Katalog der Ausstellung im Stadtmuseum Tübingen), Albstadt 2000

Thiersch, Heinrich Wilhelm Josias: Christian Heinrich Zeller's Leben, Basel 1876

Towler , Robert / Coxon, Anthony P. M.: The Fate of the Anglican Clergy. A Sociological Study, London 1979

Trepp, Anne-Charlott: Zwischen Inspiration und Isolation. Naturerkundungen als Frömmigkeitspraxis in der ersten Hälfte des 18. Jahrhunderts, in: zeitenblicke 5 (2006) 1. http://www.zeitenblicke.de/2006/1/Trepp/index_html

Trollope, Anthony: Clergymen of the Church of England, Nachdr. der Originalausgabe von 1866, London o. J.

Vincent, Ernst (Hg.): G. C. Lichtenberg. Tag und Dämmerung. Aphorismen, Schriften, Briefe, Tagebücher, Leipzig[3] 1941

Volz, Hans: Die Lutherpredigten des Johannes Mathesius. Kritische Untersuchungen zur Geschichtsschreibung im Zeitalter der Reformation, Leipzig 1930

Walther, Gerrit / Graf, Klaus: Art. Genealogie, in: Enzyklopädie der Neuzeit, Bd. 4, Stuttgart u.a. 2006, Sp. 426-432

Ward, William R.: The Tithe Question in England in the Early Nineteenth Century, in: Journal of Ecclesiastical History 1965, S. 69ff.

Ward, William R.: Religion and Society, 1790–1850, London 1972

Warnke, Götz: Pfarrer als weltliche "Volkslehrer". Motive und praktische Projekte, in: Holger Böning/ Hanno Schmitt / Reinhart Siegert (Hg.), Volksaufklärung. Eine praktische Reformbewegung des 18. und 19. Jahrhunderts, Bremen 2007, S. 73-88

Warnke, Martin: Zur Situation der Couchecke, in: Jürgen Habermas (Hg.) Stichworte zur „Geistigen Situation der Zeit", Bd. 2: Politik und Kultur, Frankfurt a. M. 1979, S. 673-687

Weber-Kellermann, Ingeborg: Das Weihnachtsfest. Eine Kultur- und Sozialgeschichte der Weihnachtszeit, Luzern 1978

Wehler, Hans Ulrich: Deutsche Gesellschaftsgeschichte, Bd. 3, München 1995

Weiling, Christoph: Die „Christlich-deutsche Bewegung". Eine Studie zum konservativen Protestantismus in der Weimarer Republik, Göttingen 1998

Weirich, Hans-Armin: Denken ins Offene. Aphoristisches Tagebuch, Mainz 1992

Werdermann, Hermann: Der evangelische Pfarrer in Geschichte und Gegenwart, Leipzig 1925

Wieckowski, Alexander: Evangelische Beichtstühle in Sachsen, Beucha 2005

Wildermuth, Ottilie: Bilder und Geschichten aus Schwaben, Bd. 1, Stuttgart[3] 1857

Wilhelm, Georg: Die Diktaturen und die evangelische Kirche. Totaler Machtanspruch und kirchliche Antwort am Beispiel Leipzigs 1933–1958, Göttingen 2004

Winkler, Eberhard: Pfarrer II. Evangelisch, in: Theologische Realenzyklopädie 26, 1996a, S. 360-374

Winkler, Eberhard: Pfarrhaus, in: Theologische Realenzyklopädie 26, 1996b, S. 374-379

Zedler, Johann Heinrich, Grosses vollständiges Universal Lexicon Aller Wissenschafften und Künste, Bd. 10, Halle/Leipzig 1735

Zeller, Reimar: Prediger des Evangeliums. Erben der Reformation im Spiegel der Kunst,  Regensburg 1998

Zimmermann, Wolf-Dieter: Gerechtigkeit für die Väter. Einsichten und Erfahrungen, Berlin 1983

Zwischen Kanzel & Kehr-Woche. Glauben und Leben im evangelischen Württemberg, Landeskirchliches Museum  Ludwigsburg 1994 (Katalogband)

Zwischen Kanzel & Kehr-Woche. Glauben und Leben im evangelischen Württemberg, Landeskirchliches Museum  Ludwigsburg 1994 (Textband)

## ARCHIVQUELLEN

Archiv der Mission EineWelt Neuendettelsau (abgek. AMEW):
Personalakte Panzer
Personalakte Christian Keyßer
Akten Missions- und Diasporaseminar

Ev. Kirchengemeinde St. Sylvester Quakenbrück:
Sterberegister 1667-1820

# PERSONENREGISTER

# LEIHGEBER UND DANK

Wir danken den folgenden Institutionen und Personen, die mit großzügigen Leihgaben die Ausstellung ermöglicht haben

## DÄNEMARK

**Aarhus**
ARoS Aarhus Kunstmuseum

**Kopenhagen**
Statens Museum for Kunst

## DEUTSCHLAND

**Altenau**
Paul Böckelmann

**Backnang**
Pfarrer i.R. Friedrich Gehring

**Badbergen**
Ev. Kirchengemeinde Badbergen

**Berlin**
Aktives Museum e.V.
Archiv des Berliner Missionswerkes
Berliner Missionswerk der Ev. Kirche Berlin-Brandenburg-schlesische Oberlausitz
b p k Bildagentur für Kunst, Kultur und Geschichte
Bundesstiftung zur Aufarbeitung der SED-Diktatur
Claus Bernet
Evangelische Kirchengemeinden Alt-Lichtenberg und Am Fennpfuhl
Evangelische Kirchengemeinde in der Friedrichstadt
Evangelische Kirchengemeinde St. Petri – St. Marien
Evangelisches Landeskirchliches Archiv in Berlin (ELAB)
Evangelisches Zentralarchiv Berlin
Gedenkstätte Deutscher Widerstand
Katholische Kirchengemeinde Heilig Geist
Klaus Fuchs-Kittowski
Parochialkirche
Presse- und Informationsamt der Bundesregierung
Staatliche Museen zu Berlin, Nationalgalerie
Staatsbibliothek zu Berlin, Preußischer Kulturbesitz
Stiftung Stadtmuseum Berlin
ullstein bild

**Bielefeld**
Landeskirchliches Archiv der Evangelischen Kirche von Westfalen

**Bonn**
Archiv der sozialen Demokratie der Friedrich-Ebert-Stiftung
Universitäts- und Landesbibliothek Bonn

**Brandenburg/Havel**
Domstiftsarchiv Brandenburg

**Brannenburg**
Hans Steinbeis

**Breinum**
Ev.-luth. Trinitatis-Kirchengemeinde in Sehlem

**Breklum**
Evangelisch Lutherische Kirchengemeinde Breklum

**Bremerhaven**
Alfred-Wegener-Institut, Helmholtz-Zentrum für Polar- und Meeresforschung

**Clausthal-Zellerfeld**
Ev.-luth. St.-Salvatoris-Kirchengemeinde Zellerfeld

**Coburg**
HUK-Coburg

**Cuxhaven**
Ev.-luth. Kirchengemeinde St. Nicolai – Altenbruch

**Darmstadt**
ULB Universitäts- und Landesbibliothek

**Detmold**
Lippisches Landesmuseum
Privatsammlung Eggers

**Döbeln**
Ev.-luth. Kirchengemeinde

**Dortmund**
Institut für Zeitungsforschung

**Dresden**
Ev. Luth. Kirchgemeinde Weixdorf
Landeskirchenarchiv der Ev.-Luth. Landeskirche Sachsens
Museum für Sächsische Volkskunst, Staatliche Kunstsammlungen Dresden
Sächsisches Staatsarchiv – Hauptstaatsarchiv Dresden
SLUB Deutsche Fotothek
Staatliche Kunstsammlungen, Kupferstichkabinett
Staatliche Kunstsammlungen, Skulpturensammlung

**Dunum**
Ev.-luth. Kirchengemeinde in Dunum

**Düsseldorf**
Archiv der Evangelischen Kirche im Rheinland
Stiftung Museum Kunstpalast Düsseldorf

**Eisenach**
Landeskirchenarchiv Eisenach
Stiftung Lutherhaus Eisenach, Evangelisches Pfarrhausarchiv

**Erfurt**
Privatsammlung Nickel

**Flensburg**
Museumsberg Flensburg

**Frankfurt a. M.**
epd-bild
Sammlung H. Giersch

**Gelsenkirchen**
Evangelische Apostel-Kirchengemeinde

**Goch**
Museum für Kunst und Kulturgeschichte der Stadt Goch

**Göppingen**
Dr. Eckart von Kirchbach
Stadtarchiv Göppingen
Städtisches Naturkundliches Museum

**Gotha**
Gotha, Universitäts- und Forschungsbibliothek Erfurt/Gotha, Forschungsbibliothek Gotha
Stiftung Schloss Friedenstein Gotha – Aus den Sammlungen der Herzog von Sachsen-Coburg und Gotha'schen Stiftung für Kunst und Wissenschaft

**Gummersbach**
Friedrich-Naumann-Stiftung für die Freiheit, Archiv des Liberalismus

**Gütersloh**
Miele-Museum

**Halle**
Leopoldina Archiv
Stadtmuseum Halle/Saale
Stiftung Moritzburg Halle (Saale) Kunstmuseum des Landes Sachsen-Anhalt

**Hamburg**
Ev.-luth. Hauptkirche St. Jacobi
Ev.-Luth. Kirchenkreis Hamburg-West/Südholstein
Hamburger Kunsthalle
Staats- und Universitätsbibliothek Hamburg Carl von Ossietzky

**Hannover**
Landeskirchliches Archiv

**Jena**
Thüringer Universitäts- und Landesbibliothek

**Kiel**
Landeskirchliches Archiv Kiel

**Koblenz**
Bundesarchiv
Mittelrhein-Museum

**Kosel**
Ev.-Luth. Kirchengemeinde Kosel

**Kranenburg**
Museum Katharinenhof

**Leiferde**
Ev. Luth. Kirchengemeinde Leiferde

**Leipzig**
Stadtgeschichtliches Museum Leipzig

**Lemgo**
Familie Ewerbeck

**Löhne**
Archiv der Ev.-luth.-Kirchengemeinde Mennighüfen

**Lübeck**
Gesellschaft zur Beförderung gemeinnütziger Tätigkeit

**Ludwigsburg**
Ludwigsburg Museum

**Marbach**
Deutsche Schillergesellschaft, Deutsches Literaturarchiv Marbach

**Mölln**
Ev.-Luth. Kirchengemeinde

**München**
Bayerische Staatsgemäldesammlungen – Neue Pinakothek
SZ Photo

**Neuendettelsau**
Archiv Mission EineWelt

**Neuenstein**
Hohenlohe-Zentralarchiv Neuenstein

**Norderney**
Ev.-luth. Kirchengemeinde in Norderney

**Nürnberg**
Germanisches Nationalmuseum
Landeskirchliches Archiv der Evangelisch-Lutherischen Kirche in Bayern
Spielzeugmuseum Nürnberg

**Otterndorf**
Ev.-luth. St. Severi-Kirchengemeinde in Otterndorf

**Pirna**
Frank Papperitz

**Pullach**
Linde AG

**Saxdorf**
Privatsammlung Bethke/Pfarrer i.R. Zahn

**Schleswig**
Stiftung Schleswig-Holsteinische Landesmuseen
Schloss Gottorf

**Schwerin**
Freilichtmuseum Schwerin-Mueß

**Speyer**
Zentralarchiv der Ev. Kirche der Pfalz

**Stralsund**
Kulturhistorisches Museum der Hansestadt

**Stuttgart**
Evangelische Kirchengemeinde Stuttgart-Heslach
Landeskirchliches Archiv
Landesmedienzentrum Baden-Württemberg
Landesmuseum Württemberg
Staatliches Museum für Naturkunde Stuttgart
Staatsgalerie Stuttgart
Württembergische Landesbibliothek

**Tübingen**
Reinhard Faul
Stadtmuseum Tübingen
Universitätsarchiv

**Ulm-Jungingen**
Ev. Kirchengemeinde Jungingen

**Weene**
Ev.-luth. Kirchengemeinde Weene

**Weimar**
Dr. Gabriele Plaul
Klassik Stiftung Weimar, Direktion Museen
Klassik Stiftung Weimar, Goethe- und Schiller-Archiv
Prof. Ulrike Rynkowski-Neuhof

**Wiesens**
St.-Johannes-der-Täufer-Kirche, Ev.-luth. Johannes-Kirchengemeinde Wiesens und Brockzetel

**Wolfenbüttel**
Ev.-luth. Landeskirche in Braunschweig, Landeskirchliches Archiv

**Wuppertal**
Stiftung Sammlung Volmer

**Wyk auf Föhr**
Ev.-Luth. Kirchengemeinde auf Föhr St. Nicolai

## FRANKREICH

**Besançon**
Musée des beaux-arts et d'archéologie

**Paris**
Musée d'Orsay

## GROSSBRITANNIEN

**Charlecote Park**
The Fairfax-Lucy Collection (The National Trust)

**Edinburgh**
Scottish National Gallery

**Glasgow**
Glasgow Museums

**Killerton**
Killerton House, Devon. Acland Family Collection
(The National Trust)

**London**
The British Library

**Manchester**
University of Manchester (The Tabley House Collection)

## NIEDERLANDE

**Gouda**
Evangelisch-Lutherse Gemeente

**Utrecht**
Museum Catharijneconvent

## NORWEGEN

**Oslo**
The National Museum of Art, Architecture and Design Oslo – The National Gallery
The Norwegian Museum of Cultural History, Norsk Folkemuseum

## RUMÄNIEN

**Sibiu**
Brukenthal National Museum

## SCHWEDEN

**Stockholm**
Nationalmuseum

**Vallda**
Swedish church in Vallda o Släp

## SCHWEIZ

**Basel**
Historisches Museum Basel

**Zürich**
Kunsthaus Zürich
Schweizerisches Institut für Kinder- und Jugendmedien SIKJM
Universitätsarchiv

Unser Dank gilt zudem allen Privatleihgebern, die nicht namentlich genannt werden wollen.

Für besonderen Rat, Hilfestellung und Unterstützung danken wir außerdem:

Claudia Achilles, Leipzig
Ruth Albrecht, Hamburg
Thorsten Albrecht, Hannover
Claus Bernet, Berlin
Sabine Blocher, Halle
Johannes Bohley, Berlin
Konstanze Borowski, Brandenburg/Havel
Burkhardt Breitsprecher, Eisenach
Cornelia Breitsprecher, Eisenach
Thomas Brune, Stuttgart
Uwe Czubatynski, Brandenburg/Havel
Maria Deiters, Berlin
Erik Dremel, Halle
Kathrin Entenmann, Esslingen
Cornelia Ewigleben, Stuttgart
Reinhard Faul, Tübingen
Susanne Feldmann, Halle/Berlin
Stefan Flesch, Düsseldorf
Ronald Friedmann, Berlin
Klaus Fuchs-Kittowski, Berlin
Christine Heuert, Halle
André Hoffmann, Dresden
Bertold Höcker, Berlin
Birgit Hoffmann, Wolfenbüttel
Hans Hütt, Berlin
Werner Jakobsmeier, München
Andrea Kittel, Stuttgart
Gerd Koenen, Frankfurt a. M.
Gesa Kuhn, Berlin
Steffi Kuthe, Högel
Doris Lorenz, Berlin
Wolgang Lück, Darmstadt
Inge Mager, Hamburg
Folker Metzger, Weimar
Irmgard Münsch, Stuttgart
Edeltraud u. Karl-Heinz Nickel, Gommern
Gabriele u. Sebastian Nickel, Erfurt
Hans Otte, Hannover
Frank Papperitz, Pirna
Gesine Parzich, Speyer
Barbara Katharina Pereira Cavalcante, Coburg
Johannes Rößler, Weimar
Ulrike Rynkowski-Neuhof, Weimar
Christian Salewski, Bremerhaven
Maja Schneider, Detmold
Kristin Schubert, Dresden
Christa Seidel, Löhne
Ruth Slenczka, Berlin
Curt Stauss, Halle/Wittenberg
Susann Ströher-Mittelstädt, Greiz
Gabriele Stüber, Speyer
Michael Wischnath, Tübingen
Rainer Y, Stuttgart
Monika Yaramanci, Clausthal-Zellerfeld
Karl-Heinz Zahn u. Hanspeter Bethke, Saxdorf

Ein besonderer Dank für die Mitwirkung am Konzept in einer frühen Phase und vielfältige Unterstützung geht an: Miriam Rieger (Gotha)

# IMPRESSUM

**Leben nach Luther. Eine Kulturgeschichte des evangelischen Pfarrhauses**

Eine Ausstellung des Deutschen Historischen Museums, in Kooperation der Evangelischen Kirche in Deutschland (EKD) und der Internationalen Martin Luther Stiftung, Erfurt

**BUCH ZUR AUSSTELLUNG**

**Herausgeber**
Stiftung Deutsches Historisches Museum

**Präsident**
Alexander Koch

**Konzept**
Bodo-Michael Baumunk,
Rosmarie Beier-de Haan

**Autoren**
Bodo-Michael Baumunk (BMB)
Shirley Brückner (SB)
Kathrin Allmann (KA)
Petra Bahr
Etienne François
Manfred Gailus
Günther Heydemann
Oliver Janz
Christel Köhle-Hezinger (CKH)
Gesine Parzich (GP)
Anna Rosemann (AR)
Johannes Schilling
Luise Schorn-Schütte
Jochen Stöckmann (JS)

**Redaktion**
Leonore Koschnick

**Bildredaktion**
Kathrin Allmann, Elke Kupschinsky

**Fotografien**
Sebastian Ahlers, Indra Desnica

**Herstellung und Gestaltung**
Ilka Linz

**Gestaltung und Satz**
Anne Kettler

**Druck**
DruckVerlag Kettler GmbH, Bönen

ISBN 978-3-86102-182-7

© Stiftung Deutsches Historisches Museum 2013
www.dhm.de

Titelmotiv: Johann Peter Hasenclever:
Die Pfarrerskinder, 1874
© Wuppertal, Stiftung Sammlung Volmer

Buchhandelsausgabe
ISBN 978-3-86206-310-9

Erschienen bei:
Verlag Kettler, Bönen

www.verlag-kettler.de

## AUSSTELLUNG

**Kuratorium**
Eckart von Klaeden (Vorsitz), Bodo-Michael Baumunk, Ingeborg Berggreen-Merkel, Sigrid Bias-Engels, Hartmut Dorgerloh, Stephan Dorgerloh, David Gill, Ulrike Greim, Michael Inacker, Mathias Kammüller, Sebastian Kleinschmidt, Alexander Koch, Christoph Matschie, Axel Noack, Henning Röhl, Thomas A. Seidel, Günter Winands

**Gesamtleitung**
Alexander Koch

**Idee und Konzept**
Bodo-Michael Baumunk

**Kuratoren**
Bodo-Michael Baumunk, Shirley Brückner

**Fachbeirat**
Christel Köhle-Hezinger (Sprecherin), Etienne François, Manfred Gailus, Günther Heydemann, Oliver Janz, Johannes Schilling, Luise Schorn-Schütte

**Projektkoordination**
Rosmarie Beier-de Haan

**Projektkoordination Kooperationspartner**
Petra Bahr (EKD), Thomas A. Seidel (Internationale Martin Luther Stiftung)

**Wissenschaftliche Mitarbeit**
Kathrin Allmann, Acelya Bakir, Marion Bayer, Olivia Fuhrich, Robert Kluth, Friedrun Portele-Anyangbe

**Recherche und Bearbeitung Ton- und Filmdokumente**
Mechthild Katzorke

**Trickfilme**
Lucie Göpfert, Falk Schuster

**Praktikantin**
Anna Rosemann

**Sammlungen**
Dieter Vorsteher-Seiler (Leitung), Rosmarie Beier-de Haan, Willy Beier, Sabine Beneke, Elisabeth Boxberger, Julia Carrillo Oesterreich, Bernd Dürrwald, Manuela Ehses, Regine Falkenberg, Monika Flacke, Andrea von Hegel, Carola Jüllig,  Leonore Koschnick, Friederike Langhammer, Sven Lüken, Andreas Michaelis, Matthias Miller, Stefan Negelmann, Maja Peers, Dorothé Rößling, Thomas Weißbrich, Rainer Wiehagen

**Ausstellungsleitung**
Ulrike Kretzschmar

**Ausstellungsgestaltung**
Ulrike Bretschneider, Werner Schulte, Nadine Rasche
Praktikant: Florian Wieler

**Ausstellungsgrafik**
envision design Chris Dormer, Berlin

**Übersetzungen**
Stephen Locke, Berlin

**Sekretariate**
Jana Nawrot, Inge Bojahr, Christine Milatz

**Ausstellungsaufbau/Werkstätten**
Nicholas Kaloplastos (Leitung), Jens Albert, Barbara Bogdanski, Sven Brosig, Anette Forkert, Susanne Hennig, Torsten Ketteniß, Klaus-Michael Kurze, Holger Lehmann, Jörg Petzold, Katrin Reniers, Ralf Schulze, Thomas Strehl, Stefan Thimm, Gunnar Wilhelm

**Konservatorische Betreuung/Restaurierungswerkstätten**
Martina Homolka (Leitung), Michaela Brand, Christine Göppinger, Ulrike Huegle, Elke Kiffe, Barbara Korbel, Andrea Lang, Mathias Lang, Antje Liebers, Matthes Nützmann, Judith Zimmer

**Rahmung**
Malte Spohr

**Filme und Medienstationen**
Wolf-Dieter Pelikan

**EDV**
Wolfgang Roehrig (Leitung), Jan-Dirk Kluge, Uwe Naujack, Thomas Pfuhl, Matthias Seidel

**Fotoarbeiten**
Sebastian Ahlers, Indra Desnica

**Leihverkehr**
Edith Michelsen

**Bildarchiv**
Anne-Dorte Krause, Claudia Küchler

**Controlling**
Manuela Itzigehl, Ramona Selchow

**Presse**
Sonja Trautmann

**Öffentlichkeitsarbeit**
Stefanie Borgmann, Ina Frodermann, Agnes Fuchsloch, Nicola Schnell, Hanna Nogossek, Elisabeth Breitkopf-Bruckschen

**Bildung und Vermittlung**
Stefan Bresky und Brigitte Vogel (Leitung), Friedrun Portele-Anyangbe, Marion Bayer, Jula Danylow

**Hörführung**
Jens Neumann-Schliski

**Ausstellungsplakat**
Thoma + Schekorr, Berlin